KB202681

죽음을 연습하라

죽음을 연습하라
— 죽음에 관한 사회학 · 목회학적 분석

2022년 12월 20일  처음 펴냄

지은이 | 노치준
펴낸이 | 김영호
펴낸곳 | 도서출판 동연

등  록 | 제1-1383호(1992. 6. 12.)
주  소 | 서울시 마포구 월드컵로 163-3
전  화 | 02-335-2630
전  송 | 02-335-2640
이메일 | yh4321@gmail.com
인스타그램 | instagram.com/dongyeon_press

Copyright ⓒ 노치준, 2022

ISBN 978-89-6447-843-1  03230

# 죽음을 연습하라

죽음에 관한
사회학 · 목회학적
분석

노치준 지음

동연

*일러두기

본문에서 인용한 일부 작품에 대한 저작권은 확인하는 대로 절차에 따라 계약을 맺고 저작권료를 지불하겠습니다.

## 아름답고 거룩한 '내려감의 시간'으로

자연과 문명의 시간은 장구하고 영원하지만, 인간 개개인의 시간은 모래시계 속에 담긴 모래알처럼 짧고 유한하다. 구약 성경 시편 말씀에 "우리의 연수가 칠십이요 강건하면 팔십이라도 그 연수의 자랑은 수고와 슬픔뿐이요 신속히 가니 우리가 날아가나이다"(시 90:10)라고 하였다. 의학이 발전하고 평균 수명이 늘어난 요즈음 시대는 성경이 말하는 연수에서 10~20년을 더할 수 있을 것이다. 그러나 그 시간이 날아가는 것처럼 신속히 지나가는 것을 막을 수 없으며, 그 빠르게 지나가는 시간 역시 잠깐의 기쁨과 행복이 있지만, 수고와 슬픔으로 가득한 것을 부인할 수 없다. 나이가 들수록 더욱 그러하다.

인생 모래시계의 모래가 위에서 아래로 떨어지는 시간은 분명 '살아가는 시간'(living time)이지만, 이것은 또한 '죽어가는 시간'(dying time)이기도 하다. 모래시계의 위 칸에 시간의 모래가 많이 남아 있는 젊은 시절에는 모래알이 한 알 한 알 떨어지는 것이 '살아가는 시간'으로 여겨진다. 그러나 위 칸의 모래가 얼마 남지 않고 아래 칸 모래가 수북이 쌓여 있는 노년이 되면 모래알 떨어지는 것이 '죽어가는 시간'으로 여겨질 것이다.

죽어가는 시간은 '내려감의 시간'(downing time)과 '죽음의 시간'(death time)으로 나눌 수 있다. '내려감의 시간'이란 나이가 들고 몸이 약해지며,

사회적인 지위와 역할을 내려놓고, 죽음이 가까웠다는 것을 의식하면서 살아가는 시간을 말한다. '죽음의 시간'이란 말 그대로 죽음 직전의 며칠 혹은 몇 달을 의미한다. 인간의 삶이란 '태어남의 시간'(birth time), '성장의 시간'(growth time), '삶의 시간'(life time), '내려감의 시간' 그리고 '죽음의 시간'으로 나누어서 생각할 수 있다. 육체적, 정신적, 사회적으로 가장 활발하고 가장 긴 시간을 살아가는 '삶의 시간'을 가운데 두고 양극에 있는 것이 '태어남의 시간'과 '죽음의 시간'이다. 그리고 '삶의 시간' 양옆에 있는 적지 않은 시간이 '성장의 시간'과 '내려감의 시간'이다.

대다수의 사람은 태어남의 시간, 성장의 시간, 삶의 시간을 비교적 잘 구분한다. 그러나 적지 않은 사람들이 '내려감의 시간'과 '죽음의 시간'을 구별하지 못하거나 구별하지 않으려고 한다. 그래서 '내려감의 시간'을 '삶의 시간'으로 생각하려고 한다. '죽음'을 '죽음의 시간'에 한정 하려고 한다. 이것은 인지적 오류(cognitive fallacy)일 뿐 아니라 어리석은 일이요 불행한 일이다. 태어난 지 얼마 되지 않은 어린아이가 '성장의 시간'을 가지지 않은 채 '삶의 시간'(노동, 결혼, 사회생활 등)으로 들어갈 수도 없고, 들어가서도 안 된다. 이와 마찬가지로 '내려감의 시간'을 가지지 못한 채 '죽음의 시간'을 맞이하는 것은 불행한 일이요 더 나아가 위험한 일이기도 하다. 왜냐하면 '내려감의 시간'을 가지지 못하면 준비 없이 '죽음의 시간'을 맞이하기 때문이다.

유소년이 '성장의 시간'을 사는 것과 마찬가지로 나이 들고 삶의 중요한 경력에서 은퇴한 노년의 사람은 대부분 '내려감의 시간'을 살고 있다. 유소년은 '성장의 시간'에 앞으로 전개될 청장년의 '삶의 시간'을 준비한다. 이와 마찬가지로 노년은 '내려감의 시간'에 앞으로 다가올 '죽음의 시간'과 '죽음 이후의 삶'을 준비한다. '성장의 시간'을 잘 보낸

유소년은 '삶의 시간'을 아름답고 보람있게 살 수 있다. 이와 마찬가지로 '내려감의 시간'을 잘 보낸 노년은 '죽음의 시간'을 아름답고 행복하게 맞이할 수 있으며, '죽음 이후의 삶'을 소망하고 누릴 수 있다. 유소년의 '성장의 시간'이 봄날의 새싹과 꽃처럼 싱싱하고 아름다운 것처럼 노년의 '내려감의 시간'은 가을날 곱게 물든 단풍과 풍성한 열매처럼 온전하고 아름답다.

이 책은 아름답고 빛나는 '내려감의 시간'을 어떻게 살아갈 것인가의 문제에 초점을 맞추었다. 파스칼이 말한 바와 같이 인간은 비록 갈대처럼 약한 존재이지만 '생각하는 갈대'이다. 인간은 자신의 존재와 운명을 생각할 줄 알기 때문에, 인간과 비교할 수 없이 광대하고 영원한 자연과 우주보다 위대하다. 이와 마찬가지로 노년은 다가오는 '죽음의 시간'과 죽음 너머로 이어지는 찬란한 생명의 흐름을 더 깊이 생각할 수 있다. 그래서 노년의 삶은 눈앞에서 빠르게 지나가는 '삶의 시간'에 쫓기는 청장년의 삶보다 더 귀하고 소중하다. 그러나 노년이 되어서도 '내려감의 시간'을 살지 못하고 청장년 시절의 '삶의 시간'을 연장해서 살려는 사람들이 있다. 이러한 노력은 헛된 일(徒勞)이며 실패할 수밖에 없다. 시간의 흐름과 다음 세대의 물결을 이길 수 있는 노년은 없기 때문이다.

'내려감의 시간'을 잘 살기 위해서는 ① 죽음 앞에 선 인간 존재의 의미를 잘 이해하고, ② 죽음 너머를 바라볼 수 있는 눈을 가져야 하며, ③ 다가오는 죽음을 잘 준비하고, ④ '내려감의 시간'이 아름답고 복된 시간이 될 수 있도록 일상의 삶 속에서 매일매일 연습해야 한다. 즉, 내려감의 시간을 보내면서 죽음의 의미를 알고(知), 느끼면서(情), 살아야(意) 한다. 이것이 죽음을 연습하는 삶이다. 소크라테스는 『파이돈』에서 철학이란 "죽음을 연습하는 것"이라고 하였다. 철학자가 아니라

할지라도 '내려감의 시간'을 사는 노년의 삶은 죽음을 연습하는 삶이
되어야 한다.

죽음학(thanatology)은 죽음을 생각하고, 죽음을 준비하고, 죽음을 연습
하는 데 매우 유익한 학문이다. 삶과 연결되지 않는 학문이 없듯이 죽음과
연결되지 않는 학문은 없다. 죽음이란 1차적으로 육체의 죽음을 말한다.
그러므로 인간의 몸을 다루는 생물학이나 의학과 같은 자연과학의 죽음을
연구한다. 죽음 현상 속에는 사회적, 경제적, 정책적 요소가 있다. 그래서
사회학, 정치학, 경제학, 사회복지학, 역사학 등에서 죽음의 문제를 다룬다.
또한 죽음 현상 속에는 심리적, 정신적, 영적, 도덕적 요소들이 있다.
그래서 심리학, 철학(윤리학과 형이상학), 종교학, 신학, 교육학 등에서 죽음의
문제를 다룬다. 그리고 죽음 현상은 인간의 영혼과 감성에 특별한 충격과
감동을 준다. 그래서 미학, 문학, 음악, 미술 등의 예술 영역에서 죽음의
문제를 다룬다. 죽음학은 이 모든 학문과 예술을 포괄하는 종합 학문이다.
죽음학의 역사가 짧아서 아직은 의학, 심리학, 철학, 종교, 예술 등에
주로 의지하고 있지만, 앞으로는 죽음학의 넓이와 깊이가 확대될 것이다.

목사인 필자는 스스로를 천국의 안내자로 생각하고 있다. 즉, ①
우리의 심령(마음) 가운데 이루어지는 천국, ② 이 세상과 삶의 현장에서
이루어지는 천국 그리고 ③ 죽어서 하나님의 품으로 돌아가 얻는 천국의
안내자로 생각하고 있다. 젊어서는 앞의 두 천국에 많은 관심을 기울였지
만, 이제 경로우대증을 받게 된 나이에 이르러서는 죽어서 가는 천국에
더 많은 관심을 기울이게 되었다. 베이비붐 세대의 맏형에 해당하는
필자의 동년배와 10년 전후의 선후배들의 대다수가 '내려감의 시간'을
맞이하고 있다. 같은 시대를 살아온 이분들에게 이 책이 죽음 후 천국의
길을 가는 데 작은 등불이라도 된다면 감사와 기쁨이 넘칠 것이다. '삶의

시간'을 열심히 살면서 '죽음'과 '죽음 이후의 삶'을 바라보는 긴 시간 전망(long time perspective)을 가진 젊은 세대들에게 비록 작을지라도 이 책이 지혜, 위로, 격려가 되기를 간절히 소원한다.

이 책의 내용은 최근 들어 생각한 것이 아니라 젊은 시절부터 많이 느끼고 생각해온 것들이다. 그러나 그러한 생각을 말하거나 글로 쓰는 것이 항상 조심스러웠다. 왜냐하면 아직 젊은 사람이 나이 드신 어른들 앞에서 죽음에 대해 말하는 것이 죄송하고 부담이었기 때문이다. 가끔 설교 시간에 '죽음과 죽음 이후의 천국'에 대해서 설교하면 나이 드신 장로님이나 권사님들이 "목사님도 나이 들면 생각이 달라질지 몰라요" 하시던 말씀이 생각난다. 그러나 이제 필자도 나이가 들 만큼 들었다. 올해에는 손자까지 태어나 법적으로나 실제적으로나 명실상부(名實相符)한 할아버지가 되었다. 하와이 몰로카이섬의 성자 다미안 신부가 나병 환자들을 돌보다가 나병에 걸렸다. 그러자 나환자 앞에 서서 "우리(we) 나환자 여러분"이라고 불렀다. 이와 마찬가지로 지금 나는 "우리(we) 노인과 어르신 여러분!" 하고 부를 수 있게 되었다.

우리(we) 노인과 어르신 여러분! 우리 함께 '내려감의 시간'을 잘 걸어갑시다. 죽음을 향해 가는 '내려감의 시간'을 '삶의 시간'이라고 억지 부리지 말고, '우리' 같이 손잡고 죽음 이후의 천국을 향해서 갑시다. 그동안 사용하던 우리의 의자는 낡았으니 후손들에게 새 의자를 물려줍시다. 그들 앞에서 거추장스러운 모습을 보이지 맙시다. 조병화 시인의 노래처럼 "아침을 몰고 오는 어린 분, 그분을 위하여 이 낡은 의자를 비워" 드립시다. 그리고 '삶의 시간'에 집착하는 욕심 사나운 노인이 되지 말고, 이미 지나간 자신의 경험과 지식을 붙잡고 사는 고집스러운 노인이 되지 맙시다. 도종환 시인의 <책꽂이를 치우며>를 다시 한번 음미해 봅시다. "창 반쯤 가린 책꽂이를 치우니 방 안이 환하다 / 눈앞을 막고 서 있는 지식들을 치우고 나니 마음이 환하다 / 어둔 길 헤쳐 간다고 천만 근 등불을 지고 가는 어리석음이여 / 창 하나 제대로 열어놓아도 하늘 전부 쏟아져 들어오는 것을." '내려감의 시간'은 비우는 시간, 내려놓는 시간, 정리하는 시간, 떠나는 시간입니다. 창 반쯤 가린 책꽂이를 치우고 밝고 빛나는 하늘을 바라봅시다. 그리고 천상병 시인의 뒤를 따라 "나 하늘로 돌아가리라 / 아름다운 이 세상 소풍 끝내는 날 / 가서, 아름다웠더라고 말하리라" 노래합시다.

이 책을 발간하면서 감사해야 할 분들의 얼굴이 많이 떠오릅니다. 목사 정년보다 8년 일찍 무거운 목회의 짐을 내려놓게 하시고, 집필할 수 있는 시간과 여건과 건강과 지혜를 주신 주님께 감사합니다. 두 분 모두 아흔 살이 넘도록 장수하시면서 환갑을 지나 칠순을 향해 가는 자식을 위해서 늘 기도하시는 부모님께 감사합니다. 기독교 죽음학의 연구자와 지도자로서 그동안 많이 수고하시고 이끌어 주신 수서교회 이폴연구소의 황명환 목사님께 감사합니다. 어려운 코로나 시대에 개척한 '광주새길교회'에 오셔서 노년의 삶을 거룩하게 보내시면서 후손들에게 아름다운 믿음의 본을 보여주시는 김금자, 김명진, 조기임 권사님께 감사합니다. 그리고 집필할 수 있도록 기도해 주시고, 격려해 주신 새길교회 모든 성도님들께 감사합니다. 책 보고 글 쓰는 일에 몰두하면서 하루 세 끼 빠지지 않고 집에서 밥을 먹는 삼식(三食)이 남편에게 투정 부리지 않고 잘 돌보아 준 아내와 이제는 훌쩍 장성하여 아버지를 위로하고 격려하는 아들과 며느리에게 감사합니다. 긴 세월 함께 인생길을 살아온 형제, 자매, 삼촌, 조카들께 감사합니다. 종이책의 위기 시대에도 이 책의 출간을 흔쾌히 승낙하시고 제작에 수고해 주신 도서출판 동연 김영호 장로님과 직원 여러분께 감사합니다. 함께 노년의 시간, 내려감의 시간을 씩씩하고 아름답게 걸어가면서 사랑과 격려를 주신 여러분들, 신일고등학교 6회 동문 카톡방 친구들, 광주대학교 은퇴 교수 카톡방 선생님들, 은퇴하신 한국사회사학회 카톡방 선생님들께 감사합니다. 나이 들어 만나 사랑과 위로를 함께 나눈 용북중학교 류정수 이사장님 내외분과 한기교회 성도님들, 어린 시절부터 함께 믿음의 길을 걸어왔고 이제 함께 천국을 향해서 걸어가는 종로교회 식구들께 감사합니다. 그리고 우리 세대의 의자를 물려받아 이 땅 위에 하나님의 나라와 그 의를 이루기 위해서 수고하는 여러 후배들과 다음 세대 귀한 자녀들 모두 모두 "사랑합니다. 감사합니다. 축복합니다."

**프롤로그**

　2022년 대통령 선거 유권자 가운데 60세 이상이 1,305만 명 정도 된다. 이 수는 전체 유권자 4,417만 명 중에 29.5%에 해당하며, 5년 전 19대 대선 당시보다 약 300만 명이 늘어난 수이다. 60세 이상의 인구가 늘어난다는 것은 여러 정치·경제·사회적인 의미가 있다. 이러한 현상은 특별히 죽음학과 관련하여 중요한 의미가 있다. 인간은 누구나 죽지만 죽음과의 거리는 사람에 따라 차이가 있다. 그중 가장 중요한 변수는 나이다. 나이가 들수록 죽음과의 거리가 가까워진다. 60세 이상의 인구수가 늘어난다는 것은 우리나라에서 죽음과의 거리가 가까운 사람들의 수가 그만큼 늘어나고 있다는 것을 의미하며, 당분간 이러한 추세는 계속될 것이다. 그 결과 죽기 전 노년의 삶, 죽음, 죽음 이후 존재 등에 관심이 높아지고 있다. 따라서 이러한 문제를 다루는 '죽음학'(thanatology)에 대한 관심 역시 높아지고 있다.

　죽음학이란 죽음의 관점에서 죽음 이전의 삶, 죽음, 죽음 이후의 문제를 다루는 학문이다. 죽음은 모든 인간에게 일어나는 가장 보편적인 현상이며, 인간 개개인과 그를 둘러싼 사회에 중요한 의미가 있다. 그 결과 죽음을 이해하고 연구하는 학문이 나타났다. 죽음의 생물학과 의학은 자연과학적 방법으로 육체의 죽음 현상을 연구한다. 죽음의 철학·신학·종교학 등은 죽음의 의미를 주로 연구한다. 죽음의 심리학은 죽음 앞에 선 인간의 인지적·정서적 반응을 연구한다. 죽음을 연구하는 사회학, 정치학, 경제학, 역사학 등은 죽음의 사회적·역사적 의미와 결과를 주로 탐구한다. 문학, 미술, 음악 등 다양한 예술 분야에서 죽음 앞에 선 인간의 모습을 다양한 형태로 표현한다.[1] 죽음학은 이러한 학문과 예술 분야의 도움을 받아 죽음을 향해 가는 삶, 죽음을 만나는 인간, 죽음 이후 인간의 운명을 탐구한다.

죽음학에서 '죽음 이후'의 인간 존재와 운명은 중요한 문제이며 죽음을 앞둔 사람들의 가장 큰 관심사이기도 하다. 그러나 죽음을 다루는 경험과학, 즉 생물학, 의학, 심리학, 사회학, 역사학 등은 이러한 문제에 답변하지 못한다. 왜냐하면 죽음 이후의 인간 존재란 살아있는 인간의 경험 세계 밖에 있기 때문이다. 그렇다고 죽음학이 죽음 이후의 문제를 외면할 수는 없다. 그 경우 자칫 죽음학이 말기 노인학 혹은 임종의학으로 전락할 수도 있기 때문이다. 죽음학이 죽음 이후의 인간 존재에 닻을 내릴 때 죽음과 죽음을 향해 가는 인간에 대해서 더 잘 이야기할 수 있다. 그런데 죽음 이후의 존재와 관련해서는 죽음을 다루는 경험과학으로부터 얻을 것이 없다. 그러므로 이 문제를 다루려면 철학(형이상학)과 종교, 신화의 도움을 받아야 한다. 다시 말해서 죽음학은 형이상학, 종교, 신화 등의 도움을 받아 '죽음의 세계관(Weltanschaung)'을 구성해야 한다. 사관(史觀)이 역사철학의 이론적 틀인 것처럼 죽음의 세계관은 죽음학의 이론적 틀이다. 이러한 틀 위에서 죽음, 죽음을 향해서 나아가는 인간, 죽음 이후의 존재에 대해 논의할 수 있다.

죽음학은 죽음에 대한 다양한 학문의 연구 결과를 받아들이는 종합학문이면서 실용적 학문의 성격을 띤다. 즉, 죽음을 앞에 둔 개개인이 죽음의 불안과 고통을 최소화하고, 죽음을 평안하게 맞이하며, 죽음

---

1 최문규, 『죽음의 얼굴』 (서울: 21세기북스, 2014).

이후의 세계에 대한 소망을 간직하게 하는 것을 실천적 목적으로 한다. 이러한 목적을 이루기 위해서는 죽음 앞에서 육체적 고통을 감소시킬 수 있는 의학적·간호학적 접근이 매우 중요하다. 그와 아울러 정신적 불안과 고통을 줄일 수 있는 심리학적 접근에도 관심을 기울여야 한다. 더 나아가서 죽음 이후의 삶에 대한 소망을 간직하기 위한 종교적 믿음과 형이상학적 추론도 매우 중요하다.

이 책은 기본적으로 '기독교 죽음학'의 입장이다. 이러한 입장은 1차적으로 필자의 종교적 세계관 때문이지만, 다른 한편 '기독교 죽음학'이 앞서 논의한 죽음학의 대상, 방법론, 실천론 등과 관련하여 가장 포괄적이고 유용하기 때문이다. 기독교(그리스도교)는 인류의 종교 가운데 가장 역사가 깊고, 많은 조직(교회)과 신도를 가졌다. 기독교는 책 중에서 인간에게 가장 큰 영향력을 행사한 성경과 학문 가운데서 가장 깊고 넓은 신학을 가지고 있다. 기독교는 인간의 문화, 전통, 가치 속에 깊숙이 뿌리내리고 있다.

무엇보다도 기독교는 죽음과 관련하여 가장 많은 것을 말한다. 성경은 그 속에 등장하는 수많은 사람의 삶의 이야기와 아울러 죽음의 이야기를 기록하였다. 성경은 죽음의 궁극적 원인이 죄라고 말한다. 죽은 사람의 영혼은 천국이나 지옥으로 가며, 종말의 때에 부활한 후 최후의 심판을 받는다고 한다. 기독교 신학과 설교, 예술 작품 속에는 다양한 형태로 죽음의 의미를 내포하고 있다. 또한 장례식은 교회의 가장 중요한 예전 가운데 하나이다. 이처럼 기독교의 경전(성경), 역사(전통), 문화(예술), 신학(교리), 제도(조직), 의례 속에는 죽음을 극복할 수 있는 수많은 자원이 있다. 물론 세속화의 흐름은 기독교의 많은 것을 무너뜨렸다. 그러나 세속화된 문명의 가장 큰 약점은 죽음 앞에서 무력하다는 것이다. 특히 죽음 이후의 운명에 대해서 전혀 답변하지 못한다. 기독교는 죽음의 문제와 관련해서 세속화의 도전 앞에 흔들리지 않고 견고하게 서 있다. 또한 죽음 불안을 극복하고 죽음 후의 운명을 이해하는 데 필요한 가장 중요한 자원을 가지고 있다. 그래서 이 책에서는 '기독교 죽음학'의 입장에서 죽음의 문제를 다룰 것이다.

이 책의 1부 '죽음 앞에 선 인간'에서는 죽음 앞에 있는 인간의 모습을 통해 죽음의 실존적 속성을 먼저 고찰한다. 다음으로 죽음에 대한 '거부'와 '수용'이라는 인간의 두 가지 반응을 알아본 후 '죽음의 세계관'을 살펴보겠다. 즉, 죽음을 열린 문이 아닌 닫힌 벽으로 생각하는 '죽음 벽(壁) 세계관', 죽음을 수많은 문 가운데 하나로 생각하는 '죽음 다문(多門) 세계관', 죽음을 내세로 가는 단 하나의 문이며 이곳을 지나가면 다시 돌아올 수 없다는 '죽음 일문(一門) 세계관'에 대해서 고찰하겠다.

2부 '기독교 죽음학'에서는 죽음 일문 세계관에 근거하여 죽음학의 중요한 주제들을 논의하겠다. 먼저 죽음의 궁극적 원인인 죄와 죽음의 관계에 대해서 알아보고, 그것을 기준으로 죽음의 유형을 여섯 가지로 나누어 그 의미와 특성을 살펴보겠다. 그다음 죽음 이후 삶의 주체로서의 영혼과 죽음 이후의 세계, 즉 천국과 지옥에 대해서 고찰한 후 죽음 이후 세계와 관련된 쟁점들을 논의하겠다.

3부 '죽음의 준비와 연습'에서는 죽음학의 실천적 문제를 알아보겠다. 죽음의 문을 잘 지나가기 위해서는 죽음을 준비해야 한다. 죽음 이후 삶에 대한 소망을 가지고 지나온 삶을 정리해야 한다. 준비한 다음에는 죽음을 연습하는 삶을 살아야 한다. 청년 시절에는 '메멘토 모리', 즉 죽음을 기억하고 인정하며 사는 것이 연습이다. 중년 시절에는 죽음이 다가오기 전에 자신의 삶에 주어진 목적과 뜻을 이루기 위해서 최선을 다하는 것, 즉 세월을 아끼면서 사는 것이 죽음의 연습이다. 그리고 죽음과의 거리가 가까워진 노년의 경우 죽음과 익숙해지고 친해져야 한다. 그러기 위해서는 은퇴, 질병, 사별 등의 경험과 건강 관리, 정리 정돈과 같은 '몸'을 중심으로 한 일상의 삶 가운데서 연습한다. 또한 삶을 하루, 1년, 5년 단위로 끊어서 단위마다 시작(출생), 과정(삶), 끝맺음(죽음)의 단계로 살아감으로써 죽음을 연습한다.

죽음은 우리 모두의 인생에 있어서 특별히 죽음과의 거리가 가까운 노년의 사람들에게 중요한 문제다. 죽음의 문제를 다룰 때 "죽음 이후의 삶에 대한 믿음과 소망이 있는가?"에 대한 여부는 매우 중요하다. 우리 시대는 과학주의와 세속화가 문화적 아비투스(환경)이다. 그 결과 죽음 이후의 삶에 대한 믿음과 소망을 간직하기 어렵다. 그러나 과학주의와 세속화 역시 하나의 세계관이요 시대의 흐름이지 불변의 사실은 아니다. 이 책에서는 ① 기독교 죽음 세계관에 근거하여 죽음과 관련된 과학주의와 세속화를 극복하고, ② 죽음 앞에서 가치 있는 삶을 살며, ③ 죽음의 문을 아름답게 지나가서 ④ 죽음 이후의 삶을 복되게 사는 길을 제시할 것이다. 이러한 논의가 죽을 수밖에 없는 운명의 모든 사람에게, 특별히 죽음과의 거리가 가까운 모든 분에게 위로와 용기, 소망이 되기를 바란다.

| 1부 |

# 죽음 앞에 선 인간

인간 존재를 규명하는 표현들이 있다. 널리 알려진 표현으로는 호모 사피엔스(이성적 인간), 호모 파베르(도구를 사용하는 인간), 호모 루덴스(놀이하는 인간), 호모 로고스(언어를 사용하는 인간) 등이 있다. 최근에는 포노 사피엔스(휴대폰을 몸의 일부로 사용하는 인간)라는 말까지 등장하였다. 그러나 인간을 정의할 때 빠뜨릴 수 없는 표현이 있다. 그것은 옴므 드방 라 모르(죽음 앞에 선 인간)이다. 인간은 누구나 또 언제나 죽음 앞에 서 있고, 정도의 차이는 있지만 죽음을 두려워하는 마음으로 살아간다. 이것이 인간의 실존적 모습이다.

죽음 앞에 선 인간을 생각할 때 떠오르는 장면이 있다. 대학 시절 논리학 수업을 들을 때의 이야기이다. 철학과 교수님께서 삼단논법을 통한 귀납법과 연역법을 말씀하시면서 예를 든 것이 일평생 잊히지 않고 기억난다. "사람은 죽는다. 소크라테스는 사람이다. 그러므로 소크라테스는 죽는다. 이것이 연역법이다. 소크라테스, 플라톤, 아리스토텔레스는 죽었다. 소크라테스, 플라톤, 아리스토텔레스는 사람이다. 그러므로 사람은 죽는다. 이것이 귀납법이다." "사람은 죽는다"는 너무나도 명료하고 누구도 부정할 수 없는 명제. 그래서 이 명제를 예로 들어 교수님께서 연역법과 귀납법을 가르치셨던 것 같다. "사람은 죽는다. 그래서 철학을 하는 것이지" 하고 한 말씀 툭 던지신 것이 지금도 생각난다. 그 교수님의 나이가 나보다 스물대여섯 살 더 되셨던 것 같다. 그 당시에는 비교적 젊은 교수이셨지만 이 글을 쓰고 있는 지금은 90세 정도 되셨을 것이다. 교수님께서는 이미 죽음을 맞이하셨을지 모른다. 현재 생존해 계신다면 "사람은 죽는다"는 당신께서 칠판에 적어 주셨던 그 명제를 더욱 깊이 생각하고 계실 것이다. 인간은 죽음 앞에 선 존재이기 때문에!

# 1장
# 죽음의 속성과 죽음 불안

2020년 현재 우리 한국 땅에서 30만 명 정도의 새 생명이 태어나고 또한 30만 명 정도의 사람이 죽는다. 2019년부터 사망자 수가 출생자 수보다 많아지면서 인구 감소의 골든 크로스를 지났다는 우려의 목소리가 들려오고 있다. 죽음은 우리나라에서 하루에 1,000건 가까이 일어나는 흔한 사건이다. 그리고 신문, TV, SNS, 공지방 등을 통해서 유명 인사와 가까운 이웃의 죽음 소식을 듣고 있다. 이처럼 죽음은 우리 주변에서 매일 일어나는 흔한 사건이다.

하루에도 천여 건씩 일어나는 죽음은 그 수만큼이나 형태도 다양하다. 젊은이의 죽음과 노인의 죽음, 질병이나 사고로 인한 죽음과 자연사라 불리는 자연적인 죽음, 자살과 타살, 명예로운 죽음과 수치스러운 죽음, 평안한 죽음과 고통스러운 죽음, 타인의 관심 가운데서의 죽음과 외로운 죽음, 유명인의 죽음과 무명인의 죽음, 행복한 죽음과 불행한 죽음, 집에서의 죽음과 병원이나 객지에서의 죽음 등 다양한 죽음의 형태가 있다. 이 모든 죽음은 인간의 삶만큼이나 다양한 모습을 띠고 있다. 그리고 이러한 죽음에 대한 반응 역시 사람마다 다르고, 사회적·역사적 상황에 따라 다르다.

이처럼 죽음의 형태와 그에 대한 인간의 반응을 상세하게 기술하는 것은 문학이나 스토리텔링은 될 수 있지만, 연구 과제가 될 수는 없다. 죽음학의 연구 과제는 인간의 모든 죽음 속에서 나타나는 가장 공통적인 요소와 본질적인 양상, 그 현상에 대한 인간의 반응을 고찰하는 것이다. 모든 죽음 속에서 나타나는 공통적인 현상은 육체의 기능(활동) 중지와 소멸이다. 이러한 현상은 죽음을 정의하는 근거가 되고, 의학과 생물학의 중요한 연구 과제이지만 죽음학의 중요한 과제는 아니다. 죽음학의 연구 과제는 본질적이고 공통적인 두 가지 현상에서 시작한다. 그것은 "① 태어난 모든 인간은 예외 없이 죽는다, ② 죽음은 육체적 생명의 끝이다"라는 사실이다. 전자를 '죽음의 보편성'이라 부를 수 있고, 후자를 '죽음의 종말성'이라고 부를 수 있다. 죽음의 본질적이고 공통적인 두 가지 현상과 그에 따른 인간의 반응을 살펴보겠다.

## 1. 예외 없는 죽음

죽음의 속성 가운데 가장 중요한 것은 보편성이다. 죽음의 보편성이란 말 그대로 죽음은 모든 인간에게 임한다는 것이다. 현재 전 세계에서 가장 나이가 많은 분은 중국의 엘리미한 세이티 할머니다.[1] 세이티 할머니는 1886년 7월 19일생으로 2020년 현재 만 134세이시다. 위구르족 출신이

---

[1] 안정은, "131세 생일 맞은 세계 최장수 中 할머니 … 청나라 때 출생," 「서울신문」 (2017. 6. 28.).

며, 현재 최고령 노인으로 중국 당국에 의해 공식적으로 인정받은 할머니다. 세이티 할머니가 현재 살아있는 사람 가운데 최고령자라면 1886년 이전에 태어난 사람은 모두 죽었다는 의미다. 1920년 이전에 태어난 사람은 거의 다 죽었고, 1920년생 김형석 선생님처럼 현재 살아계신 몇 안 되는 분들도 얼마 있지 않으면 죽음을 맞이할 것이다.

역사를 장식한 모든 유명한 사람은 다 죽었다. 4대 성인이라 불리는 예수 그리스도, 석가모니, 공자, 소크라테스는 죽었다. 역사를 장식한 위대한 왕들도 죽었다. 화려한 이집트 문명을 이끌었던 고대 여러 왕(파라오)은 다 죽어 피라미드에 누워 있다. 광대한 그리스 제국을 건설한 알렉산드로스 대왕, 중국을 통일한 진시황제, 세계에서 가장 큰 나라를 건설한 칭기즈칸, 유럽의 영웅 나폴레옹 황제, 위대한 대통령 에이브러햄 링컨도 죽었다. 가장 많은 사람을 죽인 최악의 인물로 손꼽히는 히틀러와 스탈린도 죽었다. 세계 문화사의 찬란한 빛이 된 호메르스, 플라톤, 아리스토텔레스, 사도 바울, 아우구스티누스, 아퀴나스, 데카르트, 칸트, 모차르트, 베토벤, 단테, 셰익스피어, 괴테, 빅토르 위고, 레오나르도 다빈치, 미켈란젤로, 톨스토이, 도스토옙스키, 사마천, 도연명, 이백, 두보 등도 모두 죽었다. 한국의 위대한 역사적 인물인 을지문덕, 김유신, 왕건, 세종대왕, 이순신 장군, 정약용 등도 죽었다. 우리가 아는 유명한 사람들은 모두 죽은 사람이다. 그리고 지금 세계를 풍미하는 인물인 바이든, 시진핑, 푸틴 등도 지금은 살아서 세상을 호령하지만 언젠가는 죽을 것이다. 하물며 제 앞가림도 못하여 전전긍긍할 때가 많은 평범한 우리 또한 당연히 죽을 것이다. 그리하여 이 땅에서 살다가 죽은 1,000억 명에 이르는 사람의 명단에 그 이름을 올릴 것이다.

성경 속에 나오는 인물도 모두 죽었다. 최초의 인간 아담, 믿음의 조상 아브라함은 죽었다. 이스라엘 민족의 기원을 이룬 출애굽의 지도자이며 율법의 수여자인 모세도 죽었다. 위대한 왕 다윗, 구약의 선지자들, 심지어는 예수님도 십자가에 달려 죽으셨고, 베드로 사도와 바울 사도도 순교의 피를 흘리면서 죽었다. 이처럼 창조주이시며 생명의 근원이 되시는 하나님을 온전히 믿고 따른 위대한 하나님의 사람들도 죽었다. 창세기의 하나님과 동행하다가 죽음을 보지 않고 하나님께로 옮겨진 에녹과 불병거를 타고 하늘로 올라간 엘리야 선지자는 죽지 않았다고 말하는 사람이 있을지 모르겠다. 그러나 그분들도 이 세상에서 더 이상 살지 않고 떠났으므로(비록 이 세상을 떠나는 방식이 다른 사람들과 다르지만) 죽은 것이라 할 수 있다.

성경에 보면 죽었다가 살아난 사람들이 있다. 엘리야 선지자를 공궤하였던 사르밧 과부의 아들, 엘리사 선지자를 공궤하였던 수넴 여인의 아들도 죽었다가 다시 살아났다. 예수님의 놀라운 이적의 손길로 나인성 과부의 아들, 회당장 야이로의 딸, 베다니의 나사로가 죽었다가 다시 살아났다. 그리고 신실한 과부 도르가와 청년 유두고는 베드로 사도와 바울 사도의 손길에 힘입어 죽었다가 다시 살아났다. 그러나 그들 역시 얼마 지나지 않아 죽고 말았다. 첫 번째 다가온 죽음에서는 기적적으로 살아났지만, 두 번째 죽음을 피하지는 못했다.

이 세상에 태어난 인간은 모두 죽는다. 그래서 성경 창세기 5장에 인간의 계보가 나오는데 그 기본 구조(틀)는 다음과 같다. "아담은 백삼십 세에 자기의 모양 곧 자기의 형상과 같은 아들을 낳아 이름을 셋이라 하였고, 아담은 셋을 낳은 후 팔백 년을 지내며 자녀들을 낳았으며, 그는 구백삼십 세를 살고 죽었더라"(창 6:3-5). 아담 이후의 셋, 에노스, 게난, 마할랄렐 등에 대해서도 똑같이 "누구에 의해 태어나서, 누구를 낳은 후, 몇 살에 죽었다"라고 성경은 기술하였다. 성경뿐만 아니라 인명사전 또한 중요한 인물을 소개할 때 언제 태어나서 어떤 활동을 하다가 언제 죽었다고 기술한다. 출생과 사망의 연도, 삶의 길이, 삶의 공간, 삶의 내용은 전부 다르다. 그러나 태어나서 살다가 죽는다는 이 간단한 구조는 모든 인간에게 예외 없이 적용된다. 이 구조는 동서고금빈부귀천선악(東西古今貧富貴賤善惡) 간의 차이가 없는 동일한 구조이다. 이 구조는 성경과 유구한 역사, 우리 자신의 개별적 경험과 온전히 일치한다.

## 2. 고통스럽고 알 수 없는 죽음

태어난 모든 인간에게 예외 없이 다가오는 죽음에는 다양한 속성(얼굴)이 있다. 그 얼굴은 죽음이라는 동일한 현상 안에서 공존하기 어려울 정도로 상반되는 모습을 보이기도 한다. 그러나 죽음의 가장 뚜렷한 속성은 '고통'과 '알 수 없음'(不可知)이다. 죽음에는 일반적으로 고통이 수반된다. 죽음은 1차적으로 생물학적 현상, 곧 생명이 끊어지는 것이다. 생물이 무생물이 되는 것이다. 물리적인 현상이나 생물학적 현상 모두에 관성의 법칙이 작용한다. 멈춰 서 있는 것은 그대로 멈춰 서 있고자 하며, 움직이는 것은 계속 움직이고자 한다. 이와 마찬가지로 살아있는 생명은 계속 살고 싶어 한다. 이것이 관성의 법칙이다. 멈춰 서 있는 것을 움직이려고 하면 저항이 일어나고, 움직이는 것을 세우려면 저항이 있어야만 한다. 땅에 있는 물건을 들어 올리려 하면 중력이라는 저항이 작용하고, 하늘에 있는 것이 땅에 떨어질 때는 공기의 저항이 작용한다. 이와 마찬가지로 생명이 무생명으로 변할 때는 고통이라는 저항이 작용한다. 죽음을 초래하는 직접적인 원인 두 가지를 든다면 외부의 충격과 질병이다. 자동차, 돌, 흉기 그 무엇이든지 외부에서 충격이 가해지면 몸은 그것에 저항하고, 저항은 고통으로 나타난다. 질병으로 인하여 죽음을 맞이할 때도 몸은 병에 저항하고, 저항은 고통을 가져온다. 정도의 차이가 있지만 모든 죽음에는 고통이 수반된다. 병의 치료가 생명이 무생명(無生命)이 되는 것에 저항하여 이기는 것이라면, 죽음은 생명이 무생명이 되는 것에 저항하다가 지는 것이다. 생명이 무생명화에 저항하여 이기는 싸움(치료)에서도 많은 고통이 생겨나는데 하물며 지는 싸움(죽음)에서 더 많은 고통이 생겨나는 것은 당연한 일이다. 예외가 있고, 정도의 차이가 있지만, 죽음이 고통을 수반한다는 것은 부인할 수 없는 사실이다.

죽음과 함께 나타나는 또 다른 현상은 '불가지성'이다. 죽음이 모든 사람에게 온다는 것은 누구나 알고 있다. 그러나 언제, 어디서, 어떻게 다가올지 우리는 알지 못한다. 죽음과 함께 수반되는 고통이 어느 정도인지, 더욱이 죽음 이후에 우리에게 어떤 일이 일어날지에 대해 전혀 모른다. 죽음의 시간이나 장소, 수반하는 고통에 대해서는 다른 사람의 경험을 통해 추론이라도 할 수 있지만, 죽음 이후에 대해서는 그것조차도 불가능하다.

우리는 지금 경험과학의 시대를 살고 있다. 현대 사회에서 가장 권위 있고 신뢰받는 지식은 감각적 경험(experience)과 추론(reasoning)에 근거한 과학적 지식이다. 과학은 우리에게 자연 현상, 사회 현상, 인간 현상에 대해서 수많은 지식을 공급하고 있다. 우리는 이러한 과학적 지식에 의지하여 살아가고 있으며, 문명을 만들고 있다. 과학, 특별히 의학은 육체적 죽음의 원인과 과정에 대해서 많은 것을 가르쳐주고 있다. 그러나 죽음 이후에 대해 경험과학은 아무것도 말하지 못하고 있다. 살아있는 사람은 죽음 이후를 경험할 수 없고, 죽은 사람은 자신의 경험을 살아있는 사람에게 전하지 못하기 때문이다.

죽었다가 다시 소생한 사람이나 임사 체험(臨死體驗)을 한 사람들이 죽음 이후의 세계를 말하는 경우가 있다. 그러나 이 역시 죽음 가까이에 있던 산 사람의 체험이지 죽은 사람의 체험이라고 말할 수는 없다. 또한 꿈이나 환상 가운데서 죽음 이후의 세계를 다녀왔다는 사람들의 이야기도 있다. 이것 역시 살아있는 사람의 체험이지 죽은 사람의 체험은 아니다. 그러한 체험을 뇌신경 계통의 교란 현상으로 취급하는 순간 그들의 이야기는 신뢰할 수 없게 된다. 죽음 이후에 대해서 신화와 종교는 많은 것을 가르쳐주고 있다. 그러나 세속화에 젖은 우리 시대는 신화나 종교에서 말하는 죽음 이후의 세계에 대한 지식을 신뢰하지 못하고 있다. 기껏해야 권선징악을 위해 만들어낸 이야기일 뿐 참된 사실에 대한 지식으로 받아들이지 않는다. 이른바 신앙인이라고 하는 사람 중에서도 세속화의 영향을 받아 죽음 이후에 대한 종교적 가르침을 신뢰하지 않는 사람이 많다.

과학적 지식을 의지하고 세속화의 흐름 속에 있는 현대의 인간들은 ① 모두가 예외 없이 죽음을 향해서 걸어가고 있으며, ② 죽음의 앞모습은 고통이지만, ③ 죽음의 뒷모습은 알지 못한다는 현실 가운데 있다. 이것이 우리 시대 운명이며, 그 누구도 바꿀 수 없는 엄숙한 삶의 진실이다. 이러한 진실 앞에서 인간들에게는 공통적인 정서적 반응이 나타난다. 그것은 불안과 두려움이다. 물론 이러한 정서적 반응이 심리학에서 말하는바 억압(repression)이 될 수도 있고, 무의식으로 감추어질 수도 있다. 인간들 개개인 사이에 육체적·지적 능력의 차이가 있는 것처럼 불안과 두려움이라는 정서적 반응이 나타나는 정도의 차이가 있을 수 있다.

그러나 그 누구도 죽음 앞에서 이러한 정서적 반응이 일어나는 것을 피하지 못한다. 인류가 가장 추앙하는 성인이요 하나님의 아들이신 예수 그리스도께서도 죽음 앞에서 "내 마음이 매우 고민하여 죽게 되었다"(마 26:38)고 말씀하셨다. 하물며 평범한 우리 인생들이야!

## 3. 불안하고 두려운 죽음

우리는 생명을 가지고 삶을 살고 있다. 그런데 우리는 경험과 추론을 통해서 죽음이 우리에게 다가오며, 육체적 정신적 고통을 수반한다는 것을 알고 있다. 하지만 죽음의 고통이 언제, 어떤 모습으로, 어느 정도의 강도(强度)로 다가올지는 알 수 없다. 아울러 죽음 이후에 우리가 어떻게 될지도 알 수 없다. 신화와 종교는 죽음 이후에 죽음의 고통보다 더 큰 고통이 있을 수 있다고 말한다. 우리는 죽음의 고통이 두렵고, 그 고통의 구체적인 실체를 알지 못하기 때문에 불안하다.

죽음의 고통과 그에 따른 불안, 두려움을 개별적인 측면에서 가장 잘 보여주는 것이 죽음을 묘사하는 문학이며, 체계적이고 객관적으로 설명하는 것이 죽음의 심리학이다. 죽음 불안을 문학적으로 잘 묘사한 대표적인 작품이 톨스토이의 『이반 일리치의 죽음』이다. 약 50세 정도 나이인 이반 일리치는 커튼을 다는 일을 하다가 떨어져서 옆구리를 다치게 된다. 그것이 병이 되어 몇 년 후 죽는다. 그 죽음의 과정에서 이반이 경험하는 고통, 불안과 두려움, 주변 사람에 대한 분노, 죽어가는 사람 옆에 있는 이들의 가식과 위선 등이 대작가의 펜 끝으로 생생하게 묘사된다.[2]

죽음 불안을 학술적이고 체계적으로 설명한 국내의 대표적인 저술은

권석만의 『삶을 위한 죽음의 심리학』이다. 이 책은 죽음을 심리학적으로 논의한 900쪽에 이르는 대작이다. 전체 23개 장 가운데 4개의 장을, 전체 900쪽 가운데 170쪽을 죽음 불안에 할애하였다. 그는 죽음 불안이 작동하는 메커니즘을 다음과 같은 표로 정리하였다.[3]

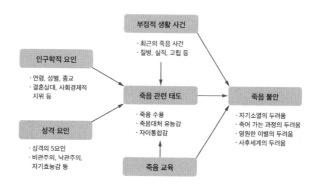

이 표에 따르면 연령, 성별, 종교, 사회적 지위, 결혼 지위 등과 같은 인구학적 요인과 개인의 특수한 성격 요인 그리고 죽음과 관련된 최근의 부정적 경험과 죽음에 대한 교육 여부가 죽음 관련 태도를 결정한다. 죽음 관련 태도 속에는 죽음에 대한 수용적 태도, 대처 능력, 자아통합감 등이 들어 있다. 그리고 이러한 태도에 따라 죽음 불안이 형태와 정도의 다양함과 편차를 보이면서 나타나게 된다. 즉, 자기 소멸의 두려움, 죽어가는 과정에 대한 두려움, 영원한 이별의 두려움, 사후 세계에 대한 두려움 등의 형태로 사람에 따라 상대적으로 크게 혹은 작게 나타난다.

---

2 톨스토이 L. N./동완, 『이반 일리치의 죽음』 (서울: 신원문화사, 2007).
3 권석만, 『삶을 위한 죽음의 심리학』 (서울: 학지사, 2019), 243.

죽음이 인간에게 고통, 불안, 두려움의 형태로 다가온다는 것은 봄, 여름, 가을, 겨울 계절이 바뀌는 것만큼이나 자연스러운 현상이다. 앞서 죽음의 심리학에서 볼 수 있는 것처럼 '죽음 관련 태도'라는 변수가 작용하지만, 그 변수는 죽음 불안의 정도에 영향을 줄 뿐이지 유무를 결정하지는 못한다. 즉, 죽음 불안이 작은 사람은 있지만, 없는 사람은 없다. 아리에스의 '죽음의 사회사' 연구에서 볼 수 있는 바와 같이 문화, 관습, 공동체 등의 작용으로 죽음의 불안과 두려움이 덮여지기도 한다.[4] 그리고 예술가적 상상력으로 죽음을 가장 아름답고 에로틱하게, 때로는 평화롭고 위대하게 표현함으로 두려움을 사상(捨象)하기도 한다.[5] 화가 로빈슨의 <임종을 맞는 소녀>(1858), 구이도 레니의 <클레오파트라의 자살>(1635), 자크 루이 다비드의 <마라의 죽음>(1793), 존 에버렛 밀레의 <오필리아>(1852)와 같은 작품이 그 대표적인 예이다.[6] 그러나 문화와 예술의 이름으로 불안을 덮으려 해도 그것은 가능한 일이 아니다. 죽음 불안은 몸의 소멸이라는 생물학적 실존, 종말이라는 시간적 실존, 고통을 회피하고자 하는 심리적 실존, 죄와 형벌이라는 도덕적 실존, 죽음 이후의 세계라는 존재론적 실존에 뿌리내리고 있기 때문이다.

성경은 죽음을 아름답고, 평화롭고, 행복한 것으로 묘사하지 않는다. 시편 기자는 여러 곳에서 죽음 앞에서의 불안과 두려움을 호소하고 있다. "나사로가 죽었을 때 그의 누이들이 통곡하며 울었고, 예수께서도

4 아리에스 P./유선자, 『죽음 앞에 선 인간』 상, 하 (서울: 동문선, 1997).
5 진중권, "너의 죽음," 『춤추는 죽음 2』 (서울: 세종서적, 2008), 23-203.
6 같은 책, 27, 32, 60, 144.

눈물을 흘리셨다”(요 11:35). 무엇보다도 예수님 자신이 십자가의 길을 가실 때 “내 마음이 심히 고민하여 죽게 되었다”고 말씀하셨고, “아버지의 뜻이면 이 죽음의 잔을 옮겨 주소서”(눅 22:42) 하고 기도하셨다. 그리고 십자가 위에서 “내가 목마르다”, “나의 하나님 나의 하나님 어찌하여 나를 버리셨나이까”라고 부르짖으며 육체적, 정신적 고통을 토로하셨다. 물론 순교자 스데반이 순교당할 때 “그 얼굴이 천사의 얼굴과 같았고”, “하늘이 열리고 인자가 하나님 우편에 서신 것을 보았다”고 하였다(행 6:15, 7:56). 이것은 스데반의 죽음에 아무런 고통이 없었다는 의미가 아니다. 돌에 맞아 죽는 스데반이 십자가에 달려 죽으신 예수님과 마찬가지로 죽어가며 육신의 고통을 느끼는 것은 당연한 일이다. 그의 얼굴이 천사와 같고 하늘이 열리는 것을 보았다는 것은 죽음 앞에서도 임하는 하나님의 은혜의 손길을 표현하는 것이지 죽음 불안의 부재를 말하는 것은 아니다.

우리 아들의 초등학교 시절 이야기다. 선생님께서 이 세상에서 제일 무서운 것이 무엇이냐고 질문하셨다. 그때 우리 아들이 이렇게 대답했다. “살아있을 때는 죽는 것이 제일 무섭고, 죽고 난 다음에는 지옥 가는 것이 제일 무서운 일입니다.” 살아있을 때는 죽음의 고통이 불안과 두려움으로 다가오고, 죽은 다음에는 어떤 지옥과 같은 운명이 기다리고 있는지 알지 못해서 우리 인간들은 불안하고 두려운 법이다. 이것은 초등학교 다니는 어린아이도 아는 일이다. 사회학자 뒤르켐의 표현을 빌리면 죽음의 고통, 불안, 두려움은 “인간 밖에 있으면서 인간에게 피할 수 없는 강제력을 행사하는 사회적 사실이다.”[7] 죽음에 대한 모든 논의는 그것이 고통스럽고 불안하고 두려운 경험이라는

---

7 뒤르켐 E./민혜숙, 『사회학적 방법의 규칙들』 (서울: 이른비, 2021), 64.

사실에서부터 출발해야 한다. 죽음 불안을 부정하거나 회피하는 모든 논의는 모래 위에 세운 집과 같아서 죽음의 폭풍우가 밀려오면 결국 무너질 수밖에 없다.

## 4. 종말적이고 허무한 죽음

죽음은 생명 있는 모든 인간에게 예외 없이 다가오는 보편성과 아울러 모든 생명 활동의 끝이라는 종말성을 가지고 있다. 몸 안에서 이루어지는 모든 생리작용, 즉 호흡 · 소화 · 순환 작용이 끝나게 되며, 그와 아울러 팔과 다리 · 손과 발의 운동이 중단되고, 눈 · 코 · 귀 · 혀 등을 통한 감각 활동도 끝이 난다. 그리고 지정의(知情意)와 같은 의식의 활동도 끝난다. 당연히 말이나 글, 몸짓이나 표정을 통한 표현 활동도 끝난다. 슈니츨러(Arthur Schnitzler)의 유명한 소설 제목처럼 "죽은 자는 말이 없다"(Die Toten Schweigen). 그가 가진 사회적 지위뿐만 아니라 재산권, 시민권과 같은 법적인 권리도 사라진다. 그리고 가장 가까운 사람, 즉 배우자나 부모 자식과의 관계도 더 이어지지 못하고 끝난다. 그래도 다행스러운 것이 있다면 생명 활동 과정에서 치러야 하는 무거운 책임과 짐, 긴장과 스트레스, 약해진 몸이 주는 고통도 끝난다는 것이다.

생명이 있을 때는 어떤 일이 끝나도 다시 시작할 수 있다. 시험에 실패하여도 재수, 삼수를 통해 재도전할 수 있고, 직장이나 사회적 지위를 잃어도 다른 직장이나 지위를 얻을 수 있다. 돈이나 건강을 잃어도 다시 회복될 수 있고, 부부 사이의 관계가 깨져도 재결합하거나 다른 사람과 부부의 관계를 이어갈 수 있다. 겨울이 지나면 봄은 다시 오고, 달은 기울었다가 또다시 차오른다. 그러나 죽음이 오면 자신이 소유한 모든 것, 타인과 맺은 모든 관계가 끝이 난다. 다시 시작할 수도 없고, 회복할 수도 없다.

죽음으로 끝나는 삶의 시간(생명 활동의 시간)은 개인 혹은 상황에 따라 길기도, 짧기도 하다. 공원묘지에 나란히 묻혀 있던 두 분의 비석을 본 것이 기억난다. 하나는 1907년 출생 1997년 별세라고 적혀 있었고, 그 옆의 비석에는 1967년 출생 1997년 사망이라고 적혀 있었다. 한 분은 90년을 살았고, 다른 한 분은 30년을 살고 세상을 떠났다. 삶의 시간이 이처럼 3배나 차이 날 수 있다. 어떤 사람은 같은 길이의 삶을 살아도 인생이 길게 느껴지고 또 어떤 사람은 빨리 지나간 것처럼 느껴지기도 한다. 그러나 죽음으로 끝나는 삶은 결국 짧은 것으로 수렴된다. 설사 100년을 살았다 해도 수천 년, 수만 년 인류의 역사와 수백만 년, 수천만 년, 수억 년 자연의 역사와 비교하면 30년을 더 산 것이 별 차이 없이 짧게 여겨진다. 젊어서 앞으로 살아갈 날을 생각하면 아득해 보이지만, 나이 들어 지나온 날을 돌이켜 보면 짧게만 느껴진다. 주희 선생의 시문처럼 "미각지당춘초몽"(未覺池塘春草夢)인데 "계전오엽이추성"(階前梧葉已秋聲)이다. 연못가의 풀은 봄의 꿈을 깨지 못했는데, 계단 앞 오동잎은 가을의 노래를 부르고 있다. 대다수 사람에게 죽음은 금방 지나가 버린 그리고 되돌릴 수 없는 종말이다.

짧은 삶의 시간이 지나고 종말이 오면 인간은 누구나 허무함에 빠지게 된다. 죽음 앞에서 인생의 덧없음을 느끼는 것은 모든 인간에게 나타나는 공통 현상이다. 게으르게 산 사람은 인생의 덧없음이 자신의 부족함 때문이라고 생각한다. 자신이 더 열심히 살았으면 이런 마음이 들지 않을 수도 있다고 생각한다. 그러나 삶을 소중히 여기고 최선을 다하여 산 사람이라 할지라도 예외는 아니다. 인간으로서 할 만큼 했음에도 불구하고 인생이 그렇게 지나간다면 인생의 허무함은 살아온 자신 속에 있는 것이 아니라 삶 자체 속에 있다고 생각하기 때문이다.

성경은 곳곳에서 말한다. 인생은 허무한 것이라고. 구약성경 창세기에 보면 이스라엘 백성의 조상 야곱(그의 다른 이름이 이스라엘이다)이 아들 요셉의 초청으로 이집트에 갔다. 그리고 이집트 파라오를 만났다. 왕이 야곱에게 나이를 물었다. 그러자 대답하기를 "내 나그네 길의 세월이 백삼십 년입니다. 내 나이가 얼마 못 되니 우리 조상의 나그네 길의 연조에 미치지 못하나 험악한 세월을 살았나이다"(창 47:9)라고 하였다. 그는 130년의 세월을 살았지만, 험악한 세월이었다고 하였다. 베드로 사도는 이사야서를 인용하면서 "모든 육체는 풀과 같고 그 모든 영광은 풀의 꽃과 같으니 풀은 마르고 꽃은 떨어지되 오직 주의 말씀은 세세토록 있도다"(벧전 1:24-25)라고 하였다. 우리 인생은 풀처럼 금방 시드는 허무한 인생임을 말하고 있다. '모세의 기도'라는 제목이 붙은 시편 90편 10절은 "우리의 연수가 70이요 강건하면 80이라도 그 연수의 자랑은 수고와 슬픔뿐이요 신속히 가니 우리가 날아가나이다"라고 한다. 수고와 슬픔이 가득한 인생이 날아가듯 지나가는 것이 우리 인생이다. 그리고 지혜의 왕이요 인생의 모든 영화를 누린 솔로몬 왕은 "헛되고 헛되며 헛되고 헛되니 모든 것이 헛되도다⋯. 내 손으로 한 모든 일과 내가 수고한 모든 것이 다 헛되어 바람을 잡는 것이며 해 아래에서 무익한 것이다"라고 하였다. 솔로몬은 인생의 모든 수고, 지혜, 사업, 재산, 처첩, 쾌락 이 모든 것이 다 헛되다고 하였다(전 1-2장).

지금 우리나라에서는 1년에 30만 명 가까운 사람들이 죽는다. 이 세상에 사람으로 태어난 이들은 모두 죽었고, 지금 살아있다 하더라도 100년 안에 거의 다 죽을 것이다. 죽음은 인간 모두에게 예외 없는 가장 보편적 현상이다. 죽음은 우리에게 고통을 수반하며, 죽음 후의 운명을 우리는 알지 못한다. 그러므로 우리는 죽음 앞에서 불안하고 두려워진다. 죽음이 오면 살았을 때 가졌던 모든 관계, 물질, 경험이 전부 사라져 버린다. 애써 수고하며 쌓아놓았던 모든 것이 나와 아무런 관계가 없는 것이 된다. 그래서 죽음은 허무함이다. 이것은 엄연한 객관적 현실이다. 덮으려 해도 덮을 수 없고, 부정하려 해도 부정할 수 없는 현실이다. 죽음학은 이 현실에서 출발한다.

## 2장
## 죽음의 거부와 삶에의 몰두

죽음의 불안을 강조하는 죽음의 심리학에서는 인간 개개인의 삶, 더 나아가서 문명까지도 죽음의 불안에 대한 반응이라고 하였다. 듣기에 따라서는 지나친 주장이라는 생각이 들기도 한다. 그러나 20세기 최고의 철학자로 꼽히는 하이데거가 '죽음 앞에서의 존재'(Sein vor Tod)가 인간의 참된 모습이라고 말하는 것을 보면[1] 이러한 주장을 무시할 수만은 없을 것 같다. 삶과 죽음은 동전의 양면과 같다. 그러므로 우리는 삶에서 죽음을 바라볼 수 있고, 죽음에서 삶을 바라볼 수 있다. 우리는 보통 삶에 초점을 맞추어 죽음을 생각한다. 죽음이란 삶의 끝이고, 삶의 마지막 모습이다. 그러나 죽음학에서는 죽음에 초점을 맞춰 삶을 생각한다. 이러한 관점에서 보면 삶이란 죽음에 대한 반응이다.

---

1 하이데거/전양범, 『존재와 시간』 (서울: 동서문화사, 2016), 322-346.

## 1. 죽음 반응의 유형

죽음에 대한 반응은 삶의 모습만큼이나 다양하다. 삶의 방식을 어떤 기준에 따라 분류하기 어려운 것과 마찬가지로 죽음에 대한 반응도 분류가 쉽지 않다. 그러나 죽음에 대한 반응 역시 행동 패턴이므로 분류가 불가능한 것은 아니다. 죽음에 대한 반응을 태도에 따라 구분하면 크게 죽음을 거부하는 태도와 수용하는 태도로 나눌 수 있다.

죽음의 거부란 자신에게 다가오는 육신의 죽음 자체를 인정하지 않는다는 의미는 아니다. 인간이 나이 들어 병들어 죽거나 사고나 재난으로 죽는 것을 그 누구도 부정하지 못한다. 또한 그 누구도 자기 자신은 예외라고 생각하지 않는다. 죽음의 거부란 '지금, 나에게'(Now, for Me) 죽음이 온다는 것을 거부한다는 의미이다. '지금'을 너무 좁게 생각할 필요는 없다. 지금을 짧게 잡으면 '며칠 안에'로 할 수 있고, 길게 잡으면 '몇 년 안에'로 할 수 있을 것이다. 그러므로 늙고 중병에 걸린 사람도 '며칠 안에 오는 죽음'을 부정할 수 있다. 젊고 건강한 사람이라면 대부분 '몇 년 안에 오는 죽음'을 거부하며 살 수 있다. 즉, 많은 사람이 "몇 년 안에 나는 죽지 않을 것이다. 그러므로 죽음은 문제 될 것이 없다. 먼 훗날 죽음이 오면 그때 가서 생각해 보자"라는 태도로 살게 된다. 즉, 죽음을 거부하는 사람은 죽음을 외면하고 오직 삶에만 집중하게 된다.

죽음의 수용이란 '지금, 나에게' 죽음이 올 수 있다는 것을 수용한다는 의미이다. 여기서도 역시 '지금'을 짧게는 '며칠 안에', 길게는 '몇 년 안에'로 생각할 수 있다. 죽음을 수용하는 사람은 항상 죽음을 의식하는 삶을 산다. 삶을 죽음의 준비로 생각한다. 일반적으로 나이 들고 병들게 되면 '지금, 나에게' 오는 죽음을 수용하는 태도를 보이고, 반대로 젊고 건강할 때는 '지금, 나에게' 오는 죽음을 거부하는 태도를 보인다. 그러나 죽음에 예민한 감수성을 가진 사람은 젊어서도 죽음을 수용하는 태도로 산다. 반대로 죽음을 두려워하거나 죽음에 대한 감수성이 약한 사람은 나이가 들어서도 '지금, 나에게' 오는 죽음을 거부하면서 사는 경우가 많다.

죽음을 거부하는 사람들 안에서도 반응이 다양하게 나타난다. 그중에는 죽음에 무신경한 반응과 삶에 과도하게 집착하는 반응이 있다. 죽음을 수용하는 사람들 가운데서도 죽음에 대한 반응 역시 다양하게 나타난다. 그 가운데 중요한 모습으로는 죽음을 의식하며 삶을 정리하는 반응과 죽음을 초월하고자 하는 반응이다. 이번 장에서는 죽음을 거부하는 반응의 삶을, 다음 장에서는 죽음을 수용하는 반응의 삶을 살펴보겠다.

## 2. 죽음에 무신경한 반응

많은 사람은 죽음을 거부하며 신경 쓰지 않고 산다. 죽음에 무신경한 사람 역시 인간은 필연적으로 죽음과 만나야 하고, 그것이 고통스럽고 허무하다는 것을 안다. 그래서 죽음 앞에서 불안하고 두렵다. 이것을 떨치기 위해서 죽음이 '지금, 나에게' 온다는 것을 거부한다. 따라서 죽음의 문제란 주체의 측면에서 자신이 아니라 타인의 문제이고, 시간적 측면에서 지금이 아니라 후일의 문제라고 생각한다. 그리하여 죽음의 고통과 만남을 뒤로 미루는 회피적 태도를 보인다. 그 배후에는 죽음을 회피함으로 죽음 불안(공포)을 완화하고자 하는 동기가 숨어 있다. 이 유형은 지금 나에게 오는 죽음을 회피할 뿐 죽음을 거부하는 특별한 행동을 하지는 않는다. 그런 의미에서 죽음에 대한 소극적 거부의 유형이다. '지금, 나에게' 있는 문제가 아니므로 더 생각하고 고민할 필요도 없다. 죽음을 맞이할 준비 또한 필요 없다. 그것은 죽음이 가까웠을 때 생각할 일이지 멀리 있는 지금 그것을 생각할 필요는 없다. 한 마디로 이 유형은 죽음에 대해 무신경하다. 따라서 이 유형을 '죽음에 무신경한 반응'이라고 부를 수 있다.

우리 가운데 많은 사람은 죽음을 생각하지 않고, 진지하게 직면하지도 않는 무신경형에 속한다. 그리스의 철학자 에피쿠로스는 "죽음은 우리에게 아무것도 아니다. 왜냐하면 우리가 존재하는 한 죽음은 우리와 함께 있지 않고, 죽음이 왔을 때 우리는 존재하지 않기 때문이다"라고 하였다.[2] 이러한 주장은 무신경형의 입장을 현학적으로 표현한 대표적인 예이다. 생명이 붙어있는 마지막 순간까지 '지금, 나에게' 다가오는 죽음의 존재를 거부함으로써 죽음의 문제를 회피하고자 하기 때문이다. 우리 인생들 다수는 죽음의 문제에 대처할 수 있는 능력도 없고, 깊이 묵상할 지성도 없고, 삶에 쫓겨 죽음을 생각할 시간적·정서적 여유도 없다. 그 결과 죽음을 거부하지만 그것을 적극적인 행동으로 표현하지 못하며, 무신경한 반응을 보이며 살아간다.

우리 주변에는 죽음에 무신경한 사람들이 많다. 그 이유는 무엇일까? 가장 큰 이유는 죽음에 대한 무력감이다. 옛날이나 지금이나 죽음이 찾아올 때 불안하고 두렵고 허무하게 느껴지는 실존적인 조건은 비슷하다. 그러나 사회적·문화적 조건이 달라졌다. 전근대 사회 혹은 전통적인 사회는 정도의 차이가 있지만, 가족, 친족, 지역(마을)

---

2 황명환, 『죽음 인문학』 (서울: 두란노, 2019), 17.

공동체가 견고하게 자리 잡고 있었다. 어떤 사람에게 죽음이 다가오면 그것은 가족과 친족 전체의 일이며, 장례식은 마을 행사가 된다. 한 사람의 죽음은 가족, 친척, 마을 사람의 죽음이며, 죽음을 맞이하는 사람은 그 대표 선수일 뿐이다. 그러므로 가족, 이웃들의 위로와 격려 가운데서 죽음을 맞이한다. 그리고 죽은 다음에는 마을 뒷산에 묻힌다. 어릴 때부터 놀던 뒷동산, 그리고 자신의 할아버지, 할머니, 부모님이 묻혀 있는 곳이다. 이처럼 죽은 후에도 익숙한 공간, 가까운 사람에게서 멀리 떨어지지 않은 장소에 묻히기 때문에 죽음을 맞이할 때 실존적인 불안과 두려움이 있지만, 무력감에 빠지지는 않는다.

그러나 현대의 인간은 여러 가족이나 친척 가까이에서 죽음을 맞이하는 것이 아니라 혼자 혹은 배우자와 함께 죽음을 맞이한다. 자식은 한둘밖에 없을 뿐 아니라 그마저도 같이 살지 않는 경우가 더 많다. 자식들이 같은 아파트 단지 안에서만 살아도 큰 복이다. 많은 경우 자식들은 다른 지역에 살고 있으며, 심지어는 외국에 살기도 한다. 죽음 앞에 있는 사람들에게 지역 공동체는 의미가 없다. 같은 아파트에 살면서 수시로 함께 엘리베이터를 타는 이웃이지만, 그들 가운데서 죽기 전의 문병(問病)이나 죽은 후의 문상(問喪)을 기대할 수 있는 사람은 거의 없다. 1인 가구가 급속하게 늘어나는 우리 시대에 죽음이란 혼자 맞이하는 것이지 가족이나 친척과 함께하는 것이 아니다. 죽음의 공간이 자신에게 익숙한 공간도 아니다. 가족이 돌볼 처지가 되지 않으므로 많은 사람은 요양원에 가서 죽음을 맞이한다. 그리고 병원 중환자실에서 숨을 거두는 경우도 적지 않다. 죽음을 맞이하는 시간은 나이 들고 병들었을 때이다. 육체적·정신적으로 가장 약한 순간이다. 현대 인간은 가장 약할 때, 혼자, 익숙하지 않은 공간에서 죽음을 맞이하게 된다. 이러한 현실 앞에서 무력감을 느끼는 것은 당연한 일이다. 그리고 죽음 앞에서 무력감을 느끼는 인간이 선택할 수 있는 가장 손쉬운 방어기제는 죽음에 대한 무신경이다. 죽음이 아직은 '지금, 나에게' 오지 않았다며 현실에서 눈을 돌리는 것이다.

문화적인 조건의 변화도 무신경 반응을 가져오는 중요한 요인이다. 아무리 고대 사회, 야만적인 사회라 해도 죽음과 죽음 이후의 세계에 대한 관념의 체계가 있었다. 그 내용은 사회에 따라 다르고, 같은 사회에서도 역사에 따라 달라진다. 그러나 분명한 것은 이러한 관념 체계가 인류의 문명 가운데서 언제 어디서나 발견된다는 사실이다. 어느 사회, 어느 시대에서나 볼 수 있는 신화와 종교는 죽음과 관련된 관념 체계의 대표적인 담지자(carrier)이다. 우리나라의 바리공주 신화에서 시작하여 그리스-로마 신화에 이르기까지 수많은 신화 속에서 죽음과 죽음 이후 세계의 이야기가 등장한다. 그리스도교, 불교, 이슬람교 등 세계 종교는 말할 것도 없고, 지구상의 수많은 민속 종교 가운데서도 존재한다.[3] 그러나 현대 사회로 올수록 세속화 현상이 나타나고 과학 지식이 발전하면서 신화와 종교에서 제공하는 죽음에 대한 관념 체계가 무너지게 되었다. 지식사회학에서 말하는 설득력 구조(plausibility structure)가 무너졌다.[4] 과학적 지식이 우월한 사회에서는 과학적으로 증명할 수 없는 신화 이야기를 믿지도, 인정하지도 않는다. 세속화의 진행에 따라 죽음과 관련된 종교적 가르침 역시 설득력이 약해졌다. 종교의 사회적·도덕적 기능이 아직 남아 있다 해도 죽음과 관련된 종교의 교리는 점점 약해지고 있다. 그 결과 죽음을 맞이하는 사람이 신화나 종교를 통해 얻을 수

3 한국종교학회 편, 『죽음이란 무엇인가』 (서울: 도서출판 창, 1990).
4 피터 L. 버거·토마스 루크만/박충선, 『지식형성의 사회학』 (서울: 홍성사, 1982), 207-210.

있었던 문화적 자원을 상실하게 되었다.

이상 논의한 바와 같이 죽음 앞에 선 현대 인간은 가족이나 친족을 통해서 얻을 수 있는 사회적 지지(social support)를 잃었을 뿐 아니라 신화와 종교를 통해서 얻을 수 있었던 문화적 지지(cultural support)도 상실하게 되었다. 현대 인간은 고통, 불안, 두려움, 허무함이 동반된 죽음 앞에서, 그 정체조차 알 수 없는 죽음 앞에 혼자 외롭게 서 있다. 사회적 지지도 받지 못하고, 종교적 위로나 소망도 간직하지 못한 채 죽음을 맞이해야 한다. 이러한 상황에서 깊은 무력감을 느끼는 것은 당연한 일이며, 그것으로부터 눈을 돌릴 수 있는 가장 손쉬운 심리적 방어기제가 무신경이다. 죽음에 대한 무신경은 약한 인간이 정체도 알 수 없는 강한 죽음 앞에서 취하게 되는 가장 흔한 반응이다.

그러나 죽음에 대한 무신경의 태도는 일종의 타조 증후군(Ostrich Syndrome)과 같다. 타조가 평야에서 맹수나 사냥꾼을 만나면 모래에 머리를 파묻는다고 한다. 즉, 어려운 일이 발생하면 대응 및 해결하려 하지 않고 현실 부정 속에서 대응을 거부하거나 소극적으로 임해 나중에 심각한 화를 입게 되는 현상과 비슷하다. 죽음이 '지금, 나에게' 오지 않았다고 영원히 오지 않는 것은 아니다. 반드시 온다. 아니, 생각했던 것보다 더 빨리 올 수 있다. 죽음에 무신경하면 아무런 준비 없이 죽음을 맞이하게 된다. 이것이 죽음 무신경 유형의 가장 큰 비극이다. 이 세상의 모든 중요하고 가치 있는 것은 준비해야 잘 맞이할 수 있다. 학생들은 시험 준비를 잘해야 자신의 인생을 펼쳐 나가는 데 유리한 대학이나 직장으로 들어갈 수 있다. 결혼 생활에 필요한 물질, 인격, 감수성, 소통 능력 등을 잘 준비해야 행복한 가정을 이룰 수 있다. 대학 진학, 취업, 결혼 등은 모두 인생의 중요한 문제이다. 이렇게 중요한 문제들은 준비를 잘해야 좋은 결과를 얻을 수 있다.

죽음은 사람에게 출생만큼이나 크고 중요한 문제이다. 이렇게 중요한 문제를 앞에 두고 준비를 잘해야 하는 것은 너무나도 당연한 일이다. 그러나 죽음에 대한 무신경 유형은 죽음을 '지금, 나에게' 일어나는 죽음으로 축소한다. 그리하여 지금이 아닌 훗날의 죽음으로 밀쳐내려고 한다. 죽음이 내 목전에 이를 때까지 나와 상관없는 타인의 문제로 생각하려 한다. 이것은 죽음으로부터의 도피이다. 죽음은 피할 수 없는 현실이기에 이러한 도피는 결코 성공할 수 없다. 그 결과 언젠가 나에게 필연적으로 다가오는 죽음, 지금 곳곳에서 일어나는 이웃들의 죽음을 준비하지 못한다. 그리하여 두렵고, 초라하고, 외로운 죽음을 맞이할 가능성이 크다.

## 3. 생명과 삶에의 몰두와 집착

어떤 사람은 '지금, 나에게'의 죽음을 적극적으로 거부한다. 소극적으로 거부할 때는 앞서 논의한바 죽음에 눈을 돌리는 '무신경형'의 태도가 나온다. 그러나 적극적으로 거부하면 주어진 삶을 적극적으로 살아간다. 죽음은 '지금, 나에게'가 아니지만, 삶은 '지금, 나에게'다. 그래서 열심히 주어진 삶을 살아간다. 좋은 음식을 먹고, 건강에 유의하며, 운동도 열심히 한다. 친구를 만나고, 여행도 가며, 여가 생활과 취미 활동을 열심히 한다. 이러한 삶을 사는 사람이 좋아하는 표어는 "Present is present"(현재는 선물이다) 혹은 "카르페 디엠"(carpe diem, 현재를 즐겨라! 현재에 최선을 다하라!)이다. 지금까지의 삶을 열심히 살아온 그리고 어느 정도의 재산도 있고 건강한, 나름대로 배운 사람들에게서 이러한 유형을 발견할 수 있다. 이 유형은 할 수 있는 한 죽음을 생각하지 않으려 한다. '지금,

나에게' 죽음은 없고 생명(삶)만 있을 뿐이다. 이러한 사람은 삶과 생명에 몰두하는 사람이다. 그리고 몰두가 인간에게 행복을 주는 것이 사실이다. 행복 심리학의 창시자라 할 수 있는 칙센트미하이는 몰입이 인간에게 행복을 준다고 하였다.[5] 이러한 유형을 긍정적으로 평가하면 현재에 최선을 다하는 삶이라고 말할 수 있다. 그러나 죽음학의 측면에서 볼 때 이러한 유형은 죽음에서 도피하는 것이다. 주어진 삶에만 몰두하면 무신경형과 마찬가지로 죽음을 준비하지 못한다. 그리고 어느 순간 죽음이 다가올 때 준비 없는 죽음을 맞이하게 될 것이다.

삶에 대한 집착형은 죽음에 대한 인간의 가장 자연스럽고 본능적이며 생물학적인 반응이다. 죽음은 분명히 나에게 다가오고 있지만 언제 어떤 모습으로 올지는 알 수 없다. 이에 대해 '지금, 나에게' 죽음은 아니라고 반응하는 것은 심리적인 방어기제 이전에 본능에 가깝다. 모든 살아있는 존재는 그 생명을 유지하고자 하는 본능적인 에너지가 작동한다. 그러므로 본능적으로 죽음을 거부하게 되어 있다. 더욱이 생명 에너지가 넘치면 죽음에 대한 거부 에너지도 커지기 마련이다. 따라서 생명 에너지가 강한 사람이 남은 삶에 집착할 가능성이 커진다. 즉, 몸이 약한 사람보다는 건강한 사람이, 노인보다는 젊은이가, 가난한 사람보다는 부유한 사람이, 낮은 지위의 사람보다는 높은 지위의 사람이 일반적으로 생명 에너지가 크고, 그 결과 집착형에 속할 가능성이 커진다.

21세기 한국은 집착형을 양산하는 사회이다. 세계에서 가장 높은 대학 진학률을 자랑하는 한국 사회는 과학의 세례를 흠뻑 받았다. 개신교,

---

5 칙센트미하이/이희재, 『몰입의 즐거움』 (서울: 해냄, 2021).

불교, 천주교, 전통 종교가 팽팽하게 맞서는 다종교 사회에서 어느 한 종교의 사회적 영향력이나 문화적 헤게모니는 상대적으로 약한 편이다. 그리하여 비종교인의 비율이 절반을 넘어서고 있으며, 세속화의 물결이 거세게 휩쓸고 있다. 한국은 20세기 개발도상국에서 선진국으로 도약한 유일한 나라이며, 3만 불이 넘는 1인당 국민소득을 자랑하고 있다. 세계 최고의 의료 기술과 사회주의와 자본주의가 절묘하게 결합된 의료 시스템이 작동하면서 세계 최고 수준의 기대수명이 나타나고 있다. 21세기 한국인은 세속화와 과학의 세례를 받아 죽음에 대한 종교적 관념(idea)을 거부함과 동시에 돈, 지식, 건강을 가지고 있다. 이러한 사람이 죽음을 거부하고 삶에 집착하는 것은 매우 자연스러운 현상이다.

다가오는 죽음의 현실로부터 눈을 돌리고, 주어진 삶을 긍정하고 기뻐하며 누리는 생명 집착형의 경우 유익도 많다. 이 유형의 사람들에게는 삶의 긍정 에너지가 넘친다. 그리하여 죽음 불안과 두려움을 상대적으로 적게 느낄 수 있다. 매일매일 행복하고 즐거운 삶을 살며, 가능한 한 많은 것을 누리며 살 수 있다. 모차르트나 베토벤 같은 위대한 음악가의 예술 세계에 깊이 들어갈 수 있다. 루브르나 에르미타주 미술관을 찾아가 세계적인 명화를 직접 감상할 수도 있다. 여행을 다니면서 아름다운 자연을 몸으로 느낄 수 있다. 수백만 년의 시간 동안 콜로라도강이 만든 그랜드캐니언의 장엄한 모습을 볼 수 있고, "O, poor Niagara"(나이아가라 폭포는 너무 초라하구나)라는 경탄을 자아냈던 이구아수폭포를 볼 수 있다. 세계의 지붕 히말라야산맥의 에베레스트와 K2, 아프리카의 킬리만자로, 남미의 안데스산맥 등을 비록 올라가지는 못한다 해도 그 밑에서 장엄한 광경을 감상할 수도 있다. 그리고 백두산, 금강산, 한라산의 꼭대기까지 올라가 볼 수 있다. 베이징의 자금성, 카이로의 스핑크스, 로마의 콜로세움, 인도의 타지마할, 런던의 웨스트민스터 사원, 파리의 개선문과 에펠탑, 러시아 붉은 광장의 성 바실리카 교회, 뉴욕의 엠파이어스테이트 빌딩 등 수많은 인류문명의 유산을 보고 즐길 수 있다. 헬렌 켈러가 *Three days to see*(사흘만 볼 수 있다면)라는 글에서 간절히 소원하였던 그 모든 문명과 자연의 모습을 더 많이, 더 오래, 더 깊이 볼 수 있다.[6] TV의 해외여행 프로에서 빠지지 않고 나오는 세계 곳곳의 색다른 음식을 맛볼 수 있다. 영화 <버킷리스트>에 나오는 것처럼 낙하산을 타고 비행기에서 뛰어내리는 짜릿한 경험을 할 수도 있다. 21세기는 증강현실, 증강 자아의 세계이다. 디지털 문명이 만들어 낸 한없이 광활하고 아름다운 세계를 마음껏 누릴 수 있다. 삶의 에너지가 사회봉사와 같은 영역으로 분출될 때 사회적으로도 유익한 일을 할 수 있다. 어렵게 살아가는 이웃에게 크고 작은 사랑과 위로를 나눌 수 있다. 그리고 그것을 통해서 나 자신이 행복할 수 있다. 건강 관리에 많은 관심을 기울이면 수명이 연장된다. 연장된 수명 동안 '지금, 나에게' 다가오는 죽음을 부정하고, 누릴 수 있는 좋은 것을 누릴 수 있다. 주어진 삶에 최선을 다하며 밝게 사는 것은 개인에게 행복이며, 사회적으로도 큰 유익이다.

그러나 생명 집착형의 행복 속에는 한계와 허무함이 내포되어 있다. 이 유형의 근본적 요소는 생명의 '보존', '연장', '누림'이다. 현재 가지고 있는 생명 에너지를 이 세 가지를 위하여 다 사용한다. 그러나 아무리 많은 에너지를 쏟아부어도 한계가 있다. 죽음의 운명을 타고난 인간이기에 결국 생명은 죽음으로 끝나게 된다. 진시황제(BC 259~210)는

---

6 헬렌 켈러/박에스더, 『사흘만 볼 수 있다면』 (사우, 2018).

불로초와 불사초를 구하기 위해서 수천 명의 사람을 동원했지만, 그 자신은 만 50세를 채우지 못하고 죽었다. 세계에서 가장 돈이 많았던 스티브 잡스(1955~2011)도 환갑을 넘기지 못했고, 최고의 미모와 인기와 돈을 가지고 있었던 영화배우 마릴린 먼로(1926~1962)는 36살의 젊은 나이로 삶을 마감했다. 그들은 생명의 보존, 연장, 누림을 위해서 필요한 충분한 자원을 가졌지만, 그 뜻을 이룰 수 없었다.

물론 생명의 보존, 연장, 누림을 위해 많은 자원과 에너지를 사용할 수 있는 사람이 그렇지 못한 사람보다 죽음을 더 늦게 맞이하는 것은 사실이다. 그러나 그 연장의 시간은 불과 몇 년에 불과하다.[7] 생명에 몰두하는 자원과 에너지를 더 많이 동원할 수 있는 사람이 생명을 더 풍성하게 누리는 것 역시 부인할 수 없는 사실이다. 그러나 생명의 누림을 위해 자원과 에너지를 투여할 때 경제학에서 말하는 '한계효용체감의 법칙'이 나타난다. 즉, 같은 양의 자원과 에너지를 투여해도 효과는 점점 줄어들게 된다. 더 나아가서 알코올, 게임, 마약 등의 중독에서 볼 수 있는 이른바 '쾌락주의 역설'(paradox of hedonism)이 나타날 수 있다. 그리하여 자원과 에너지를 많이 투여할수록 고통이 커지는 결과가 올 수도 있다. 세계를 강타한 넷플릭스 드라마 <오징어 게임>에 나오는 참가자 1번 오일남은 어마어마한 돈을 가지고 있었다. 그러나 이 세상에서 가장 자극적인 오징어 게임을 구경하는 것만으로는 만족이 되지 않았다.

---

7 한국건강형평성학회에서 2010~2015 건강보험공단 자료 2억9,500만 건과 154만 명의 사망 자료, 2008~2014 지역사회건강조사 자료 등을 분석하여 <17개 광역시도 및 252개 시군구별 건강불평등 현황> 보고서를 발표했다. 이 보고서에 따르면 소득 상위 20%와 하위 20% 집단 간 기대수명 격차는 강원, 전남이 7.6년으로 가장 컸고, 부산 6.7년, 서울 5.9년 등이었다. 격차 가 가장 작은 지역은 울산으로 4.3년이었다. 이지영, "돈 있어야 건강히 오래 산다," 「중앙일 보」 (2018. 3. 26.).

그 결과 목숨을 걸고 직접 게임에 참여하기까지 하였다. 이처럼 생명의 에너지와 자원을 아무리 많이 투여해도 삶을 무한정 연장할 수도, 생명의 누림이 무한정 커질 수도 없다.

생명 집착형에서 볼 수 있는 생명의 보존과 연장, 누림에는 많은 수고와 노력, 시간, 물질이 투여되어야 한다. 먼저 병을 고치려면 큰 비용이 든다. 세계 여행을 하려면 시간과 돈이 든다. 문명의 위대함을 제대로 감상하려면 적지 않은 지식과 훈련의 과정이 필요하다. 하루하루 근근이 일하며 살아가는 다수의 사람에게는 이러한 비용을 감당할만한 물질적 · 시간적 자원이 없다. 현대의 인간들은 자신의 가치를 증명하기 위해서 끝없이 달려가야 간신히 살아남을 수 있는 '피로 사회'를 살고 있다.[8] 따라서 젊고 능력 있는 사람이라 해도 시간을 내기 어렵다. 노후 준비가 잘 되어 있고, 자녀들도 잘 성장한 건강한 60~70대 은퇴자만이 이러한 비용을 치를 수 있는데, 그 수는 얼마 되지 않는다. 생명 집착형의 삶을 살 수 있는 사람의 수는 많지 않다.

생명 집착형의 삶에는 적지 않은 비용이 드는데, 때로 그 비용이 무가치하거나 낭비가 될 수 있다. 여행이 자연과 문명을 즐기는 가치 있는 일이 될 수도 있지만, 혀와 눈을 즐겁게 하려고 시간과 물질을 헛되게 낭비하는 일이 되기도 한다. 이웃이나 친구와의 만남이 행복한 시간이 될 수도 있지만, 해야 할 일을 하지 못하고 쓸데없이 시간을 낭비하는 일이 될 수도 있다. 기계적인 장치에 의지한 연명치료를 받는 것은 생명의 존엄성이 나타나지 못하는 낭비적인 일이 될 수 있다.

생명 집착형의 삶을 살 수 있는 사람은 지극히 제한되어 있고, 그렇게

---

8 한병철/김태환, 『피로사회』 (서울: 문학과지성사, 2012).

살았다고 해서 생명이 죽음을 이기는 것은 아니다. 죽음이 주는 고통, 불안, 두려움, 허무함이 시시각각 다가오게 된다. 아무리 눈을 돌려도 '지금, 나에게' 오는 죽음을 만날 수밖에 없는 시간이 온다. 산이 높으면 골짜기도 깊다. 이 세상에서 생명을 통해서 누릴 수 있는 자원이 많이 남아 있는 사람일수록 죽음과 만남은 더욱 절망스럽다.

누가복음에 한 어리석은 부자의 비유가 나온다. 한 부자가 풍성한 소출을 거두게 되었다. 그러자 마음속으로 말하기를 "내 곳간을 헐고 더 크게 짓고 내 모든 곡식과 물건을 거기 쌓아두리라. 내가 내 영혼에게 이르되 평안히 쉬고 먹고 마시고 즐거워하자 하리라" 하였다. 그러자 "하나님은 이르시되 어리석은 자여 오늘 밤에 네 영혼을 도로 찾으리니 그러면 네 준비한 것이 누구의 것이 되겠느냐"라고 하였다. 생명에 집착하여 눈을 돌리고 죽음을 맞이할 준비를 하지 않으면 이 비유에 나오는 부자처럼 될 수 있다. 운이 좋아 생명을 보전하고(건강), 연장하며(장수), 마음껏 누렸다 해도(쾌락) 죽음 앞에서는 허무함을 떨칠 수가 없다. 인간 가운데 가장 건강하여 장수하며, 지혜와 지식이 많고, 온갖 좋은 것을 누린 솔로몬 왕은 구약 성경 전도서에서 이렇게 말하였다.

> 무엇이든지 내 눈이 원하는 것을 내가 금하지 아니하며 무엇이든지 내 마음이 즐거워하는 것을 내가 막지 아니하였으니 이는 나의 모든 수고를 내 마음이 기뻐하였음이라. 이것이 나의 모든 수고로 말미암아 얻은 몫이로다. 그 후에 내가 생각해 본즉 내 손으로 한 모든 일과 내가 수고한 모든 것이 다 헛되어 바람을 잡는 것이며 해 아래에서 무익한 것이로다(전 2:10-11).

모든 이야기에는 기승전결이 있다. 결론이 없는 이야기는 아무리 아름답고 화려해도 이야기가 아니다. 많은 지식과 수사학이 동원된 유창한 연설이라도 결론이 없으면 성공적인 연설이 될 수 없다. 건강하고, 아름답고, 행복하고, 화려한 생명이라 해도 끝을 잘 맺지 못하면 참된 생명이 될 수 없다. 그래서 『죽음의 중지』와 같은 책,9 <아델라인>과 같은 영화는 늙지도, 죽지도 않는 생명의 비극을 잘 보여주었다. 죽음은 분명 두렵고 불안하며 때론 큰 고통을 수반하는 것이지만, 그것은 삶의 마무리이고 종결이다. 잘 죽어야 삶도 잘 마무리할 수 있다. 생명 집착형은 의식적으로 죽음으로부터 눈을 돌리고 삶과 생명에 몰두함으로 죽음을 준비하지 못하는 인생의 모습이다. 인간의 가장 엄숙한 운명인 죽음을 외면하고 죽음을 준비하지 못한 삶은 아무리 화려하고 외적인 업적이 많다 해도 이 세상을 살다가 떠나야 하는 운명을 가진 한 인간으로서는 성공한 인생이라 할 수 없다.

---

9 주제 사라마구/정영목, 『죽음의 중지』 (서울: 해냄, 2009).

**3장**
죽음의 수용과 불멸의 추구

죽음 거부 반응 유형의 사람은 '지금, 나에게' 있는 죽음에 무신경하거나 그것으로부터 도피하여 삶에 몰두한다. 그에 따른 불안의 경감, 행복과 가치 등을 폄하(貶下)할 필요는 없다. 그러나 이러한 반응은 '준비 안 된 죽음'을 맞이하기 쉽다. 이에 비하여 죽음을 수용하는 유형은 다른 형태의 삶을 살게 된다. 죽음을 수용하면서 지나온 삶을 정리하면 새로운 삶의 영역을 발견할 수 있고, 죽음을 준비할 수 있는 시간과 에너지를 얻을 수 있다. 더 나아가 죽음을 수용하면서 극복하고자 할 때 위대한 역사(役事)와 업적을 남길 수도 있다. 그리고 죽음 이후의 삶을 준비하는 시간과 힘을 마련할 수 있다.

## 1. 죽음 앞에서의 삶의 정리

죽음을 수용하는 사람은 죽음이 나에게 가까이 있다는 것을 인정한다. 언제든지 '지금, 나에게'가 될 수 있다는 사실을 수용하여 생명 있는 모든 것이 결국은 죽음 앞에 굴복해야 한다는 것을 인정한다. 죽음의 압도적인 힘 앞에서 자신과 인간의 생명을 돌이켜본다. 생명의 가치를 부정하지는 않지만, 모든 생명 활동을 죽음이라는 거울 앞에서 평가한다. "모든 육체는 풀과 같고 그 모든 영광은 풀의 꽃과 같으니 풀은 마르고 꽃은 떨어진다"는 베드로전서 1장 24절 말씀을 인정한다. 죽음을 거부하는 유형의 사람들처럼 죽음에 무신경하지 않으며, 삶(생명)에만 집착하려고 하지 않는다. 자신이 가진 생명의 에너지와 삶의 자원들을 사용할 때도 죽을 수밖에 없는 존재라는 전제하에 사용한다. 죽음이 삶과 생명의 방향을 결정하는 지표가 되어 자신의 삶을 배열하고 정돈한다. 그러므로 이러한 유형을 '죽음 앞에서의 정리형'이라고 할 수 있을 것이다.

이러한 유형은 인간과 생명의 유한성을 깊이 생각하는 사람들에게서 쉽게 발견된다. 삶에 대해 예민한 감수성을 가진 사람은 젊어서도 이러한 태도를 취한다. 안톤 슈나크의 『우리를 슬프게 하는 것들』에 나오는 다음과 같은 표현은 삶의 유한성에 대한 깊은 감수성을 보여준다.

울고 있는 아이의 모습은 우리를 슬프게 한다. 정원의 한 모퉁이에서 발견된 작은 새의 시체 위에 초가을의 따사로운 햇볕이 떨어져 있을 때, 대체로 가을은 우리를 슬프게 한다. 게다가 가을비는 쓸쓸히 내리는데 사랑하는 이의 발길은 끊어져 거의 한 주일이나 혼자 있게 될 때. 아무도 살지 않는 고궁, 그 고궁의 벽에서는 흙덩이가 떨어지고, 창문의 삭은 나무 위에서는 "아이쎄여, 내 너를 사랑하노라…"라는 거의 알아보기 어려운 글귀가 쓰여 있음을 볼 때… 동물원의 우리 안에 갇혀, 초조하게 서성이는 한 마리 범의 모습 또한 우리를 슬프게 한다. 언제 보아도 철책

앞을 왔다 갔다 하는 그 동물의 번쩍이는 눈, 무서운 분노, 괴로움에 찬 포효, 앞발에 서린 끝없는 절망감, 미친 듯한 순환, 이 모든 것은 우리를 더없이 슬프게 한다.[1]

위의 글에서 볼 수 있는 것처럼 삶의 유한성에 대해 예민한 감수성을 가진 사람은 삶의 모든 과정에서 죽음이 주는 허무의 그림자를 느낀다. 그리고 그것을 슬퍼한다. 시인 안톤 슈나크처럼 예민한 감수성을 가지지 않았다 해도 죽음과의 거리가 가까워지면 많은 사람은 죽음을 수용하고 자신의 삶을 돌이켜본다. 죽음과의 거리가 가까운 대표적인 사람은 나이 든 평범한 노인이다. 물론 아직 젊지만 몸이 매우 약한 사람, 중병에 걸린 사람들도 죽음과의 거리가 가깝다. 그러나 그 수는 상대적으로 적다. 물론 나이 들었지만 건강하고, 돈과 지위도 있고, 능력 있는 사람들 가운데는 죽음을 수용하지 않고 삶에 몰두하는 사람도 있다. 그러나 평범하게 나이 든 사람들은 대부분 죽음을 수용하여 죽음의 시각에서 삶을 돌이켜보고 정리하면서 남은 삶을 살아간다.

우리는 일상생활에서 집을 정리하면 공간이 넓어지는 경험을 많이 한다. 꼭 필요하지 않은 가구를 정리하면 그 가구가 차지했던 공간만큼 집이 넓어진다. 이와 마찬가지로 삶을 잘 정리하면 새로운 삶이 나타난다. 불필요하고 무가치한 일과 관계를 정리하면 그만큼 시간이 많아진다. 그 시간을 이용하여 더 가치 있고 보람 있는 일을 할 수 있다. 나의 개인적인 경험을 말해 보겠다. 나는 주일 예배 출석 성인 교인이 1,000명이 넘는 상당한 규모의 교회에서 11년간 담임목사로 섬겼다. 하나님의 말씀을

---

1 안톤 슈나크/차경아, 『우리를 슬프게 하는 것들』 (서울: 문예출판사, 2017), 9-10.

전하고, 심방하고, 기도하면서 보람 있고 행복한 시간을 보냈다. 그러나 교회의 규모가 크고 20억 가까운 예산을 집행하다 보니 힘들고 복잡한 일도 많았다. 해야 할 일은 하지 않고, 하지 말아야 할 일을 하면서 억지와 고집을 부리고 딴소리하는 성도들을 설득하고 바로 이끄는 것이 보통 일이 아니다. 장로 중에 그런 분이 있으면 힘은 몇 배 더 들고, 때로는 상처를 입기도 한다. 사회학자 호크실드(A. Rl Hochschild)가 말한 바 힘들고 무가치한 감정 노동에 시달리게 된다.[2] 그러다가 좋은 기회에 교회를 사임하게 되었다. 그 결과 많은 불필요한 인간관계와 일들을 정리하게 되었다. 그러자 시간이 늘어나고, 마음의 여유가 생겼다. 더 많은 독서 시간이 생겼고, 더 보람 있는 일을 하게 되었다. 무엇보다도 건강이 많이 좋아졌다. 유튜브 유클레시아에 여러 편의 예배와 설교 동영상을 올렸고, 좋은 책을 번역하고 저술할 수 있는 시간을 얻게 되었다. 앞으로 메타버스의 큰 창이 열리고, 증강 자아, 증강현실의 넓은 세계가 열린다고 한다. 이러한 세계에서 문명과 세상을 새롭게 보는 기회를 얻게 될지도 모르겠다.

삶을 잘 정리하려면 죽음의 거울 앞에서 자기 자신을 비추어 보아야 한다. 죽음의 거울 앞에 자신의 삶을 비추어 보면 한편으로 삶이 얼마나 초라하고 덧없는가를 느낄 수 있지만, 또 다른 한편으로 생명이 얼마나 아름답고 소중한가를 느낄 수 있다. 지구에서 4광년 떨어진 행성에 생명의 조건이 되는 물의 흔적이 발견되었다고 천문학자들이 크게 소란했던 적이 있다. 하물며 물과 생명이 넘치는 지구에서 지성을 가진 존재로서 문명을 만드는 인간의 삶이라는 것이 얼마나 위대한가! 그러나 죽음

---

2 혹실드 A. L./이가람, 『감정 노동』 (서울: 이매진, 2009).

앞에서 자신을 돌이켜보고 삶을 정리할 때 우리는 인간으로서의 연약함을 되돌아보게 된다. 그와 아울러 생명의 소중함과 위대함을 깨닫게 된다.

다이너마이트를 발명하여 큰돈을 번 알프레드 노벨의 사촌 형이 죽었을 때 신문기자가 오보를 냈다. 그리하여 "죽음의 사업가 노벨 죽다"라는 기사가 대문짝만하게 나왔다. 이 기사를 본 노벨은 자기가 죽고 난 다음에 '죽음의 사업가'로 불리는 것에 큰 충격을 받았다. 이 일을 계기로 그는 자신의 삶을 되돌아보면서 정리했다. 전 재산을 출연하여 '노벨상' 기금을 만들었고, 그 안에 노벨 평화상을 포함했다. 죽음의 사업가가 죽음 앞에서 자신의 삶을 정리하여 세계에서 가장 권위 있는 노벨 평화상을 만들었다. 록펠러 역시 57살에 불치의 병에 걸려 몇 달 살지 못하고 죽을 것이라는 판정을 받았다. 그는 자신의 삶을 되돌아보며 정리하였다. 그리하여 시카고대학을 비롯한 여러 대학을 세우고, 록펠러 재단을 설립하여 전 세계적으로 복지·교육 사업을 펼쳤다. 그뿐 아니라 40년 넘게 더 살아서 98세까지 장수하였다. 노벨이나 록펠러나 모두 죽음 앞에서 자신의 삶을 되돌아보고 정리하였다. 그러자 가치 있고 소중한 삶의 공간과 시간이 새로이 나타나게 되었다.

죽음 앞에서 삶을 잘 정리하면 삶을 아름답게 마무리할 수 있다. 즉, 떠나는 뒷모습이 아름다운 사람이 될 수 있다. 준비된 죽음을 맞이하기 때문에 삶의 완성도가 높다. 비록 화려하고 위대한 삶은 되지 못해도 후회와 회한이 적다. 그러나 완성된 삶, 회한이 없는 삶이라도 끝은 끝이다. 삶이 허무하게 느껴지는 것은 피할 수 없다. 내가 좋아하는 것들과 이별을 고해야 한다. 내가 사랑하고, 나를 사랑하는 사람과 이별해야 한다. 잠깐은 가까운 사람들의 기억 속에 남아 있겠지만, 그 기억도 세월이 흐르면서 점점 희미해질 것이다. 내 존재의 공간과 시간은 소멸하고 말 것이다. 그 죽음이 잘 정리된 아름다운 죽음이라 할지라도.

그래서 인간에게는 불멸의 꿈이 생겨난다. 죽음을 수용하지만, 내 영혼이 죽은 후에 영생의 복을 받기를 소원한다. 내 후손이 자자손손 이어지기를 바란다. 내가 남긴 글과 작품이 영원히 남기를 소망한다. 비록 내가 만든 것은 아니지만 내가 태어난 이 조국이 그리고 내가 누렸던 이 문명이 계속되기를 원한다. 그래서 우리 모두 "동해물과 백두산이 마르고 닳도록… 우리나라 만세… 대한 사람 대한으로 길이 보전하세"라고 내 조국의 불멸을 노래하고, 나의 불멸을 소원한다. 그래서 인간은 삶을 잘 정리하고 아름답게 마무리하는 것을 넘어선 불멸의 삶을 꿈꾼다.

죽음은 존재하는 모든 것을 시간과 공간 속에서 소멸시킴으로 생명에 대한 자신의 우위를 보여준다. 그러나 생명은 불멸을 추구함으로 죽음을 이기고자 한다. 그래서 생명이 있는 모든 존재는 죽음을 수용하면서도 불멸을 추구한다. 불멸이란 육체가 죽어 소멸한 후에도 그 자신으로부터 유래한 무엇인가가 남아서 생명이 이어진다는 의미이며,[3] 죽음을 수용한 사람이 추구하는 죽음의 준비이자 초월이다.

## 2. 후손을 통한 불멸

생명을 가진 존재가 일반적이고 손쉽게 도달할 수 있는 죽음 극복의

---

[3] 물론 과학 기술을 이용하여 육체의 불멸을 추구하는 시도도 있다. 인체냉동보존술을 이용하여 죽은 사람의 몸을 잘 보존하였다가 훗날 더욱 발전된 과학 기술을 이용해 다시 살려내려는 시도가 대표적인 예이다. 그러나 이러한 시도는 여러 문학 작품에서 볼 수 있는바 디스토피아가 될 수 있을 뿐 아니라 실현 가능성도 매우 약한 것으로 평가된다. 마이클 셔머/김성훈, 『천국의 발명』 (서울: 북이십일, 2019).

방법은 후손을 통한 불멸이다. 모든 생물은 씨를 남기든지, 알을 낳든지, 자신과 똑같은 새끼를 낳든지 하여 같은 종의 후손을 이어간다. 이것은 사람을 비롯하여 동물과 식물, 나아가 미생물에 이르기까지 모든 생명 있는 것에서 나타나는 공통적인 불멸의 현상이다. 한 개체는 죽음으로 삶을 마치지만, 그 후손들을 통해서 생명은 계속 이어지면서 불멸한다. 리처드 도킨스는 생명의 본질을 복제 능력을 갖춘 유전자로 보았다. 유전자는 생존 기계(유전자를 담고 있는 모든 동식물의 개체들) 속으로 들어가 그것을 이용하여 자기 복제를 계속한다. 이러한 자기 복제가 성공적으로 이루어지도록 다양한 전략을 사용한다. 도킨스에게 불멸이란 생존 기계, 즉 동식물 개체의 불멸이 아니라 유전자의 불멸이다.[4] 인간을 포함한 모든 생명 있는 것은 후손에게 유전자를 전달함으로써 불멸을 얻게 된다. 무신론자인 버트런드 러셀도 "자기를 닮은 손자들의 모습을 보면 자신이 불멸하는 것 같다"고 말한 바 있다.

후손을 통한 불멸은 생명 있는 개체가 다음 세대를 위해 헌신하는 힘과 동기가 된다. 인간종과 문명이 존속될 수 있는 위대한 에너지가 되기도 한다. 그런 의미에서 유전자와 후손을 통한 불멸의 추구는 인류의 생명에 큰 유익이 된다.

그러나 후손을 통한 불멸은 특정한 생명 종(種)의 불멸이거나 유전자의 불멸이지 생명을 가진 개체의 불멸은 아니다. 삶과 죽음의 주체는 종도 아니고, 유전자도 아니다. 생명을 가지고 살다가 죽음을 맞이하는 개체이다. 77억의 수를 자랑하는 인간 종이 살아있다 해도 나 한 사람이 죽으면 그것은 죽은 것이지 살아있는 것은 아니다. 한 사람이 죽기 전 유전자의

---

4 리처드 도킨스/홍영남·이상임, 『이기적 유전자』(서울: 을유문화사, 2018).

집합소인 생식세포 정자와 난자를 빼내어 잘 냉동 보관한다고 해서 그 사람이 죽지 않은 것은 아니다. 건강하고 생기가 넘치는 자손들이 많으면 죽음을 좀 더 편안한 마음으로 맞이할 수 있는 것은 사실이지만, 죽음은 죽음이다. 죽음이 주는 고통, 불안, 두려움, 허무함이 사라지는 것은 아니다. 삶과 죽음의 주체는 언제나 생명을 가진 개체이다. 아무리 가족주의와 집합주의가 강한 사회라 할지라도 나의 죽음과 타인의 죽음은 구분된다. 부모의 죽음, 나의 죽음, 자식의 죽음은 구분된다. 하물며 개인주의가 극심한 현대 사회에서 후손을 통한 불멸이란 죽음을 앞에 둔 인간에게 어느 정도의 위로가 되는 것은 사실이지만, 죽음을 초월하는 힘이 되지는 못한다.

## 3. 작품과 업적을 통한 불멸

인간은 육체의 생명이 있는 동안 살다가 육체의 생명이 끊어질 때 죽음을 맞이하게 된다. 하지만 육체의 생명이 있는 동안 먹고, 마시고, 숨 쉬고, 배설하고, 생식하는 육체적 활동만 하는 것은 아니다. 물론 이러한 활동을 위해서 많은 시간을 보내고 에너지를 쏟는 것은 사실이지만, 그 이상의 일을 하는 것이 인간이다. 그리하여 인간은 문화와 문명을 만들고 향유한다. 인간은 사회생활을 하고 역사를 만든다. 인간이 만든 문화와 문명, 사회와 역사 속에는 불멸의 요소가 들어 있다. 모차르트와 베토벤의 음악은 단 하루도 빠뜨리지 않고 지구 어느 곳에선가 매일 연주되고 있다. 다빈치의 모나리자의 복제품이나 사진 작품은 지구 어디에선가 한순간도 쉬지 않고 누군가의 눈길을 끌고 있다. 고대 그리스에서 시작된 민주정치 제도는 전 세계의 여러 나라에서 정치권력이 작동하는 길이 되고 있다. 지구상의 모든 인간은 아라비아 숫자를 사용하고 있으며, 한류 문화의 성장과 함께 세종대왕의 한글이 세계로 뻗어나가고 있다. 에디슨이 만든 전구와 활동 사진(동영상)은 성장·발전하여 전 세계를 덮고 있다. 이처럼 문화와 문명, 사회제도와 역사 속에는 불멸의 요소가 들어 있다. 그것을 처음 만든 사람의 몸은 소멸했지만, 그가 남긴 업적은 소멸하지 않고 남아 있다. 때로 더욱 발전하여 그것을 처음 만든 사람도 놀랄 만큼 전 세계로 퍼져나가 긴긴 세월 이어지기도 한다. 따라서 인간은 자신이 만든 작품이나 업적을 통해서 불멸할 수 있다. 언젠가 드라마의 제목으로 등장했던 '불멸의 이순신'에 대해서 토를 다는 사람은 없을 것이다. 지금도 북한 땅 곳곳에서 "위대한 수령 김일성 동지께서는 영원히 우리와 함께 하신다"는 김일성 수령 불멸의 선언문이 큰 글씨로 게시된 것을 볼 수 있다.

위대한 예술 작품이나 업적을 통해서 불멸을 추구하는 것은 죽음을 극복하는 바람직하고 좋은 방법 가운데 하나이다. 그러나 모든 사람이 다 추구할 수 없다는 방법론적인 한계가 있다. 이 세상에는 수많은 음악가가 있다. 그러나 모차르트나 베토벤처럼 불멸의 작품을 남길 수 있는 사람은 극소수에 불과하다. 이 세상에는 수많은 화가가 있다. 그러나 미켈란젤로나 빈센트 반 고흐처럼 불멸의 작품을 남길 수 있는 사람은 극히 드물다. 불멸의 작품을 남기는 것은 고사하고 음악, 미술, 문예와 같은 예술 활동을 통해서 중간 계층 정도의 생활이라도 유지할 만큼 돈을 벌 수 있는 사람도 얼마 되지 않는다. "인생은 짧고 예술은 길다"는 말처럼 예술은 불멸을 추구하는 중요한 길이다. 그러나 불멸의 예술 작품을 남기기 위해서는 천재적인 재능이 있어야 하며, 자신의 영혼과 생명을 작품 속에 갈아 넣는 초인적인 수고가 있어야 한다. 더 나아가 사회적 조건이 뒷받침돼야 하고, 특별한 운도 따라줘야 한다. 이러한 조건이 맞지 않으면 대다수 예술 작품은 여가 활동의 하나로 끝나게 된다. 해당 전문가나 예술가들 사이에서 논의라도 된다면 수작(秀作)이라고 할 수 있다. 불멸의 작품을 남기는 사람은 정말 극소수에 불과하다. 정치, 경제, 사회의 영역에서 불멸의 업적을 남기는 사람 역시 극소수이다. 우리나라 역사 속 위대한 인물 가운데 평범한 국민이 그 이름과 업적을 기억하는 경우는 많지 않다. 신문의 1면을 장식하던 정치인 대다수는 세월이 지나면 대부분 잊혀진다. 불멸의 이름을 붙일만한 작품이나 업적을 남기는 사람도 극소수에 불과하며 세월이 지나면 그 또한 잊혀진다.

2007년 1월 2일 워싱턴포스트에 따르면, "버지니아주의 부자 동네인 페어팩스 카운티의 공립도서관들이 새로 개발된 컴퓨터 소프트웨어를 이용해 최근 2년간 아무도 찾지 않은 책들을 골라내는 시스템을 도입하였다. 이 시스템에 따라 고전은 물론 수천 권의 소설, 논픽션물이 제거 대상에 오르게 되었다. 여기에는 20세기 미국의 대표적 작가인 헤밍웨이의 『누구를 위하여 종을 울리나』, 1961년 작가 하퍼 리에게 퓰리처상을 안겨준 소설 『앵무새 죽이기』, 헨리 애덤스의 『교육론』, 에밀리 디킨슨의 시집도 들어 있다"고 하였다.[5]

작품이나 업적을 통한 불멸의 추구에 성공할 수 있는 사람은 77억 인구 가운데 1년에 몇 명 나올까 말까 할 정도로 극소수에 불과하다. 이렇게 불멸의 작품이나 업적이 나왔다 해도 새로운 문제가 있다. 작품의 불멸이 그 사람의 불멸이라고 말할 수 있을까? 즉, 주체에 대한 질문이 생겨날 수 있다. 베토벤의 교향악, 반 고흐의 그림, 셰익스피어의 비극은

---

5 「한경닷컴」 (2007. 1. 5.).

불멸한다고 말할 수 있을 것이다. 그러나 이러한 위대한 작품과 예술가는 같은 존재인가, 다른 존재인가? 작품이 불멸한다고 그 사람도 불멸한다고 말할 수 있는가? 반 고흐의 그림은 인류가 존속하는 한 불멸의 반열에 들어갔다고 할 수 있지만, 반 고흐 자신도 불멸한다고 말할 수 있는가? 살아생전 그림을 제대로 팔지 못하여 동생에게 늘 아쉬운 소리를 해야 했던 고흐, 밀려오는 삶의 고통을 견디지 못해 자신의 귀를 잘라 버렸고, 결국은 불행하게 삶을 마칠 수밖에 없었던 사람이 '인간 고흐'였다. 그는 과연 그러한 삶을 살 수밖에 없었던 자기 자신의 불멸을 원했을까? 불멸은커녕 70~80년 보통 사람 정도의 삶을 사는 것조차 견딜 수 없어 37세의 나이에 자포자기한 가운데 삶이 끝나지 않았던가? 불우했던 천재들의 삶의 이야기를 읽으면 그들이 남긴 작품의 위대함과 그 삶의 고통이 대비되면서 둘은 같은 존재인가 아니면 서로 다른 존재인가를 생각하게 된다. 위대한 창작물이 작가의 손을 통해 세상에 탄생하면 그것은 그 작가의 것이 아니라 비평가, 독자, 대중의 것이 된다. 따라서 작품의 불멸은 작가의 불멸이 되지 못한다. 도킨스는 문화적 유전자라 할 수 있는 '밈'의 불멸을 말하겠지만, 그것 역시 유전자의 불멸이라는 논리와 다를 바 없다. 위대한 업적을 남긴 사람들의 이름이 역사 속에 남아 있다는 점에서 불멸의 존재가 된 것을 완전히 부정할 수는 없다. 그러나 업적과 사람은 구분된 존재이다. 따라서 작품이나 업적의 불멸이 그 사람의 불멸과 완전히 동일시될 수는 없다.

## 4. 종교를 통한 불멸

### 종교와 불멸

모든 종교는 생명의 불멸을 말한다. 죽음 이후까지 이어지는 어떤 생명을 제시한다. 죽음이란 이승을 떠나 저승으로 가는 문이다. 죽음 이후에도 변화된 어떤 존재가 천국이나 지옥 혹은 이와는 다른 어떤 세상에서 살게 된다. 윤회설을 주장하는 종교에 따르면 이 세상에 살던 사람이 죽어서 다른 세상에서 다시 태어난다. 이러한 죽음과 환생은 반복된다. 그리고 다른 세상이란 이 세상과는 전혀 다른 어떤 세상일 수도 있고, 가까이 있는 다른 도시이거나 다른 나라일 수도 있다. 좀 더 구체적으로 표현하면 영국에서 살던 사람이 죽어서 인도에서 다시 태어날 수 있다고 말한다. 윤회에 의해 다시 태어날 때는 정체성은 다르지만 다른 인간으로 태어날 수도 있고, 가축이나 벌레와 같은 전혀 다른 존재로 태어날 수도 있다. 죽음 이후의 세계나 존재 양태는 종교에 따라 다르지만 죽음 이후에도 이어지는 어떤 생명이 있다고 주장하는 점에서는 모든 종교가 공통적이다. 공자님께서는 제자 계로가 죽음에 대해 물었을 때 "미지생언지사"(未知生焉知死, 삶에 대해서도 알지 못하는데 죽음에 대해서 어찌 알겠느냐)라고 답변하였다. 이 말속에 들어있는 깊은 의미를 우리가 충분히 이해하지는 못한다. 그러나 분명한 것은 공자께서 죽음에 대해서 알지 못한다고 말씀하셨기 때문에 유교는 종교로서의 성격이 현저하게 약해졌고, 사상·철학·윤리적인 측면으로 발전해 나갔다. 모든 종교 속에는 죽음 이후에 대한 가르침이나 지침이 있다. 종교의 가르침에 따르면 모든 인간은 죽음 이후에도 어떤 형태로든지 존속한다. 따라서 모든 인간은 불멸의 존재이다.

모든 생명 속에는 소멸하지 않고 존재하고자 하는 의지가 들어 있다. 살려고 하지 죽으려고 하지 않는다. 죽음은 어쩔 수 없이 당하는 것이지 원해서 죽는 사람은 없다. 몸이 병들고 약해져 더 이상 작동하지 않아 죽는 것이다. 육신의 작동이 멈추는 과정에서 너무나 고통이 크기 때문에 그 고통에서 벗어나려고 죽는 것이다. 사고나 재난을 피하지 못해서 어쩔 수 없이 죽는 것이지 죽고 싶어 죽는 사람은 없다. 그런 점에서 모든 생명 있는 존재들은 불멸을 추구한다. 모든 생물은 번식을 통해 불멸을 추구하고, 인간들은 후손들을 통해서 불멸을 추구한다. 소수의 위대한 인물은 작품이나 업적을 통해서 불멸을 추구한다. 그러나 이렇게 추구하는 불멸에는 앞서 살펴본 바와 같이 여러 가지 한계가 있다. 즉, 불멸의 주체와 관련된 문제가 나타난다. 특별히 개체의식이 발달한 인간의 경우 불멸의 주체 문제는 더욱 중요하다. 이런 점에서 종교는 불멸의 주체를 분명히 제시한다. 죽어서 천국에 가는 자나 지옥에 가는 자는 다른 어떤 존재가 아니라 지금 살아있는 '그'이다. 죽은 다음 윤회의 바퀴를 통해서 환생하는 자 역시 지금 살아있는 '그'이다. 죽어 천국이나 지옥 아니면 또 다른 어떤 저승 세계에 간 존재는 불멸의 존재다(불멸이 아니라면 최소한 이 세상에서 살아간 시간보다 더 긴 시간을 산다). 환생하는 존재는 환생의 횟수만큼 더 긴 시간 존재하면서 불멸한다.

모든 종교적 관념 체계는 불멸의 속성을 간직하고 있다. 모든 종교적 관념들(ideas), 즉 신, 내세(천국과 지옥), 영혼, 부활, 진리, 구원, 영생, 윤회, 도(道, logos), 하늘, 운명, 전지전능(全知全能), 우주 창조 등과 같은 관념은 모두 불멸과 연관된다. 종교적 관념 자체는 종교마다 서로 다르고, 다양하면서도 복잡한 형태를 띠고 있다. 그러나 종교의 중심 관념(교리, 가르침)은 항상 불멸의 요소를 띠고 있다. 문명의 여명이 밝은 후에 형성된 가장 오래된 제도는 가족 제도와 종교 제도이다. 이 두 제도는 가장 원시적인 사회에서부터 형성되었다. 그 이유는 무엇인가? 생명 속에는 번식과 불멸을 향하는 에너지가 들어 있기 때문이다. 생명이 가진 번식의 에너지가 남녀의 결합에 의해 이루어지는 가족 제도를 만들었다. 그리고 생명이 가진 불멸의 에너지가 종교라는 제도를 만들었다. 모든 종교는 어떤 형태이든 불멸의 소망을 준다. 그리고 종교가 가진 불멸의 소망은 종교의 다양한 기능 수행의 기초가 된다. 즉, 힘들고 어려운 상황 속에서도 인간이 간직하는 위로, 인내, 기쁨, 감사 등은 종교의 심리적 기능이다. 종교를 통해서 나타나는 헌신, 사랑, 희생, 용서 등은 종교의 사회적 기능이며, 종교적 계명과 율법은 종교의 도덕적 기능이다. 이처럼 생명과 죽음은 종교를 고리로 하여 불멸과 구원으로 연결된다. 그리고 종교적 구원과 불멸은 종교의 다양한 기능과 존재 이유의 근거가 된다.

불멸의 추구는 죽음을 극복하고 초월하는 가장 강력한 능력이다. 앞서 말한바 '죽음에의 무신경', '삶에의 몰입', '정리를 통한 삶의 영역 확장' 등의 방법보다 훨씬 더 강력한 극복의 수단이다. 불멸의 추구는 죽음을 피하는 것이 아니라 죽음과 대면하고 넘어가는 방법이기 때문이다. 불멸의 추구 가운데 가장 강력한 힘을 가진 것이 종교이다. 후손을 통한 불멸이나 예술 작품, 업적 등을 통한 불멸은 주체가 자신이 아니라 후손이며(혹은 대를 이어감에 따라 배우자에 의해 희석되는 DNA이며), 자신의 작품이나 업적이다. 그러나 종교를 통한 불멸의 주체는 자기 자신이다. 천국에서 영생의 복을 누리는 것은 자신의 영혼이며, 부활하여 다시 살아나는 것은 자신의 몸이다. 신선이 되어 무릉도원에서 사는 것도 자기 자신이며, 미망의 윤회 바퀴를 벗어나 진리의 세계로 안착하는 것도 자신의 참 자아이다.

그뿐 아니라 종교적 불멸의 관념은 종교 제도와 전통에 의해 강력한 지지를 받고 있다. 예를 들어 "예수 그리스도를 믿음으로 구원을 받아 영생한다"는 그리스도교 불멸의 관념(교리)은 책 가운데서 인류에게 가장 강력한 영향력을 행사한 '성경'에 근거한다. 세계에서 가장 오래되고 가장 많은 구성원을 포괄하는 가톨릭교회와 다양한 그리스도교 교회라는 제도의 지원을 받고 있다. 이 불멸의 관념은 수많은 세계적인 예술 작품과 전통에 스며들어 강력한 문화의 형태를 띠면서 살아 움직이고 있다(신의 존재를 부정한 리처드 도킨스의 표현을 빈다면 강력한 문화적 '밈'이 되었다). 이슬람교, 불교, 힌두교, 유대교 등에서 말하는 불멸의 관념 역시 정도의 차이만 있을 뿐 해당 종교의 경전, 제도와 조직, 전통과 문화의 강력한 지지를 받고 있다. 따라서 종교는 불멸의 추구를 통한 죽음 극복의 가장 강력한 수단과 도구가 된다.

### 종교적 불멸 이해의 방법론적 문제

종교를 통해 불멸을 추구하여 죽음을 극복하려면 넘어야 할 어려운 장애물이 있다. 모든 종교가 불멸에 대한 가르침으로 죽음 이후의 세계를 말하고 있다. 죽음 이후의 저승, 천국이나 지옥, 환생이나 부활 등에 대해서 말한다. 그런데 문제는 죽음 이후의 세계를 어떻게 알 수 있느냐이다. 죽음 이후의 세계에 대한 진술의 대표적인 예를 들어보면 다음과 같다. 먼저 어떤 신비한 체험을 통해서 천국 혹은 저승 세계를 다녀왔다는 것이다. 이러한 체험의 가장 흔한 형태가 임사 체험이다. 의술의 발달에 따라 죽음 직전의 단계까지 이르렀다가 다시 회복하는 사례가 많이 나타나고 있다. 이렇게 죽음 직전까지 갔다가 회복한 사람들 가운데 적지 않은 사람들이 의식을 잃었을 때의 상태에 대해서 진술했다.

즉, 죽고 난 다음에 자신의 몸에서 자신의 어떤 것(영혼과 같은 것)이 빠져나오는 경험을 한다. 그리고 몸에서 빠져나온 자신이 캄캄한 터널 같은 곳을 지나게 되고, 터널을 빠져나왔을 때 갑자기 환한 빛이 나타난다. 그리고 천국과 같은 아름다운 경관이 펼쳐지고, 고인이 된 조부모, 부모, 형제, 친지들이 자신을 환영하러 나온다. 기뻐하며 그들을 만나고, 그들과 일정한 시간을 보내게 된다. 그 시간이 지난 다음 순간적으로 자신의 몸으로 돌아오게 되고, 깜짝 놀라 눈을 뜨게 된다. 개인과 문화에 따라 진술의 차이가 있지만 대체로 이러한 패턴을 보인다.

다음으로 꿈이나 환상 가운데서 죽음 이후의 세계(천국 혹은 지옥)를 다녀왔다는 사람들이 있다. 스베덴보리 같은 인물은 수십 년의 세월 동안 여러 차례에 걸쳐 천국 혹은 지옥을 다녀왔고, 수많은 사람과 천사를 만나 보았다고 한다. 우리나라의 신성종 박사는 여러 날에 걸쳐 같은 꿈을 꾸면서 천국과 지옥을 경험했다고 한다. 그런가 하면 최면술을 이용하여 전생의 기억이 살아나 여러 차례 환생한 이야기를 하는 사람도 있다. 그리고 자신이 환생했다고 주장하는 아이를 데리고 전생에 살았던 장소를 찾아갔을 때 그곳 사람이나 시설물의 형태를 신기하게 맞추었다는 진술도 있다.

이러한 체험과 관련하여 해석은 엇갈리고 합의를 보지 못하고 있다. 어떤 사람들은 그것이 사후생이나 전생의 모습이라고 말한다. 반면에 다른 사람들은 죽음 가까이 간 상황이나 꿈속에서 특별하게 경험한 뇌신경의 교란 현상이라고 말한다. 의사나 과학자들 사이에서도 이 현상에 대한 해석에서 합의를 보지 못하고 전혀 다른 주장을 하고 있다. 어느 편의 입장에 서든 인지론(認知論)적인 난점이 있다. 먼저 임사 체험, 꿈, 환상 등을 통해 경험한 것이 사후생(死后生)이나 환생이라고 해석하는 경우 가장 큰 난관은 그것을 확증할 마땅한 방법론이 없다는 것이다. "사후생이 확실한 사실이라면 죽음 가까이 갔다가 깨어난 사람 가운데 대다수 사람은 왜 그러한 세계를 경험하지 못했는가? 오직 소수의 사람만 그런 경험을 하였는가?"와 같은 질문에 답변하기가 쉽지 않다. 사후 세계나 환생이 확실한 사실이라면 환상이든, 최면술이든, 꿈이든, 그 어떤 방법이든지 그 방법을 통해 다수의 사람이 그 세계를 경험할 수 있어야 하는데 실질적으로는 극소수의 사람만 경험하였다. 우주 가운데 있는 별은 그것이 아무리 멀리 있는 별이라도 일정한 도구와 일정한 방법을 사용하면 누구나 관찰할 수 있다. 그러나 죽은 다음에 누구나 가게 될 사후의 세계를 다수의 사람이 미리 반복적으로 경험할 방법이 없다. 이것이 사후 세계의 경험을 확증하려고 할 때 부딪히는 가장 큰 난점이다. 그래서 소수의 사람이 경험했다는 사후 세계나 환생을 뇌신경 의 교란이나 환각으로 취급한다.

그러나 임사 체험, 꿈, 환상 등을 통한 사후 세계의 경험을 뇌신경 교란이나 환각으로 취급하는데도 풀 수 없는 난점이 있다. 먼저는 사후 세계 경험에 대한 진술이 너무나도 구체적이고 정교하며 논리적이라는 것이다. 뇌신경의 교란으로 나타나는 환각이나 꿈을 통해서는 결코 그렇 게 정교하고 논리적인 묘사를 할 수 없다. 어떤 사람은 보고하는 사람이 지어내서 그럴듯하게 거짓말을 한다고 말할 수도 있을 것이다. 그러나 임사 체험이나 환상을 통해서 사후 세계를 경험한 사람 가운데 많은 사람은 허황된 거짓말을 해야 할 동기도 없고, 그런 거짓말을 통해서 얻을 수 있는 이익도 없다. 심지어는 사후 세계를 믿지 않았던 사람들도 있다.

사후 세계의 경험을 뇌신경 교란이나 환각으로 볼 때 직면하는 또 하나의 어려움은 그러한 경험자가 이 땅 위에서 경험한 것 가운데 설명이 불가능한 일이 많이 있다는 것이다. 예를 들어 사고를 당해 병원에 실려와 의식을 잃은 채 수술대 위에 누워있을 때 자신의 몸에서 무엇인가가 빠져나가는 것을 느꼈고, 그 빠져나간 존재가 위에서 죽어가는 몸을 내려다본다. 그리고 의료진들이 행한 행동이나 말을 세세하고 정확하게 보고 들었다가 나중에 깨어난 다음에 그대로 진술한다. 심지어는 후천적 시각장애인으로서 임사 체험을 한 사람이 병실 안에 있는 기구의 색깔이나 의료진의 옷 색깔을 정확하게 말하는 경우가 있다. 그리고 몸에서 빠져나온 자신의 영혼이 아주 먼 거리에 있는 자기 가족을 순간적인 공간 이동으로 찾아간다. 그리고 그가 그 시간 했던 행동을 후에 정확하게 진술하기도 한다. 이러한 진술은 그 진위를 쉽게 확인할 수 있다. 임사 체험에 의한 사후 세계 경험자가 이 세상을 떠나기 전에 경험했던 특별한 경험들은 환각이나 뇌신경 교란으로는 설명할 수 없다.

죽음 후의 세계를 엿볼 수 있고, 종교에서 말하는 내세에 대해서 추론할 수 있는 임사 체험, 환상, 꿈, 전생 체험 등에 관심을 가지고 연구하는 심리학의 분과 학문이 초심리학(parapsychology)이다. 이러한 초심리학의 연구 결과에 대해서 많은 비판이 나오지만, 그렇다고 해서 그것이 완전히 부정되지도 않는다. 이 세상에는 경험과학으로 탐구하거나 설명할 수 없는 많은 문제가 있다. 그 대표적인 문제가 죽음과 사후 세계이다. 인간의 죽음 이전 단계 모습이나 죽어가는 반응은 객관적이고 과학적으로 연구할 수 있다. 그러나 죽음 이후의 인간 존재에 대해서는 경험과학이 확증하여 그 진위를 말하지 못하고 있다. 따라서 종교를 통한 불멸의 추구가 어떤 내용인지를 말할 수 있지만, 그것의 진위를 판정하지는 못한다. 죽음의 본질과 죽음 이후의 세계는 경험과학의 영역

밖에 있다. 그렇다고 해서 인간에게 중요하지 않은 것은 아니다. 역사철학, 삶의 궁극적 의미, 가치의 문제 등은 모두 경험과학의 영역 밖에 있지만, 인간이 쉽게 외면할 수 없는 심각하고 중요한 문제이다. 이와 마찬가지로 죽음과 죽음 후의 세계 역시 경험과학의 방법으로 인식하거나 설명할 수 없지만 여전히 중요한 문제이다. 종교는 이 문제에 대해서 경험과학이 주지 못하는 그 나름의 해답을 준다. 죽음과의 거리가 가까워지면 가까워질수록 종교 혹은 철학(형이상학)이 제시하는 답변을 거부하거나 받아들여야 하는 선택의 기로에 서게 된다.

종교적 가르침과 수행을 통한 불멸의 추구는 보통 사람에게도 가능한 일이다. 불멸의 업적이나 위대한 작품을 남긴 위인들에게만 가능한 것이 아니다. 지극히 평범한 사람도 믿음으로 천국에 가서 영생의 복을 누릴 수 있다. 그리고 인류의 문명과 함께한 종교는 전통, 문화, 제도, 경전 등의 지지를 받고 있다. 따라서 종교를 통한 불멸의 추구는 가장 손쉽고 일반적인 길이다. 그렇지만 종교에서 말하는 천국과 같은 불멸의 관념은 과학이 발전하고 세속화의 물결이 거센 현대 사회에서 끝없이 도전받고 있다. 그러나 과학으로 설명할 수 없는 어떤 사건이나 체험들은 이러한 도전에 강력하게 저항하고 있다. 종교적 불멸의 추구는 가장 오래되고 일반적이지만, 현대 사회에서 가장 도전받는 길이기도 하다.

# 4장
## 죽음의 세계관

　모든 학문에 공통으로 요구되는 것은 대상과 개념, 이론과 방법론이다. 학문의 발전이란 이론, 방법론, 대상, 개념의 발전이라 해도 과언이 아니다. 죽음학 속에는 생물학이나 의학과 같은 자연과학, 자연과학을 향해 걸어가는 심리학 그리고 철학·역사학·종교학·신학과 같은 인문학, 사회학이나 사회복지학과 같은 사회과학 등의 요소가 복합적으로 들어 있다. 따라서 죽음학은 죽음이라는 연구의 대상은 분명하지만 이론, 방법론, 개념 등에 있어서 매우 복잡하고 혼란스럽다. 여기서는 이러한 죽음학의 취약점을 개선하고 학문적 기초를 세우기 위한 첫걸음으로 죽음의 세계관과 유형에 대해서 살펴보고자 한다.

　모든 인간에게 가장 보편적인 죽음을 이해하고 그 죽음에 잘 대응하기 위해서는 죽음의 세계관에 대한 이해가 필요하다. 세계관은 세계를 보는 시각이며, 세계를 이해하기 위한 선이해(先理解) 혹은 근본 전제이다. 따라서 세계관은 종교나 철학(형이상학)과 가깝고, 경험과학과는 거리가 있다.[1] 우리가 죽음을 이해하기 위해서는 의학, 생물학, 심리학, 사회학 등과 같은 경험과학을 넘어선 죽음의 세계관을 이해해야만 한다. 의학과 같은 경험과학은 죽음 가까이 있는 인간 혹은 죽어가는 인간, 그러므로 아직은 살아있는 인간을 이해하는 데는 매우 유용한 방법이다. 그러나 죽음 그 자체의 의미, 죽음의 근본적 원인, 죽음 이후의 상태 등을 이해하는 데는 한계가 있다. 경험과학이란 동일한 조건에서 동일한 방법을 사용하여 관찰할 때 동일한 결과(최소한 의미 있는 확률로 나타나는 결과)가 나오는 것을 확인할 수 있을 때 가능하다. 그런데 죽음의 의미나 죽음 이후의 존재와 관련해서는 확립된 관찰 방법이 없다. 더욱이 죽음 이후 세계의 경우 관찰 자체가 불가능하다.

죽음의 의미나 죽음 이후 세계를 경험과학으로 접근하는 것이 불가능하지만, 그렇다고 그것이 무가치하거나 무의미한 대상은 아니다. 나이가 들어갈수록 또한 죽음과의 거리가 가까워질수록 인간은 죽음의 의미와 죽음 이후 세계에 더 많은 관심을 기울이고 그 의미를 질문하게 된다. 그러나 경험과학은 그것에 대한 답변을 주지 못한다. 그 답변은 신화, 형이상학, 철학, 종교 등에서 찾을 수 있을 뿐이다. 그리고 죽음의 본질, 의미, 죽음 후의 세계에 대한 답변을 체계적이고 구조적으로 정리해 놓은 것이 죽음의 세계관이다.

죽음의 세계관을 역사철학이나 형이상학과 비교할 수 있다. 인간의 목적, 삶의 의미와 같은 형이상학적 질문은 경험과학이 관찰과 추론을 통해 답변할 수 없다. 그러나 인간의 목적과 삶의 의미에 대한 질문은 계속되고 있으며, 그 답변의 여부에 따라 개개인의 삶이 더 나가서 문명 자체가 영향을 받을 수 있다. 우리는 아우구스티누스의 '신의 나라가

1 최용준, 『도전하는 현대의 세계관』 (서울: 예영커뮤니케이션, 2020), 10-23.

이루어지는 과정으로서의 역사', 헤겔의 '자유의 확산으로서의 역사', 함석헌의 '세계 문명의 하수구로서 고난의 한국 역사' 등과 같은 역사철학의 명제를 경험과학이나 실증사학으로 증명할 수도, 부정할 수도 없다. 그러나 역사철학이 없다면 인간의 역사는 무질서하고 우연한 집합에 불과하고, 그 방향이나 의미를 말할 수도 없을 것이다. 이와 마찬가지로 죽음의 세계관 역시 그 내용의 진위를 경험과학으로 확증하기 어렵다. 그러나 죽음의 세계관이 있어야 죽음을 더 잘 이해하고 준비할 수 있으며, 죽음 너머에 대한 소망과 꿈을 간직할 수 있다. 그러므로 죽음학에서는 죽음의 세계관에 대한 논의가 반드시 필요하다.

죽음의 세계관 가운데 가장 보편적이고 이해하기 쉬운 것은 죽음을 문으로 보는 세계관이다. 즉, 죽음을 현세에서 내세로 가는 문(門)으로 규정한다. 이렇게 죽음을 문으로 규정할 때 여기에는 세 종류의 죽음의 세계관이 나올 수 있다. 첫째, 죽음은 현세의 삶이 끝나는 마지막 벽일 뿐 내세로 가는 문이 아니다. 내세로 가는 문은 없고, 죽음의 벽 앞에서 현세의 삶은 끝난다. 이러한 세계관을 '죽음 벽(壁) 세계관'이라고 부를 수 있을 것이다. 우리 주변에서 많이 볼 수 있는 세속적 · 물질주의적 · 기계론적 세계관이 여기에 해당한다. 둘째, 죽음은 내세로 가는 수많은 문 가운데 하나이다. 인간은 죽음의 문을 열고 다음 세상으로 가며, 그 세상에서의 삶을 마치면 또 다른 죽음의 문을 열고 그다음 세상으로 간다. 이러한 세계관을 '죽음 다문(多門) 세계관'이라고 부를 수 있다. 죽음과 관련된 윤회설 혹은 뉴에이지의 세계관이 여기에 해당한다. 셋째, 죽음은 내세로 가는 하나의 문이다. 인간은 죽음의 문을 열고 내세로 가면 그곳에서 이 세상에서의 삶과 관련하여 심판을 받고, 천국(낙원)이나 지옥(명부)에 머물게 된다. 이러한 세계관을 '죽음 일문(一門) 세계관'이라고 부를 수 있다. 죽음과 관련된 기독교의 세계관이 대표적인 예이다. 이처럼 "내세로 가는 문은 없다", "내세로 가는 문은 여러 개다", "내세로 가는 문은 하나다"라는 기준에 따라 죽음의 세계관을 분류할 수 있다.

## 1. 죽음, 열린 문(門)이 아닌 닫힌 벽(壁)

죽음의 가장 객관적이고 경험적인 모습은 육체의 생명 작용이 이어지지 못하고 끝이 난다는 것이다. 즉, 죽음이란 육체의 생리적 기능이 중단되고 육체에 물리·화학적인 변용(즉 부패)이 일어나 예전의 상태로 되돌아오지 못한다는 의미다. 육체의 생명 작용이 끝나는 것이 죽음이라는 사실은 모든 사람이 다 받아들인다. 그러나 "육체의 생명 작용이 끝나면 한 인간의 생명이 완전히 끝나는가" 하는 문제와 관련해서는 의견이 일치하지 않는다. 어떤 사람은 "그렇다"라고 말하며, 다른 사람은 "그렇지 않다"라고 말하며, 또 다른 사람은 "알 수 없다"고 말한다. 육체의 생명 작용이 끝나는 것을 인간 존재의 끝으로 본다면, 죽음이란 다른 생명 혹은 새로운 생명으로 나가는 문이 되지 못한다. 육체의 생명이 끝나는 동시에 인간 생명, 곧 인간 존재가 끝나게 된다. 그러므로 죽음은 한 생명이 새로운 생명으로 향하는 문이 아니라 생명이 더 이어가지 못하고 끝나는 벽이 된다.

## 1) '죽음 벽(壁) 세계관'의 의미

### 죽음을 벽으로 보는 세계관

죽음이 새로운 생명의 문이 아니라 벽이라는 세계관은 인간 문명의 여명기에서 시작하여 현재까지 동서고금을 막론하고 많이 찾아볼 수 있다. 최근 들어 세계적으로 명성을 가진 인물들이 죽음은 생명과 인간 존재의 끝이라는 죽음 벽 세계관을 주장하였다. 수학자요 철학자이며 평화운동가인 영국의 버트런드 러셀(Bertrand Russel)은 그의 유명한 연설문 "나는 왜 기독교인이 아닌가"에서 창조주 하나님과 구원자 예수 그리스도를 부인하며, 신이 만든 천국과 지옥도 부인한다. 따라서 육신의 죽음은 그 개인 존재의 끝이며, 아무리 큰 업적을 남긴 위대한 인물이나 위대한 사상가라 할지라도 그 개인의 삶이 무덤을 넘어 죽음 이후까지 계속될 수 없다고 주장하였다.[2]

세계적인 물리학자 스티븐 호킹 박사는 영국 일간 가디언과의 인터뷰에서 "천국이나 사후 세계가 우리를 기다리고 있다는 믿음은 죽음을 두려워하는 자들이 꾸며낸 '동화'에 불과하다", "죽기 직전 마지막으로 뇌가 깜빡거리는 순간 이후에는 어떤 것도 없다"고 말했다. 그는 부속품이 고장 나면 작동을 멈추는 컴퓨터에 인간의 뇌를 비유하면서 "고장 난 컴퓨터에 천국이나 사후 세계가 있을 수 없다"고 하였다.[3]

죽음은 생명의 벽이라는 입장을 가장 체계적이고 대중적으로 주장하는 인물은 셸리 케이건이다. 그는 예일대 교수로서 1995년부터 죽음에

---

2 버트런드 러셀/송은경, 『나는 왜 기독교인이 아닌가』 (서울: 사회평론, 2005).
3 이에스더, "스티븐 호킹 '천국·사후 세계는 없다'," 「중앙일보」 (2011. 5. 17.).

대한 강좌를 담당하여 많은 사람의 관심을 받았다. 그의 강의 내용을 『죽음이란 무엇인가』라는 제목의 책으로 발간하였는데 그것은 세계적인 베스트셀러가 되었다. 한국에서도 2012년 번역 출간되어 2020년에 초판 52쇄를 내는 기염(氣焰)을 토하였다.

'죽음 벽 세계관'이 가진 가장 중요한 특징은 물질주의적 세계관이다. 인간은 물질로 이루어져 있고, 인간의 정신작용이나 지 · 정 · 의(知·情·意)와 같은 인격적인 활동은 물질인 육체의 기능에 불과하다. 그러므로 물질인 육체가 죽음과 함께 소멸되면 육체의 기능인 정신이나 인격도 소멸할 수밖에 없다. 따라서 육체가 소멸한 후 죽음의 문을 열고 새로운 생명으로 가는 어떤 존재(영혼과 같은 존재)란 존재하지 않는다.

### '죽음 벽 세계관'의 배경

이러한 '죽음 벽 세계관'은 현대 사회에서 압도적인 영향력을 행사하고 있다. 심지어 스스로 신앙인이라고 생각하며 특정 종교에 소속된 사람 가운데도 이러한 세계관을 가진 이가 적지 않다. 이러한 세계관이 현대 사회에서 강한 영향력을 행사하는 데 작용한 가장 중요한 두 가지 배경은 세속화와 과학의 발달이다. 세속화란 사회제도와 가치가 신앙에서 멀어지고 분리되고 독립적으로 되며, 세속적 가치가 영적 · 종교적 가치보다 우위에 서는 것을 말한다.[4] 현대 문명이 세속화됨에 따라 많은 사람은(심지어는 신앙인들까지도) 삶과 죽음의 모든 문제를 이해할 때 영적이고 종교적인 방식이 아니라 물질적이고 세속적인 방식으로 접근한다. 이러한 접근을 추동하는 강력한 힘이 과학의 발전이다.

---

4 이원규, 『종교의 세속화』 (서울: 대한기독교출판사, 1987), 9-14.

과학은 물질적이고 경험적인 문제를 다룬다. 비물질적이고 인간의 감각 기관으로 경험할 수 없는 문제들은 과학의 영역에서 배제된다. 따라서 신의 존재나 죽음 이후의 문제 등은 과학에서 다루지 않는다.

과학은 인간과 세계를 이해하는 방법 가운데 하나이다. 그런데 근대 사회가 형성되면서 과학은 인간과 세계를 이해하는 방법 가운데 '가장 뛰어난 방법'으로서의 지위를 얻게 되었다. 그리하여 정치 사상은 정치학이 되었고, 사회철학은 사회학으로 발전하였으며, 윤리학은 심리학으로 대체되기 시작했다. 종교와 신앙의 문제는 종교학과 인류학의 영역으로 들어오게 되었다. 즉, 철학과 종교의 중요한 과제들이 과학의 영역으로 넘어오게 되었다. 그리고 인간과 세계를 이해하는 데 가장 뛰어난 방법이라는 지위를 차지한 과학, 그 과학의 방법으로 설명할 수 없는 현상은 비합리적이고 무가치한 것으로 취급되었다. 그리하여 사회학의 기초를 놓은 에밀 뒤르켐은 종교를 사회학적 방법, 즉 과학적 방법으로 연구하면서 "과학과 어긋나는 종교적 신념은 앞으로 존재하기 어려울 것"이라고 하였다.[5]

'죽음 벽 세계관'은 종교의 힘이 약해진 세속화와 현대 사회의 지식과 방법론의 총아인 과학을 배경으로 하고 있다. 그 결과 현대 사회에서 가장 강력한 영향력을 행사하는 죽음의 세계관이 되고 있다. 이러한 세계관이 현대 사회에서 큰 영향력을 행사하고 있지만, 그 안에는 많은 문제점이 포함되어 있다. 세계관이란 과학적 지식과 달리 그 진위를 논증할 수 있는 것이 아니다. 세계관을 이해할 때는 그것이 가진 설득력의

---

5 에밀 뒤르켐/민혜숙 · 노치준, 『종교생활의 원초적 형태』(서울: 한길사, 2020), 793-800.

정도가 중요한 문제이며, 설득력이 큰 세계관이 사람들에게 수용된다. 이렇게 수용된 세계관은 가치, 관습, 문화 등의 형태로 사회적 영향력을 행사하게 된다. 그리고 그 영향력이 일정 수준 이상 커지면 세계관은 '집합 표상'(collective representative)이 되고, 개인의 외부에 있으면서 개인에게 강제력을 행사할 수 있는 사회적 사실(social fact)이 된다.[6] 그러므로 현대 사회에서 큰 영향력을 행사하고 있는 죽음 벽 세계관의 성격과 문제점을 고찰하는 것은 죽음 연구의 중요한 관심사가 된다.

## 2) '죽음 벽 세계관'의 문제

우리는 벽으로서의 죽음 세계관이 강력한 영향을 행사하는 시대에 살고 있다. 이러한 죽음 벽 세계관의 진위(眞僞)의 문제를 따지는 것은 현재로서는 불가능하다. 왜냐하면 현재의 인간은 죽음 이후의 세계를 관찰할 수 있는 객관적이고 합의된 방법론을 가지지 못하기 때문이다. 그러나 죽음 벽 세계관 자체의 진위를 판단하는 것은 불가능하다 해도 그것이 가진 기능적·도덕적·정신적 장단점에 대해 생각해 볼 수 있다.

### '죽음 벽 세계관'의 비종교적 특성

대다수 종교는 죽음 이후에도 어떤 세계가 있음을 전제한다. 육신의 죽음으로 인간의 생명과 존재가 끝나는 것이 아니라 죽음 이후의 세계가 있음을 말한다. 예수께서 마지막 십자가 위에서 우편에 있는 강도를 향해서 "오늘 네가 나와 함께 낙원에 있으리라"(눅 23:43)고 말씀하셨다.

---

6 에밀 뒤르켐/민혜숙, 『사회학적 방법의 규칙들』(고양: 이른비, 2021).

십자가 위에서 마지막 육신의 죽음을 맞이한 강도에게 "네 육신이 지금 십자가 위에서 죽지만 너는 그 죽음을 넘어서 오늘 나와 함께 낙원에 있을 것이라"는 말이다. 이 약속을 받은 강도가 십자가 위에서 죽는 것은 벽이 아니다. 그것은 낙원으로 들어가는 문이다. 현재 세계에서 가장 많은 신도를 보유하고 있는 그리스도교(천주교, 개신교, 정교회)는 죽음 이후의 천국과 지옥, 죽은 자의 부활을 믿고 있다. 세계에서 두 번째로 많은 신도 수를 보유한 이슬람교 역시 죽은 후에 들어갈 내세 혹은 영생을 '알 아키라'라고 부르면서 이슬람 신앙의 중요한 기둥으로 삼고 있다. 죽음이란 인간 삶의 종말이 아니라 또 다른 차원의 삶의 문을 여는 것이다.7 힌두교와 불교에서는 죽음이 끝이 아니라 윤회에 의한 새로운 생명의 시작이라고 말한다.8 무교(巫敎)에서는 죽음 후에 저승으로 가고, 도교에서는 죽음 이후 무릉도원으로 간다. 종교적인 색채가 가장 엷은 유교에서도 사람이 죽으면 혼과 백이 분리되어 혼은 천상으로 가고, 백은 지하로 간다. 그리고 제사를 지낼 때 혼과 백이 돌아와 결합한다.9

이처럼 인류가 가진 모든 종교는 '죽음 이후의 삶'을 말한다. 그리고 죽음 이후의 삶에 대한 가르침은 종교의 가장 중요한 요소 가운데 하나이다. 죽음 이후의 삶이 무엇이며, 그것을 어떻게 준비해야 할 것인가의 문제는 종교의 보편적이고 공통적인 중요 과제이다. 죽음 이후의 삶에

---

7 이희수, "이슬람교: 죽음, 고차원적 삶의 양태," 한국종교학회편, 『죽음이란 무엇인가』 (서울: 도서출판 창, 1990), 234-241.

8 이지수, "힌두교: 윤회와 불사의 길," 한국종교학회편, 『죽음이란 무엇인가』, 119-126; 황명환, 『죽음 인문학』 (서울: 두란노, 2019) 168-173.

9 황명환, 『죽음 인문학』, 104-107.

대한 가르침 없는 종교는 종교로서의 존재 가치를 상실할 수밖에 없다. 그런데 죽음 벽 세계관에서는 '죽음 이후의 삶'을 부정한다. 따라서 이 세계관은 종교의 가장 중요한 측면을 부정하는 것이다.

종교적 관념(ideas), 즉 종교적 교리나 가르침은 독립적으로 존재하는 것이 아니라 서로 연결되어 있다. 종교적 관념 가운데 죽음과 내세에 대한 가르침은 다른 모든 가르침의 중요한 토대와 근거가 된다. 천국과 부활이 없는 기독교는 평범한 도덕론이 될 수밖에 없고, 믿음과 헌신의 에너지를 만들어 내지 못한다. 따라서 죽음 이후의 삶을 부정하는 죽음 벽 세계관은 종교 전체를 부정하는 것이나 다름없다. 즉, 내세가 부정되면 신이나 진리, 법(法)과 같은 종교의 본질이 부정될 수 있다. 더 나가서 사랑, 자비, 공의, 헌신, 소망, 인내, 나눔 등과 같은 종교의 기능까지도 흔들릴 수 있다. 종교를 아편으로 생각하거나 종교를 부정적으로 보는 사람은 죽음 벽 세계관이 종교의 기초를 흔들어 놓는 것을 환영할 수도 있을 것이다. 그러나 종교가 무너지면 인간은 죽음을 대처할 수 있는 가장 중요한 문화적 자산을 잃게 된다. 그리고 죽음 벽 세계관은 죽음 불안(두려움, 허무함)의 문제를 해결하는 일에 아주 취약하다. "천국에서 예수님이 기다리고 계십니다. 천사가 당신을 천국으로 인도해 주실 것입니다"라는 말에 감동을 받아 담담히 죽음을 맞이할 사람은 많다. 그러나 "죽음이란 컴퓨터가 고장이 나서 쓰지 못하게 되는 것과 같습니다. 당신의 몸이 고장이 나서 쓰지 못하게 되었습니다"라는 호킹 박사의 말에 감동되어 죽음 앞에 담담히 설 수 있는 사람은 별로 없다.

## 과학과 과학주의의 문제

과학 문명의 시대를 사는 우리는 죽음 벽 세계관을 이해하기 위해서 과학과 과학주의 사이의 차이를 분명히 알아야 한다. 과학은 인간 자신과 인간이 경험하는 세상을 기술하고(describe), 설명하고(explain), 해석하는(interpret) 하나의 방법이다. 또한 인간이 감각기관을 통해서 경험할 수 있는 현상만을 그 연구 대상으로 한다. 감각기관을 통해서 경험할 수 없는 현상은 연구 대상으로 삼지 않는다. 그러므로 신의 존재, 천국, 사후생(死後生) 등과 같은 문제는 과학의 연구 대상이 되지 않는다. 이런 문제는 인간의 감각기관을 통해 경험할 수 있는 현상이 아니기 때문이다. 따라서 과학자는 이런 문제에 대해 개인적인 의견을 가질 수는 있지만, 과학의 이름으로 그 존재 여부를 판단하지 않는다.

또한 과학은 현재 받아들여지는 과학적 사실이 완전한 것은 아니며 언제든지 변할 수 있다고 믿는다. 과학사가 겸 과학철학자인 토마스 쿤은 과학적 진리가 안정적이고 일직선적이며 누적적으로 발전한다는 기존의 견해를 거부하였다. 그는 '정상과학'(正常科學)과 '패러다임'(paradigm)이라는 용어를 사용하여 과학의 역사 속에 나타나는 불연속성을 지적하였다.[10] 그는 특정 시기의 대다수 과학자가 인정하고 받아들이는 과학적 명제에 따라 만들어지는 과학의 흐름을 정상과학이라 하였다. 이러한 정상과학은 과학자들이 보편적으로 받아들이는 이론의 틀, 즉 패러다임을 구성하게 된다. 그러다가 정상과학의 패러다임에 맞지 않는 현상들이 등장하고, 그것의 연구가 축적되면 어느 순간 패러다임이 바뀌게 된다. 그러면 기존의 정상과학은 이제 그 우월적 지위를 유지하지

---

10 토마스 S. 쿤/김명자, 『과학혁명의 구조』 (서울: 까치, 2007).

못하고 물러간다.

이처럼 과학은 인간의 감각기관으로 경험할 수 있는 현상만을 그 연구의 대상으로 하며, 어떤 과학적 명제(진리)도 완전하지 않고 끊임없이 변한다는 것을 받아들인다. 그래서 과학은 신과 천국의 존재 여부, 사후의 생(生) 등과 같은 문제를 연구의 대상으로 삼지 않으며, 과학의 이름으로 그러한 문제에 대하여 답하지 않는다. 이러한 과학의 속성 때문에 과학은 끊임없이 발전해 왔고, 경험적 현상의 인식 방법 가운데 가장 우월한 자리를 차지하게 되었다.

그러나 과학주의는 과학과 다른 입장이다. 과학주의란 과학으로 인식할 수 있는 영역 밖에 있는 것, 즉 경험적 영역 밖에 있는 것은 존재하지 않는다고 믿는 일종의 형이상학이며 세계관이다. 과학은 경험적 영역 밖에 있는 현상은 "알 수 없다"고 말하지만, 과학주의는 "존재하지 않는다"고 말한다. 따라서 과학주의라는 세계관에 따르면 신이나 천국은 경험적 영역 밖에 있으므로 존재하지 않는 것이 된다. 과학자라 해서 모두 과학주의 세계관을 가지는 것은 아니다. 파스칼은 가장 위대한 과학자의 반열에 있지만, 그는 과학주의 세계관을 배격하고 신과 천국에 대한 믿음을 가진 사람이었다.[11] 20세기의 가장 위대한 과학자 아인슈타인은 "과학이 없는 종교는 맹목이며, 종교가 없는 과학은 장애이다"라는 유명한 말을 남겼다. 그러나 과학자가 아닌 사람 가운데서도 과학주의에 빠져 과학으로 증명할 수 없는 신이나 천국은 존재하지 않는다고 말하는 사람도 많다.

과학주의 세계관에는 치명적인 약점이 있다. 즉, 경험적으로 혹은

---

11 블레즈 파스칼/최종훈, 『팡세』 (서울: 두란노, 2020).

과학의 방법으로 증명할 수 없는 것은 존재하지 않는다는 과학주의의 기본 논리는 매우 취약하다. 이 세상의 수많은 하등 동물은(심지어는 선천적인 시각장애인까지도) 색(色, color)의 세계를 경험할 수도 없고, 증명할 수도 없다. 그러나 자신들이 경험할 수 없다고 해서 색의 존재 자체를 부인할 수는 없다. 지금 우리는 과학의 시대를 살고 있다. 과학의 시대에는 과학이라는 학문과 과학주의라는 형이상학이 혼동되기 쉽다. 이러한 혼동으로 죽음 벽 세계관이 실제 이상으로 부풀려지면서 그것이 과학적 사실인 것처럼 오도되고 있다.

### '죽음 벽 세계관'의 영적 · 도덕적 문제

'죽음 벽 세계관'을 가지면 인간 존재의 시간이 현세로 제한된다. 사람들이 이러한 세계관 가운데 살아가면 심각한 영적 · 도덕적 문제에 부딪힐 수 있다. 그 첫 번째는 물거품 같은 인생에 대한 허무감이다. 물론 능력과 운이 있어 부, 명예, 업적을 많이 남긴 사람은 이러한 허무감에서 어느 정도 벗어날 수 있을 것이다. 그러나 아무리 보람 있게 산 사람이라도 화살처럼 날아가는 인생을 보내고 죽음을 앞에 두었을 때 실존적인 허무함을 느끼지 않을 수 없다.

'죽음 벽 세계관'을 가지면 이러한 실존적 허무감에서 벗어날 길이 없다. 죽음 벽 세계관의 주창자인 케이건 교수가 말하는 최선의 방법은 인생의 허무함과 죽음의 운명 앞에서 두려움이나 분노의 반응을 보이는 것이 아니라, 지금까지 살아왔고 앞으로 살 수 있는 기회가 남았다는 사실에 대한 감사의 반응을 보이는 것이다.[12] 그리고 남아 있는 제한된

---

12 셸리 케이건/박세연, 『죽음이란 무엇인가』, 427.

삶을 의식하며 조심스럽게 살아야 한다. 인생의 목표를 선택하는 데도 무가치한 목표를 세워 인생을 낭비하지 않고 신중하게 시간과 노력의 배분을 해야 한다.[13]

케이건은 예일대학교 철학 교수로서 죽음에 대한 인기 있는 강의를 20년 가까이 이끌어 왔고, 그 내용을 500여 쪽에 이르는 책으로 발간하였다. 그리고 이 책은 전 세계 여러 나라에 번역되어 읽혔다. 이 시대 죽음과 관련하여 많은 것을 알고 깨달은 현자(賢者)답게 현란한 지식과 논리로 죽음을 논의하였다. 그러나 죽음 앞에서 어떻게 살고, 어떻게 죽음을 맞이해야 할 것인가의 문제를 다룰 때는 인생을 진지하게 생각하는 사람이라면 누구나 할 수 있는 지극히 평범한 답변을 주고 있다. 그리고 이러한 답변은 인간의 실존적인 허무를 극복하기에는 매우 부족한 수준이다. 이것은 셸리 케이건 교수의 지식과 지혜의 한계에서 나온 것이 아니라 '죽음 벽 세계관'의 한계에서 나온 결과이다.

'죽음 벽 세계관'은 이른바 일상적인 죽음, 즉 '자연적인 죽음'[14]과 관련된 바른 태도의 형성에 어느 정도 도움을 줄 수 있다. 그러나 자연적인 죽음이 아닌 비일상적이며 급작스럽고 인위적인 죽음의 문제에는 무기력하다. 자연적인 죽음은 시간의 경과에 따라 인간의 육체가 쇠약해지고 병들어 생물학적인 기능이 중단되면서 오는 죽음이다. 그리고 비자연적인 죽음이란 인간의 욕심, 죄악, 부주의, 태만 등의 결과로 오는 죽음이다. 전쟁, 사고, 환경파괴와 자연재해, 악성 댓글, 따돌림, 생활고, 전염병, 자살, 착취, 깨진 인간관계, 스트레스, 절망감 등 죽음을 가져오는 많은

---

13 같은 책, 430-433.
14 김균진, 『죽음의 신학』 (서울: 대한기독교서회, 2002), 228-233.

요소가 있다. 이러한 요소들이 '현저하게' 작용해서 나타나는 죽음이 '비자연적인 죽음'이다.

이러한 죽음의 피해자에 대해서 '죽음 벽 세계관'은 어떤 위로나 소망을 주지 못한다. 죽음의 피해자가 개인과 역사와 사회 속에 들어 있는 참혹한 죄악의 손길에 의해 죽임을 당하면 그것으로 끝이다. 그에게 는 죽음 이후에 오는 내세의 삶에 대한 소망도 없고, 죽음 이후에 들어가게 될 천국에서의 위로나 보상도 없다. 죄악과 운명의 거대한 수레바퀴에 깔려 죽은 사람은 죽음으로 모든 것이 끝나게 된다. 또한 죄로 인한 죽음의 가해자에 대해서 '죽음 벽 세계관'은 아무런 심판도 가할 수 없고, 경각심을 줄 수도 없다. 어떤 극악한 행동을 했다 해도 죽으면 그것으로 끝이다. 이 세계관에 따르면 히틀러와 같은 극악한 자도 죽으면 끝이다. 죽음 이후의 심판도 없고, 형벌도 없다. 죽음 이후 역사의 심판을 말할 수 있겠지만, 육체의 죽음과 함께 소멸한 인간이 역사의 심판을 알지도 못할 것이며, 당연히 그로 인한 고통도 느끼지 못할 것이다. '죽음 벽 세계관'은 인간 개개인의 운명과 국가나 공동체의 역사에 엄청난 영향을 미치는 '비자연적인 죽음'에 대해서 아무런 해답도 주지 못하는 무기력한 세계관이다. 더 나가서 바르게 산 사람이 가질 수 있는 내세의 소망과 기쁨의 상급을 빼앗아 가며, 악하게 산 사람이 가져야 하는 내세의 심판에 대한 두려움을 무력화하는 세계관이다.

## 2. 죽음, 수많은 문(門) 가운데 하나

육신의 죽음으로 인간의 생명과 존재가 끝난다는 '죽음 벽 세계관'과 대립되는 세계관이 있다. 그것은 죽음이 다음 세상으로 넘어가는 문이 된다는 '죽음 문 세계관'이다. '죽음 문 세계관'은 다시 '죽음 일문(一門) 세계관'과 '죽음 다문(多門) 세계관'으로 나눌 수 있다. '죽음 일문 세계관'에 따르면 죽음은 다음의 세계로 가는 유일한 문이다. 이 문을 통과하여 다음의 세상으로 가면 문은 더 열리지 않는다. 반면 '죽음 다문 세계관'에 따르면 죽음은 계속되는 세상으로 들어가는 여러 문 가운데 하나이다. 인간은 죽음의 문을 열고 들어가 새로이 펼쳐지는 세상에서 살다가 또 죽음을 맞이한다.

## 1) '죽음 다문(多門) 세계관'의 성격

### 힌두교와 불교의 윤회설

'죽음 다문 세계관'은 힌두교나 불교와 같은 종교에서 쉽게 찾아볼 수 있는 죽음 이해이다. 힌두교는 윤회와 업을 핵심 교리로 한다. 힌두교의 교리에 따르면 인간은 마야에 현혹되어 스스로 행한 그 행위(업)에 따라 삶과 죽음 사이를 끝없이 떠도는 윤회의 바퀴 속에 있다. 인간이 죽음을 맞이하면 네 가지 가운데 하나의 길을 가게 된다. 첫째, 신들의 길이 있다. 이것은 이 세상 살면서 브라만을 명상하는 데 최선을 다한 사람이 가는 최고천(最高天)으로 가는 길이다. 둘째, 아버지의 길이 있다. 이것은 박애와 엄격함과 맹세와 예배의 삶을 산 사람이 달(月)의 영역으로 가는 길이다. 이들은 그곳에서 선한 행위의 보상으로 행복을 누리다가 다시 지상으로 돌아가게 된다. 셋째, 지옥으로 가는 길이 있다. 이들은 경전에서 금한 행동을 한 자들로서 인간 이하의 종으로 다시 태어난다. 넷째, 생각과 행실이 가장 극악한 삶을 살았던 자들이 가는 길이다. 그들은 모기나 파리와 같이 의미 없는 생명으로 거듭 태어난다.[15]

죽음과 관련된 불교의 세계관 역시 힌두교와 마찬가지로 윤회설을 기반으로 한다. 불교에서 죽음이란 수명과 체온과 의식이 사라져 신체 기관이 모두 변하여 파괴되는 것이다. 인간이 죽음을 맞이하여 육체와 정신은 없어져도 업(業, 카르마)은 없어지지 않는다. 사람이 죽어도 그 업은 없어지지 않고 있다가 다시 사람이나 짐승이나 귀신으로 오온(五蘊, 물질과 정신을 다섯으로 나눈 것, 즉 色, 受, 想, 行, 識을 말함)이 모이는 곳으로 가서 태어난다. 업은 윤회 전생(轉生)한다.16 죽은 후 생명은 천상(天上)계, 인간(人間)계, 축생(畜生)계, 지옥(地獄)계, 아수라(阿脩羅)계, 아귀(餓鬼)계 가운데 하나로 가서 태어난다. 죽은 후 해탈을 하지 못하면 이러한 여섯 개의 세상에 다시 태어나면서 윤회의 과정이 계속된다.17

### 뉴에이지의 '죽음 다문 세계관'

힌두교나 불교는 전통 종교적인 교리나 세계관에 근거하여 '죽음 다문 세계관'을 펼친다. 이에 비하여 '뉴에이지 운동'은 비종교적인 우주의 원리로서 '죽음 다문 세계관'을 주장한다. 뉴에이지(New Age)는 이름 그대로 '새 세대'라는 의미이며, 점성술적 용어로는 기독교 중심의 '물고기자리 세대'가 지나고 새롭게 도래한 '물병자리 세대'라는 의미이다.

뉴에이지 운동에서의 죽음이란 환생의 문이다. 환생은 개인의 영혼이 이 세상에서 저세상의 다른 삶으로 갔다가 다시 이 세상으로 돌아와 인간으로 태어나는 것을 말한다. 환생이란 개인의 영혼이 이 몸에서

---

15 황명환, 『죽음 인문학』(서울: 두란노, 2019), 150-151.
16 같은 책, 165.
17 같은 책, 172.

저 몸으로 옮겨간다는 의미다. 그러므로 육신의 죽음이란 새로운 몸으로 가기 위한 하나의 관문(關門)에 불과하다. 죽음을 통해서 이 몸에서 저 몸으로 옮겨가는 과정은 단 한 번으로 끝나지 않는다. 완전에 이를 때까지 이 과정은 계속된다. 그러므로 죽음과 환생도 단회적으로 끝나는 것이 아니라 완전에 이를 때까지 계속된다.[18] 이러한 뉴에이지 운동의 세계관은 불교나 힌두교와 마찬가지로 대표적인 '죽음 다문 세계관'이다. 둘 사이에 차이가 있다면 불교나 힌두교에서는 죽음의 문을 열고 윤회의 새로운 과정으로 들어갈 때 인간보다 아래인 가축이나 미물로 태어날 수 있다. 그러나 뉴에이지 운동에서는 죽음 이후에 환생할 때 인간으로 다시 태어난다.

### 환생의 경험적 연구

힌두교나 불교는 종교적 환생론을 주장하고, 뉴에이지는 형이상학적 환생론에 가깝다. 그런데 의사 혹은 과학자와 같은 인물이 경험적 근거 위에서 환생론을 펴는 경우가 있다. 그 대표적인 인물로 이언 스티븐슨(Ian Stevenson, 1918~2007)과 브라이언 와이스(Brian Weiss)가 있다. 이언 스티븐슨은 미국 버지니아 대학의 정신의학과 교수로 수십 년간 전생을 연구했다. 그는 전 세계 여러 나라(주로 힌두교와 불교권)에서 전생을 기억한다는 아이들을 찾아가 그들의 주장, 그들이 보이는 특별한 태도, 그들의 몸에 나타난 흔적 등을 연구하였다. 그리하여 *Twenty Cases Suggestive of Reincarnation*(환생을 암시하는 20가지 사례)과 *Reincarnation and Biology*(환생과 생물학)라는 대작을 만들었다.

---

18 같은 책, 190-191.

그가 조사한 예를 살펴보면 다음과 같다. 1950년 4월 볼라나트의 아들 니르말이라는 10세 소년이 코시칼란이라는 도시에서 병으로 죽었다. 시간이 흘러 1951년 8월 코시칼란에서 약 6마일 정도 떨어진 차타에서 한 아이가 태어났고, 그의 부모는 아이의 이름을 프라카슈라고 지어 주었다. 이 프라카슈가 네 살 반쯤 되었을 때 한밤중에 길로 뛰어나가 "나는 코시칼란 시에 살았고, 이름은 니르말이다. 나는 집에 가고 싶다. 내 아버지의 이름은 볼라나트다"라고 외쳤다. 프라카슈는 니르말의 친척 이나 친구들을 다 기억해 냈다. 그가 코시칼란의 옛집으로 갔을 때 형제들 과 2명의 고모와 이웃들 그리고 집의 구석구석을 정확하게 알아냈다. 그 결과 니르말의 가족들은 그가 전생에 니르말이었고, 이번 생에 프라카 슈로 다시 태어났다는 것을 확신했다.[19]

란지트 마칼란다는 1942년 스리랑카의 코테에서 순수혈통 싱할라족 가정의 7번째 아이로 태어났다. 란지트는 어린 시절부터 영국 아이의 행동을 했다. 영어를 잘했고, 쌀로 만든 밥보다는 영국식 빵을 좋아했다. 그는 네 살쯤 되었을 때 자신의 모친과 형제들에게 "당신들은 내 엄마나 형제가 아니다. 내(진짜) 부모와 다른 가족들은 영국에 있다"고 말했다. 영국의 부모 이름은 기억이 나지 않고 탐과 짐이라는 형제 이름과 마가렛이 라는 자매 이름이 기억난다고 하였다. 아버지는 큰 증기선에서 일했고, 종종 집으로 파인애플을 가져왔다고 했다. 그는 전생에 불교도가 아니라 기독교도였으며, 매주 일요일 동기들을 오토바이 뒷좌석에 태워 교회에 갔다고 하였다. 스리랑카 아버지의 배려로 그는 청년 시절 영국에 가서 살았다. 비록 전생의 집을 찾지는 못했지만, 영국인들과 편안하고 익숙하

---

19 최준식, 『인간은 분명 환생한다』 (서울: 주류성, 2017), 122-123.

게 생활하였다.[20]

이와 비슷한 여러 사례를 조사한 스티븐슨 교수는 아이들이 말하는 전생의 정보가 자기 자신의 영혼에 저장된 정보에서 얻은 것임을 밝히기 위해 노력했다. 그는 그 아이의 전생 기억이 다른 경로를 통해서(부모나 이웃이나 다른 어떤 사람들) 들어온 게 아니라는 것을 밝히는 일에 최선을 다했다. 이러한 연구의 결과로서 그는 어린아이들에게 일어난 사실을 설명할 수 있는 가장 좋은 방법은 '환생론'이라고 결론지었다. 그는 학자답게 환생론 자체를 진리처럼 주장하지는 않았지만, 환생론이 하나의 실제적 이론으로서 자리매김하도록 노력하였다.[21] 스티븐슨의 환생론은 불교나 힌두교와 같은 종교적 교리로서의 환생론이 아니며, 뉴에이지 운동과 같은 철학적인 환생론도 아니다. 방법론의 차이는 있지만 스티븐슨 교수의 연구와 주장 역시 삶과 죽음은 반복되는 것으로 여긴다. 그리고 현재 맞이하는 죽음은 다음 생애로 가는 여러 개의 문 가운데 하나라고 생각하는 '죽음 다문 세계관'에 속한다.

브라이언 와이스는 정신과 의사로서 예일대학교에서 의학박사 학위를 받았고, 마이애미 대학의 종신교수로서 정신의학 분야에서 많은 연구 업적을 남겨 국제적인 명성을 쌓았다. 그도 환생론을 주장하지만, 그 방법론은 스티븐슨과 반대 입장이었다. 즉, 스티븐슨이 전 세계 여러 나라에서 환생을 주장하는 많은 사례를 모았다면, 와이스는 한 사례를 깊이 천착하였다. 마치 막스 베버가 프로테스탄트, 유대교, 유교, 힌두교 등 세계 여러 종교를 연구하면서 종교가 사회적 삶에 어떤 영향을 주는가를

---

20 같은 책, 147-153.
21 같은 책, 36.

보았다면, 에밀 뒤르켐은 호주의 토템 종교 하나를 집중적으로 고찰하여 종교의 본질을 밝힌 것과 비견된다. 와이스 교수는 캐서린이라는 환자를 돌보게 되었다. 그의 정신적인 질환을 치료하기 위해서 18개월 동안 거의 모든 전통적인 치료 방법을 사용하였지만, 효과를 볼 수 없었다. 그는 마지막으로 최면요법을 사용하였다. 캐서린은 반복되는 최면 상태를 겪으면서 자신의 증상을 일으킨 결정적인 요인인 전생의 기억을 떠올렸다. 이 과정에서 캐서린은 고도로 진화한 영적 존재(sprit entity)들이 전해 주는 정보의 메신저 역할을 하였다.[22]

와이스 교수는 최면 중에서 캐서린이 전해주는 전생의 경험을 근거로 *Many Lives, Many Masters: The True Story of a Prominent Psychiartist, His Young Patient and the Past-Life Therapy that Changed Both Their Lives*(많은 삶과 많은 스승: 탁월한 정신과 의사와 그의 젊은 환자 그리고 그들의 삶을 변화시킨 전생 치료의 이야기)라는 긴 제목의 책을 저술하였다. 이 책은 『나는 환생을 믿지 않았다』라는 제목으로 번역되었다.

와이스 박사가 최면요법으로 치료하고자 한 환자 캐서린은 처음 최면을 걸었을 때 기원전 1863년의 모습으로 돌아갔다. 그때 나이는 18살이고, 이름은 '아론다'였다. 그는 자신이 사는 지역이 풀도 없고 덥고 모래투성이이며, 우물 하나가 있고 물은 산에서 골짜기로 흘러내려 온다고 하였다. 와이스 박사가 몇 년 뒤로 돌아가 보라고 하였다. 캐서린은 그 당시 자기는 금발이었고, 25살의 나이이며, 길고 허름한 갈색 드레스를 입고 샌들을 신었다고 하였다. 그리고 딸 이름은 클리스트라인데 그 딸은 지금 현재 캐서린의 조카딸 레이첼로 환생하여 살고 있다고 하였다.

---

22 브라이언 와이스/김철호, 『나는 환생을 믿지 않았다』 (서울: 김영사, 2019), 8.

캐서린은 여기서 그치지 않고 또 다른 과거의 삶을 이야기했다. 1756년 스페인의 56살 루이사라는 이름의 여인으로 돌아가 검은 레이스 달린 드레스를 입고 춤을 추는 모습을 이야기했다. 그리고 물로 인한 열병에 걸려 두통 가운데서 죽어간다고 하였다.[23]

최면요법을 통한 캐서린의 전생 기억에는 몇 가지 특징적인 모습이 나타났다. 첫째, 그 기억이 아주 세밀하다는 것이다. 그리하여 과거에 살던 시절의 연대나 장소의 이름까지 말했다. 또한 자신의 이름과 이웃 사람들의 이름 그리고 입은 옷과 그 당시의 상황을 상세하게 묘사하였다. 둘째, 캐서린은 과거로 돌아가서 여러 사람을 만나는데 그 사람들 가운데는 현재 사귀고 있는 애인이나 친지들이 있다. 심지어는 당시 최면요법을 행하고 있는 브라이언 와이스 박사를 만나기도 하였다.[24] 셋째, 캐서린은 과거의 삶으로 돌아갔을 때를 이야기하면서 마스터라 불리는 어떤 스승들 혹은 고도로 진화한 영적 존재를 소개하였다. 마스터는 다양한 메시지를 캐서린의 입을 통해서 와이스 박사에게 전해 주었다.[25]

와이스 교수의 저술은 '죽음 다문 세계관'을 극적으로 보여주고 있다. 이 책에 따르면 캐서린이라는 여성은 지금까지 수없이 많은 삶을 살았다. 미국, 이집트, 네덜란드 등 여러 나라에서 태어나 살았고, 남자와 여자로서 살기도 하였고, 다양한 신분의 사람으로 살았다. 그리고 전생의 캐서린은 수많은 죽음을 경험하였다. 죽고 난 다음 다른 시대, 다른 지역, 다른 사람으로 태어나 새로운 삶을 반복해서 살았다. 이런 점에서 와이스

---

23 같은 책, 38.
24 같은 책, 144.
25 같은 책, 61-62.

교수가 말하는 세계관은 '죽음 다문 세계관'이다.

## 2) '죽음 다문(多門) 세계관'에 대한 평가

지금 우리 시대에는 '죽음 다문 세계관'이 많이 유포되어 있다. 우리 사회의 경우 윤회와 환생의 세계관을 담지(擔持)한 불교의 영향을 많이 받고 있다. 어려운 일을 당하면 "내가 전생(前生)에 무슨 죄를 지어서 이런 일을 당하나" 하고 무심코 말하기도 한다. 뉴에이지 사상이 많이 유포되어 최고의 지혜와 지식을 가지기 위해서 반복적인 환생이 필요하다고 생각하는 사람도 많다. 현재의 삶이 힘들고 어려우며 치열한 경쟁에서 뒤처진 사람들이 '이생망'라는 말을 쓴다. 이생망이란 '이번 생은 망했다'라는 의미이다. 이 표현을 통해서 현재의 삶을 포기하면서도 다음의 생을 갈망하는 세계관의 일단을 볼 수 있다.

컴퓨터 게임의 리셋(reset) 문화도 '죽음 다문 세계관'의 형성에 직간접적으로 영향을 미치고 있다. 컴퓨터의 서바이벌 게임에서 볼 수 있는 바와 같이 게임 플레이어의 아바타가 게임 안에서 수없이 많은 죽음을 경험한다. 그때마다 게임 플레이어는 리셋한다. 즉, 다시 세팅한다. 그러면 죽었던 아바타가 다시 살아나서 싸운다. 죽음과 살아남이 반복되는 디지털 게임 환경은 젊은 세대들의 생각 속에 자연스럽게 '죽음 다문 세계관'을 심어주는 기제(mechanism)가 된다. 이러한 시대의 흐름 속에서 환생을 다루는 영화나 드라마가 많이 나오고 있다.[26] 2017년 개봉된 영화 <신과

---

[26] 김헌식, "왜 드라마는 전생 환생에 빠졌을까? ― 환생 전생의 문화 심리," 「오마이뉴스」 (2017. 2. 7.).

함께>는 환생을 다루었는데 원작 만화와 영화 모두 많은 관심을 끌었고, 많은 독자와 관객을 동원하기도 했다.

### 환생의 경험적 연구의 논리와 설명 문제

'죽음 다문 세계관'은 한 인격체의 삶과 죽음이 반복된다는 세계관이다. 이러한 세계관의 근거는 카르마이다. 카르마란 인도 종교에서 나온 인과율의 개념이며, 한자어로 업(業)이라고 한다. 카르마는 이 세상에 존재하는 모든 것의 생성, 성장, 활동, 소멸의 원리로서 인과관계의 연쇄를 특징으로 한다. 이 세상에 존재하는 모든 것들은 단독적으로 존재하는 것이 아니라 카르마의 원리에 의한 인과관계의 결과로서 존재한다. 이것을 인간에게 적용하면 현재(현생)의 행위와 삶은 그 이전(전생)의 행위와 삶의 결과로 생기는 것이며, 그것은 또한 미래(내생)의 행위와 삶에 대한 원인으로 작용한다. 이러한 카르마의 원리는 '죽음 다문 세계관'에서 매우 중요한 위치를 차지하고 있다.

스티븐슨은 환생과 관련하여 세계 여러 나라에서 가장 많은 공시적(共時的) 사례를 수집했고, 와이스는 삶과 죽음을 수없이 반복한 캐서린의 사례를 통해서 수천 년에 이르는 통시적(通時的) 환생의 흐름을 보여주었다. 그들은 환생을 종교적 믿음이나 형이상학적 주장으로 그친 것이 아니라 경험적 과학의 수준에서 연구하고 논의했다. 따라서 스티븐슨과 와이스에게는 그들이 연구한 사례를 통해서 카르마와 환생의 원리에 대한 설득력 있는 설명이 요구된다.

환생이 증명되려면 정체성(identity)의 문제가 해결되어야 한다. 죽기 전에 살았던 전생의 사람과 죽은 후 다시 태어난 현생의 사람이 동일 인물(정체성)이어야 한다. 동일 인물이 되기 위해서 전생과 같은 육체를 가져야 할 필요는 없다. 죽음이란 육체의 죽음을 의미하는 것이고, 죽은 육체는 동일한 형태로 다시 돌아올 수 없기 때문이다. 전생의 사람과 현생의 사람이 동일 인물이 되기 위해서는 두 사람이 같은 인격체 혹은 같은 영혼의 사람이라는 것을 증명해야 한다. 그러나 스티븐슨의 사례에 해당하는 많은 인물이나 와이스 박사가 연구한 캐서린의 경우 이것을 증명하지 못했다.

스티븐슨 박사의 사례에 나오는 어린이나 캐서린의 경우 자기 자신이 전생의 아무개였다고 주장하였다. 그러나 개인의 주장은 아무리 자기 자신이 확실히 믿어도 증거가 될 수 없다. 지금도 우리 주변에는 자기 자신이 예수님이 환생한 사람이라고 주장하는 사람들이 많이 있다. 서양에는 자신이 예전에 나폴레옹이라고 주장하는 사람이 많이 있다. 그들 가운데 많은 사람은 자신의 주장을 확신하기도 한다. 그러나 아무리 자기 확신이 크다 해도 그것이 그가 예수님이나 나폴레옹이 환생한 사람이라는 증거가 되지 못한다. 오히려 그러한 자기 확신이 정신질환의 증거가 될 가능성이 크다.

다음으로 스티븐슨의 사례에 나오는 많은 어린이의 경우 그들의 전생에 대한 기억이 사실로 확인되는 경우가 많았다(와이스 박사의 사례인 캐서린의 경우 그의 전생에 대한 기억이 사실이라는 것을 확인하기가 불가능하였다). 전생에 대한 기억이 사실이라 해도 그것이 환생의 확실한 증거가 될 수는 없다. 환생 이외에도 죽은 사람의 기억이 전달되는 다른 경우도 많기 때문이다. 경험과학에서는 경원시(敬遠視)하지만, 최면, 빙의, 계시, 텔레파시 등 초심리적 현상도 많다. 신들린 무당이 죽은 사람과 똑같은 목소리로 말하고, 죽은 사람이 아니면 도저히 알 수 없는 지식이나 정보를 가르쳐 주는 경우가 있다. 심령 기도를 통해서 전혀 알지 못하는 다른 사람의 마음과 감정을 정확하게 전달하는 사람도 있다. 그러므로 스티븐 슨의 사례 연구는 환생의 결정적인 증거가 되지 못한다.

'죽음 다문 세계관'의 기초가 되는 가장 중요한 원리는 카르마이다. 힌두교나 불교와 같은 종교, 뉴에이지와 같은 영성 운동 등에서 카르마를 설명할 때는 논리적이고 체계적이다. 캐서린의 사례를 연구한 와이스 박사의 경우 긴 세월 동안 한 사람이 경험한 수없이 반복되는 삶과 죽음 그리고 환생의 모습을 보았다. 캐서린이 최면 상태에서 보고 말한 것이 모두 사실이라면 그것을 통해서 환생의 원리와 카르마의 메커니즘을 경험적으로 밝힐 자료를 확보했다고 할 수 있다. 와이스 박사는 캐서린의 입을 통해서 전해진 마스터(발전된 영적 존재, 스승)의 말을 통해 환생의 궁극적인 목적을 말한다.[27] 수없이 반복되는 환생의 목적은 배움과 영적인 성장이라고 하였다. 인간은 최고의 지혜와 지식을 깨달을 때까지 계속 환생한다고 한다.

이처럼 환생의 목적이 더 높은 단계의 지식과 지혜를 깨닫는 것이라고 하지만, 캐서린의 예를 보면 그것이 분명히 드러나지 않는다. 마스터의 말에 따르면 캐서린은 86회의 환생을 했다고 한다. 그녀는 미국, 이집트, 중동, 네덜란드 등 세계 여러 나라에서 살다가 죽었다. 때로는 남자로, 때로는 여자로 살았고, 어린아이 시절 죽기도 했고, 나이 들어 죽기도 하였다. 노예로 살기도 하고, 평범한 가정주부로 살기도 했으며, 선원으로 살기도 했다. 홍수와 같은 재난으로 죽기도 하고, 병들어 죽기도 하고, 칼에 찔려 죽는 비극적인 죽음을 맞이하기도 했다. 이 책은 다른 시대, 다른 사회, 다른 개인으로 살았던 인물들을 열거하고 있지만, 그들이

---

27 브라이언 와이스, 『나는 환생을 믿지 않았다』, 212.

어떤 이유와 어떤 원리로 환생하게 되었는지 또한 그 과정에서 어떤 성장을 이루었는지는 말하지 못한다. 여러 시대, 여러 사회에서 여러 모습으로 살았던 개인의 이야기를 열거하는 것으로 그쳤다. 캐서린의 이야기는 최면 상태에서 나온 '신기한 말'일 뿐 환생의 실재에 대한 근거가 되지 못한다.

와이스 박사 연구의 또 다른 한계는 그 사례가 캐서린 한 사람에 그치고 있다는 것이다. 환생의 사실성을 증명하려면 캐서린 이외에도 또 다른 사례가 있어야 한다. 즉, 와이스 박사와 비슷한 수준의 신뢰할만하고 훈련받은 다른 의사가 와이스 박사가 사용했던 최면법을 사용했을 때 캐서린과 비슷한 경험을 하는 사례가 많이 나와야 한다. 경험적 혹은 과학적 연구가 되려면 같은 조건에서 같은 방법을 사용했을 때 동일한 결과가 나와야 한다. 그러나 와이스나 다른 연구자들에 의해 캐서린과 같은 사례가 보고된 바 없다. 그러므로 캐서린의 경험은 현재의 경험과학으로는 설명할 수 없는 어떤 특수한 경험이지 그것이 인간에게 보편적인 환생의 결과라고 말하기는 어렵다.

### 삶과 도덕에 미치는 영향

카르마와 환생에 근거한 '죽음 다문 세계관'은 직접·간접적으로 혹은 의식·무의식적으로 그 신봉자의 삶에 영향을 미친다. 그중 몇 가지를 살펴보면 다음과 같다. 첫째, '죽음 다문 세계관'은 운명론에 빠지기 쉽다. '죽음 다문 세계관'의 기초가 되는 카르마의 원리에 따르면 현재 상황(신분, 혈통, 국적 등)은 과거의 업보로 여겨진다. 전생의 공과에 의해 현생의 여러 조건이 만들어졌다고 생각한다. 현생의 실존 조건이 나쁜 경우 그것을 운명으로 여긴다. 가난, 낮은 신분, 질병의 고통, 권력에 의한 압제 등의 원인을 전생의 업(과실)으로 받아들인다. 따라서 이러한 운명을 극복하려는 의지가 약해진다. 전생의 잘못된 업을 받아들이지 않고 거부하는 것은(즉, 운명을 바꾸려고 하는 것은) 더 큰 잘못된 업을 쌓는 것이고, 다음 생에 태어날 때는 지금보다 훨씬 못한 삶으로 태어날 것으로 생각하기도 한다. 그리하여 현재 주어진 카스트와 같은 사회적·신분적 조건을 바꾸고자 하는 의지가 약해질 수밖에 없다. 그러므로 카르마에 근거한 '죽음 다문 세계관'은 운명론에 빠지기 쉽다.

둘째, '죽음 다문 세계관'은 현세의 가치를 낮게 평가하기 쉽다. '죽음 다문 세계관'에 따르면 현생의 삶이란 단회적(單回的)인 삶이 아니라 무수히 반복되는 여러 삶 가운데 하나일 뿐이다. 죽음 역시 삶이 끝나고 새로운 세상으로 들어가는 유일한 문(기회)이 아니라 무수히 반복되는 삶 가운데 하나로 들어가는, 무수히 많은 문 가운데 하나에 불과하다. 현재의 삶도, 곧 오게 될 죽음도 유일성(uniqueness)을 가지지 못한다. 현세의 삶이 유일성을 잃으면 그 가치는 떨어지게 된다. 현재의 삶이 다시 반복할 수 없는 유일한 삶이라고 생각하면 그것을 귀하고 가치 있는 것으로 여긴다. 그러나 현세의 가치를 낮게 평가하면 현재의 삶을 쉽게 포기할 수 있다. 인생길에서 어렵고 힘든 일을 만나면 혹은 어떤 큰 좌절을 경험하면 삶을 쉽게 포기할 수 있다. 현재의 삶이란 그렇게 힘들고 어려운 일을 끝까지 견디고 이겨내야 할 만큼 가치 있는 것으로 생각하지 않기 때문이다.

셋째, '죽음 다문 세계관'은 삶의 '도덕적 해이'(moral hazard)를 일으키기 쉽다. 사람이 현재의 삶을 한 번밖에 없는 삶이라고 생각하고, 현재의 삶이 죽은 후의 영원한 운명을 결정한다고 생각하면 자신의 삶에 최선을 다하게 된다. 인생길에서 큰 어려움과 나락에 빠졌을 때 최선을 다해 그것에서 구원을 얻을 길을 찾는다. 그러나 반복되는 환생과 같은 '죽음 다문 세계관'을 가지면 현재의 삶에 최선을 다하는 정도가 약화될 가능성이 크다. 왜냐하면 삶은 환생에 의해 반복되는 것이고, 새로운 삶을 살 기회는 앞으로 계속 주어질 것이기 때문이다. 인생도 게임처럼 리셋할 수 있기 때문이다. 이런 세계관을 가지면 이번 생의 삶에서 최선을 다하지 않는 도덕적 해이가 일어날 가능성이 크다.

지금 우리 시대는 제도적 종교의 위기의 시대이며, 개인주의의 시대이다. 그 여파로 교리, 경전, 의례 등을 의존하는 전통적 신앙이 약해지고, 개인주의적 영성이 부각되고 있다. 그 결과 신의 초월성보다는 내재성을 강조하는 범신론이 크게 대두되며, 내재하는 신적 존재가 윤회와 환생을 반복한다는 세계관이 많이 유포되고 있다. 윤회와 환생에 근거한 '죽음 다문 세계관'은 그 자체의 진위를 밝힐 수는 없지만, 영적 · 도덕적 · 사회적 위험 요소를 내포하고 있다.

## 3. 죽음, 내세로 가는 단 하나의 문(門)

육신의 죽음으로 인간 존재가 끝난다는 '죽음 벽 세계관'과 대립되는 '죽음 문 세계관'의 또 다른 형태는 '죽음 일문 세계관'이다. '죽음 일문 세계관'에 따르면 죽음은 다음의 세계로 가는 오직 하나밖에 없는 문이다. 이 세상에서의 삶도 단 한 번이며, 죽음도 한 번 있을 뿐이다. 유대교, 그리스도교, 이슬람교와 같은 유일신 종교에서 이런 세계관을 볼 수 있다. 또한 현재의 세상을 '이승'이라 하고, 죽은 후의 세상을 '저승'이라 하며, 저승으로 간 사람은 다시 돌아올 수 없다고 생각하는 수많은 민간신앙과 종교 그리고 신화에서 말하는 세계관이다. 이 세계관에는 '죽음 이후 세계의 형태', '죽음 이후 세계로 가는 길이나 방법' 등과 관련하여 다양한 유형이 있다.[28] 기독교를 중심으로 이러한 세계관의 의미와 내용 그리고 쟁점을 살펴보겠다.

'죽음 일문 세계관'의 가장 중요한 특징은 내세, 즉 육신의 죽음 이후에도 인간이 존재하는 세상이 있으며, 인간이 죽음 이후의 세상으로 가면 다시 이 세상으로 돌아오지 못한다는 것이다. 내세의 존재를 인정한다는 점에서 '죽음 벽 세계관'과 구분되며, 죽은 후 다시 이 세상으로 돌아오지 못한다는 점에서 '죽음 다문 세계관'과 구분된다. '죽음 일문 세계관'에 따르면 인간의 존재 양태는 이 세상에서의 삶과 죽음 후의 삶으로 나누어진다. 육신이 죽은 후에 들어가게 되는 죽음 이후 세계가 어떤 곳인가를 기독교 세계관에 초점을 맞추어서 살펴보도록 하겠다.

### 1) 성경이 말하는 죽음 이후의 세계

구약성경은 하나님의 백성이 죽는 것을 하나님이 데려가신 것 혹은 조상이나 백성에게 돌아가는 것으로 표현한다. 창세기는 아브라함의 죽음을 "그의 나이가 높고 늙어서 기운이 다하여 죽어 자기 열조에게로 돌아가매"(창 25:8), 야곱은 "숨을 거두니 그의 백성에게로 돌아갔더라"(창 49:33)고 하였다. 에녹은 "하나님과 동행하더니 하나님이 그를 데려"가셨다(창 5:24), 다윗은 "그의 조상들과 함께 누워 다윗성에 장사되"었다(왕상 2:10), 선지자 엘리야는 "회오리바람으로 하늘로 올라"갔다(왕하 2:11)고 하였다. 여호와 하나님께서 다니엘 선지자의 죽음과 관련하여 말씀하시기

---

28 황명환, 『죽음 인문학』, 제4장.

를 "너는 가서 마지막을 기다리라. 이는 네가 평안히 쉬다가 끝 날에는 네 몫을 누릴 것임이라"(단 12:13)고 하셨다. 이처럼 구약성경은 위대한 하나님의 사람이 죽었을 때 '자기 열조', '그 조상', '그의 백성'에게로 돌아갔다고 하였다. 또한 죽음을 '하나님이 데려가시는 것', '하늘로 올라가는 것', '끝날까지 평안히 쉬는 것'으로 표현하였다.

신약성경의 죽음은 하나님 앞으로 돌아간다는 의미다. 그래서 스데반이 순교할 때 하늘이 열리고 주께서 스데반을 맞이하기 위하여 하나님 보좌 옆에 계신 것을 보았다(행 7:55-56). 예수께서는 재산을 이 땅에 가득 쌓고 그것을 먹고 마시며 즐기려는 부자의 비유를 말씀하셨다. 이 비유를 통해 부자를 책망하시면서 "오늘 밤에 네 영혼을 도로 찾는다"고 하셨다(눅 12:20).

사람이 죽으면 의롭다 함을 입은 자 혹은 구원받은 자는 천국(낙원)에서 안식하며 복을 누린다. 의롭다 함을 입지 못한 자 혹은 구원받지 못한 자는 지옥(음부)에서 죗값을 치르며 고통을 당하게 된다. 이처럼 죽음 이후에 구원받은 자와 구원받지 못한 자의 운명이 갈리게 된다. 죽음 이후의 갈라진 운명을 가장 잘 보여주는 것이 죽음 후에 부자와 거지 나사로에게 있었던 일에 대한 예수님의 말씀이다. "이에 그 거지가 죽어 천사들에게 받들려 아브라함의 품에 들어가고 부자도 죽어 장사 되매 그가 음부에서 고통 중에 눈을 들어 멀리 아브라함과 그의 품에 있는 나사로를" 보았다(눅 16:22-25). 성경은 말하기를 죽음은 죄로부터 오며, 이 죄의 문제를 어떻게 처리하느냐에 따라 인간은 죽은 후에 천국 혹은 지옥으로 가게 된다.

## 2) 천국과 지옥을 본 사람들의 이야기

성경은 죽음 후에 가는 낙원(천국)과 음부(지옥)의 존재에 대해서는 분명히 말씀하고 있지만, 그 구체적인 모습과 그 속에 있는 사람들의 상태를 상세히 기록하지 않았다. 그러나 교회의 역사를 보면 천국과 지옥을 다녀왔다는 사람들이 많다. 그 대표적인 인물이 스웨덴의 과학자요 영성가인 스베덴보리다(단테는 그의 걸작『신곡』에서 천국과 지옥과 연옥에 대해서 상세히 묘사하였지만, 그것은 창작일 뿐 실제 죽음 후의 세상을 경험한 것은 아니다). 이마누엘 스베덴보리(1688-1772)는 그의 생애 전반은 과학자로, 중반은 철학자로, 후반은 종교가로서 살았다. 그가 55세 되던 해 예수께서 그에게 나타나셔서 영안을 열어주셨고, 그 후 여러 해 동안 영계를 출입할 수 있도록 허락하셨다고 한다. 그리하여 그는 천국과 지옥을 방문하여 그 모습을 상세히 보았고, 많은 영인(靈人)과 천사를 만나 대화하였다. 이때 친히 보고 들은 것을 여러 권의 책으로 기록하였는데 그 가운데 천국과 지옥의 모습을 잘 보여주는 것이 그의 저서『천국과 지옥』이다.29

우리나라에서 천국과 지옥을 본 대표적인 인물은 신성종 목사이다. 그는 연세대 신학과, 총신연구원, 웨스트민스터신학대학원, 템플대학교 대학원(철학박사)에서 공부하였고, 아시아연합신학대학원, 총신대, 명지대 교수를 지낸 학자이다. 그리고 대전중앙교회, 충현교회, 월평동산교회 등 중요한 교회에서 담임목사를 지낸 목회자이다. 이런 경력으로 보아 신성종 목사는 자기를 드러내고자 혹은 어떤 개인적인 이익을 위해서 천국과 지옥의 경험을 거짓으로 지어낼 사람은 아닐 것이다. 그런 그가

---

29 이마누엘 스베덴보리/김은경,『천국과 지옥』(광주: 다지리, 2015).

환상 가운데서 천국과 지옥의 모습을 보게 되었다. 그것을 책으로 저술한 것이 『내가 본 지옥과 천국』이다. 이 책은 2009년 초판이 나온 후 60쇄를 발간하였고, 2012년 개정증보판이 나온 후 2020년 26쇄를 발간하여 기독교 서적 최고 베스트셀러 그룹에 이름을 올리고 있다.[30]

현재 우리 주변에서도 천국이나 지옥을 경험했다는 사람들이 많이 있다. 그 방법도 다양하여 꿈이나 환상으로 혹은 입신 상태에서, 뇌사상태나 임사 체험을 통해서 천국을 경험했다고 한다. 그리고 그 내용도 제각각이다. 세계적으로 유명한 스베덴보리의 경험이나 한국의 신성종 목사의 경험도 다르다. 신성종 목사는 자신이 본 천국에 대해서 "나는 결코 내가 본 것만을 고집하지는 않는다. 다만 지옥과 천국이 있다는 진리를 내가 확신하게 된 것만으로 족할 뿐이다"[31]라고 하였다. 그의 이러한 결론은 천국과 지옥을 보고 왔다는 여러 주장을 평가하는 기준이 될 것이다.

## 3) 계시와 믿음에 근거한 세계관

그리스도교의 죽음 일문 세계관은 근본적으로 성경에 근거한 종교적인 세계관이다. 그것은 경험과학에 근거한 세계관이 아니다. 스베덴보리를 비롯해 수많은 사람이 천국이나 지옥에 다녀왔다고 한다. 그러나 이것 역시 주장하는 사람의 주관적인 체험이지 경험과학의 방법으로 확증할 수 있는 것은 아니다. 즉, 비슷한 수준의 사람이 동일한 방법을

---

30 신성종, 『내가 본 지옥과 천국』 (서울: 크리스챤 서적, 2020).
31 같은 책, 187-188.

사용했을 때 감각기관을 통해서 천국과 지옥을 경험할 수 있는 것은 아니다. 따라서 죽음 일문 세계관 역시 경험과학적 지식에 근거한 세계관이라고 할 수 없다. 그러나 경험과학적 지식에 근거하지 않았다고 해서 오류이거나 무가치한 것은 아니다.

지식의 출처는 크게 세 가지로 생각할 수 있다. ① 감각적 경험과 추론에 의한 지식이다. 일상생활에서 흔히 상식이라고 말하는 경험적 지식, 정교한 이론과 방법론이 뒷받침된 과학적 지식 등이 여기에 해당한다. ② 뛰어난 통찰력과 직관에 의한 지식이 있다. 흔히 문·사·철이라고 부르는 문학이나 역사학, 철학 등에서 이러한 지식을 발견할 수 있다. '인간은 생각하는 갈대', '흔들리며 피는 꽃과 같은 인생', '나그네 인생', '목적이 이끄는 삶', '사필귀정' 등과 같은 명제를 그 예로 들 수 있다. 이러한 지식은 경험 세계의 혼란스러운 외형을 뚫고 들어가 삶의 본질을 보여주는 지식(Wissenschaft)이다. 때로 감각적 경험 세계와 일치하지 않는 경우들도 많지만, 이러한 명제가 가진 진리성과 힘은 인간 삶 속에서 언제나 살아있다. ③ 계시에 근거한 지식이다. 이것의 대표적인 예는 종교적 지식이다. 종교적 지식의 근거는 경전이며, 경전은 어떤 특별한 신적 존재의 계시에 의한 것이다. 기독교를 예로 든다면 '우주 만물을 창조하신 하나님', '예수 그리스도의 십자가를 통한 구원', '우주의 종말', '하나님의 형상을 닮은 인간', '보배를 담은 질그릇과 같은 인생', '하나님의 자녀로서의 인간', '자비롭고 은혜롭고 노하기를 더디 하시는 하나님', '선악과를 따먹어(하나님께 불순종하여) 원죄의 굴레를 쓴 인간' 등과 같은 명제는 모두 성경에 나오는 것으로 그 근거는 계시이다. 즉, 하나님이 친히 혹은 선지자나 사도들을 통해서 알려주신 지식이다. 우리가 지금 살펴보는 죽음 이후의 세계, 천국과 지옥에 대한 지식 역시 계시에 근거한 지식이다. 계시에 근거한 지식은 경험과 추론으로 확증할 수 없다. 이러한 지식은 믿음에 따라 받아들여지기도 하고, 거부되기도 한다. 죽음 일문 세계관은 성경 말씀, 즉 신적 계시에 근거한 세계관이다. 따라서 기독교 신앙을 가진 사람은 이 세계관을 수용할 것이고, 신앙을 가지지 않은 사람은 수용하지 않을 것이다.

이제부터의 여행은 죽음 일문 세계관에 근거한 죽음과 사후 세계에 대한 이해이다. 앞으로는 계시의 말씀인 성경책을 손에 든 목사로서 이 여행을 안내하게 될 것이다. 믿음이 있어야 죽음 일문 세계관을 받아들일 수 있다. 물론 믿음을 가지고 이 세계관을 받아들인다 해도 그 길에는 여러 가지 복잡한 문제가 있다.

사람에게 영혼이 있어서 육신이 죽은 후에도 계속 그 존재가 이어질 수 있는가? 무고한 사람이 일찍 억울한 죽임을 당하는 이유가 무엇인가? 악한 자가 오래 살며 제 수명을 누리는 이유는 무엇인가? 하나님은 이 세상의 억울한 죽음들에 어떻게 개입하시는가? 천국과 지옥은 어떤 곳이며, 어떤 사람들이 가는가? 세상에서 죄를 지었다는 이유로 지옥의 영원한 형벌을 받는 것이 하나님의 정의인가? 자살하면 지옥에 가는가? 이런 문제에 대한 답변이 결코 쉬운 일은 아니다. 신학적 입장의 차이에 따라 기독교 안에서도 답이 일치하지 않는다. 그러나 성경 말씀을 나침반 으로 하여 방향을 올바로 잡으면 길을 잃지 않고 끝까지 잘 걸어갈 수 있다. 인생에서 이보다 더 중요한 문제가 어디 있겠는가? 이 믿음을 가지고 죽음과 죽음 이후의 세계를 향한 여행을 계속하도록 하자.

| 2부 |

# 기독교
# 죽음학

우리는 지금까지 죽음 앞에 선 인간의 모습을 살펴보았다. 죽음 앞에서 불안한 인간의 모습과 죽음을 거부하거나 수용하는 인간의 반응을 살펴보았다. 이러한 인간들의 모습을 통해 죽음의 의미를 알기 위해서는 죽음의 세계관에 대한 이해가 필요하다. 죽음의 세계관은 크게 죽음을 벽(壁)으로 보는 시각과 문(門)으로 보는 시각으로 나뉜다. 죽음을 이생과 저생을 통과하는 문으로 보는 세계관도 그 문이 여러 개 있다고 생각하는 시각과 오직 하나라고 생각하는 시각으로 나뉜다. 힌두교나 불교의 환생론은 전자의 대표적인 예이고, 기독교의 천국과 지옥에 대한 교리는 후자의 대표적인 예이다. 이제 우리는 '일반 죽음학'의 논의를 마치고 '기독교 죽음학'으로 넘어가고자 한다. 기독교 죽음학 안에도 많은 논점이 있지만 여기서는 ① 기독교에서 본 죽음의 원인, ② 죽음의 원인을 기준으로 한 죽음의 유형 분류, ③ 죽음 이후 삶의 주체가 되는 영혼의 문제, ④ 죽음 이후 세계로서의 천국과 지옥, ⑤ 죽음 이후 세계와 관련된 쟁점 등에 대해서 논의하겠다.

# 5장
## 죄, 죽음의 궁극적 원인

　죽음은 인간의 경험 가운데 가장 보편적이고 중요하며, 심오하고 복잡한 현상이다. 미국의 인구조회센터의 추정에 따르면 이 땅 위에 태어났다가 죽은 사람의 수가 약 1,008억 정도 된다.[1] 이 많은 사람들이 다양한 이유로 또한 다양한 방식으로 죽음을 맞이하였다. 죽음학은 인간의 죽음과 관련된 다양한 문제를 다루는 학문이다. 죽음학의 궁극적 목표는 죽음의 극복이다. 다양하고 복잡한 죽음의 문제를 이해하고 그것을 극복하기 위해서는 죽음의 원인이 무엇인가를 알아야 한다. 외적이고 육체적인 죽음의 원인을 알기 위해서는 생물학적이고 의학적인 논의로 충분하다. 그러나 죽음의 더 깊은 의미를 이해하기 위해서는 죽음의 본질적인 원인을 이해해야만 한다.

　성경은 죽음의 본질적 원인이 죄라고 한다. 즉, 인간은 죄 때문에 죽는다. 죄 때문에 인간이 죽는 것은 확실하지만, 그 죄가 죽음에 개입하는

---

1 권석만, 『죽음의 심리학』 (서울: 학지사, 2019), 69.

방식은 다양하다. 즉, 죄는 인간과 다양한 방식으로 관계를 맺으면서 죽음을 가져온다. 그러므로 죄가 죽음을 가져오는 방식의 차이를 기준으로 죽음을 분류할 수 있다. 이렇게 죽음을 분류할 때 우리는 죄와 죽음의 속성을 더 잘 이해하고, 그 대처 방식도 더 잘 찾을 수 있다. 여기서는 죽음의 원인인 죄와 죄의 결과인 죽음의 관계를 살펴보면서 죄와 죽음의 본질적 의미를 고찰하고자 한다.

## 1. 죽음의 원인에 대한 논의

죽음은 인간이 경험하는 가장 보편적 현상이다. 그리고 죽음의 양상은 삶의 양상만큼이나 다양하다. 그래서 다양한 학문 분야에서 죽음을 연구하고 있다. 신학, 철학, 종교학, 의학, 생물학 등은 전통적으로 죽음을 연구하는 대표적인 학문이다. 그 외에 심리학, 사회학, 사회복지학, 인류학, 문학 등의 학문에서도 죽음을 중요하게 다룬다. 최근 들어 죽음에 초점을 맞춘 다양한 시각이 모여 '죽음학'이라는 새로운 학문이 나타났다. 그리하여 죽음을 연구하는 학문적 관심에 따라 육체적 죽음(의학, 생물학), 심리적 죽음(심리학), 도덕적 죽음(철학, 윤리학), 영적 죽음(신학, 종교학), 사회적 죽음(사회학, 사회복지학) 등으로 나누어 접근하기도 한다. 죽음에 대한 접근 방식의 차이에 따라 죽음의 정의나 죽음의 원인에 대한 이해가 달라진다.

여기서는 죽음의 외적이고 객관적인 형태, 즉 육체적 죽음에 초점을 맞추어서 논의하겠다. 육체적 죽음을 정의할 때 의학에서는 심폐사, 뇌사, 세포사 등의 개념을 사용한다. 세계보건기구(WHO)에서는 죽음에 대한 다음과 같은 조작적 정의(operational definition)를 제안하였다. "죽음은 의식의 능력과 모든 뇌간 기능의 영구적 상실이 발생했을 때 일어난다.

죽음은 순환 활동의 영구적 정지 또는 충격적 뇌손상에 의해서 유발될수 있다. 여기서 영구적이라 함은 기능이 자발적으로 재개될 수 없으며, 개입에 의해서도 회복되지 않음이라는 의미다."[2]

육체적 측면에서 죽음을 이해할 때 죽음의 원인은 시대와 사회에 따라 다양한 모습으로 나타난다. 근대 이전 사회에서는 기아, 전염병, 전쟁이 죽음의 가장 중요한 원인이었다. 그러나 1945년 2차 세계대전 종전 이후 긴 평화의 시대가 오면서 전쟁이나 폭력에 의한 죽음은 현저하게 줄어들었다. 그 대신 질병이 가장 중요한 죽음의 원인이 되었다. 세계보건 기구의 발표에 따르면 2019년 10대 사망원인은 1위 심혈관 질환, 2위 뇌졸중, 3위 만성폐쇄성 폐 질환, 4위 하기도 감염, 5위 신생아 질환, 6위 호흡기암·폐암, 7위 알츠하이머병과 기타 치매, 8위 설사병, 9위 당뇨, 10위 신장 질환 순으로 나타났다.[3] 우리나라의 경우 통계청 자료에 따르면 2019년 10대 사망원인은 악성 신생물(암), 심장 질환, 폐렴, 뇌혈관 질환, 고의적 자해(자살), 당뇨병, 알츠하이머병, 간 질환, 만성하기도 질환, 고혈압성 질환으로 나타났다. 이 10대 사인은 전체 사망 원인의 69.1%를 차지했으며, 첫 번째 사망 원인인 암이 사망자의 27.5%를 차지했다.[4] 전체적으로 볼 때 전쟁이나 폭력적 수단이 원인이 된 사망은 많이 감소하였고, 다양한 질병이 사망의 주된 원인이 되고 있다.

이상의 논의에 따르면 인간의 육체적 죽음의 원인은 다양한 질병이라고 정리할 수 있다. 죽음의 원인에 대한 이러한 논의는 의학이나 생물학에

---

2 권석만, 『죽음의 심리학』, 57.
3 김정은, "WHO, '전 세계 10대 사망원인' 발표," 「데일리포스트」 (2021. 1. 3.).
4 사회통계국 인구동향과, 『2019년 사망원인 통계 결과』, 통계청 보도 자료 (2020. 9. 21.).

서는 매우 중요하게 다루어진다. 그러나 이것은 죽음의 외적 원인을 보여주는 것으로 죽음의 내면적 의미에 대해서는 특별히 제시하는 것이 없다. 죽음의 본질적 의미를 알기 위해서는 죽음의 근본적 원인에 대한 고찰이 필요하다.

죽음의 본질적 원인에 대한 이해는 어떤 죽음의 세계관을 가지는가에 따라 달라질 수 있다.[5] 죽음 이후의 세계를 인정하지 않는 무신론적·물질주의적·죽음 벽 세계관의 입장에서는 죽음이란 인간의 존재 양식이다. 따라서 앞서 논의한바 죽음의 의학적·생물학적 원인은 말할 수 있지만, 그 이상의 의미 있는 원인을 말할 수 없다. 태어난 존재는 모두 죽는다는 존재 양식 자체가 죽음을 초래하기 때문에 죽음의 원인을 인과론적으로 말할 수 없다. 그리하여 물리주의적 인간관, 죽음은 존재의 끝이라는 죽음 벽 세계관을 가진 철학자 셸리 케이건은 그의 유명한 책『죽음이란 무엇인가』에서 죽음의 궁극적 원인에 대해서는 전혀 언급하지 않을 뿐 아니라 사회적 원인에 대해서조차도 침묵하고 있다.[6]

죽음의 세계관 가운데는 힌두교, 불교, 뉴에이지 등에서 볼 수 있는 바와 같이 범신론적·윤회론적 입장이 있다. 이 입장에 따르면 인간은 죽음 이후 여러 번에 걸쳐 다시 태어난다. 이러한 세계관은 죽음 다문 세계관이다. 죽음 다문 세계관에 따르면 죽음의 원인은 업이요 윤회의 원리이다. 인간 개개인은 다양한 원인에 의해 죽음을 맞게 되지만, 그 근본적인 원인은 전생에 쌓은 업을 다음 생에서 풀기 위함이다. 선한 업을 쌓은 사람은 죽음 이후 다음 생에서 선한 열매를 거두고, 악한

---

5 노치준, "목회자의 죽음학 세계관 교육,"『죽음 교육의 필요성과 그 방법에 관하여』 (서울: 이폴출판사, 2021).

6 셸리 케이건/박세연,『죽음이란 무엇인가』 (파주: 엘도라도, 2012).

업을 쌓은 사람은 죽음 이후 다음 생에서 악한 열매를 거둔다. 이 입장에 따르면 죽음의 원인은 업이고, 죽음의 목적은 쌓은 업의 열매를 맺는 것이다.[7]

유대교, 이슬람교, 기독교와 같은 일신교적 윤리적 종교는 '죽음 일문 세계관'을 가지고 있다. 죽음은 한 번 열리는 문이며, 죽음 이후에는 심판이 있다. 이 입장 가운데 우리가 초점을 맞추는 기독교적 세계관에 따르면 죽음의 원인은 죄다. 인간은 죄 때문에 죽고, 죽음 이후에 심판을 받는다. 심판의 결과에 따라 천국에서 영원한 복을 누리거나 지옥에서 영원한 벌을 받게 된다. 성경은 죄가 죽음을 가져온다고 반복해서 말하고 있다. 여호와 하나님께서 처음으로 죽음에 대해서 말씀하실 때 "선악을 알게 하는 나무의 열매는 먹지 말라 네가 먹는 날에는 반드시 죽으리라"(창 2:17)고 하셨다. 선악과를 따먹는 불순종의 죄가 죽음을 가져온다고 하였다. 또한 하나님께 죄를 지은 엘리의 집안에 대해 말씀하시기를 "보라 내가 네 팔과 네 조상의 집 팔을 끊어 네 집에 노인이 하나도 없게 하는 날이 이를지라"(삼상 2:31)고 하셨다. 엘리의 집안 후손들이 죄의 값으로 일찍 죽어 노인이 없을 것이라고 하였다.

신약성경, 특별히 바울 사도는 죽음의 원인이 죄임을 분명히 하였다. "그러므로 한 사람으로 말미암아 죄가 세상에 들어오고 죄로 말미암아 사망이 들어왔나니 이와 같이 모든 사람이 죄를 지었으므로 사망이 모든 사람에게 이르렀느니라"(롬 5:12), "죄의 삯은 사망이요 하나님의 은사는 그리스도 예수 우리 주 안에 있는 영생이니라"(롬 6:23). 이 말씀을 통해 죄의 값이 사망이며, 사망의 원인은 죄라고 하였다. 그리고 야고보 사도도

---

7 황명환, 『죽음 인문학』(서울: 두란노, 2019), 148-151, 165-173.

"욕심이 잉태한즉 죄를 낳고 죄가 장성한즉 사망을 낳느니라"(약 1:15)고 하였다. 물론 성경에서 말하는 죽음과 사망의 의미는 넓다. 그러나 여기서 말하는 죽음 가운데 가장 중요한 것은 육신의 죽음이다. 그러므로 죄가 육신의 죽음의 원인이라는 것은 성경의 흔들리지 않는 가르침이다.

이처럼 기독교 신앙에 따르면 죽음의 원인은 죄이다. 죄가 죽음의 원인이라는 명제는 아우구스티누스, 중세 가톨릭 신학, 17세기 개신교 정통주의 신학, 부루너와 틸리케와 같은 현대 신학자에 이르기까지 이어 오면서 기독교의 뿌리 깊은 신앙이 되었다.[8] 그러나 근대 자유주의 신학은 "인간의 죽음은 죄에 대한 하나님의 벌이 아니라, 하나님의 창조와 함께 인간의 본성 곧 자연으로 주어진 것으로 이해한다."[9] F. 슐라이어마허, K. 바르트, P. 알트하우스 등의 신학자들은 이러한 입장이다. 하나님의 창조 질서로서 죽음에 대한 이해는 노년기의 죽음을 하나님에 의해 주어진 이상적인 죽음으로 이해한다. 다음의 성경 본문은 이러한 입장을 뒷받침한다. "내가 그를 장수하게 함으로 그를 만족하게 하며 나의 구원을 그에게 보이리라 하시도다"(시 91:16), "너는 장수하다가 평안히 조상에게 로 돌아가 장사 될 것이요"(창 15:15). 이러한 창조 질서로서의 죽음관은 기독교의 전통적 죽음관에 대한 거부감에서 생긴 것이기도 하다.[10]

그러나 창조 질서로서의 죽음관은 인간의 모든 죽음이 죄와 연결되어 있다는 것을 간과할 수 있으며, 인간 세계에서 일어나는 억울한 죽음들을 정당화하는 위험이 있다.[11] 김균진에 따르면 인간의 죽음을 창조 질서,

---

8 김영선, 『삶을 위한 죽음 이해』 (서울: 대한기독교서회, 2018), 53-54.
9 같은 책, 55.
10 같은 책, 56-58.
11 같은 책, 59.

즉 자연적인 것으로 생각할 때 ① 죽음을 체념하고 죽음을 쉽게 받아들일 수 있으며, ② 죽음의 현실을 거부하고 생명의 세계를 확대하고자 하는 의지가 약해질 수 있고, ③ 죽음에 대해서 무신경해질 수 있으며, ④ 생명에 대한 학대와 대량 학살이 쉽게 일어날 수 있고, ⑤ 죽음을 유발하는 모든 사회적·정치적·경제적·군사적·문화적·환경적 원인에 대해 눈을 감을 수 있는 위험이 있다.[12]

이상 살펴본 바와 같이 죽음 이후의 세계를 인정하지 않는 무신론적·물질주의적·죽음 벽 세계관의 입장에서는 죽음을 인간의 존재 양식으로 본다. 따라서 신체적 죽음의 의학적, 생물학적, 심리적, 사회적 원인에는 관심을 기울이지만, 죽음의 본질적이고 형이상학적인 원인에는 관심을 두지 않는다. 범신론적, 윤회론적 입장의 '죽음 다문 세계관'에 따르면 죽음의 원인은 업이다. 즉, 업이 쌓이면 죽음이 오고, 죽음을 지나 새로운 삶이 시작되면 또다시 새로운 업을 쌓게 된다. 그리고 '죽음 일문 세계관'의 대표격인 신구약성경과 기독교 신앙(신학)에 따르면 죽음의 원인은 죄이다. 그러나 죽음의 원인을 창조 질서로 보는 시각이 기독교 신학 안에도 있다. 노년기에 임하는 자연적인 죽음은 이러한 시각을 지지하는 것처럼 보인다. 현재의 기독교 신학 논의 안에서는 죽음의 원인을 죄로 보는 시각과 창조 질서로 보는 시각이 조화를 이루지 못하는 형편이다.

현재의 신학 연구를 보면 죄로 인한 죽음과 자연적 죽음으로 나눌 뿐 그 이상의 분석적인 논의가 없다. 한국에서 죽음의 신학을 논의한 대표적인 학자 김균진 교수나[13] 김영선 교수[14] 역시 죽음을 자연적 죽음과

---

12 김균진, 『죽음의 신학』 (서울: 대한기독교서회, 2002), 255-257.
13 같은 책, 228-274.

죄로 인한 죽음으로 분류할 뿐이다. 곽혜원 교수 또한 좋은 죽음, 고독한 죽음 등에 대해서 말하고 있지만, 죽음의 유형을 체계적으로 나누어서 논의하지 않았다.[15] 목회자이며 기독교 죽음학의 대표적인 학자인 황명환 목사는 전통적인 입장에서 죽음의 원인은 죄라고 할 뿐 죄가 죽음을 가져오는 다양한 방식에 대해서 유형론적인 접근을 하지 못하였다.[16]

여기서는 분류학적인 접근을 통해 기독교 신앙에서 말하는 죽음의 원인을 고찰하고자 한다. 사회학의 기초를 놓은 에밀 뒤르켐에 따르면 분류는 특정 현상의 본질을 이해하고, 그 현상 속에서 나타나는 인과관계를 밝히기 위한 첫걸음이다.[17] 죽음의 사회사를 개척한 필립 아리에스[18]나 죽음의 예술사를 전개한 진중권[19]의 논의를 보면 죽음에 대한 인간의 다양한 태도를 읽을 수 있다. 그러나 이러한 연구에서도 죽음의 유형이 정확하게 나오지 않는다. 따라서 죽음에 대한 시대정신을 읽을 수는 있지만, 죽음의 유형을 발견하기는 어렵다.

## 2. 죄와 죽음의 관계

구약성경에서는 여호와 하나님께서 아담을 향하여 "선악을 알게 하는 나무의 열매를 먹는 날에는 반드시 죽으리라"고 말씀하셨고, 신약성

---

14 김영선, 『삶을 위한 죽음 이해』, 52-60.

15 곽혜원, 『존엄한 삶, 존엄한 죽음』 (서울: 새물결플러스, 2014).

16 황명환, 『죽음 인문학』, 323-327.

17 에밀 뒤르켐/민혜숙, 『사회학 방법의 규칙들』 (경기: 이른비, 2021), 4장.

18 필리프 아리에스/유선자, 『죽음 앞에 선 인간』 상, 하 (서울: 동문선, 1997).

19 진중권, 『춤추는 죽음』 (서울: 세종서적, 2008).

경에서 바울 사도는 "죄의 삯은 사망이라"고 하였다. 이것은 선악과를 따먹는 죄, 곧 하나님의 말씀에 불순종하는 죄가 죽음의 원인이라는 의미다. 그리고 죄의 삯은 죽음이라 할 때 그 삯은 헬라어로 '옵소니온'이고, 이것은 임금, 급료라는 의미가 있다. 즉, 우리가 어떤 사람에게 일을 시키면 그 사람에게 급료를 주어야 하는 것처럼 우리가 죄를 저지르면 그 죄의 값은 죽음이라는 것이다.

그러나 우리가 삶의 현실을 살펴보면 죗값으로 죽음을 당할 때 죄와 죽음의 관계가 동일하지 않은 것을 볼 수 있다. 그 대표적인 모습을 헤롯왕의 죽음과 예수 그리스도의 죽음을 통해서 볼 수 있다. 헤롯은 하나님의 영광을 가로채고 스스로 신이라는 칭호를 즐기는 죄를 지었다. 이러한 죄가 원인이 되어 주의 사자가 그를 쳤고, 그는 벌레에게 먹혀 죽었다(행 12:21-23). 그러나 예수 그리스도의 죽음은 이와 다르다. "우리가 아직 죄인 되었을 때 그리스도께서 우리를 위해 죽으심으로 하나님께서 우리에 대한 자기의 사랑을 확증하셨다"(롬 5:8). 예수 그리스도의 죽으심의 원인은 자기 자신의 죄가 아니라 인간 모두의 죄이다. 예수 그리스도는 인간의 죄 때문에 죽었지만, 그 죽음으로 인해 하나님의 사랑과 구원의 은혜가 나타나게 되었다. 헤롯왕의 죽음이나 예수 그리스도의 죽음이나 그 원인은 죄이다. 그러나 헤롯은 자신이 저지른 죄의 행위 때문에 죽었고, 예수 그리스도는 죄에서 인생들을 구원하시기 위해서 죽었다. 헤롯은 자기 자신의 죄의 삯으로 죽었고, 예수 그리스도는 온 인류의 죄의 삯을 치르기 위해서 죽었다. 이처럼 죄의 삯은 죽음이지만, 즉 죄가 죽음의 원인이지만, 죄가 죽음에 어떤 방식으로 작용하였는가에 따라 죽음의 성격이 전혀 다른 모습으로 나타난다. 즉, 죄가 죽음에 어떤 모습으로 작용했는가에 따라 죽음의 성격은 달라진다. 그러므로 죄와 죽음의 관계 유형에 따라 죽음을 다음과 같이 세 가지 형태로 분류할 수 있다.

## 1) 죄악의 행위(behavior)로 인한 죽음

앞서 헤롯의 죽음에서처럼 하나님의 영광을 가로채는 죄악된 행위로 죽음에 이를 수 있다. 우리는 성경 속에서 죄악을 저지르다 죽은 사람들의 모습을 발견할 수 있다. 노아 홍수와 소돔과 고모라의 멸망 때 죽은 악인들(창7, 19장), 출애굽 당시 모세와 아론에게 대적하다가 죽은 고라와 다단과 아비람(민16:1-35) 등은 모두 죄악의 행위를 하다가 하나님의 징계로 죽임을 당하게 되었다. 가나안 정복 전쟁 당시 많은 가나안 족속들은 자신들이 저지른 죄의 행위로 인해 멸망 당했다. 그리하여 성경은 "이 민족들이 악함으로 말미암아 네 하나님 여호와께서 그들을 네 앞에서 쫓아내심이라"(신9:5)고 하였다. 사울 왕은 하나님의 명령에 불순종하였기에 블레셋과의 전투에서 죽었으며, 이사벨 여왕은 악을 저지르다 하나님의 심판을 받아 죽었다. 예수님의 제자였던 유다는 그리스도를 파는 악을 저지른 후 스스로 목숨을 끊고 죽었다. 이러한 죽음은 자신이 저지른 죄악의 행위가 죽음의 직접적인 원인이 된 경우이다.

"인간이 죄를 지으면 죽는다"는 명제는 "인간이 음식을 먹지 않으면 죽는다"는 명제만큼이나 당연하고 확실한 명제이다. 인간이 음식을 먹지 않으면 육체가 생명을 유지하는 데 필요한 영양소, 즉 에너지를 얻지 못한다. 그 결과 인간의 육체는 죽게 된다. 이와 마찬가지로 인간이 죄를 짓게 되면 생명의 근원이 되시는 하나님과 단절된다. 그리하여 하나님으로부터 생명의 에너지를 공급받지 못하여 인간은 죽게 된다.

또한 "인간은 죄를 지으면 죽는다"는 명제는 "인간이 병들면 죽는다"

는 명제만큼이나 당연한 명제이다. 인간에게 코로나19와 같은 악한 바이러스가 들어오거나 콜레라나 장티푸스와 같은 병원균이 들어오거나 아니면 인간의 몸속에 암세포가 생기면 그로 인해 인간은 죽을 수 있다. 즉, 바이러스나 병원균이나 암세포가 독을 뿜어 인간의 장기가 상하고 기능을 하지 못하여 인간은 죽는다. 이와 마찬가지로 사람이 죄를 지으면 그 죄는 자신의 몸과 마음속에 남아 있으면서 독을 뿜는다. 그 결과 인간의 몸과 마음이 상하여 결국 죽을 수밖에 없다.

　인간이 죄를 짓는 것은 인간의 육신이 늙어가는 것과 비교할 수도 있다. 인간이 아무리 음식을 잘 조절하고 좋은 음식만 먹어도 그 음식 속에는 좋지 못한 어떤 것이 조금이라도 들어 있다. 또한 좋은 음식이라도 몸에 가장 적합한 정도만 섭취하는 것은 사실상 불가능하다. 더 많이 섭취하거나 더 적게 섭취하게 된다. 인간은 몸을 적당히 움직여야 건강을 유지할 수 있다. 그러나 인간은 살면서 몸을 너무 많이 움직이거나 너무 적게 움직이는 경우가 많다. 그 결과 몸이 약해지고 늙게 된다. 이와 마찬가지로 인간은 살면서 죄를 짓지 않을 수 없다. 그리고 그 죄는 우리의 몸과 마음속에 쌓이게 된다. 비록 작은 죄라 해도 오랜 세월 쌓이게 되면 우리의 몸과 마음이 점점 약해진다. 이렇게 되면 사람은 늙고, 더 나아가 죽는다. 큰 죄를 지어 죽는 것은 급성 중증 질환으로 죽는 것과 비슷하며, 일평생 작은 죄들이 쌓여서 죽는 것은 늙고 쇠약해지면서 만성 경증 질환으로 죽는 것과 비슷하다.

　인간은 그 누구를 막론하고 세월이 흐르면서 늙고, 약해지고, 병들고, 때로 뜻하지 않은 재난을 당하여 죽게 된다. 왜 이런 일이 일어나는가? 인간이 죄를 지으면 생명의 에너지를 공급하시는 하나님과의 관계가 단절되고, 죄가 몸과 마음에 쌓이면서 늙고, 약해지고, 병들고, 심판의 재난을 만나 죽는다. 죄와 죽음의 인과관계는 분명하다. 다만 그것이 물리적인 인과관계처럼 실험을 통해 수치화하여 증명하기 어려울 뿐이다. 왜냐하면 죄와 죽음의 인과관계가 작용할 때 그 중간에 개입하는 매개 변수가 너무나도 많기 때문이다. 더욱이 하나님의 은총이라는 매개 변수는 죄와 죽음의 인과관계를 근본적으로 바꿀 수 있다. 이것이 인생의 신비이고, 구원의 신비이다. 그러나 지금까지 살아온 모든 인간은 크든 작든 살아가면서 죄를 지었다. 그 결과 모두 죽었고, 현재 살아있는 인간도 죽음을 향해서 가고 있다. 그러므로 죄가 죽음을 가져온다는 것은 지구가 태양 주위를 1년에 한 바퀴씩 공전한다는 자연법칙만큼이나 분명하다.

죄가 죽음을 가져오는 방식은 다음과 같다. 죄를 지으면 인간은 하나님과의 관계가 소원해진다. 그리고 죄가 계속되면 결국 하나님과의 관계가 끊어지고 만다. 하나님과의 관계가 끊어지면 하나님의 은총과 생명의 에너지가 현저히 줄어들다가 결국은 끊어지게 된다. 하나님과의 관계가 끊어지고, 하나님의 은총으로부터 단절되면 창조주가 정해놓은 창조의 질서, 생명의 질서가 파괴된다. 그 결과 이웃이나 피조 세계와의 바른 관계가 깨어지고, 소외와 단절을 경험한다. 삶의 목적과 가치가 흔들리고, 정체성의 위기를 경험하며, 근심과 걱정, 불안과 공포가 밀려온다. 그리하여 몸이 약해지고 질병이 생기며 결국 죽음에 이르게 된다. 죄를 지으면 하나님과의 관계가 깨어지고, 그 결과 영적인 죽음, 사회적인 죽음, 심리적인 죽음이 다가오고, 이러한 죽음을 극복하지 못하면 돌이킬 수 없는 육체적인 죽음에 이르게 된다. 암이나 병균이 육체의 죽음의 원인이라면 죄는 인간 존재의 총체적인 죽음의 원인이다.

## 2) 죄악에 저항(resistance)한 죽음

죄의 삯은 죽음이라고 할 때 그 삯은 죄를 저지른 사람이 주로 치르지만, 그 죄와 상관이 없는 사람, 아니 그 죄에 반대하는 사람이 치르기도 한다. 예수 그리스도의 죽음이 그러한 죽음이다. 예수께서는 십자가의 죽음을 통해 인간의 모든 죄를 감당하셨다. 그래서 죄가 인간을 더 지배하지 못하도록 하셨다. 예수 그리스도의 죽음은 대속(代贖)의 죽음, 즉 대신 죄의 삯을 치른 죽음이었다. 그러므로 이 죽음은 죄에 대한 저항(resistance)의 죽음이다.

성경 속에는 죄에 저항하다가 죽은 사람의 이야기가 많이 나온다. 믿음으로 더 나은 제사를 드리고 의로운 자라 증거를 얻은 아벨의 죽음(히 11:4), 악한 왕과 싸우다 죽임을 당한 이사야와 같은 선지자들의 죽음, 악을 물리치기 위한 전투에 나갔다가 죽은 의로운 군인들의 죽음, 스데반이나 바울 사도와 같은 위대한 순교자의 죽음, 죄악에 물든 땅을 청소하고 진리와 선과 의의 아름다운 땅을 만들기 위해 헌신하고 수고하며 생명을 바친 위대한 인물의 죽음 등이 모두 여기에 해당한다. 이들 역시 죄의 삯을 치르기 위해서 죽었지만, 자신의 죄가 아니라 다른 사람의 죄의 삯을 치르기 위해서 죽었다.

전쟁이 일어나면 언제나 희생자, 즉 전사자가 나온다. 악한 침략 전쟁이든 의로운 방어 전쟁이든 희생자가 나온다. 의롭고 정당한 전쟁에 참여한 사람이 불의하고 부당한 전쟁에 참여한 사람보다 더 많이 희생될 수 있다. 이건 이 세상에서의 전쟁에만 해당하지 않는다. 죄와의 싸움도 마찬가지이다. 죄악을 저지르는 사람이 있다면, 그것을 막는 사람이 있다. 그리고 둘 사이에는 어쩔 수 없이 싸움이 일어나게 된다. 그리고 죄를 막으려고 싸우다가 희생당하는 사람이 나올 수밖에 없다. 죄 속에는 강한 힘이 있다. 죄의 근원인 악마에게는 신적인 힘이 있기 때문이다. 그래서 큰 죄를 저지른 사람들의 모습 속에는 섬뜩한 악마의 모습이 시시때때로 드러난다. 마귀를 배경으로 하는 죄와 싸우게 되면 마귀의 강한 힘으로 인해 희생당하는 사람들이 나올 수밖에 없다. 이것이 의인의 죽음이요 또한 순교자의 죽음이다.

죄에 저항하다가 당하는 죽음을 질병에 대한 몸의 저항과 비교할 수 있다. 생명을 파괴하는 병균이나 바이러스가 몸 안으로 침투하면 몸은 가진 에너지를 다 동원하여 격렬하게 저항한다. 이 저항의 에너지가 외적으로 나타나는 것이 열이 나는 것이다. 병이 났을 때 열이 나는 원인에 대한 생리학적·의학적 이론은 깊고 복잡하다. 그러나 그 근본 원리는 죽음에 저항하는 생명의 저항 활동에 적용될 수 있다. 혈액 중에서 감염이나 외부 물질에 대항하여 신체를 보호하는 기능을 수행하는 세포가 백혈구다. 백혈구는 몸 안으로 병균이나 독성 물질이 들어오면 몸을 지키기 위해서 격렬하게 저항한다. 이러한 과정에서 수많은 백혈구가 파괴되어 죽는다. 그 죽은 백혈구가 뭉쳐진 것이 고름이다. 백혈구가 외부에서 침투한 병균과 싸우다 죽는 것처럼 인간 중에도 이 세상의 죄와 싸우다 죽는 사람들이 있다. 이러한 죽음은 더 많은 생명을 살리기 위한 죽음 그리고 참된 생명으로 살아가기 위한 죽음이다. 이러한 죽음을 죄에 저항하는 죽음이라 부를 수 있다.

죄와의 싸움은 결코 쉬운 일이 아니다. 죄를 이기기 위해서는 말할 수 없이 힘들고 어려운 과정을 거쳐야 한다. 인간적이고 자연적인 욕망을 억눌러야 하고 혼신(渾身)의 힘을 다해야 한다. 예수님이 죄와 싸워 이기기 위해 십자가를 향할 때 땀방울이 핏방울이 되도록 기도하셨다. 죄와 싸우다 보면 모함을 당하고, 손해를 보고, 억울한 일을 당할 수 있다. 심신이 피곤하고 고통을 당할 수 있다. 바울 사도처럼 수많은 박해와 고난을 당할 수도 있다. 예수님이 십자가에 못 박히신 것처럼 죄악된 인간의 손에 직접 죽임을 당할 수도 있다. 직접 죽임을 당하지 않아도 죄악과 싸우는 과정에서 몸과 마음이 많은 상처를 입고 타격을 받는다. 그리고 그것이 쌓여 결국 죽게 된다. 죄를 저지르는 행동이 죽음을 가져오는 것과 마찬가지로 죄에 저항하는 것도 죽음을 가져온다. 악인은 죄를 저질러서 죗값으로 죽고, 의인은 죄와 싸우다가 백혈구처럼 사람의 생명을 살리고 죽는다.

### 3) 죄악에 연루(involvement)된 죽음

죄악은 그것을 저지르는 사람을 죽이고, 그것에 저항하는 사람을 죽일 뿐 아니라 연루된 사람을 죽이기도 한다. 악한 자에 의해 전쟁이 일어나면 무고한 시민이 죽임을 당한다. 환경을 파괴한 죄악의 결과로 죽는 사람이 있다. 인간의 악에 대한 집단적 심판에 연루되어 죽는 사람도 있다. 성경과 기독교 신학에 따르면 인간은 아담과 하와의 죄에 연루되어 죽음을 맞이하게 되었다. 바울 사도는 "한 범죄로 많은 사람이 정죄에 이른 것 같이… 한 사람이 순종하지 아니함으로 많은 사람이 죄인된 것 같이"(롬 5:18-19)라고 하였다.

우리는 성경 속에서 죄에 연루된 죽음을 많이 발견할 수 있다. 성경 속에 등장하는 최초의 죽음, 아벨의 죽음은 그 자신의 믿음 행위로 본다면 죄에 저항하는 죽음이지만, 그의 형 가인의 죄에 연루된 죽음이기도 하다. 노아 홍수, 소돔과 고모라의 심판, 출애굽 당시 장자의 재앙, 고라와 다단 무리의 반역, 가나안 정복 전쟁, 다윗왕 시대의 전염병, 이스라엘과 유다 왕국의 멸망 등의 과정에서 수많은 무고한 사람들과 어린아이들이 죽었다. 이것은 악에 연루된 죽음이다. 예수님 탄생 당시 베들레헴 근처에서 태어난 아이들, 실로암에서 망대가 무너져 죽은 18명의 사람들(눅 13:4), 감옥에 갇힌 베드로를 지키다가 헤롯에 의해 죽임을 당한 파수꾼(행 12:19) 등은 죄악과 연루되어 죽었다.

사람이 죄에 연루되어 죽는다는 사실은 죄의 전염성을 보여준다. 우리는 지난 코로나19 사태를 통해서 전염병이 얼마나 무섭고 파괴적인가를 직접 경험했다. 전염병은 사람의 관계와 만남을 통해서 전파된다. 전염병은 직접, 깊이, 자주 만나는 관계를 통해서 더 쉽게 더 빨리 전파된다. 그래서 가족과의 공동생활을 통해서 전염병이 더 많이 전파되었다. 전염병과 마찬가지로 죄도 관계를 통해서 전파된다. 우리는 때때로 가정에서 아동학대로 인해 무고한 아이들이 목숨을 잃은 이야기를 접하게 된다. 부모의 죄가 전염병처럼 아이들에게 전파되어 그 작용으로 아이들이 죽은 것이다. 폭력적인 부모, 알코올이나 도박에 중독된 부모의 죄로 인해 그 자녀들이 극심한 피해를 받는 경우도 많다. 비록 육체적 죽음까지는 이르지 않더라도 정신적·정서적 죽음과 같은 상태에 빠지는 경우가 많다. 이것 역시 죄의 전염성을 보여주는 것이다.

전쟁이나 범죄로 인한 무고한 사람들의 죽음 역시 죄의 전염성을 보여준다. 제1차 세계대전이 끝난 후의 혼탁한 시대 상황 속에서 히틀러를 비롯한 많은 정치 지도자들이 죄악에 빠지게 되었다. 그들의 죄는 1차적으로 독일인들에게 전염되어 수많은 독일인이 자발적으로 혹은 어쩔 수 없이 2차 세계대전에 참여하였다. 이 전쟁으로 인해 세계 역사상 가장 많은 사람이 죽었다. 또한 독일인들의 죄가 수많은 유럽의 유대인들에게 연루되었다. 그 결과 무고한 유대인들이 홀로코스트를 통해서 죽었다. 2차 세계대전의 원인으로 프롬이 말한바 '자유로부터 도피'[20]하는 심리적 기제나 '과도한 전쟁 배상금', '1930년대 경제공황', '게르만 민족주의' 등은 또 다른 죄이거나 죄의 신속하고 대규모적인 전염을 가능하게 만든 효율적이고 효과적인 통로였다. 범죄의 피해로 인한 죽음 역시 죄의 전염성을 잘 보여준다. 범죄자 속에서 일어난 죄악은 전염병과 마찬가지로 가장 손쉽고 약한 대상에게 전염된다. 범죄를 저질러서 쉽게 이익을 얻을 수 있는 대상, 저항력이 약한 대상, 저항하기 어려운 상황 등이 범죄가 쉽게 전파되는 통로가 된다. 범죄학의 이론 "범죄 심리론", "아노미 이론", "차별 교제 이론", "갈등이론" 등은 어떤 상황이나 조건이 죄의 전염에 효과적이고 효율적인가를 보여주는 논의들이다.

　인간의 탐욕 또한 큰 죄이다. 그리고 이것 역시 전염되어 많은 사람을 죽게 한다. 정욕이나 명예욕도 탐욕 가운데 하나로 들 수 있지만, 가장 중요하고 보편적인 탐욕은 물욕(物慾)이다. 물질의 소유와 물질의 이기적 사용에 대한 인간의 욕망이 탐욕의 가장 크고 중요한 양상이다. 산업 현장에서의 사고로 인한 죽음은 부주의가 원인이 되는 경우도 많지만, 더 많은 경우 탐욕이 원인이다. 더 많은 이익을 남기려다 생명을 보호하기 위한 사고 방지의 조치를 제대로 취하지 않는 경우가 많다. 물질적 탐욕 때문에 비용 절감에 과도히 몰두한 결과 안전 조치가 제대로 이루어지지 못하여 산업 현장의 노동자나 일반 시민들이 목숨을 잃게 된다. 법의 미비, 부정과 부패, 무절제, 과잉 경쟁 등은 모두 탐욕이라는 죄가 쉽게 전염되는 통로가 된다.

---

20 에리히 프롬/원창화, 『자유로부터의 도피』 (서울: 홍신문화사, 1991).

이상 살펴본 바와 같이 가정폭력, 전쟁, 범죄, 사고 등의 현상을 통해서 죄에 연루된 죽음을 쉽게 볼 수 있다. 다윗과 밧세바의 불륜으로 태어난 아이의 죽음처럼 인간은 죄와 연루되면 죽게 된다. 또한 인간들 모두는 아담과 하와의 죄에 연루되어 있다. 그래서 바울 사도께서는 시편 14편 말씀을 인용하면서 "기록된 바 의인은 없나니 하나도 없으며, 깨닫는 자도 없고 하나님을 찾는 자도 없고, 다 치우쳐 함께 무익하게 되고 선을 행하는 자는 없나니 하나도 없도다"라고 하였다. 인간은 원죄라 불리는 인간의 본질적 요소에 연루되고, 자신의 죄와 다른 인간들의 죄에 연루되어 죽는다. 전쟁, 사건, 사고로 인한 죽음은 모두 죄에 연루된 죽음이다. 보통 사람들의 일상적인 삶 속에는 직간접으로 연루된 죄가 있다. 우리는 편하다는 이유로 수많은 일회용 플라스틱 제품과 같은 환경오염 물질을 필요 이상으로 사용하고 있다. 이러한 일을 통해서 평범한 사람이 죄에 연루된다. 그리고 그 죄가 쌓이면서 결국 죽음을 맞이하게 된다.

이상 살펴본 바와 같이 우리는 죽음의 원인이 되는 죄와 관련하여 세 가지 유형의 기준을 보았다. 즉, 죄악의 행위(behavior), 죄악에 대한 저항(resistance), 죄악에의 연루(involvement)가 죽음을 가져올 수 있다. 이것은 막스 베버가 말한 "프로테스탄트 윤리", "자본주의 정신" 등과 같은 개념에서 볼 수 있는바 이념형(Idea Typus/Ideal Type)적인 개념이다.[21] 따라서 실제의 죽음을 이 기준에 따라 정확하게 분류하는 것은 쉬운 일이 아니다. 성경 속에 나오는 수많은 죽음은 성경의 기자들에 의해 그 원인이 확실하게 드러나기도 하지만, 성경 자체가 죽음의 원인에

---

21 막스 베버/박문재, 『프로테스탄트 윤리와 자본주의 정신』 (서울: 현대지성, 2018).

대해 침묵하기도 한다. 죽음의 원인과 그 모습이 확연하게 드러나는 경우라 해도 그 원인이 중첩되어 분류가 어려운 경우도 있다. 예를 들어 다윗왕과 함께 활동하던 요압 장군의 죽음 속에는 세 가지 원인이 다 들어 있다. 그는 다윗 왕을 도와 이스라엘 왕국을 세우고 악한 이방 종족들을 물리치기 위해 일평생 싸우다 죽은 사람이었다. 그러나 그는 다윗의 왕위가 솔로몬으로 넘어가는 과정에서 스스로 왕이 되고자 한 아도니야의 죄에 연루되어 죽은 사람이었다. 그리고 자신의 욕심과 권좌를 위해서 아브넬과 아마샤를 죽인 악한 행위로 인해 죽은 사람이었다. 이처럼 죽음의 원인을 죄로 하고, 그 죄와의 관계를 행위, 저항, 연루로 구분한다 해도 요압 장군의 죽음에서 볼 수 있는 바와 같이 특정한 사람의 죽음을 어떤 하나로 확연하게 범주화할 수 없는 경우도 많다. 이것은 하나의 죽음 속에 다양한 원인이 함께 작용하기 때문에 나타나는 현상이다.

이같이 다양한 원인이 특정 죽음 속에 함께 나타난다 해도 죄와의 관계를 기준으로 죽음을 분류하는 것은 매우 필요한 일이다. 죄와 죽음의 관계를 행위, 저항, 연루로 구분할 때 죄와 죽음의 속성을 좀 더 분석적으로 이해할 수 있기 때문이다. 그리고 '죄의 삯은 죽음'이라는 명제 속에 예수 그리스도의 죽음과 악한 헤롯왕의 죽음을 함께 넣어 비교할 수 있는 길이 열릴 수 있다. 또한 '죄와의 연루'라는 개념은 이 세상에서 일어나는 수많은 이해할 수 없는 죽음, 부조리한 죽음, 억울한 죽음 등의 의미를 이해하고 해석하는 데 도움을 줄 수 있다. 그리고 각각의 죽음에 대한 바른 태도와 대처 방식을 탐구하는 데도 도움이 될 것이다.

# 6장
## 죽음의 유형과 속성

죽음은 본질적으로 인간에게 두려움, 불안, 허무함 등과 같이 부정적인 모습으로 다가온다. 그러나 그것에 대처하는 방식이나 능력에 따라 정도의 차이가 있다. 그뿐 아니라 죽음 앞에서 인간의 모습에도 차이가 나타난다. 어떤 사람은 죽음 앞에서 분노, 원망, 회한, 고통에 시달리면서 죽고, 어떤 사람은 담담하게 평안히, 심지어는 기쁨 가운데서 죽음을 맞이할 수도 있다. 죽음은 분명 두려움, 불안, 허무함, 이별 등의 요소를 공통적으로 가지고 있지만, 죽음을 얼마나 잘 준비하고 어떻게 맞이하는가에 따라 성숙, 완성, 안식, 소망 등의 요소가 나타나기 때문이다. 시몬 드 보부아르의 소설에 나오는 주인공 레몽 포스카는 특별한 약을 먹고, 죽지 않는 불멸의 존재가 되었다. 그러나 그에게 불멸은 축복이 아니라 저주가 되었다. 보부아르는 뛰어난 상상력과 문체로 그의 저주스러운 삶을 묘사하였다.[1] 그러나 그가 당한 저주의 핵심은 죽음을 통해서 얻을 수 있는 성숙,

---

1 시몬 드 보부아르/변광배, 『모든 인간은 죽는다』 (서울: 삼인, 2014).

완성, 안식, 소망을 얻지 못한 것이었다. 죽음은 삶의 끝이요 다시 되돌릴 수 없다는 점에서 공통적인 요소를 가지지만, 그 양태는 삶의 모습만큼이나 다양하다. 그러므로 죽음을 이해하기 위해서는 어떤 죽음인가를 생각해야 하고, 죽음의 양상을 유형화해서 접근해야 한다.

### 죽음 분류의 기준과 죽음의 유형

여기서는 죽음의 원인을 기준으로 죽음을 분류하고 그 죽음의 특성을 살펴봄으로써 죽음의 원인이 가진 의미를 살펴보겠다. 지금까지 지구상에서 존재하다가 세상을 떠난 사람의 수는 무수히 많다. 사회적·시대적·개인적 배경이 각각 다른 수많은 죽음을 특정 기준에 따라 분류하고 배정한다는 것은 불가능한 일이다. 그러므로 분류 대상이 되는 죽음을 한정시킬 수밖에 없다. 여기서는 성경 속에 나오는 죽음을 분류의 주된 대상으로 삼고자 한다. 성경은 곳곳에서 특정 인간의 죽음의 원인을 분명히 밝히고 있기 때문이다.

우리가 앞서 살펴본 바와 같이 죽음의 근본적인 원인은 죄이다. 인간은 죄를 짓고, 죄에 저항하고, 죄에 연루되면서 죽음을 맞이하게 된다. 이러한 죄와 죽음의 관계는 죽음을 분류하는 중요한 기준이 된다. 이와 아울러 죽음이 나타나는 시간도 죽음 분류의 중요한 기준이다. 즉, 죽음 분류의 기준으로 죄와 죽음의 관계와 죽음이 나타나는 시간, 이 두 가지를 생각할 수 있다.

성경에 따르면 죄가 죽음의 원인이지만, 죽음이라는 결과가 나타나는 데는 시간적인 편차가 있다. 아담은 하나님의 명령에 불순종하여 죄를 지었지만(행위) 바로 죽은 것이 아니라 930세까지 살다가 죽었다. 다윗과 밧세바 사이에서 불륜의 씨로 태어난 아이는 자신이 직접 그 죄를 짓지는 않았지만 죄의 씨가 되었고(연루), 그 결과 태어난 지 얼마 되지 못하여 죽었다. 이처럼 죄가 원인이고 죽음이 결과인 것은 사실이지만, 죄로 인한 죽음이 나타나는 시간에는 편차가 크다. 죄에 저항하고 죄로부터 인생을 구원하기 위해 복음을 전하다가 죽임을 당한 순교자들의 죽음 역시 나타나는 시간이 다르다. 스데반과 야고보 사도의 경우 죄 사함과 구원의 복음을 전하다가(죄에 저항) 일찍 죽임을 당했다. 베드로 사도나 바울 사도는 노년이 될 때까지 복음을 전하다가 순교하였다. 이처럼 죄의 행위와 저항, 연루에 따른 죽음이 임할 때 그 시간은 개인이나 상황에 따라 편차를 보인다.

그러므로 죄로 인한 죽음의 유형을 분류하기 위해서는 죄의 결과로 나타나는 죽음의 시간을 하나의 변수(variable)로 삼을 필요가 있다. 시간의 변수는 초 단위부터 시작하여 100년(세기)에 이르기까지 무수히 많은 항목이 나올 수 있다. 여기서는 죽음 이해의 편의를 위해서 간단하게 긴 시간과 짧은 시간 두 개의 항목으로 나누고자 한다. 즉, 죄(행위, 연루, 저항)와 죽음 사이의 시간이 짧은 것을 '이른 시간'으로, 시간이 긴 것을 '늦은 시간'으로 나눌 수 있다. 그리고 이른 시간과 늦은 시간을 나누는 기준점은 해당 사회의 평균 수명으로 삼을 수 있다. 즉, 평균 수명에 이르기 전에 당하는 죽음을 '이른 죽음'이라고 하며, 평균 수명 근처 혹은 그것을 넘어선 시기에 당하는 죽음을 '늦은 죽음'이라고 부를 수 있다. 유아 사망률이 매우 높아서 평균 수명이 30~40세에 불과했던 전통적 사회의 경우 평균 수명 근처에서의 죽음도 '이른 죽음'으로 분류할 수 있을 것이다. 그러나 의술의 발전과 함께 유아 사망률이 현저하게 떨어진 현대 사회에서는 평균 수명 근처에서의 죽음을 늦은 죽음으로 분류하는 것이 타당할 것이다. 이러한 분류는 비록 평균 수명이라는 수치를 기준으로 삼았지만, 그 기준은 명목 척도를 넘어선 서열 척도의 수준일 뿐 등간 척도나 비율 척도의 수준에 이른다고 할 수는 없다. 그리고 죽음의 이해를 위해서 이런 높은 수준의 척도가 꼭 필요한 것도 아니다.

앞에서 살펴본바 죽음의 원인과 관련된 세 가지 기준과 죽음의 시간과 관련된 두 가지 기준을 근거로 죽음을 분류하면 다음과 같은 여섯 가지 종류의 죽음을 생각할 수 있다.

### 죽음의 분류

| 죽음의 원인 \ 죽음의 시간 | 죄의 행위 | 죄에 연루 | 죄에 저항 |
|---|---|---|---|
| 이른 시간 | A (악한 죽음) | C (불행한 죽음) | E (위대한 죽음) |
| 늦은 시간 | B (추한 죽음) | D (평범한 죽음) | F (복된 죽음) |

A 유형은 죄를 저지르다가 그 죄가 원인이 되어 제 수명대로 살지 못한 사람의 죽음으로 가장 좋지 못한 나쁜 죽음을 말한다. 이러한 죽음은 죄의 직접적인 결과가 바로 나타난 '악한 죽음'이다. B 유형은 크고 작은 죄를 저지르는 삶을 살지만, 힘이 있고 운이 좋아서 그 죄의 값을 바로 받지 않고 살 만큼 살다가 죽은 사람의 죽음을 말한다. 이러한 삶은 추한 삶이며, 추한 삶을 살다가 끝난 죽음 역시 '추한 죽음'이다.

C 유형은 자신이 직접 저지른 죄 때문이 아니라 악한 자의 죄에 연루되어, 즉 전쟁, 범죄, 질병, 재난 등으로 인해 일찍 죽은 사람의 죽음을 말한다. 이러한 죽음은 자신의 행동보다는 상황이나 조건에 더 많이 좌우된다는 점에서 '불행한 죽음'이라고 부를 수 있다. D 유형은 죄에 연루된 삶을 살기는 하지만 죽음이라는 죄의 결과가 바로 나타나지는 않으므로 살 만큼 살다가(생명의 가치를 누릴 만큼 누리다가) 죽은 사람의 죽음

을 말한다. 대다수 사람은 이러한 죽음을 맞이한다. 그러므로 이것은 '평범한 죽음'이다.

E 유형은 죄와 저항하여 싸우다가 죄의 반격으로 혹은 죗값을 치르면서 일찍 죽은 사람의 죽음을 말한다. 이러한 사람은 자신의 생명을 바쳐서 죄와 싸우면서 죄로 인해 어두워진 세상을 환하게 밝힌 위대한 인물이다. 따라서 이러한 죽음은 '위대한 죽음'이다. F 유형은 죄와 저항하고 의를 이루기 위해 싸웠지만, 죄악의 공격을 잘 피하여 일찍 죽지 않고 자신의 수명을 누린 사람의 죽음을 말한다. 이러한 사람은 죄와 싸우고 의를 이루면서 또한 생명의 복된 열매를 누린 삶을 살았으므로 복된 삶을 산 사람이라 할 수 있다. 그리고 이러한 사람의 죽음은 '복된 죽음'이다.

## 1. 악한 죽음

위의 표에서 A 유형(악한 죽음)은 자신이 저지른 죄의 결과로 죽음을 맞이하게 되는데, 그 죽음의 때가 이른 시간이다. 즉, 어린 시절이나 청년 시절 더 넓게 잡으면 노인이 되지 못한 때에 죽음을 맞이한 것이다. 그 대표적인 성경 속의 인물은 다윗의 아들 압살롬이다. 그는 동생 다말의 일로 분노하여 이복동생 암논을 죽였고, 훗날 반역을 일으켜 아버지의 왕국을 차지하려다가 요압 장군의 손에 죽임을 당하였다(삼하 18:14). 이때의 압살롬의 나이를 정확하게 말하기는 어렵지만, 다윗이 50대 중반이었으므로 그 역시 40을 넘지 못한 나이였다. 그는 자신이 저지른 죄가 원인이 되어 젊은 나이에 죽었다. 역사를 통해서 본다면 인류 역사에서 가장 큰 악을 저지르고 노년이 되기 전에 죽은 아돌프 히틀러(1889-1945)를 들 수 있을 것이다. 그리고 극악한 살인범이 되어 여러 사람을 죽인

후 젊은 나이에 사형당한 여러 젊은이 역시 이 범주에 해당한다. 이러한 죽음은 죄의 악하고 파괴적인 모습을 가장 잘 보여주기 때문에 '악한 죽음'이라고 부를 수 있다.

　죄를 저지르고 그 죄가 직접적인 원인이 되어 일찍 죽음을 맞이하는 '악한 죽음'은 죄의 파괴성과 죄의 결과로 나타난 죽음의 처참함을 잘 보여준다. 극악한 죄를 저지른 후 형 집행으로 혹은 체포의 과정에서 죽음을 맞이한 범죄자, 수많은 생명을 죽음으로 몰아넣은 전범(戰犯)들, 이권을 놓고 불법적이고 폭력적인 싸움에서 목숨을 잃은 조직 폭력배, 하나님을 거역하는 큰 죄를 저지르다 죽임을 당한 성경 속의 인물들, 이들의 죽음은 모두 악한 죽음이고 또한 죄의 파괴성을 잘 보여준다. 즉, 죄가 사람의 인간성과 영성과 관계와 생명을 얼마나 심하게 파괴하는가를 잘 보여준다. 죄는 이 세상의 모든 좋은 것을 파괴하여 무가치하고 악한 것으로 만들어 버린다. 국가 권력이 죄에 물들면 히틀러 치하의 독일에서 볼 수 있는 바와 같이 문명과 역사를 파괴한다. 지식과 미모와 건강과 돈이 죄에 물들면 인격과 인간관계를 파괴한다. 일평생 선한 삶을 살았어도 인생의 마지막 길에서 죄에 넘어지면 그동안 수고하고 애쓴 모든 것이 다 물거품이 되고 만다. 죄의 파괴성은 가장 먼저 죄를 저지르는 사람 자신에게 인간성의 파괴라는 형태로 나타난다. 티머시 스나이더는 20세기 최악의 인물 히틀러와 스탈린을 연구했다. 그들의 잔혹함과 생명 파괴의 활동을 많은 자료를 통해 분석한 후 결론 내리기를 "인간성의 파괴, 더 나아가 인간성 자체를 파괴적인 것으로 바꾸어 놓은 것이 그들의 가장 큰 죄악"이라고 하였다.[2] 죄의 파괴성을 가장 극적으로

---

2 티머시 스나이더/함규진, 『피에 젖은 땅』 (경기: 글항아리, 2021), 670.

또한 생생하게 보여주는 것이 '악한 죽음'이다.

악한 죽음은 또한 인간의 가장 처참한 모습을 보여준다. 악한 죽음을 맞이하는 사람은 늙고 병드는 것과 같은 자연적인 죽음을 맞이하지 못한다. 처형, 징벌, 보복, 폭력, 자살 등과 같은 인위적인 행위에 따라 억지로 생명이 끊어지게 된다. 그리고 이러한 모습은 인간의 가장 처참한 모습이다. 인류 역사상 가장 많은 생명을 죽음으로 몰아넣었던 히틀러의 마지막 모습은 참으로 처참하기 이를 데 없었다. 또한 온갖 죄악과 우상숭배의 악을 저지르다 마지막 죽임을 당한 아합왕의 부인 이사벨의 처참한 모습을 성경은 다음과 같이 묘사한다. "이르되 그를 내려 던지라 하니 내려 던지매 그의 피가 담과 말에게 튀더라 예후가 그의 시체를 밟으니라. 예후가 들어가서 먹고 마시고 이르되 가서 이 저주받은 여자를 찾아 장사하라 그는 왕의 딸이니라 하매 가서 장사하려 한즉 그 두골과 발과 그의 손 외에는 찾지 못한지라"(왕하 9:33-35).

악한 죽음은 죄악의 행위와 그로 인해 나타난 죽음과의 거리가 매우 짧다. 악한 죽음을 맞이하는 사람은 당연히 생명이 주는 가치와 기쁨을 누리지 못한다. 이 거대한 우주 가운데서 생명의 보고인 지구에서 태어나고, 지구 위의 수많은 생물 가운데 인간의 생명을 가지고 태어난 것은 우주에서 일어난 가장 큰 기적이며, 가장 깊은 신비이다. 이러한 기적과 신비를 담고 있는 생명이 자신의 죄 때문에 일찍 끝난다는 것은 우주의 가장 귀한 기회를 놓친 비극이다.

또한 악한 죽음은 악한 행위의 돌이킴(회개)과 만회의 기회가 많지 않다. 물론 젊은 사형수 가운데 고재봉이나 지존파와 같이 사형 판결을 받은 후 회개하고 돌이킨 사람이 있다. 그러나 대부분 악한 죽음을 맞이하는 사람은 악을 저지르고 죄악에 빠진 채 죽음을 맞이하게 된다. 그 결과 이웃들의 기억과 역사 속에서 극악한 자로 기억되며 오명을 남긴다. 또한 죽음 이후에 이어질 수 있는 어떤 밝은 삶에 대한 소망을 가지지 못하며, 지옥의 심판에 대한 두려움만 남을 뿐이다. 그러므로 악한 죽음 앞에 선 인간에게 가장 시급하고 필요한 것은 돌이킴과 회개이다. 그러나 세속화된 이 세상은 죽음 이후의 삶이나 심판을 부정한다. 따라서 죽음 벽 세계관이 우세한 현대 사회에서 악한 죽음은 출구를 찾기 어려운 비극적이고 비참한 죽음이다.

기독교의 구원론은 악한 죽음 앞에 선 인간에게 주어진 거의 유일한 출구이다. 기독교의 구원론은 은혜에 근거한 타력(他力) 구원론이다. 즉, 십자가의 은혜를 믿고 받아들일 때 극악한 죄악이 사함을 받고 구원을 얻어 천국에 갈 기회를 얻을 수 있다. 죽음 벽 세계관에 따르면 악한 죽음은 이 세상에서의 비참하고 치욕스러운 죽음으로 끝이 난다. 죽음 다문 세계관에 따르면 현세에서의 존재보다 더 낮은 상태의 존재가 되어 현세보다 더 나쁜 삶의 조건 가운데서 고생하며 살아야 한다. 그리고 죽음 일문 세계관에 따르면 죽은 후 지옥의 형벌을 받아야만 한다. 악한 죽음을 맞이하면 죽음 이후의 삶에 대한 어떤 소망도 가질 수 없고, 다만 심판에 대한 두려움만 남을 뿐이다.

악한 죽음 앞에 있는 인간이 죽음의 비극적이고 처참한 상황을 넘어갈 수 있는 길은 십자가의 은혜를 믿고 의지하는 길밖에 없다. 이것을 잘 보여주는 사건이 신약성경 누가복음에 나온다. 예수께서 십자가에 달려 죽으실 때에 함께 십자가에 달려 사형을 당한 강도가 있었다. 그 강도는 악을 행하다 사형당하는 사람, 즉 악한 죽음을 맞이한 사람이었다. 그가 마지막 순간에 예수께 "이르되 예수여 당신의 나라에 임하실 때에 나를 기억하소서 하니, 예수께서 이르시되 내가 진실로 네게 이르노니 오늘 네가 나와 함께 낙원에 있으리라 하시니라"고 하였다(눅 23:42-43). 악한 죽음의 사람에게까지도 주어지는 이 마지막 남은 기회에 대한 믿음이 점점 약해지는 것이 현대인과 현대 문명의 위기이다.

## 2. 추한 죽음

위의 표에서 B 유형(추한 죽음)은 행위의 결과 죽음을 맞이하지만, 그 죽음의 때가 늦은 시간이다. 즉, 살 만큼 산 후 노인이 되어 죽음을 맞이한 것이다. 이런 사람은 추한 삶을 살다가 죽음도 추하게 맞이한 것이다. 성경 속에 나오는 대표적인 인물은 유다왕 므낫세와 예수님 탄생 당시의 헤롯왕이다. 성경은 "므낫세가 유다에게 범죄하게 하여 여호와께서 보시기에 악을 행한 것 외에도 또 무죄한 자의 피를 심히 많이 흘려 예루살렘 이 끝에서 저 끝까지 가득하게 하였더라"고 하였다(왕하 21:16). 그는 바알 제단을 세우고, 아세라 목상을 만들었고, 하늘의 일월성신을 경배하였고, 여호와의 전에 이방신의 제단을 쌓았다. 이 가증한 일과 악을 행함이 아모리 사람보다 더하였다. 또한 그는 무죄한 자의 피를 많이 흘렸다. 그의 죄악으로 말미암아 유다는 멸망의 길을 가게 되었다. 그러나 그는 12살에 왕 위에 올라 많은 죄악을 범하였지만 바로 죽지 않고 55년 동안 통치하였고, 67살에 자연사로 삶을 마쳤다.

헤롯왕(BC73~4)은 부인과 자식을 죽이는 악을 범했고, 예수님 탄생 당시에는 죄 없는 베들레헴 근처의 어린아이를 죽였다. 그는 69세까지 살다가 죽었는데 요세푸스의 기록에 따르면 그는 심한 병에 고통당하다 죽었다. 우리는 역사 속에서 많은 악을 저질렀지만, 그가 가진 권력이나 금력의 힘으로 자신의 생명을 보존하여 당시의 평균 수명 이상 살다가 죽은 왕이나 권력자들을 많이 볼 수 있다. 75세까지 살다가 뇌졸중으로 갑자기 죽은 스탈린(1878-1953)도 그런 인물이다.[3] 또한 우리는 주변에서 역사에 기록되거나 언론에 보도될 정도는 아니지만, 가정과 일터와 사회에서 온갖 악을 저지르면서 많은 사람에게 고통을 주고 감옥을 들락거리는 삶을 살다가 나이 들어 죽는 사람을 볼 수 있다. 이런 사람의 삶은 오래 살아도 삶 자체가 추한 삶이며, 그 죽음도 손가락질당하는 '추한 죽음'이다.

추한 죽음은 죄의 '교묘함'을 잘 보여준다. 죄 속에는 악한 지략이 있다. 그래서 죄를 저지르면서도 그 죄로 인해 직접 죽음에 이르지 않도록 속도를 조절한다. 사회구조와 제도의 빈틈을 이용하여 죄의 파괴적인 결과가 자기에게 일어나지 않도록 숨는다. 평범함과 위선의 가면을 쓰고 사람들 사이에 숨어 있음으로 그 죄가 밖으로 드러나지 않도록 한다. 죄를 저질러도 숨어서 저지르고, 악성 댓글에서 볼 수 있는 바와 같이 다중(多衆) 속에서 죄를 저지르며, 살인과 같은 큰 죄를 저지르지 않고 적당한 크기의 죄를 저지른다. 그 결과 죄의 파괴적인 결과가 직접 단기간에 나타나지 않음으로 죄로 인해 죽음을 맞이하는 시간이 보통 사람들과 큰 차이가 없다. 그 결과 죄악을 저지른 사람은 보통 사람들과 비슷한 기간의 삶을 추하게 살다가 다른 사람들의 손가락질 당하는 부끄럽고 '추한 죽음'을 맞이하게 된다.

물론 하나님께서 죄악을 일찍 죽는 죽음으로 심판하지 않으신 것은 한 사람이라도 더 회개하여 돌아오기를 바라시는 하나님의 사랑 때문이다. 그러나 죄는 이러한 하나님의 사랑을 악용하여 오랜 기간 악을 저지르고, 사랑의 하나님을 모욕한다. 또한 추한 죽음은 사회의 도덕성과 정의를

---

3 흘레부뉴크 O. V./유나영,『스탈린』(서울: 삼인, 2017), 522-531.

무너뜨리는 해로운 결과를 가져올 수 있다. 사회의 정의와 도덕성은 근본적으로 권선징악(勸善懲惡), 사필귀정(事必歸正)에 대한 신념 위에 서 있다. 사회의 규범이나 법의 근본 역시 정의와 도덕성이다. 악을 저지르는 사람이 그에 걸맞는 벌을 받지 않고 이른바 '잘 먹고, 잘 살다'가 장수한 후 죽으면 사회 성원들은 규범과 법, 정의와 도덕의 근본에 대해서 의문을 품게 된다. 더 나아가서 절대자인 신에 대해서까지 의문을 가질 수 있다. 즉, '신은 존재하는가?', '신이 존재한다면 그 신은 공의로운가?', '공의로운 신이라면 그 공의를 실현할 수 있는 능력이 있는가?' 등과 같은 질문이 나올 수 있다. 악한 죽음의 경우 죽음 자체가 징벌의 요소를 가진다고 할 수 있지만, 추한 죽음의 경우 죽음의 징벌적 요소가 현저하게 감소된다. 따라서 추한 죽음은 죄악을 행해도 벌을 받지 않을 수 있다는 생각이 들게 하고, 그것은 도덕, 정의, 신의 존재 등에 대한 의문을 일으킬 수 있다.

그러나 이러한 죄를 저지르는 사람은 살아있는 동안에도 남모르는 고통이 있으며, 죽음 후에는 심판을 받게 된다. 그래서 시편 기자는 노래하기를 "악을 행하는 자들 때문에 불평하지 말며, 불의를 행하는 자들을 시기하지 말지니라"(시 37:1)고 하였다. 그들이 죽음으로 죗값을 치르지 않고 죄의 육신적 단맛을 누리면서 보통 사람들의 수한(壽限)만큼 사는 모습을 보면 불평과 시기심이 일어날 수 있다. 그러나 죄는 죽음의 원인이다. 이러한 죄를 저지른 사람은 비록 육신의 죽음이 아직 오지 않았다 해도 그 영혼과 인격과 하나님과의 관계 혹은 이웃과의 관계는 이미 죽음의 어둠 속에 있다. 그리고 육신의 죽음 이후에는 아무런 소망이 없고, 심판만 기다리고 있을 뿐이다. 죄는 교묘하고 사악하다. 일시적으로 죄의 삯인 죽음을 늦춤으로 인간을 죄의 종으로 삼아 일평생 죄악에 빠진 추한 삶을 살도록 만들고, 결국은 두려움과 절망 속에서 추한 죽음을 맞이하도록 한다. 김희보 교수는 『세계사 다이제스트 100』이라는 책을 저술하였다. 이 책에서 그는 죽음과 관련하여 특별한 기술을 하였다. 즉, 역사 속에서 악명을 남긴 사람들의 마지막 죽음의 모습을 기술하였다. 그의 기술에 따르면 대부분의 악한 자들은 불안, 두려움, 절망 속에서 '추한 죽음'을 맞이하였다.[4] 우리는 악한 죽음의 원인이 되는 '죄의 파괴성'을 경계해야 하는 것과 마찬가지로 긴 세월 추한 삶을 살다가 추한 죽음을 가져오는 '죄의 교묘함'을 경계해야 한다.

추한 죽음은 악한 죽음과 비교해서 생명의 시간이 길다는 차이점이 있다. 생명의 시간이 길기 때문에 두 가지의 가능성이 나타난다. 부정적인 측면에서 추한 죽음은 더 많은 죄를 지을 수 있는 위험이 있다. 죄의 대가로서의 심판이 빨리 나타나지 않아 자신의 죄에 대한 심판을 경시하거나 경멸하면서 더 많은 죄를 지을 수 있다. 긍정적인 측면에서 추한 죽음은 회개하고 돌이킬 기회를 더 많이 포함하고 있다. 비록 죄를 저지르는 추한 삶을 살았지만, 죄의 결과로 인한 비참함, 두려움, 불안 등을 느끼면서 자신의 삶을 돌이킬 기회를 얻을 수 있다. 더 나아가 죄에서 돌이킬 뿐 아니라 적극적으로 죄와 싸우고, 죄를 이김으로 선을 이룰 수도 있다. 죄를 지었지만 바로 죽음의 심판을 받지 않고 생명이 지속된다는 것은 하나님의 은혜와 인자하심 덕분이다. 그러므로 추한 삶을 살다가 추한 죽음을 맞이할 수 있는 사람은 더 늦기 전에 돌이켜 새사람 되어 남은 생애라도 아름답고 거룩하게 살아야 할 것이다.

---

4 김희보, 『세계사 다이제스트 100』 (서울: 가람기획, 2010).

## 3. 불행한 죽음

위 표의 C(불행한 죽음)와 D(평범한 죽음) 유형은 죄에 연루되어 죄를 짓기도 하고, 죄의 피해자가 되면서 살다가 죽음을 맞이하는 유형이다. 하나님의 아들 예수 그리스도를 제외하고는 모든 사람이 다 아담의 죄에 연루되어 있다. 그리고 그 연루된 죄 때문에 죽음을 맞이하게 된다. 그러나 A(악한 죽음)와 B(추한 죽음) 유형은 원죄에 연루되었을 뿐 아니라 자신이 주도적으로 저지른 죄악이 더 많이 부각되는 사람들이다. 반면 E(위대한 죽음)와 F(복된 죽음) 유형 역시 원죄에 연루되지만, 죄악에 저항하고 선과 의를 이루기 위해 애쓴 측면이 더 많이 부각되는 사람들이다. 그리고 C(불행한 죽음)와 D(평범한 죽음) 유형은 A(악한 죽음), B(추한 죽음) 유형과 마찬 가지로 주도적으로 죄를 저지르기도 했을 것이고 또한 E(위대한 죽음), F(복된 죽음) 유형과 마찬가지로 죄악과 싸우고 선과 의를 위해 수고하기도 했을 것이다. 그러나 전체적으로 보면 원죄에 연루되고, 악한 사회구조에 연루되고, 좋지 못한 이웃에 연루되어 죄를 저지르기도 하고, 죄의 피해자 가 되기도 한다.

C 유형(불행한 죽음)은 죄에 연루되어 일찍 죽음을 맞이하는 사람들이다. 이 경우 다양한 경우의 수를 생각할 수 있다. 첫째, A 유형(악한 죽음)의 사람들이 악을 저지를 때 그들에게 소극적으로 동조하거나(적극적으로 동조하면 C 유형이 아니라 A 유형이 될 것이다) 방관하거나 인간관계에 얽혀 그 옆에 있다가 A 유형의 사람이 심판을 받아 죽을 때 같이 죽을 수 있다. 소돔과 고모라 성이 심판을 당할 때 혹은 가나안 정복 전쟁 당시 죽임을 당한 철없는 어린아이들, 여리고성의 재물을 빼돌리다 죽임을 당한 아간의 가족들(수 7:24)이 여기에 해당된다. 그리고 다윗왕의 불륜으

로 태어났다가 얼마 살지 못하고 죽은 밧세바가 낳은 아들, 다윗왕이 하나님이 원하지 않으시는 인구 조사의 악을 저지른 결과 전염병이 일어나서 죽은 7만 명의 무고한 백성 등이 대표적인 예이다. 이들은 악한 자와 연루되어 그 옆에 있다가 그가 심판을 받는 과정에서 함께(혹은 그를 대신하여) 죽임을 당한 것이다. 현대 사회의 대표적인 예로 히틀러가 일으킨 2차 세계대전 과정에서 무고하게 죽은 많은 독일 사람들을 생각할 수 있다.

둘째, A 유형(악한죽음)의 사람들이 악을 저지를 때 그 악의 피해자가 되어 무고하게 죽임을 당할 수 있다. 성경 속에 나오는 사건을 예로 들면 이스라엘 백성들이 애굽에서 종살이하던 시절 애굽왕의 악한 명령으로 나일강에 빠져 죽은 많은 어린아이, 앗수르와 바벨론의 침공 당시 무고하게 죽은 많은 이스라엘 백성들, 예수님 탄생 당시 헤롯왕의 손에 죽은 베들레헴 근처의 무고한 어린이 등이 여기에 해당된다. 현재의 우리 시대에서 그 예를 찾는다면 악한 전쟁의 피해자가 된 무고한 민간인들, 원하지 않는 전쟁에 끌려가 죽임을 당한 젊은이들, 뜻하지 않은 범죄의 피해자가 되어 목숨을 잃은 사람들 등을 들 수 있다.

셋째, 사건, 사고, 질병, 자연재해 등으로 일찍 죽은 사람도 이 유형에 속한다. 모든 사건이나 사고, 질병 등에는 죄의 요소가 들어 있다. 심지어는 지진이나 화산폭발과 같은 순수한 자연재해로 인한 죽음 속에도 죄의 요소가 들어 있다. 지금도 우리의 기억에 생생하고, 생각할 때마다 가슴이 먹먹한 세월호 사건, 우리나라 재난 사고 중 가장 큰 인명 피해를 낸 삼풍백화점 붕괴 사건 등은 그 속에 죄의 요소가 많이 들어 있다. 돈벌이 욕심, 생명 경시, 부주의와 태만함, 무책임 등 여러 가지 죄의 요소가 복합적으로 포함되어 있다.

지진과 화산, 태풍과 폭우 등과 같은 순수한 자연재해 속에서도 죄의 요소가 적지 않게 들어 있다. 우선 자연재해는 인간의 죄에 대한 하나님의 심판이며(욥 1장), 하나님의 심판이 아니라 해도 그것에 대처하는 인간의 죄로 인해 소중한 생명을 잃는 경우가 많다. 인간의 죄로 인해 자연의 질서가 깨어지면서 자연재해가 일어나 많은 생명이 희생당하기도 한다. 그리고 자연의 재난은 예고 없이 오지 않는다. 일반 자연 현상과 마찬가지로 주기적으로 다가오며 큰 재난이 있기 전에는 징후가 있다. 그러나 교만해진 인간, 욕심에 사로잡힌 인간들은 그러한 재난에 무관심하고, 재난을 대처할 준비도 하지 않으며, 피하려고도 하지 않는다. 그 결과 많은 사람이 목숨을 잃게 된다. 인재(人災)이든 천재(天災)이든 이러한 재난 사고로 일찍 삶을 마감한 사람들의 경우 죄와 연루되어 죽음을 맞이한 것이다. C 유형(불행한 죽음)의 죽음은 인간 존재의 비극성과 사회적·역사적 부조리와 불공정의 결과로 나타나는 죽음이다. 그런 측면에서 이러한 죽음을 '불행한 죽음'이라고 부를 수 있겠다.

　　불행한 죽음 속에는 여러 영적·도덕적·정신적·사회적·역사적 문제와 쟁점들이 복합적으로 나타난다. 그 중요한 몇 가지를 살펴보면 다음과 같다. 첫째, '불행한 죽음'은 피해자의 죽음(dying)의 문제가 가해자의 죽임(killing)의 문제를 소환한다. 늦은 시간에 오는 죽음은 자연적인 죽음의 형태를 띠지만, 이른 시간에 오는 죽음은 인위적인 죽음의 형태를 띤다. 그리고 인위적인 죽음이란 곧 죽음의 주체가 자기 자신이 아니라 타인 혹은 외적 요인인 경우가 대다수이다. 그리하여 죽은 것이 아니라 죽임을 당한 것이 된다. 죽는 존재로서의 인간이 아니라 죽임을 당하는 존재로서의 인간의 모습이 더 많이 부각된다. 그리고 다른 인간을 죽이는 존재로서의 인간이 가진 존재론적·인간학적·도덕적 특성이 관심의 대상이 된다. 이러한 입장에서 양명수 교수는 이렇게 주장한다. "성서는 죽음의 본질을 자연사에서 찾지 않고 살인에서 찾는다. 성서에 나오는 최초의 죽음은 살해에서 비롯되었다. … 하나님을 떠난 인간은 창조의 선함과 아름다움에 죽임의 폭력과 죽음의 슬픔을 불러왔다. … 억울한 피를 흘린 땅은 복을 받을 수 없다는 사상이 구약성서 전체에 깔려 있다."[5] 이태리의 정치철학가 조르조 아감벤은 죽임의 문제와 관련하여 "누구에게 죽일 수 있는 권리가 있는가?", "살 가치가 없는 생명이란 어떤 생명인가?"를 질문한다. 그리하여 생사여탈권을 가진 정치권력의 속성과 생명의 가치가 배제된 인간 모르모트, 수용소의 인간, 중증 장애인 안락사 등과 관련된 문제를 심각하게 제기한다.[6]

둘째, 불행한 죽음은 집단적·구조적·사회적 죄의 문제를 심각하게 제기한다. 라인홀드 니버가 『도덕적 인간과 비도덕적 사회』에서 갈파한 것처럼 집단, 구조, 사회 속에는 개인에게는 존재하지 않는 죄와 악의 요소가 들어 있다.[7] 단기간에 가장 많은 죽음을 가져오는 전쟁의 경우 개인의 악보다 사회적·집단적 악이 더 많이, 더 잔혹하게 작용한다. 물론 에밀 뒤르켐이 말한 것처럼 사회 속에는 개인이 가지지 못한 도덕적 요소가 들어 있고, 개인의 욕망을 제어하는 힘이 있다. 그래서 인간 개개인이 혼자의 힘으로 살아갈 때 나타날 수 있는 "만인의 만인에 대한 투쟁"(호모 호미니 루푸스)을 제어하기도 한다.[8] 사회와 문명이 인간의 인간에 대한 죽임을 제어하였고, 그 결과 폭력적인 죽임이 감소된 측면도

---

5 양명수, "죽음의 의미,"「기독교사상」(2017. 11.), 29.
6 조르조 아감벤/박진우, 『호모 사케르: 주권 권력과 벌거벗은 생명』(서울: 새물결, 2008).
7 라인홀드 니버/남정우, 『도덕적 인간과 비도덕적 사회』(서울: 기독교서회, 2003).
8 에밀 뒤르켐/민혜숙·노치준, 『종교 생활의 원초적 형태』(파주: 한길사, 2000), 777-793.

부인할 수 없다.[9] 그러나 전쟁, 핵무기, 환경파괴 등으로 인한 지구적인 재난과 죽음의 원인이 되는 죄는 사회와 집단, 국가 속에 들어 있다. 그리하여 울리히 벡은 생명을 위협하는 근대 사회를 '위험사회'(Riske Gesellschaft)라고 명명한 바 있다.[10]

셋째, 불행한 죽음은 신정론(theodicy)의 문제를 제기한다. 신정론의 중요한 명제는 "하나님은 인간의 삶과 역사에 관여하시는가?", "하나님은 정의로우신가?", "하나님은 이 세상의 문제를 해결할 능력이 있으신가?" 등이다. 전쟁, 범죄, 기근과 질병(팬데믹), 사고와 재난 등으로 수많은 죄 없는 인간이(죄가 있어도 죽을 만큼 죄가 있지는 않은 인간이) 죄에 연루되고, 죄의 희생자가 되어 죽을 때 "하나님은 어디 계신가?", "하나님은 무엇을 하고 계시며, 그러한 악을 왜 막지 아니하시는가?", "하나님은 그러한 악을 제어할 능력과 의지를 가지셨는가?" 등과 같은 질문이 나올 수 있다.[11] 이러한 신정론과 관련된 질문은 현대 정치신학의 출발점이 되었고, 현대인이 신앙을 상실하는 요인 가운데 하나가 되었다.

이 글에서 불행한 죽음이 던지는 질문, 즉 '죽임'의 문제, '집단적이고 구조적인' 죄의 문제, '신정론'의 문제를 온전히 다룬다는 것은 불가능한 일이고 또한 이 글의 목적도 아니다. 이 질문들은 신학, 철학, 심리학, 사회학, 정치학 등 중요한 학문의 주제가 되며, 폭넓고 다양한 연구들이 지금도 진행되고 있다. 여기서는 죽음의 원인에 따라 죽음을 분류할 때 '죄의 연루'로 인해 '불행한 죽음'을 가져온 악하고, 비극적이고, 불행한

---

9 스티븐 핑크/김명남, 『우리 본성의 선한 천사』 (서울: 사이언스 북스, 2014).
10 울리히 벡/홍성태, 『위험사회』 (서울: 새물결, 2006).
11 필립 캐리·윌리엄 레인 크레이크/이용중 외, 『신정론 논쟁』 (서울: 새물결 플러스, 2020).

결과를 상기하는 것으로 그칠 수밖에 없다. 이러한 논의는 죽음학이 인간 실존의 가장 크고 어려운 문제 앞에 서 있다는 것을 보여주며, 죽음에 대한 관념적이고 개인적인 연구를 넘어서야 한다는 것을 말해 준다.

## 4. 평범한 죽음

　　D 유형(평범한 죽음)의 죽음은 그 원인과 속성이 C 유형(불행한 죽음)과 겹치는 부분이 많다. 즉, 나이가 들었지만 악인과 연루되거나 악한 행동의 피해자가 되어 죽을 수 있다. 또한 여러 사건, 사고, 재난 속에 들어 있는 죄악과 연루되어 죽을 수도 있다. 그러나 더 많은 경우 죄에 물든 세상에 살면서 원하든 원하지 않든 죄에 연루되고, 죄에 물든 삶을 살다가 그 육신과 영혼이 늙고 쇠약해지고 병들어 죽는다. 창세기 5장 아담의 계보에 나오는 인물이 이런 유형에 속한다. "셋은 백오 세에 에노스를 낳았고 에노스를 낳은 후 팔백칠 년을 지내며 자녀들을 낳았으며 그는 구백십이 세를 살고 죽었더라"(창 5:6-7). 이 말씀에 따르면 셋은 자녀를 낳고 살 만큼 살다 죽었다. 그의 생애도 수많은 우여곡절이 있었겠지만, 성경은 그것에 대해서 침묵하고 있다. 다만 그가 자녀를 여럿 낳은 후 912세에 죽었다는 사실만 간단히 기록하고 있다. 그는 그 부모 아담과 하와의 죄에 연루되었고, 그 자신도 가인처럼 기록할만한 죄는 아니지만 이런저런 죄를 짓고 살다가 결국 나이 들어 죽게 되었다.

　　인간 대다수는 죄악에 물든 세상에 연루되어 피해당하고, 죄에 물들고, 때로 죄에 어느 정도 저항하면서 살다가 죽음을 맞이한다. 특별히 의술의 발전으로 유아 사망률이 현저하게 떨어진 현대 사회의 사람들 대다수는 이러한 죽음을 맞이한다. 그러므로 이러한 죽음을 '평범한 죽음'이라고 부를 수 있다. 역대상 1-9장 사이에 나오는 족보에 이름만 알려진 수많은 사람이 이 유형에 해당된다. 즉, 성경에 기록할만한 특별한 공적이나 과오가 없는 사람들, 죄에 연루되어 몸부림치면서 그 시대의 평균 수명에 근접한 시간을 살다가 죽은 사람들의 죽음을 '평범한 죽음'이라고 할 수 있겠다.

우리나라의 2020년 총사망자 수는 30만 5,100명이다. 이것을 연령별로 살펴보면 다음의 표와 같다.[12]

### 우리나라의 2020년 총사망자 수

수 단위: 1,000명, 비율: %

| 연령 | 0~19 | 20~29 | 30~39 | 40~49 | 50~59 | 60~69 | 70~79 | 80~89 | 90 이상 | 계 |
|------|------|-------|-------|-------|-------|-------|-------|-------|---------|------|
| 수 | 1.8 | 2.7 | 4.8 | 11.6 | 26.4 | 41.1 | 68.3 | 105.8 | 42.6 | 305.1 |
| 비율 | 0.6 | 0.9 | 1.6 | 3.8 | 8.7 | 13.5 | 22.4 | 34.7 | 14.0 | 100.2 |

1년 동안 사망한 사람의 수를 보면 60~69세가 41,100명, 70~79세가 68,300명, 80~89세가 105,800명, 90세 이상이 42,600명으로 사망자의 84.6%가 60세 이상이며, 70세 이상으로 계산해도 71.1%에 이른다. B 유형(추한 죽음)과 F 유형(복된 죽음)에 속하는 사람이 소수에 불과하다는 것을 전제한다면, 많게 잡으면 80%, 적게 잡아도 70%의 사람이 D 유형,

---

12 사회통계국 인구동향과, 『2020년 인구동향조사: 출생·사망통계 잠정 결과』(통계청, 2021).

즉 '평범한 죽음'을 맞이하는 유형에 속한다.

전쟁이나 극심한 자연재해가 일어나지 않는 한 '평범한 죽음'은 가장 일반적인 죽음의 형태이다. 2차 세계대전 이후 강대국 사이의 전쟁이 일어나지 않고, 의술이 발달하고, 유아 사망률이 급격하게 떨어지며, 경제성장이 이루어지게 되었다. 그 결과 선진국은 말할 것도 없고 가난한 나라에서도 '평범한 죽음'이 대세를 이루는 추세이다. 유엔인구기금 보고서에 따르면 2020년 현재 기대수명이 남한이 83세이고, 전 세계는 73세이다. 이것을 국가 발전 단계별로 보면 선진국 80세, 개발도상국 71세, 최빈국 66세이다.[13] 최빈국까지도 기대수명이 66세에 이른다는 것은 전쟁, 재난, 기아, 질병 등으로 인한 '불행한 죽음'이 많이 줄어들었다는 의미이다. 인류는 지금 핵무기와 환경파괴라는 거대한 위험 앞에 서 있지만, 전체적으로는 '불행한 죽음'이 줄어들고 '평범한 죽음'이 늘어나고 있다.

'평범한 죽음'의 시대를 맞이한 인간의 중요한 관심사는 크게 두 가지이다. 첫째, 죽음을 어떻게 준비할 것인가의 문제이다. 불행한 죽음의 경우 죽음을 예측하고 준비할 수 있는 시간이 별로 없다. 그래서 많은 경우 급작스럽게(혹은 준비하지 못한 채) 죽음을 맞이하게 된다. 그러나 '평범한 죽음'을 맞이하는 인간은 죽음의 시간을 어느 정도 예측할 수 있고, 영적·심리적으로 죽음을 준비할 수 있다. 또한 자신의 삶을 돌이켜보고 깨어진 관계를 회복하며 유산 문제 등을 정리할 수 있다. 이런 중요한 문제와 관련해서 한국의 신학자와 목회자들도 적지 않은 관심을 기울이고

---

13 인구보건복지협회, 유엔인구기금, "2020년 세계 인구 현황보고서 한국어판" (인구보건복지협회, 2020).

있지만, 죽음학과 호스피스 치료를 주도하는 의사나 종교학자들보다 뒤떨어진다는 인상을 받는다. 세속화에 물들고 현세주의에 빠진 신도들 앞에서 목회자들은 죽음의 준비와 관련된 설교나 목회를 제대로 하지 못하는 실정이다. 죽음의 수용과 준비는 죽음학의 가장 중요한 과제일 뿐 아니라 목회자와 신학자 그리고 죽음을 앞둔 성도들의 가장 중요한 과제임을 기억해야 하겠다.

둘째, 평범한 죽음의 시대에는 "죽음 이후의 세계는 어떤 곳인가?", "천국에는 어떻게 들어갈 것인가?"의 문제가 중요한 관심사이다. '평범한 죽음'을 맞이하는 사람은 죽음을 준비할 수 있을 뿐 아니라 죽음 이후의 세계에 대해서 큰 관심을 가진다. 한국 사회의 중심축을 이루었던 베이비 붐 세대(1955~1964 출생 세대)가 은퇴하고 노인 세대로(만 65세 이상 인구) 급속히 편입되고 있다. 베이비 붐 세대는 죽음학의 문제와 관련해서도 중요하다. 우리 사회의 발전과 성장의 중심을 이루었던 베이비 붐 세대가 자신들의 죽음에 관심을 기울이기 시작했다. "죽음 이후에는 어떤 세계가 있는가?", "죽음 이후의 운명은 무엇에 의해 결정되는가?" 등의 문제를 깊이 생각하게 되었다.

한국 기독교와 교회는 이 문제와 관련하여 잘 대처하는 것 같지 않다. 한국의 신학계와 목회의 현실을 보면 여러 가지 이유로 죽음을 금기시하는 성향이 나타나고 있다.[14] '죽음의 신학'은 신학 안에서 주변부에 있다. '죽음의 목회' 역시 목회자들 사이에서 큰 관심거리가 아니다. 노인 성도들에게 죽음을 잘 준비하도록 하고, 죽음 이후의 천국에 대한 소망을 간직하도록 하는 일에 목회자들이 많은 관심을 기울이지 못하고

---

14 곽혜원, 『존엄한 삶, 존엄한 죽음』, 91-96.

있다. 장례식은 번거로운 의무일 뿐이다. 부흥과 성장에 관심이 많은 목회자와 성도들은 내려놓음과 작아짐을 의미하는 죽음에 관심이 적다. 그 결과 할 수 있는 한 죽음을 외면하고, 그 의미를 깊이 고찰하려고 하지 않는다.

신학자들 역시 '부활'에 대한 관심은 높지만, 죽은 사람이 '오늘 예수님과 함께 하는 낙원'에 대해서는 충분히 논의하지 않는 것 같다. 아브라함의 품에 안긴 나사로는 비유에 불과하다고 생각하는 학자들도 많다. 스베덴보리나 신성종 목사의 '천국과 지옥'의 경험은 책으로 발간되어 수많은 성도가 읽었으며, 적지 않은 영향력을 행사하고 있다.[15] 그러나 이 문제에 대한 진지한 신학적 고찰은 많지 않다. '영혼 불멸'은 그리스 철학이지 기독교 신앙의 핵심 요소라고 여기지 않는다. 그러나 총회 헌법 책에 수록된 웨스트민스트 고백에 따르면 "죽은 사람의 영혼은 죽거나 자는 것이 아니라 죽지 않는 생을 가지며 죽은 후에는 그것을 주신 하나님께로 돌아간다"고 하였다.[16] 이처럼 죽음 후의 세상에 대한 교회의 근본 교리와 신학자(혹은 목회자)의 관심 사이에는 괴리(乖離)가 있다.

'평범한 죽음'을 앞둔 많은 성도가 "죽은 후에 어떻게 되느냐?", 좀 더 구체적으로 "우리가 죽으면 정말 천국에 가느냐?"는 질문을 하고 있다. 이러한 질문에 신학자와 목회자들은 설득력 있고 진지한 답변을 하지 못하고 상투적인 답변에 머무는 경우가 많다. 대한예수교장로회(통합) 총회한국교회연구원에서 발간한 『목회 매뉴얼: 죽음 목회』가 있다.

---

15 에마누엘 스베덴보리/김은경, 『천국과 지옥』 (광주: 다지리, 2015); 신성종 『내가 본 지옥과 천국』 (서울: 크리스챤서적, 2009).
16 대한예수교장로회 총회 편, "웨스트민스터 신앙 고백 32장 1항," 『헌법』 (서울: 한국장로교출판사).

이 책은 총회에서 공인된 죽음 목회의 표준적인 안내서이다. 그러나 이 책 속에는 죽음 후의 세계에 대해서 단 1페이지밖에 할애하지 않았다.[17] 이 매뉴얼이 다른 면에서는 죽음 목회에 도움을 줄 수 있지만 죽음을 앞둔 성도들의 가장 중요한 관심사, 곧 죽은 후 천국의 소망을 주는 데는 크게 도움이 되지 못할 것 같다.

이러한 상황에서 내세와 관련된 죽음학을 신학자와 목회자보다는 의사와 종교학자가 주도하고 있다. 기독교의 내세관보다는 뉴에이지나 윤회론적 내세관이 강세를 보이는 실정이다. 죽음학을 대중화하는 데 크게 기여한 서울대 의과대 정현채 교수나[18] 한국 죽음학을 주도하는 대표적인 학자 최준식 교수의 입장은[19] 윤회론적인 죽음 다문 세계관이다. 심지어는 세계적인 죽음학자이고 죽음의 5단계설로[20] 세계적인 명성을 가진 엘리자베스 퀴블러 박사 또한 윤회적 세계관을 가진 것으로 알려져 있다. '평범한 죽음'을 맞이하는 다수 사람의 가장 큰 관심은 건강하게 살다가 삶을 잘 마무리하고 천국에 가는 것이다. 건강, 삶의 마무리, 웰다잉 등과 관련해서는 기독교 죽음학과 일반 죽음학 사이에 큰 차이가 없다. 그러므로 이런 문제와 관련해서 목회자와 신학자는 일반 죽음학의 여러 논의를 잘 활용하여 기독교적 원칙을 세우면 될 것이다. 그러나 죽은 후의 세계, 곧 천국과 관련해서는 기독교 죽음학과 일반 죽음학 사이에는 큰 편차가 있다. 또한 기독교 신학이나 교리 안에서도 차이가 크다. 그러므로 죽음, 천국, 내세, 영혼 구원 등과 관련된 신학자와 목회자들

---

17 총회한국교회연구원 편, 『목회매뉴얼: 죽음 목회』 (서울: 한국장로교출판사, 2018), 64.
18 정현채, 『우리는 왜 죽음을 두려워 할 필요가 없는가』 (서울: 비아북, 2018).
19 최준식, 『인간은 분명 환생한다』 (서울: 주류성, 2017).
20 엘리자베스 퀴블러 로스/이진, 『죽음과 죽어감』 (서울: 청미출판사, 2018).

의 논의와 합의가 필요하다. 이러한 합의를 총회에서 의결하여 "죽음 관련 신앙 고백서"를 만들고, 그것을 장로교 통합 측 "21세기 대한예수교장로회 신앙 고백서"처럼 헌법에 게재해야 한다. 이렇게 하면 목회자들이 그 기준에 따라 성도들을 혼란 없이 지도할 수 있을 것이다.

## 5. 위대한 죽음

E 유형(위대한 죽음)은 이 세상의 죄에 저항하고, 죄와 싸우다가 통상적인 수명을 채우지 못하고 일찍 죽음을 맞이하는 경우이다. 성경 속에 나오는 대표적인 예는 예수 그리스도의 십자가 죽음이다. 예수께서는 죄에 물든 이 세상을 구원하기 위해서 육신을 입고 오셨다. 죄에 물든 인생을 불러 회개시켜 새사람을 만드셨다. 죄의 세력에 물든 이 세상 가운데 하나님 나라를 세우심으로 죄의 세력을 물리치셨다. 그리고 인생들을 죄에서 구원하기 위해서 죗값을 대신 치르시기 위해서 죽으셨다. 즉, 죄를 대속(代贖)하시려고 십자가에 달려 죽으셨다. 이때의 나이가 30대 전반으로 고대 사회에 흔히 나타났던 유아 사망자를 뺀다면 당시 사람들의 평균적인 수명에 미치지 못하는 나이였다. 예수 그리스도께서는 죄에 물든 세상에 오셔서 죄에 빠진 인생들을 구원하기 위해서 죄와 싸우다가 인생들의 죗값을 치르고 젊은 나이에 죽임을 당하셨다.

죄악 가운데 있는 인생들을 구원하기 위해 복음을 전하고 죄와 싸우다가 자신의 목숨을 바친 사도 야고보나 스데반과 같은 순교자들은 모두 이 유형에 속한다. 현대 사회에서도 이런 유형의 죽음을 맞이하는 인물들이 많다. 악한 자들의 공격에서 나라와 백성들을 지키기 위해서 목숨 걸고 싸우다가 죽어간 많은 젊은이의 죽음이 있다. 민주주의와 인권을 위해서 불의한 세력들과 싸우다가 죽은 여러 젊은이의 죽음도 같은 유형에 속한다. 다른 사람의 생명을 살리기 위해서 자신의 목숨을 버린 젊은이들이 있으며, 빈곤과 죄악과 무지의 어둠 속에 있는 백성들을 구하기 위해 수단 땅에 가서 일하다가 일찍 삶을 마감한 이태석 신부와 같은 인물도 있다.[21] 이러한 분들의 죽음 역시 죄에 저항하다가 일찍 죽음을 맞이한 경우이다. 죄악과 불의에 저항하다가 일찍 죽음을 맞이한 사람들의 죽음을 우리는 '위대한 죽음'이라고 부를 수 있다. 위대한 죽음을 맞이한 사람들은 죄악과 싸우고 저항하면서 자신의 생명을 바친 사람들이다. 이들은 역사와 사회 속에 하나님의 뜻이 이루어지는 천국을 세우는 데 기여한 인물들이다.

'위대한 죽음'은 죄에 저항하다가 일찍 죽음을 맞이한 사람의 죽음이다. 이러한 죽음을 통하여 우리는 '죄의 보응성(報應性)과 죽음의 패배'를 알 수 있다. 즉, 죽음을 가져오는 죄는 그냥 없어지는 것이 아니라 그에 상응하는 대가를 치러야만 없어질 수 있다. 모든 인간이 예외 없이 죽어야 한다는 것은 그 죽음의 원인이 되는 죄가 이 땅 위에 그만큼 만연(蔓延)하였다는 의미다. 이렇게 만연한 죄를 없애고 죽음을 이기기 위해서는 죄의 값을 치러야만 한다. 자신의 생명을 걸고 죄와 싸워 죗값을 치르고 생명을 바친 죽음이 '위대한 죽음'이다. 죗값을 치른 죽음이 이 세상의 죄와 죽음을 이긴다. 죄와 죽음에 대한 승리의 선포는 죗값을 치른 위대한 죽음에 의해 이루어진다.

예수 그리스도는 이 위대한 죽음의 대표적인 표상이다. 그의 십자가로 인해 죄의 값을 치르게 되었고, 우리 인생들이 죄로 인한 죽음에서 벗어날

---

21 한상남, 『아프리카 톤즈에 사랑을 전한 사제 이태석』 (서울: 금성출판사, 2021).

수 있게 되었다. 그리하여 육신의 죽음은 멸망으로 가는 길이 아니라 영생으로 가는 길이 되었다. 그의 위대한 죽음은 부활의 영광으로 이어지고 죽음에 대한 승리가 되었다. 그리하여 바울 사도께서는 "사망아 너의 승리가 어디 있느냐 사망아 네가 쏘는 것이 어디 있느냐"(고전15:55)고 선포하였다. 지금 이 세상에는 죗값을 치르기 위해 생명을 바쳐 죄에 저항하다가 일찍 죽음을 맞이한 사람들이 많이 있다. 예수 그리스도의 뒤를 잇는 이런 위대한 인물 때문에 이 세상은 죄로 인해 망하지 않고 지금 이만큼 유지되고 있다. 지금도 세계 곳곳에는 인간의 가장 큰 죄, 곧 창조주 하나님을 거부하는 죄에 저항하다가 목숨을 바친 순교자들이 있다. 악한 자들이 일으킨 전쟁과 테러와 범죄와 온갖 재난에서 인간의 생명을 지키기 위해서 싸우다가 일찍 목숨을 잃은 군인, 경찰, 소방관, 의인 등이 있다. 죄의 열매로 나타난 빈곤, 기아, 무지, 질병, 억압 등과 사랑의 선한 싸움을 하다가 목숨을 바친 이태석 신부와 같은 의인들이 있다.

목숨을 건 죄에 대한 저항은 죄의 보응성을 보여주지만 또한 진리와 의와 사랑의 위대함을 보여주기도 한다. '위대한 죽음'은 죄와 죽음의 관계를 끊어버림으로써 하나님의 의(義)가 죄를 이기고, 생명이 죽음을 이긴다는 위대한 진리를 증거한다. 의와 생명이 죄와 죽음을 이긴다는 이 놀라운 진리를 통해 우리 인생들은 소망을 가질 수 있으며, 죄에 물든 세상을 살아갈 힘을 얻게 된다. 죄와 싸워 피 흘림으로 죗값을 치르고 죄와 죽음을 이긴 예수님께 감사하고 찬양해야 한다. 그리스도의 뒤를 이어 '위대한 죽음'을 맞이한 사람들의 귀한 희생을 기억하고 감사하고 뒤따르는 삶을 살아야 한다. 그렇게 할 때 이 땅 위에 죄와 죽음이 물러가고 영생의 하나님 나라가 온전히 임하게 될 것이다.

## 6. 복된 죽음

F 유형(복된 죽음)은 일평생 죄와 불의의 세력과 싸우며 살다가 때가 되어 이 세상을 떠나는 인물이다. 이들의 삶은 죄와 죽음에 저항하는 과정이고, 이들의 죽음은 죄와 죽음에 저항하는 힘들고 어려운 길을 마치는 과정이다. 이들 역시 죄와 연루된 인간이기 때문에 때때로 죄를 짓기도 하고, 죄의 덫에 걸려 넘어지기도 한다. 그러나 A(악한 죽음), B(추한 죽음) 유형에서 볼 수 있는 바와 같이 의도적이고 잔학한 죄의 도구가 되지는 않는다. 성경 속에 나오는 이 유형의 대표적인 인물로 구약의 모세와 신약의 바울 사도를 들 수 있다.

모세는 죄악의 화신인 이집트의 바로왕과 목숨을 걸고 싸웠다. 그리고 여호와 하나님께서 그의 손을 펼치심으로 바로의 악한 손에서 이스라엘 백성들이 벗어나게 되었다. 이것이 출애굽 사건이다. 모세는 일평생 인간들의 도덕적·영적·사회적 죄악과 싸웠다. 하나님께서는 모세에게 율법을 주심으로 이 싸움을 잘할 수 있도록 길을 열어 주셨다. 이것이 시내산 율법을 받은 사건이다. 모세의 죄악과 싸움은 관념이나 사상 투쟁에 그친 것이 아니었다. 그 당시 최강의 국가였던 이집트의 권력 속에 있는 죄성(罪性)과 싸움이었고, 척박한 광야 생활을 하면서 끊임없이 터져 나오는 이스라엘 백성의 죄성, 즉 인간성 속에 있는 죄와의 싸움이었다. 모세는 이 싸움을 잘 마친 후 120세의 나이로 세상을 떠났다. 죽은 후에라도 자신이 이스라엘 백성의 우상이 되지 않도록 그의 무덤을 알려주지 않았다. 이집트의 왕들은 죽음 후에도 자신의 영광을 나타내기 위해서 거대한 피라미드를 건설하여 스스로 우상이 되는 죄를 범했다. 그러나 이집트의 권력과 풍요 속에 들어 있는 죄악과 싸워 승리한 모세는 죽음 후에 무덤을 남기지 않음으로 피라미드 우상과 싸워서 승리하였다.

신약의 바울 사도는 극적이고 확실한 회심의 체험을 통해서 죄로부터 돌아서는 인간의 모범이 되었다. 그리고 죄에서 구원하시는 하나님의 은혜를 극적으로 증거하는 인물이 되었다. 그는 "죄의 삯은 죽음"이라는 위대한 진리를 선포함으로 죽음의 근본적인 원인이 무엇인가를 가르쳐 주었고, 죽음을 극복하기 위해서는 죄를 극복해야 한다는 것을 깨닫게 하였다. 그는 예수 그리스도의 십자가만이 죄와 죽음을 온전히 이기는 방법이 된다는 것을 온 천하에 선포하는 삶을 살았다. 죄악과 죽음의 손에서 벗어나서 그리스도 안에서 영생의 삶을 살게 하는 복음을 전파하기 위해서 자신의 모든 것을 바쳤다. 이 과정에서 그는 많은 고난을 당했지만 또한 하나님의 크고 놀라운 은혜와 사랑을 체험하기도 하였다. 그는 죄와 죽음과 싸워 승리하는 삶을 살았고, 후손들이 그 길을 잘 걸어갈 수 있는 안내서 신약성경 13권을 남겼다. 그리고 그는 당시 사람들의 평균적인 수명을 넘어서는 70세 가까운 나이까지 죄와 싸우는 삶(사도 자신의 표현을 빌린다면 선한 싸움의 삶)을 살다가 순교자가 되어 삶을 마감하였다.

F 유형(복된 죽음)은 E 유형(위대한 죽음)과 마찬가지로 죄와 죽음의 세력과 싸우는 삶을 산다. E 유형은 죄악과 싸우다가 불꽃같이 자기 자신을 불태우고 비교적 이른 나이에 삶을 마감하지만, F 유형은 더 긴 세월을 강물처럼 흐르면서 이 세상의 죄악을 씻어내린다. 그 과정에서 고난도 많이 당하지만, 강물을 따라 전개되는 아름답고 은혜로운 세상을 경험하기도 한다. 죄악을 씻어내는 강물과 같은 삶을 살다가 맞이하는 죽음을 우리는 '복된 죽음'이라고 부를 수 있을 것이다. 시인 윤동주는 십자가 위에 달리신 예수 그리스도를 '행복한' 사나이라고 말했다. 그러나

십자가 위에서 "나의 하나님 나의 하나님 어찌하여 나를 버리셨나이까" 외치신 그리스도의 죽음은 '행복한 죽음'보다는 '위대한 죽음'이라고 부르는 것이 더 합당할 것이다. 모세나 바울 사도처럼 죄악과 죽음에 저항하면서도 인간에게 주어진 생명의 길을 다 마친(바울 사도의 표현을 빈다면 '달려갈 길 다 간') 후 맞이하는 죽음을 '복된 죽음'이라고 부를 수 있다. 이러한 죽음 속에는 죽음을 통해서 얻을 수 있는 모든 긍정적인 요소들이 다 있다.

성경 속에 나오는 대다수 하나님의 사람들은 죄악에 저항하는 삶을 살다가 복된 죽음을 맞이하였다. 노아, 아브라함, 이삭, 야곱, 요셉, 모세, 여호수아, 위대한 사사들, 다윗과 신실한 왕들, 위대한 선지자들 그리고 달려갈 길 다 가도록 십자가의 복음을 전하다 생의 마지막을 순교로 장식한 사도들, 이 모든 사람은 죄와 싸우는 삶을 살다가 나이가 들어 복된 죽음을 맞이한 사람들이다. 역사와 교회사 속에 등장하는 위대한 하나님의 사람들 가운데 F 유형의 죽음을 맞이한 분들이 많다. 영국 노예 해방의 아버지 윌리엄 윌버포스, 아프리카의 빛 슈바이처, 한국의 민족 지도자 남강 이승훈, 한국의 슈바이처 장기려 박사 같은 분들이 그런 분들이다. 이들은 인격적으로 흠이 없고 아름다운 믿음의 삶을 살았고, 일평생 이 세상의 죄악과 싸운 후 달려갈 길 마치고 아름답고 행복한 죽음을 맞이한 하나님의 사람들이었다.

복된 죽음이란 일평생 죄에 저항하면서 하나님의 나라와 그의 의를 이루는 삶을 살다가 때가 되어 하나님 품에 안기는 것을 말한다. 복된 죽음은 '생명의 가치'를 보여주는 죽음이다. 하나님께서는 아담과 하와가 범죄한 다음에도 그 후손들을 허락해 주셨다. 즉, 죄가 있는 세상이지만 생명을 허락하여 주셨다. 여호와 하나님께서는 노아 홍수 다음에, 즉 인간의 죄에 대한 심판이 끝난 다음에도 노아에게 "생육하고 번성하여 땅에 충만하라"고 말씀하셨다. 이 말씀은 아담과 하와의 타락 이전에도 하신 말씀이지만, 인간의 타락과 심판 이후에도 하신 말씀이다.

이것이 의미하는 바는 무엇인가? 죽음과 반대되는 생명을 가지고 죽음의 원인이 되는 죄와 싸우라는 것이다. 창조의 완성이요 꽃인 인간 생명의 가치는 무궁무진하고 풍성하다. 생명은 우주의 가장 큰 신비이다. 이 생명이 가진 무수한 가치 가운데 가장 크고 귀한 가치는 죄와 싸워 이김으로 죽음을 물리치는 것이다. 죄 때문에 이 땅 위의 모든 생명은 죽음을 맞이한다. 그러나 죽음의 원인이 되는 죄와 싸울 수 있는 것은 생명이다. 구약 시대에는 속죄제를 드리면서 소와 양의 생명을 바침으로 죄를 씻었다. 십자가 위에서 하나님의 아들의 생명을 바침으로 온 인류의 죄를 속(贖)하였다. 죄는 인간들에게 죽음을 가져올 뿐 아니라 좋지 못하고 불행한 모든 것들을 다 가져온다. 죄와 싸우는 것은 죽음과 싸움일 뿐 아니라 죄가 가져오는 모든 좋지 못한 것들과 싸움이 된다.

생명 있는 존재만이 죄와 싸울 수 있다. 죽은 것은 이미 죄에 패배한 것이기 때문에 더 이상 죄와 싸울 수 없다. 생명 있는 존재만이 죽음의 원인인 죄와 싸울 수 있고, 죄의 결과인 죽음과 죄가 초래하는 악한 열매들과 싸울 수 있다. 인간의 모든 학문, 예술, 종교 활동 심지어는 경제활동이나 정치적인 행동까지도 죽음을 극복하고 불멸을 얻고자 하는 욕망이 포함되어 있다.[22] 그러나 죽음을 부정하고 죽음을 이기는 궁극적인 길은 생명 속에 있다. 생명의 가장 큰 가치는 죄에 저항하여 승리함으로 죽음에 굴복하지 않는 참 생명을 얻는 것이다.

---

22 어니스트 베커/노승영, 『죽음의 부정』(서울: 한빛 비즈, 2019).

'복된 죽음'을 맞이한 사람들은 일평생 죄와 싸워 승리하면서 하나님이 주신 수한을 누렸다. 그 수한을 누리면서 죄와 싸울 때 많은 고난과 어려움도 당했지만, 남다른 은혜도 받았다. 많은 사람에게 사랑과 존경을 받기도 하였다. '위대한 죽음'의 사람들이 일찍 죽음을 맞이함으로 누리지 못한 생명의 풍성함과 축복을 누리기도 했다. '위대한 죽음' 속에는 그 위대함만큼이나 비극적인 요소가 들어 있지만, '복된 죽음' 속에는 비극적인 요소가 별로 없다. 설사 베드로 사도나 바울 사도, 폴리갑처럼 순교의 길을 가더라도 육신의 생명을 가지고 달려갈 길 다 간 후의 죽음이기에 비극적인 요소가 많지 않다. 생명은 하나님의 은사이며, 하나님의 사랑과 축복과 긍정의 대상이기도 하다.[23] 그러므로 일평생 죄와 싸우면서 많은 고난을 당했어도 이 세상에서의 생명을 누린 후 맞이하는 죽음은 '복된 죽음'이다.

---

23 곽혜원, 『존엄한 삶, 존엄한 죽음』, 67-76.

# 7장
# 영혼, 죽음 이후 삶의 주체

죽음학의 연구 대상은 크게 세 가지로 나눌 수 있다. 죽음 앞에 선 인간, 죽음과 죽어감 그리고 죽음 이후의 삶이다. 죽음 이후의 삶은 죽음학이 죽음을 연구하는 다른 경험과학과 가장 큰 차이를 보이는 영역이다. 그리고 죽음 이후의 삶을 기술하고 설명하는 신화학, 종교학, 신학 등과 겹치는 영역이다. 죽음 이후의 삶에 대한 논의는 죽음 불안을 해소하고 극복하는 데도 매우 중요하다. 우리는 지금 기독교의 '죽음 일문 세계관'에 근거하여 죽음 이후의 삶의 문제를 검토하려고 한다. 죽음 이후의 삶과 관련된 문제 가운데 가장 중요한 것은 주체의 문제이다. 즉, 지금 죽어가는 사람과 죽음 이후의 삶을 사는 사람은 같은 주체인가의 문제이다. 죽음 일문 세계관에서는 같은 주체로 생각한다. 죽음 이전의 삶(현세)과 죽음 이후의 삶(내세)을 사는 사람이 같은 주체가 될 수 있는 근거는 두 존재의 영혼이 같기 때문이다. 여기서는 죽음 이후 삶의 주체로서의 영혼의 문제에 대해 고찰하겠다.

## 1. 영혼과 죽음 이후의 삶

현재 우리가 선택한 '죽음 문 세계관'에 따르면 죽음 이후에도 이어지는 생명을 가진 존재가 있다. 이 존재가 죽음 후의 삶을 사는 존재라면 그것은 다음과 같은 3가지 조건, 즉 ① 정체성, ② 연속성, ③ 책임성을 만족시켜야 한다. 이 존재는 죽음의 강을 건넜지만(혹은 죽음의 문을 열었지만), 그 강을 건너기 전의 존재와 같은 정체성(identity)을 가져야 한다. 우리 인간들은 유년기와 청장년기 그리고 노년기의 삶을 산다. 그 기간에 따라 어린이, 청년, 장년, 노인이 된다. 한 인간이 어린이에서 노인이 될 때까지 긴 시간이 흐르고, 많은 육체적 · 정신적 변화가 나타나지만 같은 정체성을 가진다. 서울에서 초등학교 다닐 때의 나와 광주에서 이 책의 원고를 쓰고 있는 나 사이에는 신체적 조건, 성격과 인격, 정신적(지적) 수준, 사회적 지위와 경험 등에서 많은 차이가 난다. 이런 차이를 단순히 기술(記述)만 한다면 초등학교 때의 나와 현재의 나는 전혀 다른 사람처럼 여겨질 수 있다. 그렇지만 초등학교 시절의 나와 현재의 나는 같은 정체성을 가지고 있다. 이와 마찬가지로 죽음 이후에도 사는 존재가 있다면 그 존재는 살았을 때의 존재와 같은 정체성을 가지고 있어야 한다. 즉, 어떤 사람이 죽은 후에 내세에 가서 산다면 혹은 환생하였다면 그는 죽기 전의 자기 자신과 같은 정체성을 가지고 있어야 한다. 그래야 죽음 이전의 삶을 살던 바로 그가 죽음 이후의 삶을 산다고 말할 수 있다.

다음으로 죽음 후의 삶이 있으려면 지금의 나의 삶과 죽음 후의 삶 사이에 연속성이 있어야 한다. 초등학생 나와 경로 카드를 가진 나는 분명히 다른 모습이지만 그 삶에는 연속성이 있다. 서울의 한 초등학생이

대학생과 대학원생이 되었고, 그 대학원생이 광주에 있는 대학의 교수가 되었고, 그 교수가 목사가 되었다. 이 연속선이 끊어지지 않고 계속되면서 지금의 나 자신이 되었다. 이와 마찬가지로 내가 죽음 후의 삶을 살게 된다면 그때에도 이 연속선은 이어져야 한다. 비록 나의 육체가 소멸해도 그 존재의 연속선이 있어야 한다. 서양에서는 지금도 자기 자신이 나폴레옹이었다고 말하는 사람이 있다. 그리고 스스로 황제 나폴레옹으로서의 정체성을 가지고 있다. 그러나 그가 진정 전생의 나폴레옹이었다면 어떤 과정을 거쳐서 나폴레옹이 현재의 자신이 되었는가를 말할 수 있어야 한다. 즉, 죽음 이전 사람과 죽음 이후 사람의 연속성을 말할 수 있어야 한다.

세 번째로 죽음 후의 삶이 이루어지려면 죽음 후에도 사는 존재가 죽음 이전의 존재에 대해서 책임을 져야 한다. 나는 어린 시절부터 지금까지 여러 지역에서 다양한 삶을 살아왔다. 그러한 삶의 과정 가운데서 좋은 일도 있었고, 좋지 못한 일도 있었다. 잘한 일도 있었고, 잘못한 일도 있었다. 과거에 있었던 좋은 일을 생각하면 지금도 행복하고 감사하다. 좋지 못한 일을 생각하면 지금도 마음이 아프다. 잘한 일을 생각하면 지금도 자랑스럽다. 잘못한 일을 생각하면 지금도 부끄럽다. 인생 전체에 걸쳐 일어났던 좋은 일과 좋지 못한 일, 잘한 일과 잘못한 일을 지금의 나는 내 삶 속에서 간직하며 살아가고 있으며, 그것들이 현재의 내 삶의 모습을 결정하고 있다. 과거는 현재의 원인이며, 현재는 과거의 결과이다. 그러므로 현재의 나는 과거의 내가 행한 모든 것에 영향을 받고 또한 그것들에 대해 책임지며 살아가고 있다. 죽음 후의 삶이 있다면 그 삶을 사는 나는 죽음 이전의 삶에 대해서 책임을 져야 하며, 어떤 형태이든 그 영향을 받으며 살게 될 것이다.

인간에게 사후의 생이 있다면 죽음 이전의 존재와 죽음 이후의 존재 사이에 같은 정체성과 연속성 그리고 책임성이 나타나야 한다. 이런 측면에서 볼 때 '죽음 일문 세계관'이 이러한 조건을 가장 잘 만족한다. '죽음 벽 세계관'의 경우 사후의 생 자체를 부정하기 때문에 죽기 전의 존재와 죽은 후의 존재 사이의 관계가 존재할 수 없다. '죽음 다문 세계관'의 경우 둘 사이의 관계가 모호한 측면이 많다. 티벳의 지도자 달라이 라마는 이전 생의 자신과 현재의 자신 사이에 존재하는 같은 정체성을 확실히 말하기도 한다. 그러나 대다수 사람은 자신들이 전생에 누구였는지 알지 못한다. 따라서 같은 정체성을 보이지 못한다. 연속성과 관련해서도 과거의 자신이 현재의 나와 어떤 연결고리에 의해 이어져 왔는가를 대부분 알지 못한다. 브라이스의 최면법을 통해 전생(前生)을 말한 베티의 경우 45개의 전생의 삶을 말하였지만, 전생의 자신과 현재의 자신 사이의 연속성을 밝히지 못하였다. 또한 현재의 나의 모습 자체가 과거 생의 결과이므로 현재는 과거의 삶에 대한 책임을 지는 삶이다. 그러나 과거의 어떤 모습이 지금의 나를 만들었는가에 대해서 설득력 있는 설명을 하지 못하고 있다. '죽음 다문 세계관'의 경우 전생의 나와 현생의 나 그리고 현생의 나와 내생의 나 사이의 관계를 정체성, 연속성, 책임성이라는 측면에서 확실하게 설명하지 못하는 난점이 있다.

이에 비해 '죽음 일문 세계관'의 경우 죽기 전의 나와 죽음 이후의 나 사이의 관계에 대해 비교적 확실한 논리를 편다. 이러한 논리를 펼 때 가장 많이 등장하는 개념이 영혼이다. 즉, 인간은 육체와 영혼으로 이루어져 있다. 이 영혼은 정체성의 주체가 된다. 그리하여 육체가 죽고 난 다음에도 죽은 육체와 같은 정체성을 가진 영혼은 살아 있다. 한 인간의 영혼은 태어나서 죽을 때까지 그리고 죽고 난 다음에도 같은 모습으로 이어진다. 따라서 죽음 이전의 인간과 죽음 이후의 존재는 영혼을 통해서 연속성을 확보한다. 죽음 이후에도 살아있는 영혼은 죽음 이후 죽음 이전의 삶에 책임을 진다. 즉, 죽음 이후 심판을 받은 다음 천국에 가거나 지옥으로 간다. 이처럼 죽음 일문 세계관에서는 영혼을 통해서 죽음 이전의 존재와 죽음 이후의 존재 사이의 관계가 정체성, 연속성, 책임성의 측면에서 연결되어 있음을 논리적으로 말한다.

물론 죽음 이후에 영혼이 계속 살아있고, 죽기 전의 삶에 책임을 진다는 것은 과거에 일어난 일이 아니고 미래에 일어날 일이다. 그러므로 사실로서 증명할 수는 없다. 다만 그렇게 믿을 뿐이다. 그러나 이러한 믿음은 인간의 삶에 지대한 영향을 준다. 이것은 미래학과 비슷하다. 미래학은 현재의 정치, 경제, 사회, 문화, 인구, 자원 등의 요소와 그 흐름에 근거해서 미래를 예측한다. 그러나 예측된 미래는 아직 일어나지 않았으므로 경험적으로 확증할 수는 없다. 미래학이 다가올 미래의 모습을 확증할 수 없다 해도 그것이 무가치한 것은 아니다. 논리적이고 정교한 미래학의 예측에 따라 인간은 앞으로 다가올 세상을 준비하기 때문이다. 이와 마찬가지로 영혼을 통한 죽음 이후의 삶에 대한 예측(혹은 믿음)은 현재의 삶에 매우 큰 영향을 미친다. 내가 죽고 난 다음에도 내 영혼이 천국에 간다는 믿음을 가진 사람과 죽으면 끝이고 나 자신은 더 존재하지 않는다고 생각하는 사람 사이에는 죽음을 맞이하는 태도나 삶의 모습 가운데서 많은 차이가 나타날 수밖에 없다.


## 2. '죽음 벽(壁) 세계관'과 영혼의 문제

죽음을 새로운 생명으로 들어가는 문이 아니라 현재의 생명이 끝나는 벽으로 보는 세계관은 유물론(唯物論) 혹은 물질주의를 근거로 한다. 즉, 우주 만물의 궁극적 실재를 물질로 보고, 정신이나 관념은 그러한 물질의 반영에 불과한 것으로 생각한다. 그러므로 물질로 이루어진 육체와 독립적인 정신이나 영혼을 인정하지 않는다. 정신 혹은 영혼이란 육체의 기능과 작용을 지칭하는 것에 불과하다. 따라서 육체가 죽으면 영혼도 함께 소멸하고 만다. 그러므로 육체가 죽으면 그것으로 끝나는 것이지 육체 이외의 어떤 것이 따로 살아남아서 다음 세상으로 가는 것을 부정한다.

육체와 독립된 영혼(동양적 표현으로는 혼백(魂魄))의 존재 여부는 죽음의 세계관 형성의 핵심적인 요소이다. 죽음과 함께 육체가 소멸한다는 것은 누구나 받아들이는 현상이다. 죽음이 삶의 끝인 벽이 되는가 아니면 새로운 삶으로 가는 문이 되는가의 문제는 영혼의 존재 여부와 직접 관련된다. '죽음 벽(壁) 세계관'을 가진 입장에서는 물질로 이루어진 육체만 있을 뿐 육체와 독립적인 영혼은 없다. 이 입장에 서면 인간은 고도로 발전된 로봇과 같다. 우리가 SF영화에서 볼 수 있는 바와 같이 인간과 거의 비슷하게 행동하는 안드로이드 로봇을 생각할 수 있다. 케이건은 우리의 뇌를 컴퓨터의 CPU라고 생각한다면, 정교하고 합목적적으로 움직이는 로봇과 마찬가지로 인간도 그렇게 움직일 수 있다고 하였다.[1]

그러나 인간의 뇌를 인공지능으로 대치하고, 인간의 몸을 로봇 기계로 대치하는 유물론적·기계론적인 인간관은 영혼의 존재를 부정하는 데 한계를 노출한다. 인간을 컴퓨터에 비교한다면 영혼은 소프트웨어이고, 육체는 하드웨어로 보는 것이 더 타당할 것이다. 영혼이 뇌와 같은 하드웨어와 결합할 때 생각하고 느낄 수 있다. 영혼이 손발과 같은 육체(하드웨어)

---

1 셸리 케이건/박세연, 『죽음이란 무엇인가』 (파주: 엘도라도, 2012), 52.

와 결합할 때 움직이고 행동할 수 있다. 영혼이 눈, 코, 귀, 입과 같은 육체의 감각기관과 결합할 때 보고, 듣고, 말할 수 있다. 그러나 영혼이 없으면(혹은 생명이 없으면) 육체 그 자체만 가지고는 작동이 되지 않는다. 즉, 기능이 상실된다. 어떤 정신적 변화나 도약은 불가능하다. 케이건과 같은 유물론자들은 영혼 혹은 정신 작용이란 육체의 기능을 지칭하는 것에 불과하다고 한다. 이것은 컴퓨터의 소프트웨어가 하드웨어의 기능이라고 말하는 것과 마찬가지로 불합리한 생각이다. 소프트웨어가 하드웨어와 결합하여 기능하지만, 소프트웨어는 하드웨어와 독립된 실체이다. 마찬가지로 영혼도 육체와 결합하여 생명현상이 나타나지만, 영혼 역시 분석적으로나 실제로나 육체와 독립된 실체이다.

'죽음 벽(壁) 세계관'은 영혼(혹은 육신과 독립된 어떤 정신적 실체)의 존재를 보여주는 현상에 대해 반박하지 못한다. 그 대표적인 예는 임사 체험과 관련된 다양한 경험들이다.[2] 그 경험 가운데 대표적인 것이 죽음의 순간 일어나는 '육체 이탈' 현상이다. 수많은 임사 체험 경험자를 만나고 치료한 퀴블러 박사는 죽음학 분야의 가장 대표적인 인물이다. 그는 자신이 육체 이탈을 직접 경험했을 뿐 아니라 육체 이탈을 경험한 사람들의 많은 이야기를 수집하고 연구하였다. 많은 육체 이탈 경험자의 보고는 결코 주관적인 느낌을 말하거나 뇌의 충격으로 인한 환각을 본 것이 아니라 영혼이 육신을 빠져나갔다고 말할 수밖에 없는 경우가 많다. 예를 들면 시각장애인이 육체 이탈을 경험하고 난 다음 그가 본 사람이 가진 보석의 색깔이나 그가 맨 넥타이나 옷의 색깔과 모양을 정확하게 말하기도 한다. 그런가 하면 육체 이탈을 경험한 사람이 깨어난 후 "자기가

---

2 다치바나 다카시/윤대석, 『임사 체험』 상, 하 (서울: 청어람미디어, 2003).

수천 마일 멀리 떨어진 가족을 방문하였으며, 그때 방문한 가족이 어떤 행동을 하였는지"를 정확하게 말하기도 한다.[3]

이븐 알렉산더 박사는 듀크 대학에서 의학박사 학위를 받은 의사로 버지니아 대학 병원, 하버드 메디컬 스쿨에서 교수를 지낸 엘리트 의사이며, 그의 전공은 뇌의학이다. 이 의사가 2008년 11월 10일 54세의 나이에 희귀 질환에 걸려 7일간 혼수상태에 빠졌다. 이 기간 그에 대한 의학적 기록에 따르면 대뇌 신피질, 즉 인간의 사고를 주관하는 뇌의 표면이 완전히 멈추었다. 뇌는 의식을 만드는 기계인데 그것이 고장 나면 의식도 멈추게 된다. 그런데 그는 뇌가 기능을 중단한 7일 동안 새로운 세계, 천국을 경험했다. 그 경험은 너무나도 생생하고 일관성이 있어서 뇌의 기능 장애 가운데서 우연히 나타날 수 있는 어떤 환각 현상이 아니었다. 그는 이때의 경험을 기록한 책에서 자신의 경험과 관련된 '신경과학에서 제시하는 가설들'을 소개한다. 그리고 그러한 가설 가운데 그 어떤 것도 자신이 경험한 것을 설명할 수 없었다고 한다.[4]

심리학에서도 영혼과 관련된 연구가 적지 않게 진행되고 있다. 즉, 임사 체험, 체외 이탈, 전생 경험, 투시력, 텔레파시 등의 연구가 진행되고 있다. 그리고 연구의 결과는 학자에 따라 엇갈린다.[5] 영혼의 존재를 긍정하는 데 유리한 자료들은 대부분 임사 체험이나 체외 이탈을 경험한 사람들의 증언 자료이다. 그러나 반대하는 사람들은 이러한 증언 자료의 진실성을 의심한다. 설사 주관적으로는 진실한 증언이라 해도 그것은 소망적 사고,

---

3 엘리자베스 퀴블러 로스/최준식, 『사후생』 (대화문화아카데미, 2003), 24-28.
4 이븐 알렉산더/고미라, 『나는 천국을 보았다』 (서울: 김영사, 2013), 236-241.
5 권석만, 『죽음의 심리학』, "20장 사후생의 증거와 비판," 687-733.

**170** 2부 • 기독교 죽음학

확증 편향, 기억 오류, 작화증(作話症, 실제 경험하지 않은 것을 실제로 있었던 것처럼 믿고 사실인 양 말하는 것) 등에 의한 거짓말이나 판단 오류라고 말한다. 그러나 영혼의 존재를 보여주는 모든 증언이 거짓이거나 판단 오류임을 확증하지는 못한다. 그 결과 증언자들의 증언이 사실이냐 아니냐를 결정하지 못하고 그 증언을 믿느냐 믿지 않느냐의 문제로 가는 경우가 많다. 이러한 문제를 해결하기 위해서 실험적 방법을 사용해 보기도 하지만 연구자들이나 상황에 따라 다른 결과가 나오며, 그 방법이 영혼의 존재 여부를 증명할 수 있는가에 대한 방법론적 논란이 일어난다. 죽음 이후까지 존재하는 영혼이란 경험적으로 확인할 수 있는 어떤 존재가 아니다. 더욱이나 실험적 방법으로 통제될 수 있는 존재는 더더욱 아니다. 그러므로 과학을 표방하는 심리학의 방법이 영혼 현상을 실재하는 것으로 혹은 실재하지 않는 것으로 확증하는 것은 쉬운 일이 아니다. 따라서 영혼의 존재는 신의 존재와 마찬가지로 믿음의 문제이지 그 진위를 확증할 수 있는 지식의 문제가 아니다. 그렇다고 해서 이 문제를 불가지론이라는 카테고리에 넣어 삶의 구석으로 밀어버릴 수도 없는 문제다. 신의 존재, 영혼의 실재, 인생의 궁극적 목적, 죽음 후의 세상 등의 문제가 지금 죽음을 앞둔 사람에게는 "서울 아파트 값이 얼마나 변동하고 있는가?", "4차 산업혁명의 시대는 어떻게 진행될 것인가?"의 문제보다 더 중요하기 때문이다. 과학적 방법이 답을 주지 못하는 문제라 해도 다른 어떤 방법으로라도 그 답을 찾아야만 살 수 있는 것이 또한 인간이다. 특별히 죽음과의 거리가 가까운 인간에게 죽음과 영혼의 문제는 중요하다. 이제 영혼의 실재 문제를 경험적 접근이 아닌 믿음의 방법으로 이해해야 할 단계가 되었다.

## 3. 성경이 말하는 영혼

'죽음 일문 세계관'은 영혼의 존재를 말하고, 그 영혼이 육신의 죽음 이후에도 죽음의 문을 열고 내세로 들어간다고 한다. 이러한 죽음 일문 세계관의 대표적인 예가 그리스도교이며, 가톨릭·정교회·개신교를 통괄하는 그리스도교는 현재 세계에서 가장 많은 신도 수를 보유하고 있다. 한국의 경우 지난 2020년 인구총조사에 따르면 개신교가 신도 수에서 한국 제1의 종교가 되었다. 신도 수와 조직력, 영향력 등을 놓고 볼 때 세계 제일, 한국 제일의 종교인 그리스도교의 경전은 성경이다. 이 성경은 인류 역사 전체를 통틀어 가장 영향력이 큰 책이다. 이 성경은 영혼의 존재를 분명히 말하고 있다.

구약성경에서 '영혼', '혼', '생명' 등으로 번역되는 히브리 단어 '네페쉬'는 다양한 뜻으로 사용된다. 네페쉬는 기본적으로 '생명의 숨결'이라는 의미다. 창세기 2장 7절 말씀에 따르면 "여호와 하나님이… '생기'를 그 코에 불어 넣으시니 사람이 '생령'(살아있는 네페쉬)이 되니라"고 하였다. 사람 안의 '네페쉬'는 목숨을 유지하고 강화하기를 갈망하여 주리고 목말라 하며(민 11:6; 시 107:9; 사 32:6), 열망하고 바라고 사랑한다(신 6:5, 12:20, 14:26; 삼하 3:21; 잠 13:19; 아 1:7, 3:1-4; 신 30:6). 또한 네페쉬는 쓰라림과 괴로움을 알며(사 38:15-17; 욥 27:2; 삼상 1:10, 22:2; 겔 27:31), 수고하고(사 53:11), 고통당하고(시 88:3, 123:4), 낙심하며(시 107:26; 욘 2:7; 신28:65), 쇠약해진다(시107:5). 이처럼 사람의 '영혼'(네페쉬)은 자기 스스로를 의식하고, 자신을 소유하며, 자신에게 책임지는 인격적인 속성을 가진 그 사람 자체이다.[6]

---

6 대한성서공회, 『독일성서공회판 해설성경전서』에 나오는 용어 사전, "영혼".

신약의 영혼은 주로 '프쉬케'(psyche)라는 용어를 번역한 말이다. 이 영혼은 네 가지 특징을 보인다. ① 영혼이란 육체의 생명을 살아있게 하는 원리로서 생명 혹은 목숨이라는 의미다(행 15:26, 20:10; 마 10:28; 막 8:36 등). ② 영혼 활동의 결과가 감성(affection)으로 나타나기도 한다. 따라서 영혼은 감정을 가진 인격적 존재이다. 예수께서 겟세마네 동산에서 기도하시면서 "내 마음(psyche)이 심히 고민하여 죽게 되었으니 너희는 여기 머물러 깨어 있으라…"(막 14:34)고 하였다. 이처럼 영혼은 우리의 고통, 슬픔, 아픔 등의 감정이 흘러나오는 원천이다. ③ 영혼은 의지와도 밀접하게 연결되어 있다. 만약 우리의 의지가 영혼과 밀접하게 연결되어 있다면 우리는 어떤 어려움 가운데서도 용감하게 흔들림 없이 잘 인내할 수 있다. 영혼이 작은 자(oligo-psyche)는 마음이 약한 자이다(살전 5:14). ④ 영혼이란 각 사람을 지칭하는 용어로도 사용되었다. "그 말을 받는 사람들은 세례를 받으매 이 날에 신도의 수(psyche)가 삼천이나 더하더라"(행 2:41)고 하였다. 이처럼 영혼은 각 사람의 개성과 생명의 전달자요 지적이면서도 동시에 감성적이다. 따라서 사랑, 열망, 의지와 모든 희로애락의 감정이 발생하는 인격적인 존재이다.[7]

이처럼 성경에서 말하는 영혼(네페쉬 혹은 프쉬케)은 지정의(知情意)를 가진 인격 자체이며 또한 존재 자체이다. 죽음학의 입장에서 영혼에 대한 가장 큰 관심사는 "육신이 죽을 때 영혼도 같이 죽는가 아니면 육신과 함께 소멸하지 않고 이어지는가?"의 문제이다. 성경은 영혼이 육신의 죽음과 함께 소멸하지 않는다고 말한다. 그 이유가 무엇인가? 육신과 영혼의 근원이 다르기 때문이다. 창세기 2장 7절 말씀을 보면

---

7 노승수, "성경이 말하는 영혼의 의미," https://lewisnoh.tistory.com/entry.

"여호와 하나님이 땅의 흙으로 사람을 지으시고 생기(네쇠마)를 그 코에 불어 넣으시니 사람이 생령(生靈, 살아있는 네페쉬, 네페쉬 하야)이 되니라"고 하였다. 성경에서 생기라고 번역한 '네쇠마'는 성경 다른 곳에서는 영혼(잠 20:27), 호흡(사 2:22), 기운(욥 33:4) 등으로 번역되었다. 이 말씀에 따르면 육신과 영혼은 그 생성의 근원이 다르다. 육신은 땅의 흙으로 지으셨고, 그렇게 지은 육신의 코에 생기(하나님의 호흡, 하나님의 기운)를 불어넣으심으로 사람이 살아있는 영혼이 되었다.

그러므로 죽음이 오고 육신이 소멸하여 흙으로 돌아갈 때 영혼은 육신과는 다른 길을 간다. 전도서 12장 말씀을 보면 인간이 죽음을 맞이할 때의 모습을 다음과 같이 묘사하였다. "흙은 여전히 땅으로 돌아가고 영은 그것을 주신 하나님께로 돌아가기 전에 기억하라"(전 12:7). 즉, 흙으로 지어진 몸은 땅으로 돌아가지만, 영(루아흐)은 소멸하지 않고 생명을 주신 하나님께 돌아간다고 하였다.

영(혹은 영혼)과 육의 분리와 결합을 가장 극적으로 보여주는 성경 말씀이 에스겔 37장 말씀이다. 여호와 하나님께서 권능으로 에스겔 선지자에게 임재하시어서 그를 뼈가 가득한 골짜기로 인도하셨다. 그리고 선지자는 여호와의 명령에 따라 "내가 생기를 너희에게 들어가게 하리니 너희가 살아나리라"고 선포하였다. 그러자 "대언(代言)할 때에 소리가 나고 움직이며 이 뼈, 저 뼈가 들어맞아 뼈들이 서로 연결되더라. 내가 또 보니 그 뼈에 힘줄이 생기고 살이 오르며 그 위에 가죽이 덮이나 그 속에 생기는 없"었다고 말한다. 이어서 선지자는 "주 여호와께서 이같이 말씀하시기를 생기야 사방에서부터 와서 이 죽음을 당한 자에게 불어서 살아나게 하라 하셨다 하라"고 하였다. 그러자 "생기(루아흐)가 그들에게 들어가매 그들이 곧 살아서 일어나 서는데 극히 큰 군대"가 되었다. 이것은 물론 이스라엘의 회복에 대한 예언의 말씀이다. 그러나 이 말씀을 통해서 뼈(즉, 육신)와 생기(즉, 영 혹은 영혼)가 분리됨으로 죽음이 왔다가 뼈와 생기가 다시 결합함에 따라 생명이 되살아나는 것을 볼 수 있다. 육신이 죽어 뼈만 남았다 할지라도 영혼(생기, 루아흐)은 살아있음을 말하고 있다.

신약성경 안에서도 영혼과 육신의 분리 혹은 독립성을 보여주는 구절이 많이 나온다. 예수께서 친히 말씀하시기를 "몸은 죽여도 영혼은 능히 죽이지 못하는 자들을 두려워하지 말고 오직 몸과 영혼을 능히 지옥에 멸하실 수 있는 이를 두려워하라"(마 10:28)고 하셨다. 이 말씀을 통해서 몸의 죽음과 영혼의 죽음이 다른 것을 말하고 있다. 그리고 예수께서 십자가에서 죽으실 때의 장면을 마태는 "예수께서 다시 크게 소리 지르시고 영혼이 떠나시니라"(마 27:50)고 하였다. 요한복음에서는 "예수께서 신 포도주를 받으신 후에 이르시되 다 이루었다 하시고 머리를 숙이니 영혼이 떠나가시니라"(요 19:30)고 하였다. 이처럼 복음서는 예수님의 죽음을 그 영혼이 육신에서 떠나가는 것으로 표현하였다. 사도행전에서도 아나니아와 삽비라의 사건을 이야기하면서 사람이 죽는 것을 혼이 떠나는 것으로 표현하였다. "아나니아가 이 말을 듣고 엎드러져 혼이 떠나니 이 일을 듣는 사람이 다 크게 두려워하더라"(행 5:5).

서신서에서도 "영혼 없는 몸이 죽은 것 같이 행함이 없는 믿음은 죽은 것이니라"(약 2:26), "영혼을 거슬러 싸우는 육체의 정욕을 제어하라"(벧전 2:11)고 하였다. 이러한 말씀은 영혼이 육신과 독립적이고 대립적인 존재임을 말한다. 요한계시록으로 가면 육체의 죽음 이후에도 계속 살아있는 영혼의 존재를 말한다. "하나님의 말씀과 그들이 가진 증거로 말미암아 죽임을 당한 영혼들이 제단 아래에 있어, 큰 소리로 불러 이르되 거룩하고 참되신 대주재여 땅에 거하는 자들을 심판하여 우리 피를 갚아"달라(계 6:9-10)고 호소하였다.

바울 서신에서는 영혼이라는 표현이 별로 등장하지 않지만, 육신과 대립되고 독립적인 영이라는 표현이 많이 등장한다. "육신을 따르는 자는 육신의 일을, 영을 따르는 자는 영의 일을 생각하나니 육신의 생각은 사망이요 영의 생각은 생명과 평안이니라"(롬 8:5-6)고 하였다. 또한 고린도 교회에서 악을 행하는 자를 징계할 것을 촉구하면서 "이런 자를 사탄에게 내주었으니 이는 육신은 멸하고 영은 주 예수의 날에 구원을 받게 하려 함이라"(고전 5:5)고 하였다. 그리고 "만일 땅에 있는 우리의 장막 집이 무너지면 하나님께서 지으신 집 곧 손으로 지은 것이 아니요, 하늘에 있는 영원한 집이 우리에게 있는 줄 아느니라"(고후 5:1)고 하였다. 그리하여 땅에 있는 장막 집(곧 육신)과 하늘에 있는 영원한 집(영 혹은 영혼)을 구분하고 있다. 그리고 바울 사도께서는 "평강의 하나님이 친히 너희를 온전히 거룩하게 하시고 또 너희의 온 영과 혼과 몸이 우리 주 예수 그리스도께서 강림하실 때에 흠 없게 보전되기를 원하노라"(살전 5:23)고 말씀하심으로 영과 혼과 육을 독립적인 실체로 말하고 있다.

성경에 나오는 영(프뉴마), 혼과 영혼(프쉬케) 등의 용어가 현대적인 학술 용어로 분명하게 정리된 것은 아니다. 따라서 시대와 맥락에 따라서 그 의미에 편차가 나타난다. 또한 "육신의 죽음과 함께 영혼도 소멸하는가 아니면 지속되는가?"의 문제와 관련해서도 논쟁이 일어나고 있다. 지금 이 자리에서 그러한 용어들에 대한 신학적·형이상학적 논의에 깊이 관여하지는 않겠다. 물질주의의 입장에서 선 뇌과학자들은 영혼의 존재를 부정한다. 전통적으로 영혼의 활동 혹은 영혼의 기능이라고 하는 것(그 대표적인 것이 의식 작용이다)도 뇌신경의 작용일 뿐이라고 말한다.[8] 그리고 인간의 의식 작용이나 기억을 컴퓨터에 업로드할 수 있다고 말한다. 그러나 또 다른 입장의 뇌과학자들은 의식의 업로드는 불가능한 일이라고 말한다. 이처럼 영혼의 실재와 관련하여 경험과학은 부정하지도, 확정하지도 못하고 있다. 영혼이 죽음 이후의 세계까지도 이어지는 존재라면 죽음 이전의 경험적 세계만을 다루는 경험적 학문의 방법과 이론에 근거하여 그것을 확증하지도, 부정하지도 못하는 것은 당연한 일이다. 그 결과 영혼의 문제는 세계관의 문제, 종교의 문제, 믿음의 문제가 되었다. 성경에 따르면 육신과 독립적이고 지정의를 가진 인격적인 어떤 실체(곧 영혼)가 존재한다. 또한 이 실체는 육신의 죽음 이후에도 소멸하지 않고 지속한다. 따라서 죽음 이후의 세계까지 이어지는 주체는 영혼이다.

우리는 죽음 이후의 삶을 사는 주체로서의 영혼에 대해 논의하였다. 영혼의 존재 역시 경험과학에 근거하여 확증되지도, 부정되지도 않고 있다. 반면에 인간 역사에서 가장 큰 영향력을 행사한 성경은 영혼의 존재와 속성에 대해서 분명하게 말하였다. 따라서 영혼의 문제 역시 죽음의 세계관과 마찬가지로 선택과 수용의 문제, 종교적 믿음의 문제가 되었다. 죽음 일문 세계관에 근거하여 그리스도교 성경의 가르침을 받아들인 우리는 영혼의 존재를 인정한다. 이 입장에 서서 이제 죽음 이후 영혼이 가게 될 세상에 대해서 논의하도록 하겠다.

---

8 정재승, "영혼, 과연 실존인가 물리적 현상인가: 정신활동과 의식작용을 뇌신경의 작동으로 설명할 수 있는가?" 「한겨레신문」 (2017. 5. 6.).

# 8장
# 죽음 이후의 세계: 천국과 지옥

  육체의 죽음 이후의 삶을 사는 주체로서의 영혼이 존재한다는 세계관이나 믿음을 가지면, 영혼의 존재나 활동을 죽음 이전의 현실에서 추론할 수 있는 여러 가지 방법이 있다. 그러나 영혼이 가게 될 죽음 후의 세계는 경험적으로 추론조차 하기 어렵다. 동양 사상의 아버지라 할 수 있는 공자께서도 제자가 죽음에 관해 물었을 때 미지생 언지사(未知生 焉知死)라고 했다. 즉, "삶에 대해서도 알지 못하는데 죽음에 대해서 어찌 알겠느냐"고 대답했다. 철학의 아버지 소크라테스 역시 죽음을 앞에 두고 죽음 이후의 세계에 대해서 말한 후 그것을 꼭 사실이라고 말해서는 안 되며, 자신도 확신하는 것은 아니라고 했다.1 근대 철학의 기초를 놓은 칸트 역시 죽음 이후의 세계를 실천 이성 혹은 도덕적 요청에 의해 필요한 세계라고 하였다. 요청이 있다고 해도 얼마든지 존재하지 않을 수 있다는 상식적인 판단에 근거하면 칸트의 죽음 후 세계 역시 모호하다.

---

1 플라톤/최현, 『파이돈』 (경기: 범우사, 1999), 187.

따라서 죽음 이후의 세계에 대한 논의는 철학적으로 표현하면 형이상학이고, 신화와 종교의 가르침이나 교리 속에서 가능하다. 설화, 신화, 종교로 오면 죽음 이후의 세계에 대한 논의는 무궁무진하다. 인간의 호기심과 상상력이 만들어 놓은 수많은 이야기가 있다. 그리고 그러한 이야기들의 진위와 가치를 평가할 수 있는 마땅한 기준도 없다. 대부분의 이야기는 대다수 사람의 관심사가 되지도 않는다. 따라서 죽음 이후의 세계에 대한 수많은 이야기를 모두 고찰하는 것은 불가능한 일이며 또한 그럴 필요도 없다. 이러한 이유로 여기서는 죽음 후의 세계에 대한 그리스도교의 가르침에 초점을 맞추어 논의하도록 하겠다. 왜냐하면 이 책은 '기독교 죽음학'이고, 이 책의 일차적인 관심 대상은 그리스도인이기 때문이다. 또한 천주교, 개신교, 정교회를 합한 그리스도교는 인류의 가장 많은 사람이 믿는 종교이기 때문이다. 그리스도교에 초점을 맞추어 죽음 후의 세계를 생각한다면 가장 중요한 주제(대상 혹은 개념)는 천국, 지옥, 부활이다. 이러한 주제에 대해서 죽음학의 시각에서 논의하도록 하겠다.[2] 죽음학의 시각이란 죽을 수밖에 없는 인간의 '죽음 불안의 극복', '죽음 후의 세계에 대한 소망', '죽음의 수용과 준비' 등과 관련된 관심을 말한다.

## 1. 구약성경의 죽음 이후 세계

기독교 신앙의 기초가 되는 구약성경에서는 죽음 이후의 세계에

---

2 성경 신학의 측면에서 죽음을 다룬 다음의 책이 큰 도움이 될 것이다. 윌리엄슨 P. R./김귀탁, 『죽음과 내세 성경신학』(부흥과개혁사, 2020).

대해서 구체적이고 확실한 묘사를 하지 않는다. 또한 천국, 지옥, 연옥 등과 같은 분화된 죽음 후의 세계에 대한 말씀도 나오지 않는다. 전체적으로 볼 때 죽음 이후의 세계는 미분화된 전체를 이루고 있으며, 그 상태 역시 죽음의 세계로 들어간 인간의 상태를 묘사하는 형태를 띠고 있다. 구약성경의 많은 곳에서 죽음 이후의 세계를 '스올'이라는 이름으로 표현하고 있다.[3] 죽은 자가 들어가는 세계가 스올이지만 그 세계의 모습은 다양한 형태로 표현된다. 스올은 죽은 육신이 들어가서 썩는 '무덤'이라는 의미로 사용되며, 어둠과 괴로움과 단절의 자리를 지칭하기도 하고, 편안히 쉬는 곳으로 여겨지기도 한다.

"죽은 자 중에 던져진 바 되었으며 죽임을 당하여 무덤에 누운 자 같으니이다. 주께서 그들을 다시 기억하지 아니하시니 그들은 주의 손에서 끊어진 자니이다. 주께서 나를 깊은 웅덩이와 어둡고 음침한 곳에 두셨사오며"(시 88:4-6)라고 하였다. 이 말씀에 따르면 스올은 죽임을 당한 자가 눕는 곳이며, 깊은 웅덩이와 같은 곳이고, 주의 손에서 끊어져 주께서 다시 기억하지 아니하는 상태를 말한다. 스올에 가면 인간은 더 무엇인가를 할 수 있는 능력을 잃게 된다. "내가 무덤에 내려갈 때에 나의 피가 무슨 유익이 있으리요. 진토가 어떻게 주를 찬송하며 주의 진리를 선포하리이까"라고 하였다(시 30:9). 또한 스올은 흑암과 잊음의 땅이다. "스올이 주께 감사하지 못하며 사망이 주를 찬양하지 못하며 구덩이에 들어간 자가 주의 신실을 바라지 못하되"(사 38:18)라고 하였다. 이 말씀에 따르면 스올에서는 주의 은혜를 기억하지도 못하고, 주를 찬양하지도 못하고, 주께 감사하지도 못한다.

---

3 황명환, 『죽음 인문학』, 243-248.

스올은 어둠과 무능력과 망각의 세상이지만, 그곳은 또한 쉼과 안식의 세상이기도 하다. 구약성경 욥기 말씀에 "거기서는 악한 자가 소요를 그치며 거기서는 피곤한 자가 쉼을 얻으며, 거기서는 갇힌 자가 다 함께 평안히 있어 감독자의 호통 소리를 듣지 아니하며, 거기서는 작은 자와 큰 자가 함께 있고 종이 상전에게서 놓이느니라"고 하였다(욥 3:17-19). 이 말씀에 따르면 스올은 이 세상의 고통과 고난이 끝나는 곳이요, 이 세상 권력과 힘에 의한 억압에서 벗어나는 공간이다. 또한 다니엘서에 따르면 스올은 종말이 왔을 때 다시 깨어나기를(부활하기를) 기다리는 곳이다(단 12:13).

기독교의 주류 신학은 성경을 통해서 '죽음의 세계관'을 다룰 때 죽음 이후의 세계보다는 죽음 그 자체의 의미에 대해서 더 많이 다룬다.[4] 더욱이 구약성경을 통해 죽음 이후의 세계를 이해하고자 하는 경우 주로 스올에 초점을 맞춘다. 그리하여 구약성경이 죽음 이후의 세계에 관심이 없거나 죽음 이후 인간은 어둠과 비(非)의식적인 상태에 있는 것처럼 말한다. 그러나 성도들을 죽음 이후 천국으로 안내해야 하는 목회자는 이런 입장을 극복해야 한다.

우리는 구약성경을 통해서 구체적인 개개인의 죽음과 관련된 서술을 찾아볼 수 있으며, 이러한 서술을 통해서 죽음 후의 세계에 대해 추론할 수 있다. 구약성경은 하나님의 백성이 죽는 것을 하나님이 데려가신 것 혹은 조상이나 백성에게 돌아가는 것으로 표현한다. 창세기는 아브라함의 죽음을 "그의 나이가 높고 늙어서 기운이 다하여 죽어 자기 열조에게로 돌아가매"(창 25:8)라고 하였으며, 야곱이 죽었을 때도 "야곱이 아들에게

---

4 김균진, 『죽음의 신학』, 제3장.

명하기를 마치고 그 발을 침상에 모으고 숨을 거두니 그의 백성에게로 돌아갔더라"(창 49:33)고 하였다. 아브라함 이전에 살았던 에녹의 경우 "에녹이 하나님과 동행하더니 하나님이 그를 데려가시므로 세상에 있지 아니하였더라"(창 5:24)고 하였다. 아론의 죽음과 관련하여 "아론의 옷을 벗겨 그의 아들 엘르아살에게 입히라 아론은 거기서 죽어 그 조상에게로 돌아가리라"(민 20:26)고 말씀하셨다. 다윗의 죽음에 대해서는 "다윗이 그의 조상들과 함께 누워 다윗 성에 장사되니"라고 하였다(왕상 2:10). 선지자 엘리야의 마지막에 대해서 성경은 "두 사람이 길을 가며 말하더니 불수레와 불말들이 두 사람을 갈라놓고 엘리야가 회오리바람으로 하늘로 올라가더라"(왕하 2:11)고 하였다. 여호와 하나님께서 다니엘 선지자의 죽음과 관련하여 "너는 가서 마지막을 기다리라. 이는 네가 평안히 쉬다가 끝날에는 네 몫을 누릴 것임이라"(단 12:13)고 말씀하셨다.

이처럼 구약성경은 위대한 하나님의 사람이 죽었을 때 '자기 열조', '그 조상', '그의 백성'에게로 돌아갔다고 하였다. 또한 죽음을 '하나님이 데려가시는 것', '하늘로 올라가는 것', '끝날까지 평안히 쉬는 것'으로 표현하였다. 이런 성경 말씀에 근거하면 구약성경에 나오는 믿음의 사람들, 하나님의 사람들은 죽었을 때 하나님 계신 하늘로 가서 하나님의 백성들과 함께 평안히 쉬며 마지막 날을 기다린다고 할 수 있다. 그러므로 이러한 인물의 죽음에 대한 성경의 서술을 통해서 죽음 이후의 세계에 대한 적극적인 해석이 필요하다. 구약성경의 죽음이란 육신의 모습에 초점을 맞춘 스올로 들어가는 것만을 의미하는 것이 아니다. 죽음이란 하나님께 돌아가는 것이요, 조상들과 하나님의 백성들에게도 돌아가는 것이다. 즉, 천국으로 가는 것이다. 이 관점이 죽음 세계관 수립의 중요한 뼈대가 되어야 할 것이다.

## 2. 신약성경의 죽음 이후 세계

신약성경은 구약성경과 비교할 때 죽음 이후의 세계를 훨씬 더 많이 보여준다. 신약성경에 따르면 죽음은 하나님 앞으로 간다는 의미다. 이것을 가장 잘 보여주는 것이 스데반의 순교 장면에 대한 사도행전의 묘사이다. 스데반이 순교할 때 "성령 충만하여 하늘을 우러러 주목하여 하나님의 영광과 및 예수께서 하나님 우편에 서신 것을 보고 말하되 보라 하늘이 열리고 인자가 하나님 우편에 서신 것을 보노라"(행7:55-56)고 말하였다. 이 말씀에 따르면 성도의 죽음이란 그 영혼이 하나님의 보좌와 그 우편에 서신 예수님 앞으로 간다는 의미. 성도의 경우에는 하나님의 보좌 앞으로 가는 것이 영광스러운 일이지만, 죄인들에게는 그 자리로 가는 것이 부끄러운 일이요 징계를 받는 일이다.

예수께서는 부자의 비유를 통해 재산을 이 땅에 가득 쌓고 그것을 먹고 마시며 즐기려는 부자를 책망하시면서 "오늘 밤에 네 영혼을 도로 찾으"신다고 하셨다(눅12:20). 이 말씀에 따르면 죽음이란 하나님께서 인생들의 영혼을 도로 찾아가신다는 의미다. 죽음과 함께 육신은 흙으로 돌아가지만, 영혼은 하나님께로 돌아가서 칭찬과 영광을 받기도 하고, 징계와 책망을 받기도 한다. 스데반의 순교 장면과 부자의 비유를 보면 죽음이란 영혼이 하나님께 돌아가는 것이요, 죽음 후의 세계란 하나님 앞에서 영광스러운 삶을 살거나 부끄러움과 심판받는 삶을 사는 것을 말한다.

사람이 죽으면 의롭다 함을 입은 자 혹은 구원받은 자는 천국(낙원)에서 안식하며 복을 누린다. 의롭다 함을 입지 못한 자 혹은 구원받지 못한 자는 지옥(음부)에서 죗값을 치르며 고통을 당하게 된다. 이처럼 죽음 이후에 구원받은 자와 구원받지 못한 자의 운명이 갈리게 되는 것을 성경 곳곳에서 말씀하고 있다. 예수께서 십자가에 달려 죽으실 때 함께 십자가형을 받던 오른편 강도에게 "내가 진실로 네게 이르노니 오늘 네가 나와 함께 낙원에 있으리라"(눅 23:43)고 하셨다. 십자가 위에서 예수님의 이 말씀은 죽음 후의 세계와 관련하여 중요한 사실을 가르쳐 준다. 예수께서는 죽음을 앞에 둔 강도에게 "나와 함께 낙원에 있으리라"고 말씀하셨다. 낙원이 어떤 곳인가를 정확히 말하기는 어렵지만, 죽은 사람이 주님과 함께하는 낙원, 즉 가장 좋은 곳이라면 그것은 죽은 후에 가는 천국(살아있을 때 이 땅 위에서 이루어지는 하나님 나라와는 구분되는)을 말한다. 주님께서는 강도에게 '네가'라고 말씀하셨다. 이때의 '너'는 어떤 의미인가? 이제 곧 숨이 끊어지고 소멸할 육체적 인간을 의미하지는 않는다. 또한 영광스러운 부활의 몸을 의미하지도 않는다(예수님의 몸은 부활하셨지만, 강도의 몸은 2,000년이 지난 현재까지 부활하지 않고 무덤에 있다). 그러므로 이때의 '너'는 강도의 '영혼'이라고 말할 수밖에 없다. '오늘' 낙원에 있으리라고 말씀하셨다. 오늘은 강도가 죽은 당일을 의미하지 세상 끝날 있을 부활의 날을 의미하는 것은 아니다. 이렇게 놓고 볼 때 성도가 죽음 이후에 들어가는 '천국'이란 죽은 사람의 '영혼'이 '죽은 즉시'(오늘) 들어가는 '낙원'이라는 의미다. 그리고 이 낙원은 하나님의 특별한 은혜의 손길이 임하면 미리 체험할 수 있다. 그래서 바울 사도께서는 셋째 하늘, 곧 "낙원으로 이끌려 가서 말로 표현할 수 없는 말을 들었으니 사람이 가히 이르지 못할 말이로다"라고 말씀하셨다.

죽은 후 영혼이 들어가는 천국은 낙원이며 복된 안식의 처소이다. 그래서 계시록의 말씀을 보면 마지막 재앙, 즉 대접의 재앙이 임하기 전에 주 안에서 죽음을 맞이하는 사람은 복되다고 하였다. "또 내가 들으니 하늘에서 음성이 나서 이르되 기록하라. 지금 이후로 주 안에서 죽는 자들은 복이 있도다 하시매 성령이 이르시되 그러하다 그들이 수고를 그치고 쉬리니 이는 그들의 행한 일이 따름이라 하시더라"(계 14:13). 마지막 재앙의 때가 올 때는 이 세상에서 사는 것보다 주 안에서 죽는 것이 더욱 낫다고 하였다. 왜냐하면 주 안에서 수고를 그치고 쉼을 얻기 때문이다. 이것은 종말의 재난이 임할 때만 해당하는 것이 아니다. 광야와 같은 인생길 가면서 힘들고 어려운 삶을 사는 모든 인생에게도 해당하는 말씀이다. 야곱이 애굽의 바로 앞에서 말한 바와 같이 "나그네 길의 세월 130년을 살면서 험악한 세월을 보낸"(창 47:9) 모든 사람에게 해당하는 말씀이다.

바울 사도께서도 자신의 죽음과 관련하여 "전제와 같이 내가 벌써 부어지고 나의 떠날 시각이 가까웠도다. 나는 선한 싸움을 싸우고 나의 달려갈 길을 마치고 믿음을 지켰으니, 이제 후로는 나를 위하여 의의 면류관이 예비 되었으므로 주 곧 의로우신 재판장이 그날에 내게 주실 것이며 내게만 아니라 주의 나타나심을 사모하는 모든 자에게도니라"(딤 후 4:6-8)고 하였다. 이 말씀은 순교를 앞두고 제자 디모데에게 주신 말씀이다. 사도께서는 선한 싸움을 싸우고 달려갈 길 마치고 믿음을 잘 지키고 순교의 길을 갔다. '이제 후로는'은 디모데에게 편지를 쓰는 '지금 후로는' 으로 생각할 수 있고, 그것은 '순교 혹은 죽음 후로' 이어지는 것이다. 신학적으로 말한다면 죽음과 부활 사이의 중간기이다. 이러한 중간기에 바울 사도를 위하여 의의 면류관이 예비되어 있다. 바울 사도뿐 아니라 믿음의 길을 잘 마친 모든 이들에게도 면류관이 예비되어 있다. 우리는 이 면류관을 받는 것이 구체적으로 무엇인지 알지 못한다. 그러나 분명한 것은 이 면류관은 복된 것이고, 우리에게 영광과 기쁨이 되는 면류관이다.

그리고 면류관을 받는 것은 죽음과 부활 사이의 중간기에 일어나는 일이다. 그리고 면류관을 받는 주체는 영혼이다. 왜냐하면 바울 사도와 같은 위대한 하나님의 사람도 아직 육신이 부활하지 않고 땅에 묻혀 있기 때문이다.

죽음 이후의 세계와 갈라진 운명을 가장 잘 보여주는 예수님의 말씀이 있다. 누가복음 16장 19-31절에 나오는 죽음 후의 부자와 거지 나사로의 모습에 대한 말씀이다. 이 말씀은 죽은 후의 인간이 만나는 세계와 운명에 대해 가장 직접적이고 상세하게 묘사하였다. 또한 사도들이 계시를 받아 쓴 말씀이 아니라 예수께서 친히 하신 말씀이다. 이 말씀에 나오는 부자는 이 세상 사는 동안에는 "자색 옷과 고운 베옷을 입고 날마다 호화롭게 즐기며" 살았다. 그리고 나사로라 하는 거지는 헌데투성이의 피부병이 있었고, 부자의 상에서 떨어지는 것으로 간신히 배를 채우는 삶을 살았다.

그러다가 거지는 죽어 천사(히 1:14)들에게 받들려 아브라함의 품에 들어가고, 부자는 죽어 음부에서 고통을 당하였다. 그가 음부에서 고통 중에 눈을 들어 멀리 아브라함과 그의 품에 있는 나사로를 보았다. 그리고 "아버지 아브라함이여 나를 긍휼히 여기사 나사로를 보내어 그 손가락 끝에 물을 찍어 내 혀를 서늘하게 하소서 내가 이 불꽃 가운데서 괴로워하나이다"라고 말하였다. 이 불꽃이 문자적인 의미의 지옥의 불꽃인지 상징적인 의미인지 정확하게 알 수 없다. 그러나 부자는 음부에 들어가서 큰 고통을 당하고 있음을 알 수 있다. 부자는 물 한 방울이라도 혀에 닿기를 원하는 고통, 가장 작은 위로라도 얻기를 바라는 고통을 당하고 있다. 그러자 아브라함이 대답하기를 "애, 너는 살았을 때 좋은 것을 받았고, 나사로는 고난을 받았으니 이것을 기억하라. 이제 그는 여기서 위로를 받고, 너는 괴로움을 받느니라"고 하였다.

여기서 말하는 살았을 때의 좋은 것이란 외형적으로 나타난 풍요로운 삶, 행복한 삶이라고는 할 수 없다. 그것은 타인을 배려하지 않는 자신만을 위한 삶, 자신의 욕망만을 채우는 삶, 자신의 행복에만 관심을 기울이는 삶이다. 또한 나사로가 당한 고난 역시 인간의 한계나 죄로 인한 고난의 의미라고 할 수는 없다. 하나님의 자녀답게 거룩하게 살고자 하는 과정에서 어쩔 수 없이 만나게 되는 여러 고난과 시련이라는 의미라고 볼 수 있다. 이처럼 자신의 욕망을 채우는 삶만 살았던 사람은 죽은 후 음부에서 고통을 당한다. 그러나 고난당하면서도 하나님의 자녀답게 산 사람은 죽은 후 아브라함의 품, 즉 천국이나 낙원에 머물게 된다.

아브라함은 말하기를 "그뿐 아니라 너희와 우리 사이에 큰 구렁텅이가 놓여 있어 여기서 너희에게 건너가고자 하되 갈 수 없고 거기서 우리에게 건너올 수도 없게 하였느니라"고 하였다. 낙원에 있는 사람과 음부에 있는 사람 사이에는 큰 구렁텅이로 표현된 단절이 있다. 그래서 그 사람들은 자신이 처해 있는 자리에서 살 수 있을 뿐 다른 자리로 갈 수도 없다. 이 말을 들은 부자는 자신의 운명이 바뀌는 것을 포기하고 자기 형제들을 걱정한다. 그래서 말하기를 "아버지여, 구하노니 나사로를 내 아버지의 집에 보내소서. 내 형제 다섯이 있으니 그들에게 증언하게 하여 그들로 이 고통 받는 곳에 오지 않게 하소서"라고 하였다. 부자는 죽은 사람이 산 사람의 세상으로 돌아가서 자기의 이야기를 하면 자기 형제들, 곧 산 사람들이 듣고 깨우쳐 이 고통 받는 곳으로 오지 않을 수 있다고 생각하였다. 그래서 나사로를 산 사람의 세상으로 돌려보내서 경고할 것을 부탁하였다.

그러자 아브라함이 "그들에게 모세와 선지자들이 있으니 그들에게 들을지니라"고 대답하였다. 즉, 죽은 사람이 돌아가지 않아도 모세와 선지자들을 통해서 죽은 자의 세상을 알 수 있다. 그러므로 그들의 말을 듣고 깨우쳐 고통 받는 곳으로 오지 않을 수 있다. 그러나 부자는 계속해서 아브라함에게 부탁하였다. "그렇지 아니하니이다. 아버지 아브라함이여, 만일 죽은 자에게서 그들에게 가는 자가 있으면 회개하리이다"라고 말하였다. 죽은 자가 돌아가서 말하면 그들이 그 말을 더 쉽게 믿고 회개하여 이 고통 받는 곳으로 오지 않을 것이라는 말이다. 그러나 아브라함은 죽음 이후 인간의 운명을 결정짓는 문제와 관련하여 분명한 태도를 보였다. 아브라함이 "이르되 모세와 선지자들에게 듣지 아니하면 비록 죽은 자 가운데서 살아나는 자가 있을지라도 권함을 받지 아니하리라"고 하였다. 죽음 후의 운명에 대해서 모세와 선지자들, 곧 하나님의 말씀을 가르치는 자들이 말한 것을 듣지 않는다면 설사 죽은 사람이 살아와서 말해도 그 권함을 받지 않으리라는 것이다. 그러므로 하나님께서는 인간이 죽음 후에 들어가게 될 세상에 대해 알려주려고 죽은 사람들을 산 사람의 세상에 다시 보내시지 않는다. 모세와 선지자의 가르침만 있어도 충분하기 때문이다.

육신의 죽음 이후 부활의 날까지 사이의 시기(신학에서 흔히 말하는 중간 시기)에 대해 소극적인 입장을 가진 사람들은(신학자와 목회자를 포함하여) 부자와 나사로의 이야기를 비유로 이해하고자 한다. 그래서 예수께서 하신 이 말씀은 천국과 지옥에 대한 말씀이라기보다는 이웃의 불행한 운명에 무관심한 자들이 받게 될 심판과 죄악의 세상에서 고난당하는 사람들에게 주신 소망과 위로의 말씀이라고 한다. 그런데 이 말씀을 비유의 말씀이라고 해야 할 확정적인 근거는 없다. 누가를 비롯한 복음서의 기자가 비유를 이야기할 때는 대부분 "예수께서 비유로 말씀하시되"라는 표현을 사용한다(눅 12:16, 13:6, 15:3). 그러나 부자와 나사로의 이야기를 하실 때는 '비유'라는 말씀이 나오지 않는다. 그뿐 아니라 비유의 말씀을 하실 때는 맥락이 있다. 누가복음 15장의 위대한 3대 비유(잃은 양, 잃은 드라크마, 돌아온 탕자)를 말씀하실 때는 맥락이 있었다. 즉, 예수께서 세리와 죄인들과 함께 식사하시면서 그들을 구원하고자 하는 뜻을 전하기 위해서 비유의 말씀을 하셨다. 그러나 부자와 나사로의 비유에서는 이러한 맥락을 찾기가 어렵다. 이 말씀을 비유로 해석하지 않고 하나님의 아들이 죽은 후에 인간이 가게 될 천국(아브라함의 품)과 지옥(음부)에 대한 서사(敍事) 혹은 선포로 보아도 아무런 문제가 없다. 이 말씀을 비유의 말씀이 아닌 죽음 후의 세계에 대한 말씀으로 얼마든지 이해할 수 있다.

설사 이 말씀이 비유라 할지라도 이 말씀 속에 들어있는 천국과 지옥 서술의 의미는 전혀 손상되지 않는다. 비유란 헬라어 원어로 '파라볼로'이다. 파라볼로란 "옆으로(파라) 던진다(발로)"는 의미이다. 즉, 어떤 진리나 교훈을 주기 위해서 우리가 이미 잘 알고 있는 사실이나 확신하고 있는 믿음 옆으로 어떤 말을 던져서 새로운 의미를 보여주는 것을 말한다. 탕자의 비유에 나오는 집 나간 아들의 이야기, 선한 사마리아인의 비유에 나오는 강도 만난 사람의 이야기는 예수님 당시 사람들 주변에서 흔히 일어나는 일이었고, 그래서 익숙하게 잘 아는 이야기이다. 이처럼 익숙하고 잘 아는 이야기를 통해서 아버지 하나님의 사랑과 이웃됨의 참된 의미를 가르쳐 주시는 것이 예수님의 비유이다. 그러므로 부자와 나사로의 이야기가 설사 비유의 말씀이라 해도 그 말씀 속에 들어있는 천국과 지옥(음부) 이야기는 허구가 아니라 예수님 자신과 당시 사람들이 당연히 받아들이는 이야기(서사)라고 할 수 있다. 그러므로 이 말씀이 비유이든 아니든 상관없이 죽음 후의 세계에 대한 중요한 말씀으로 우리는 믿고 받아들여야 할 것이다.

이상 살펴본 바와 같이 신약성경 여러 곳의 내용을 종합적으로 고찰하여 죽음 후의 세계를 정리하면 다음과 같다. 인간이 죽으면 인간의 육체는 이 땅에서 흙으로 돌아가 소멸한다. 그리고 영혼은 부활과 대심판 이후에 온전히 이루어지는 천국과 지옥의 중간 상태인 낙원(혹은 잠정적 천국)과 음부로 들어간다. 성도들의 영혼은 낙원에서 안식하며, 하나님을 찬양하고(계5:11-12), 기쁨 가운데 온전한 천국의 도래를 기다린다.5 불신자들의 영혼은 음부에 가서 고통과 후회와 눈물 가운데 최후 심판의 날을 기다린다. 십자가 오른편에 있던 강도나 아브라함의 품에 안긴 나사로 그리고 이 땅에서 믿음을 가지고 하나님의 자녀로 살다가 죽은 성도들은 낙원에서 기쁨과 평안 가운데 온 세상과 우주적인 회복과 완성된 천국을 기다리고 있다. 그리고 마지막 날 우주의 종말이 오는 때, 곧 예수 그리스도께서 재림하시고 죽은 자의 몸이 부활할 때 최후의 심판이 임하게 된다. 그때 믿는 이들의 몸이 부활하여 대기하고 있던 영혼(영)과 결합하여 신령한 몸, 영의 몸(고전 15:44)을 가지게 되고, 하늘에서 내려온 새 예루살렘, 새 하늘과 새 땅(계21:1-2), 곧 온전히 회복된 천국에서 영생의 복을 누리며 살게 된다. 그리고 불신자들과 악한 자들에게도 심판의 부활이 임하고, 미혹하는 마귀와 짐승과 거짓 선지자들과 함께 불과 유황 못에 던져져서 세세토록 밤낮 괴로움을 당하며 살게 된다(계20:10). 이것이 성경이 말하는 죽음 후의 세계이다.

---

5 성경에 근거한 천국의 모습에 대한 논의는 다음의 책에 잘 정리되어 있다. 황명환,『천국 바로 알기』(서울: 두란노, 2022).

## 3. 천국과 지옥을 본 사람들 이야기

성경은 죽음 후에 가는 낙원(천국)과 음부(지옥)의 존재에 대해서는 분명히 말씀하고 있지만, 그 구체적인 모습과 그 속에 있는 사람들의 상태를 상세히 기록하지 않았다. 요한계시록 21장 말씀을 보면 새 하늘과 새 땅, 새 예루살렘의 모습을 보여주면서 하나님의 품 안에서의 온전한 회복과 평화, 하나님의 영광을 드러내는 아름다운 성읍의 모습 등을 기록하였다. 그러나 천국의 구조나 그곳에 사는 사람들의 구체적인 모습을 기록하지 않았다. 바울 사도께서도 삼층천 낙원에 다녀온 경험을 이야기하고 있지만(고후 12:1-4), 그 구체적인 모습에 대해서는 말씀하지 않으셨다. 그 이유는 우리 인생들이 천국의 소망 가운데서 살아야 하지만, 천국의 구체적인 모습에 마음이 끌려 이 세상 삶을 가볍게 여기지 않도록 하기 위함이었을 것이다.

천국과 지옥을 다녀온 대표적 인물인 스베덴보리의 저술 『천국과 지옥』에 따르면 천국은 내적(삼 층) 천국, 중간적(이 층) 천국, 외적(일 층) 천국으로 이루어져 있다. 천사들(혹은 영인)이 어느 천국에 있는가는 그들의 내면 단계에 따라 결정된다고 하였다. 각 천사와 영과 사람의 내면에는 세 단계가 있다. 첫 단계만 열린 사람은 외적 천국에 다음 단계가 열린 사람은 중간 천국 그리고 셋째 단계까지 열린 사람은 가장 높은 천국인 내적 천국에서 산다.[6] 그리고 각 천국은 그 단계에 맞는 많은 천사의 공동체로 이루어져 있다.[7] 천국은 기쁨과 행복이 넘치는 곳이다. 천국의

---

6 스베덴보리, 『천국과 지옥』, 제32항.
7 같은 책, 제41항.

즐거움은 내적이고 영적인 것이다. 모든 즐거움은 사랑에서 흘러나온다. 사람은 자기가 사랑하는 것을 즐겁게 느끼기 때문이다. 사랑의 본질이 즐거움의 성질을 결정한다.[8]

스베덴보리는 지옥에 대해서도 다음과 같이 말하였다. 천국과 지옥은 영적인 균형을 이룬다. 진리와 그 반대인 허위 사이의 균형, 선과 그 반대인 악 사이의 균형에 의해 천국과 지옥이 형성된다.[9] 사람의 악이 그의 지옥이다. 악이라고 하나 지옥이라고 하나 똑같은 것이다. 사람이 그 자신의 악의 원인이므로 그는 자기 자신에게 이끌려 지옥에 들어가는 것이다. 주님은 사람을 지옥으로 억지로 보내시지 않는다.[10] 지옥 영들의 모든 괴물 같은 형상, 즉 남에 대한 경멸의 형상, 자기를 받들고 존경하지 않는 모든 사람에 대한 위협의 형상, 자기를 좋아하지 않는 이들에 대한 미움과 복수심의 형상을 살펴보면 전체적으로 그들이 자기 사랑과 세상 사랑의 형상을 띠고 있음을 알 수 있다.[11]

스베덴보리는 인간들 가운데 천국과 지옥의 모습을 가장 상세하게 묘사한 인물이며, 천국과 지옥의 구성 원리를 체계적으로 정리하였다. 그는 천국과 지옥의 경험을 너무나도 확실하고 생생하게 경험하였기 때문에 그 나름의 신학을 체계적으로 구성하였다. 이러한 과정에서 성경을 과도하게 비유적으로 풀이하였고, 그 결과 그의 신학 체계는 정통교회의 교리와 멀어지고 말았다. 결국 그는 이단으로 정죄되었고, 한국의 장로교(합동)에서도 지난 2017년 그를 이단으로 판결하였다.[12] 그가 이단

---

8 같은 책, 제395-396항.
9 같은 책, 제537항.
10 같은 책, 제547항.
11 같은 책, 제554항.

으로 판결받았지만, 그가 본 천국과 지옥은 생생하고 세세하고 체계적이었기 때문에 전 세계 교회와 성도들에게 많은 영향을 미쳤다.

우리나라에서 천국과 지옥을 본 대표적인 인물은 신성종 목사이다. 신성종 목사가 본 바에 따르면 지옥에는 물이 없고, 따라서 나무나 풀을 볼 수 없다. 손을 굽히지 못해서 먹지를 못하며, 같은 민족이라도 언어가 통하지 않는다.[13] 지옥은 상층, 중층, 하층으로 이루어져 있으며 각층마다 동서남북 4개의 방으로 나누어져 심판을 받게 된다. 상층, 즉 지하 1층은 가장 형편이 나은 지옥이다. 지하 1층 동관에는 남을 미워하고 시기한 사람들이 머물며, 서관에는 도를 닦았다는 타 종교 지도자들이 있다. 남관에는 가난하고 배우지 못했지만 세상에서 착하게 살려고 애썼던 사람들이 있으며, 북관에는 선한 사람들이지만 믿지 않는 사람들이 머물고 있다. 중층, 즉 지하 2층 동관에는 불의한 통치자들을 도와 뇌물을 받고 지위를 누린 사람들이 있으며, 서관에는 부모에게 효도하지 않고, 가족을 돌보지 않은 사람이 머물고 있다. 남관에는 음행하고 마약을 즐긴 자들이 있고, 북관에는 거짓말하는 자와 사기꾼들이 있다. 하층, 즉 가장 좋지 못한 지하 3층 동관에는 그리스도를 배신한 자들과 이단자들과 기독교인들을 핍박하여 죽인 자들이 있으며, 서관에는 종교를 이용해 많은 사람을 착취하며 위선적으로 살았던 교황, 신부, 목사, 승려들이 있다. 남관에는 자살자들과 살인자들이 있으며, 북관에는 세상에서 독재하며 수많은 생명을 빼앗은 자들과 유괴범들이 있다.[14]

---

12 정윤석, "예장 합동측, 스베덴보리 '이단'으로 규정," 「기독교포털뉴스」 (2017. 9. 28.).
13 신성종, 『내가 본 지옥과 천국』 (크리스챤 서적, 2020), 29-30.
14 같은 책, 31-33.

신성종 목사는 지옥을 나와 천국을 방문하게 되었다. 천국은 지옥처럼 층수로 구분되어 있지 않고, 보좌에 앉으신 하나님을 중심으로 한 원형이며, 12계단으로 되어 있었다. 태양이 없는데도 사방이 환하게 빛나고, 길가에는 나무가 가득하고 달마다 다른 과실을 맺었다. 천국에는 2권의 책이 있었는데 하나는 생명록이고, 다른 하나는 행위록이었다. 생명록에는 그리스도의 피로 구원받은 사람의 이름이 적혀 있었다.15 신성종 목사가 천국에 들어가서 처음 본 것은 천국에 온 성도들이 거하는 아름다운 맨션들이 마치 별장처럼 아름답게 지어진 모습이었다. 천국에 들어간 하나님의 백성들은 그곳에 살면서 하나님을 찬양하고 예배하였다. 그들은 하나님의 거룩한 보좌를 중심으로 12개의 동심원을 이루며 서 있었다. 앞줄에는 순교자와 전도자, 교회를 위해 헌신한 사람들이 있었고, 뒷줄에는 평생 믿기는 했으나 주님을 위해 아무것도 한 것이 없는 성도들과 죽기 전에 믿은 성도들이 있었다. 죽기 전에 회개한 살인범 김대두가 그곳에 있었다.16

천국이나 지옥을 경험한 방법도 사람마다 다르다. 꿈이나 환상으로 혹은 입신 상태에서, 뇌사상태나 임사 체험을 통해서 천국을 경험했다고 한다. 그리고 그 내용도 제각각이다. 그동안 우리나라에 널리 알려진 것만 정리해도 다음과 같은 저서들이 있다. 펄시 콜레의 『내가 본 천국』, 토마스 주남의 『천국은 확실히 있다』, 메리 백스터의 『정말 천국은 있습니다』, 알렉스 말라키의 『천국에서 돌아온 소년』, 콜튼의 『3분: 소년의 3분은 천상의 시간이었다』 등이 우리말로 번역되거나 영화로 제작되어

---

15 같은 책, 137-143.
16 같은 책, 144-180.

널리 알려져 있다. 이러한 천국과 지옥을 소개하는 책들은 다음과 같은 문제점이 있다.

첫째, 그들이 묘사하는 천국과 지옥의 모습이 너무나도 큰 차이점을 보인다는 것이다. 세계적으로 유명한 스베덴보리의 경험이나 한국의 신성종 목사의 경험이 다른 것을 확인할 수 있다. 그 차이가 같은 모습을 보고 묘사하는 방법이 약간 다른 정도가 아니라 근본적인 구조나 형태가 다른 경우도 많다. 그 결과 이 책들은 서로가 서로에 대해서 그 진실성을 훼손한다.

둘째, 이 책의 저자들이 천국이나 지옥을 묘사하면서 자신들의 주장을 첨가하기도 하는데 그러한 주장 가운데는 성경의 가르침과 어긋나는 것들이 적지 않다. 그 결과 정통 교단으로부터 이단으로 정죄되는 경우도 많다. 고린도후서 12장 4절 말씀에 "그가 낙원으로 이끌려 가서 말로 표현할 수 없는 말을 들었으니 사람이 가히 이르지 못할 말이로다"라고 하였다. 여기서 말하는 '이르다'는 헬라어 원어로 '엑세스티'인데 이것은 허락되다, 가능하다, 합법적이다, 합당하다 등의 의미이다. 따라서 '이르지 못할 말'이라는 것은 허락되지 않은 말, 가능하지 않은 말, 합당하지 않은 말 등으로 해석할 수 있다. 바울 사도께서는 낙원의 이야기를 말하는 것이 허락되지 않았고, 합당하지 않은 말이기 때문에 구체적으로 그 내용을 말하지 않았다. 그러나 천국과 지옥을 보고 왔다는 사람들은 바울 사도의 이러한 조심스러운 태도를 무시하고, 자신이 본 어떤 세계를 과장되게 말하거나 심지어는 거짓으로 말하기까지 하여 오히려 천국과 지옥의 실재에 대한 신뢰도를 떨어뜨리기까지 하였다.

셋째, 천국이나 지옥을 보고 왔다는 사람들 가운데는 자신의 경험을 이용하여 돈벌이를 하는 경우도 적지 않게 있었다. 물론 신성종 목사 같은 분은 천국과 지옥을 본 경험으로 인해 선교사로 나가 자신의 말년을 보냄으로 자신이 경험한 바의 진실성을 몸으로 보여주기도 하였다. 그러나 다른 이들은 그 경험을 이용하여 돈벌이를 하거나 신도들에게 공포감이나 헛된 망상을 불러일으키는 방법으로 사용하였다. 그 결과 그들의 천국과 지옥에 대한 간증이 오히려 성도들의 믿음에 역효과를 일으키기도 하였다.[17]

이러한 사실을 염두에 두고 신성종 목사는 자신이 본 천국에 대해서 다음과 같이 결론 지었다. "나는 지금도 눈을 감으면 모든 것이 또렷하게 보인다. 사실 나처럼 의심이 많은 사람에게 환상과 꿈이 없었다면 나는 지옥과 천국을 분명하게 믿기가 힘들었을 것이다. 그러고 보면 이 모든 것이 다 하나님의 은혜이다. 지옥과 천국이 반드시 존재한다는 나의 결론만은 누구도 번복할 수 없다고 확신하기 때문이다. 본다는 것은 혹 잘못 볼 수도 있고, 같은 것을 보면서 잘못 판단을 할 수도 있기 때문에 주관적일 수밖에 없다. 내용도 보는 사람에 따라 같은 것도 다르게 볼 수 있기 때문에 나는 결코 내가 본 것만을 고집하지는 않는다. 다만 지옥과 천국이 있다는 진리를 내가 확신하게 된 것만으로 족할 뿐이다."[18]

신성종 목사의 결론에 따라 천국과 지옥의 경험을 다음과 같이 정리할 수 있을 것이다. ① 천국과 지옥은 있다. 천국과 지옥의 경험 내용이 사람마다 다르지만, 그 공통점은 천국과 지옥이 있다는 사실이다. ② 천국과 지옥은 넓고 깊고 인간 세계와 차원이 다르기 때문에 그 나타나는 모습이 얼마든지 다양할 수 있다. 천국과 지옥의 경험은 가장 깊은 영적

---

17 김재욱, "천국 지옥 간증 사례: 문제점 총정리," https://m.blog.navor.com; 맥아더 J/조계광, 『천국을 말하다』 (서울: 생명의 말씀사, 2008).
18 신성종, 『내가 본 지옥과 천국』, 187-188.

체험이기 때문에 악한 영이 우리의 시각을 잘못된 방향으로 흔들어 놓을 수도 있다. 따라서 우리는 천국과 지옥의 경험을 귀하게 여기고 믿음의 근거로 간직하되 자신의 체험만을 절대시하거나 타인에게 강요해서는 안 된다. ③ 우리 인생들은 천국과 지옥의 체험을 주신 하나님의 은혜에 감사하면서 천국의 소망과 지옥에 대한 경계심을 가지고 살아야 한다.

# 9장
# 죽음 이후 세계의 쟁점들

'죽음 일문 세계관'을 그리스도교에 초점을 맞추어 접근할 때 자주 일어나는 의문, 쟁점이 있다. 이것을 잘 정리하고 이해하는 것이 필요하다. 이러한 쟁점들은 성경 안에서도 답을 찾기가 쉽지 않고, 신학자나 목회자들 사이에서도 뜻이 갈리는 경우가 적지 않다. 이러한 문제를 다룰 때는 일차적으로 성경 말씀을 기준으로 판단해야 하며, 말씀의 해석이 다양하게 나올 수 있는 경우 하나님의 은혜를 의지하여 위로와 소망을 주는 쪽으로 해석하는 것이 좋다.

## 1. 천국(낙원)과 부활의 문제

그리스도인들은 모두 천국과 낙원 그리고 부활이 있음을 믿는다. 그러나 그 이해의 정도와 강조점에는 차이가 있다. 그러므로 성도들이 천국으로 잘 가기 위해서 이 문제와 관련하여 잘 정리된 믿음과 지식이 필요하다. 먼저 천국 혹은 하늘나라(바실레이아 톤 우라논, Kingdom of Heavens),

하나님 나라(바실레이아 톤 테온, Kingdom of God)는 같은 개념으로 이해하는 것이 좋다. 천국 혹은 하나님 나라는 '나라'라는 이름에서 볼 수 있는 바와 같이 하나님의 통치에 초점을 맞추고 있다. 하나님의 통치가 이루어지는 곳, 예수 그리스도께서 왕으로 다스리시는 곳, 하나님의 거룩하고 공의로우신 다스림에 그 백성들이 온전히 충성하고 복종하는 곳이 천국이며 또한 하나님 나라이다. 그리고 옛날 유대인들은 하나님의 이름 부르기를 조심스러워했다. 그래서 '하나님 나라' 대신에 '하늘나라'라는 표현을 사용하기도 하였다. 천국 혹은 하나님 나라는 공간적으로 이 세상 어디에서나 이루어질 수 있고, 시간적으로는 사람의 육신이 살았을 때나 혹은 죽은 다음에도 그 나라의 백성이 될 수 있다.

낙원은 천국과 같은 의미이지만, 천국에서 누리는 복락(福樂)에 초점을 맞춘 개념이다. 즉, 천국에서의 안식, 평안함, 행복함, 기쁨 등에 초점을 맞춘 것이 낙원이다. 개념상으로는 낙원 역시 인간이 육신으로 살아있을 때 이 땅 위에서도 누릴 수 있다. 그러나 신약성경에서 낙원이라는 말이 세 번 나오는데 세 번 모두 이 세상이 아닌 저세상에서, 이 세상 살 때가 아닌 죽은 다음에 누리는 복된 삶의 자리를 낙원이라고 하였다.[1]

그러므로 우리는 죽음과 부활의 때를 기준으로 천국 혹은 하나님 나라를 다음과 같이 정리할 수 있다. ① 천국은 우리의 육신이 살았을 때 이 땅 위에서 이루어질 수 있다. 이러한 천국을 살았을 때의 천국 혹은 이 땅에서의 천국이라고 할 수 있다. ② 우리의 육신이 죽은 다음에 영혼이 안식하며 누리는 천국이 있다. 이것을 죽음 후의 천국 혹은 낙원이

---

1 주님께서 십자가 우편의 강도에게 네가 나와 함께 '낙원'에 있으리라 하셨고(눅 23:14), 바울 사도께서 '낙원'으로 이끌려 가서 말로 표현할 수 없는 말을 들었으며(고후 12:4), 이기는 자는 하나님의 '낙원'에 있는 생명나무의 열매를 주어 먹게 하리라(계 2:7)고 말씀하셨다.

라고 할 수 있다. ③ 끝으로 이 세상의 종말이 오고, 주께서 재림하시며, 사람의 몸이 부활한 다음에 임하는 천국이 있다. 요한계시록에서는 이것을 하늘에서 내려오는 새 예루살렘으로 형상화하였다(계21장). 이러한 천국을 종말적 천국 혹은 부활 후의 천국이라고 할 수 있겠다.

부활은 '육신의 다시 살아남'의 의미다. 인간은 죄(원죄, 자신의 죄, 세상의 죄)로 인해 그 육신이 죽게 되었다. 예수님은 인간의 죄를 대속하시기 위해서 죽으셨다. 그리고 부활하심으로 죄와 죽음을 이기셨다. 예수께서는 장사 되신 후 3일 만에 부활하셨지만, 성도들은 예수께서 재림하실 때 부활한다. 신약성경에 따르면 "주께서 호령과 천사장의 소리와 하나님의 나팔 소리로 친히 하늘로부터 강림하시리니 그리스도 안에서 죽은 자들이 먼저 일어나고 그 후에 우리 살아남은 자들도 그들과 함께 구름 속으로 끌어 올려 공중에서 주를 영접하게 하시리니 그리하여 우리가 항상 주와 함께 있으리라"(살전4:16-17)고 하였다. 그러므로 육신의 부활은 예수께서 재림하실 때 이루어진다. 육신의 부활은 죄와 죽음에 대한 온전한 승리이다. 그러므로 부활은 기독교 신앙의 핵심이요 가장 중요한 요소이다.

그리스도인들은 이 땅에서의 천국을 믿을 뿐 아니라 죽음 후의 천국(낙원)과 부활을 모두 믿는다. 웨스트민스터 소요리문답 제37문을 보면 "신자들이 죽을 때 그리스도로부터 받는 은덕이 무엇입니까?" 질문하면 "그들이 죽을 때 신자들의 영혼이 온전한 거룩에 이르고 즉시 영광에 진입하며, 그리스도와 연합하여 그들의 몸이 부활할 때까지 무덤에서 안식하는 것입니다"라고 답한다. 개신교 신앙의 기초가 되는 웨스트민스터 신앙고백에 따르면 인간이 세상에서 살다가 죽으면 그 육체는 썩고, 그 영혼은 영광 가운데 그리스도와 연합하여 몸이 부활할 때까지 안식한다. 이처럼 죽음 후 천국에서의 영광과 안식 그리고 부활이 '개신교 죽음 후 세계관'의 근본을 이루고 있다.

그러나 신앙 유형에 따라 부활과 죽은 후 천국의 영광 가운데 어떤 쪽을 더 많이 강조하는가와 관련하여 차이점이 나타난다. 이 세상에서의 하나님 나라(천국)[2] 건설에 더 많이 관심을 기울이는 성도는 성육신을 소중히 여기고, 역사와 사회 속에서 이루어지는 하나님 나라를 더욱 소중히 여긴다. 그리고 죽음이란 십자가의 고난에 참여하는 것을 의미하며, 하나님 나라의 건설을 위한 희생과 헌신이다. 그러므로 죽음 후의 부활, 육신의 부활을 강조한다. 물질로 이루어진 육신의 부활은 물질로 이루어진 이 세상의 온전한 회복을 의미하기 때문이다. 그러나 이 세상에서의 하나님 나라 건설과 부활만을 강조하면서 죽음 후의 천국을 가볍게 여기거나 수준 낮은 신앙으로 폄하(貶下)할 경우 위험이 있다. 즉, 자칫 육신적이고 세속적인 신앙으로 변질될 위험이 있다. 그리고 죽음 후부터 부활할 때까지의 존재 양태에 대해서, 흔히 신학에서 말하는 중간기에 대해서 모호하고 불분명한 태도를 보일 수 있다. 죽은 자는 부활하기 전까지 그리스도 안에서 잠잔다고 하는데 그 상태를 소극적, 수동적, 무활동적 의미로 이해하기 쉽다. 바울 사도께서는 죽은 자가 주 안에서 잠잔다고 하였지만 또한 죽은 자는 영광의 면류관을 받는다고 하였다. 이 세상에서의 하늘나라와 부활을 강조하면 죽어서(낙원에서) 얻는 면류관의 의미를 약화시키는 위험이 있다.

반대로 죽은 후에 들어갈 낙원과 같은 천국에 관심을 많이 기울이는

---

2 이 입장에 있는 분들은 '천국'이라는 말보다는 '하나님 나라'라는 말을 더 선호하는 경향을 보인다. 일반 성도들 사이에서는 천국이 하나님 나라라는 의미보다 죽은 후 들어가는 천당(天堂) 혹은 낙원이라는 의미로 더 많이 이해하기 때문이라고 하겠다.

성도는 부활에 대한 관심이 상대적으로 약해질 수 있다. 죽는 순간 이미 낙원과 같은 천국에 들어간다고 생각하면 육신이 부활하여 거룩한 몸을 입는 일의 중요성에 대한 인식이 상대적으로 약해진다. 그리고 육신의 부활에 대한 믿음과 소망이 약해지면 육신을 가지고 사는 이 세상에서 이루어 가는 하나님 나라의 관심이 약해지기 쉽다. 성육신의 신앙이 아닌 영화(靈化)의 신앙이 되기 쉽다. 육신을 가지고 이루어 가는 역사와 사회의 관심이 약해지기 쉽다. 그리하여 이 세상에서의 하나님 나라 건설에 무관심해지고, 도피적이고 피안적인 삶을 살기 쉽다.

목회자들 역시 흔히 '중간 상태'라고 표현하는 죽음 후 세계와 관련하여 안식(잠자는 것)과 부활을 강조하는 입장과 죽음 후 영혼이 천국에서 누리는 '즉각적인 영광'을 강조하는 입장으로 나뉠 가능성이 크다. 그리고 그 입장 차이는 이 세상에서 믿음의 길을 가는 방식이나 목회의 방식에도 영향을 미치게 된다. 어느 입장이든 각각 장단점이 나타나게 된다. 나와 다른, 차이 나는 입장의 장점을 소중히 여기고, 자신이 가진 단점이 미성숙한 신앙이나 병든 신앙이 되지 않도록 주의하는 것이 목회자와 성도의 바른 태도이다.

## 2. 지옥과 영벌의 문제

죽음 후 세계관과 관련하여 다루기 어려운 문제가 지옥과 지옥에서의 형벌의 문제이다. 웨스트민스터 신앙고백 제32장을 보면 죽은 후 "사악한 자의 영혼은 지옥에 던져진다. 거기서 그들은 고통과 어두움 가운데서 대심판의 날을 기다리고 있다"라고 하였다. 계속해서 "성경은 육신이 죽은 후에 영혼이 갈 장소로서 이 두 가지 외에는 아무것도 가르쳐

주지 않는다"고 말함으로 천국과 지옥의 중간 단계인 연옥을 인정하지 않고 있다. 이러한 신앙 고백은 죽음 후 세계관과 관련된 개신교의 교리를 세우는 기초가 되었다. 그리고 대다수 목회자나 믿음이 좋은 성도들은 이러한 교리나 신앙 고백을 받아들이는 데 큰 어려움을 겪지 않는다. 그러나 지옥과 관련된 죽음 후 세계관을 믿지 않는 이들이나 믿음이 연약한 성도들에게 선포하고, 설명하고, 설득하는 일에는 적지 않은 어려움이 있다. 그 몇 가지를 살펴보면 다음과 같다.

### '지옥의 존재'의 문제

'죽음 일문 세계관'에 따라 사람이 죽으면 단 한 번 열리는 다음 세상으로 간다고 할 때, 그다음 세상과 관련하여 의견이 일치하지 않는다. '죽음 문 세계관' 가운데 죽음 후의 천국은 인정하지만, 지옥을 부정하는 사람이 있다. 그 대표적인 예가 엘리자베스 로스 퀴블러 박사의 경우이다. 그는 수많은 임사(臨死) 체험자를 조사 연구하였다. 대다수의 임사 체험자들이 터널 같은 곳을 지나서 빛으로 들어갔다. 그리고 이미 세상을 떠난 사랑하는 사람들을 만났다. 그리고 빛의 근원과 만났다.[3] 임사 체험에 근거하여 사후생을 연구한 많은 사람은 천국의 체험을 주로 보고하였고, 지옥의 체험은 거의 보고하지 않았다. 그리하여 죽은 후에는 심판이나 지옥이 없고 오직 아름다운 미래만 전개되는 것처럼 말하였다. 그러나 모든 사람이 다 천국에 간다면 심각한 윤리적·도덕적 문제가 생겨난다. 이 세상 사는 동안 간직해야 하는 하나님의 존재하심과 은혜에 대한 믿음, 죄에서의 돌이킴(회개), 계명을 지키는 거룩한 삶, 도덕적이고 윤리적

---

3 엘리자베스 퀴블러 로스/최준식, 『사후생』 (서울: 대화문화아카데미, 2003), 120.

인 삶 등이 천국과 아무 상관이 없는 것이 되기 때문이다. 지옥 없는 천국은 믿음과 도덕을 파괴하거나 약화시키는 결과를 초래할 수 있다.[4]

신학자 혹은 목회자들 가운데서도 지옥의 존재를 부정하는 사람이 있다. 최근 들어 복음주의 배경의 롭 벨(Rob Bell) 목사가 *Love Wins: A Book About Heaven, Hell, and the Fate of Every Person Who Ever Lived*(사랑이 이긴다: 천국과 지옥 그리고 지금까지 살았던 모든 사람의 운명에 관한 책)를 통해서 사후의 지옥을 부인하였다. 그의 주장을 한마디로 표현하면 이렇다. 하나님은 사랑이시다. 사랑의 하나님이 예수 그리스도를 믿지 않았다는 이유로 수많은 사람을 영원한 지옥의 형벌에 처하여 고통 속에서 신음하도록 할 리가 없다. 따라서 전통 기독교에서 말하는 그런 지옥은 없다.[5]

벨 목사의 책은 발간된 후 바로 베스트셀러의 반열에 올랐고, 기독교계에 많은 논란을 일으켰다. 남침례교 신학교 총장인 엘버트 뮬러 주니어 목사는 "예수님이 지옥의 존재와 위험성에 대해 매우 분명하게 말씀하셨다"며 "벨 목사가 지옥의 존재를 부정한다면 이는 성경적 진실에 대한 배교 행위"라고 비난했다. 반면 자유주의적 복음주의 지지자들은 벨 목사의 주장을 적극적으로 지지하기도 했다. 유니온신학대의 세렌 존스 목사는 "예수가 던진 메시지는 하나님의 사랑과 용서가 인간의 능력보다 훨씬 위대하다는 것이며, 하나님이 지옥을 만들어서 사람들을 괴롭힐 이유가 없다"면서 지지 의사를 표명했다.[6]

---

4 황명환, 『죽음 인문학』, 221-225.
5 김도훈, "지옥은 없다? — 롭 벨과 마이클 위트머의 지옥과 관련된 논점을 중심으로," 「장신논단」(제43집), 83.
6 이미영, "미국 목회자 '지옥은 없다' 주장 논란," 「기독신문」(2011. 3. 11.).

### 지옥의 시간성 문제

　지옥의 시간성도 문제가 될 수 있다. 전통적인 신학에서는 지옥과 그 형벌은 영원한 것으로 본다. 그러나 전통적인 지옥의 개념을 부정하는 사람이나 보편적 구원론을 펴는 사람들은 지옥을 시간의 한계가 있는 것으로 보면서 그 영원성을 부정한다. 마태복음 25장에 따르면 최후 심판의 날에 주님이 영광으로 오셔서 양과 염소를 구분하신다. 그리고 심판받을 자는 영벌에 의인들은 영생에 들어간다고 하셨다(마 25:46). 이 말씀을 가지고 앞서 소개한 벨 목사와 같은 사람은 영벌(코라신 아이오니온)의 '영원한'(아이오니온)을 일정한 범위가 있는 '긴 세대' 혹은 '긴 기간'으로 해석한다. 사실 형용사 '아이오니온'의 명사형인 '아이온'은 성경 안에서 '영원'이라는 의미로도 사용되지만(마 6:13; 막 3:29), '세상' 혹은 '세대'라는 의미로도 사용된다(마 13:22; 갈 1:4). 따라서 아이오니온을 일정한 기간이 있는 세대로 해석한다면 '코라신 아이오니온'은 영원한 형벌이 아니라 긴 기간의 형벌이 된다. 그러나 위트머와 같은 전통주의적 입장의 학자는 이러한 해석을 부정한다. 이 말씀의 영벌은 영생에 대립되는 개념이다. 그러므로 영생이 끝이 없는 영원한 생명이라면, 영벌 역시 끝이 없는 영원한 형벌로 보아야 한다고 하였다.[7]

　그러나 하나님의 은혜 혹은 상급과 하나님의 책망과 형벌이 기계적으로 대칭되는 것은 아니라는 반론이 나올 수 있다. 하나님께서는 십계명 가운데 제2계명을 주신 후 이렇게 말씀하셨다. "나 네 하나님 여호와는 질투하는 하나님인즉 나를 미워하는 자의 죄를 갚되 아버지로부터 아들에게로 삼사 대까지 이르게 하거니와 나를 사랑하고 내 계명을 지키는

---

7 김도훈, "지옥은 없다? — 롭 벨과 마이클 위트머의 지옥과 관련된 논점을 중심으로," 97-98.

자에게는 천 대까지 은혜를 베푸느니라"(출 20:5-6). 은혜는 1,000대까지 베푸시고, 죄는 3~4대까지 갚는다고 하셨다. 또한 시편 30편 5절 말씀에 "그의 노염은 잠깐이요 그의 은총은 평생이로다"라고 고백하여 노염의 시간과 은총의 시간이 차이가 있음을 말씀하고 있다. 그리고 모세가 두 번째 돌판을 가지고 올라갔을 때 "여호와께서 그의 앞으로 지나시며 선포하시되 여호와라 여호와라 자비롭고 은혜롭고 노하기를 더디하고 인자와 진실이 많은 하나님이라"(출 34:6)고 하셨다. 하나님의 성품이 노하기는 더디 하시고, 인자와 진실은 많으심을 선포하셨다. 이처럼 지옥의 존재 자체를 거부하는 것은 성경적 근거가 약하지만, 지옥과 형벌의 한시성을 주장할 수 있는 근거는 그보다 더 많이 찾을 수 있다.

## 3. 지옥에 간 사람의 구원의 기회 문제

웨스트민스터 신앙 고백에 따르면 의로운 자의 영혼은 가장 높은 하늘(천국)로 올라가고, 사악한 자의 영혼은 지옥에 던져진다고 하였다. 여기서 말하는 사악한 자란 의롭다 함을 받지 못한 사람이라는 의미다. 그리고 의롭다 함을 얻는 사람은 예수 그리스도의 십자가 은혜와 믿음으로 죄사함을 받고 하나님의 자녀로 인정받은 사람을 말한다. 여기서 문제가 되는 것은 "여러 가지 이유로 예수 그리스도의 십자가 복음을 받지 못하였지만, 자신의 양심과 자연법에 따라 선하게 산 사람들도 지옥에 가는가"이다. 이 문제와 관련해서 정확한 답변이 '웨스트민스터 신앙 고백'에서도 그리고 '대한예수교장로회 신앙 고백서'와 '21세기 대한예수교장로회 신앙 고백서'에도 나오지 않는다.[8]

교회의 역사를 보면 이 문제는 지금까지도 논쟁이 되어 왔다. 예수 그리스도가 우리의 구원자라는 말씀을 온전히 받아들인다는 전제 아래 다음과 같은 다섯 가지 입장이 나오고 있다.

① 제한적 구원론: 예수님에 대해 듣지 못했거나 죽기 전에 믿음을 갖지 못했던 사람들에게는 구원이 주어지지 않는다.

② 죽음 이전 보편적 기회론: 모든 사람은 구원받을 기회를 얻는다. 하나님은 인간이 죽기 전에 천사나 꿈이나 복음 이전의 중간 지식과 같은 어떤 방법을 통해서 복음을 알고 또한 믿을 기회를 주신다.

③ 포괄적 구원론: 미 전도인은 자신이 가지고 있는 계시에 기초하여 하나님에 대한 신앙이 있다면 구원받을 수 있다.

④ 신적 견인론 혹은 사후 전도론: 미 전도인은 죽음 이후에 예수님을 믿을 기회를 갖게 된다.

⑤ 보편적 구원론: 모든 사람은 사실상 예수님 때문에 모두 구원받게 된다. 누구도 영원히 정죄 받지 않는다.[9]

이러한 입장들은 모두 나름의 성경적 근거를 갖고 피력(披瀝)한다. 제한적 구원론을 제외한 다른 입장들은 어떤 형태이든지 예수 그리스도의 복음을 받지 못한 사람들에게도 구원의 기회가 있음을 말하고 있다.

칼뱅주의를 따르는 장로교가 절대 우위인 한국교회의 경우 제한적 구원론이 교리적으로 대세이다. 그러나 믿지 않는 이들에게 이러한 구원론을 설득시키는 것은 쉽지 않다. 그래서 다수의 목회자는 이 문제와

---

8 대한예수교장로회 총회, 『헌법』 (서울: 한국장로교출판사, 2007).
9 로널드 내쉬 외/박승민, 『복음을 듣지 못한 사람 어떻게 되는가』 (서울: 부흥과 개혁사, 2010).

관련하여 유보적 태도를 보인다. 예를 들어 김근태 목사는 노아와 욥의 예를 들면서 다음과 같이 말했다. "복음을 전혀 들어볼 기회가 없었던 때에 그 지역에 살았던 자들은 모두 다 지옥에 가게 되는 것일까? 여기에 대하여 필자의 견해는 다음과 같다. 저들 전부 다 지옥에 간 것이 아니라 그들 중 얼마는 하나님의 택하심을 받아, 창조주 하나님을 믿어 알게 되었고, 의롭다 함을 얻어, 하나님의 뜻대로 선하고 정직하게 살아갔던 사람들, 즉 구원함을 얻었던 자들이 분명히 있었다고 본다."[10]

이처럼 복음을 접하지 못했지만 선하게 산 사람들이 지옥에 가느냐의 문제와 관련해서 다양한 입장이 있다. 그리하여 많은 목회자가 이 문제와 관련해서 입장을 확실하게 정리하지 못하고 있다. 교리로 보면 제한적 구원론을 택할 때 안전하지만 믿지 않는 이들에 대한 설득력이 떨어지는 문제가 있다. 이 문제와 관련된 교단 차원의 입장 정리가 필요하다.

## 4. 자살한 신도는 지옥에 가는가?

우리는 주변에서 자살에 대한 소식을 많이 듣고 있으며, 교회 안에서도 그런 불행한 소식을 들을 때가 있다. 그리하여 믿는 사람도 "자살하면 지옥에 가는가?"라고 질문할 수 있다. 목회의 현장에서 목회자가 겪는 가장 큰 어려움은 자살한 성도의 문제이다. 그 가족들을 위로하는 일도, 장례식을 집행하는 것도, 장례 예배 설교를 하는 것도 참 힘든 일이다. 왜냐하면 많은 교인이 자살하면 구원을 받지 못하고 지옥에 가는 것으로 알고 있기 때문이다. 더 나가서 자살하는 사람은 지옥의 자식이라는

---

10 김근태, "복음을 들어보지 못한 우리 조상들은 다 지옥에 갔는가," 「기독신문」 (2010. 9. 14.).

존재론적 평가까지 하기 때문이다. 일반적으로 "자살하면 지옥 간다"는 말은 자살이 살인만큼 큰 죄라는 데 그 근거를 두고 있다. 즉, 생명의 주관자는 오직 하나님이신데 자살은 생명을 침해함으로 하나님의 주권에 대해 반역하는 것이다. 생명 보존과 생명 보호가 자연법의 첫 번째 법칙인데 자살은 이것을 어긴 것이다.[11] 이처럼 자살이 큰 죄인 것은 부인할 수 없지만 "자살한 사람은 다 지옥 가는가?" 혹은 "자살한 사람은 구원받을 수 없는가?"의 문제에 이르면 답이 쉽지 않다. 그래서 이 문제와 관련해서 예장합동 총회신학부에서는 "자살에 대한 입장 정리를 위한 세미나"를 개최하여 신학자들이 토론을 벌이기도 하였다.[12]

자살은 가해인가 피해인가의 문제도 대답하기 쉽지 않은 문제이다. 자살자는 자신의 생명에 대하여 가해자이면서 또한 피해자이기도 하다. 자살자는 자신의 생명을 해치는 행동을 했다는 점에서 가해자인 것은 사실이다. 그러나 대다수 자살자는 자신이 원해서 그런 행동을 하는 것은 아니다. 또한 죽는 것이 무섭기도 하다. 자살자가 죽기를 원하는 것도 아니고 또한 죽는 것이 무섭기도 한데 왜 그런 행동을 하는가? 자신이 처한 어떤 조건이나 상황이 너무나도 고통스럽기 때문이다. 자신이 원해서 자신의 의지에 따라 행해지는 자살은 많지 않다. 대부분의 자살은 원하지 않지만 어쩔 수 없이 두려움과 고통 가운데서 행해진다. 따라서 자살자는 주어진 상황의 피해자이다. 죽음이 자신의 손을 통해 왔는가 아니면 다른 사람의 손을 통해서 왔는가의 차이가 있을 뿐 자살자나 다른 피살자나 피해자이기는 마찬가지이다. 그래서 오죽하면 "자살당했

---

11 전형준, 『장례·추모 예배 이렇게 준비하라』 (서울: 아가페, 2000), 39.
12 최창민, "자살은 구원받지 못한다 가르치면 안돼: 예장합동 총회신학부, 자살에 대한 입장 정리 위한 세미나 개최," 「뉴스 파워」 (2009. 2. 11.).

다"는 말을 사용할까. 정치적인 목적으로 자살을 강요당하기도 하며, 최진실 씨처럼 댓글 피해자가 되어 죽는 사람도 있다.[13] 자살 속에는 가해와 피해의 요소가 공존하지만, 많은 경우 피해의 요소가 더 크다. 따라서 자살은 살인이며, 살인자는 구원받지 못하여 지옥에 간다는 논리는 쉽게 받아들이기가 어렵다.

자살과 살인을 같은 의미로 보아야 하는가의 문제도 있다. 자살이나 살인이나 사람의 생명을 끊는 행위라는 점에서 공통점이 있다. 그러나 그 생명이 타인의 생명인가 아니면 자신의 생명인가에 따른 차이점이 있다. 다른 사람의 돈을 훔치는 것과 자신의 돈을 낭비하는 것은 모두 죄지만, 죄의 질에는 차이가 있다. 마찬가지로 타인의 생명을 죽이는 것과 자신의 생명을 죽이는 것 사이에는 분명히 차이가 있다. 자살이 죄인 것은 사실이지만, 그렇다고 타인을 살해하는 살인죄와 똑같이 취급할 수는 없다.

자살자의 심신의 상태도 자살에 대한 평가의 중요한 요인이 된다. 자살의 원인은 다양하다. 그러나 자살의 60~80% 정도는 우울증 등 정신질환에 의한 것이라고 한다.[14] 살인의 경우에도 살인자의 심신 상태가 판결의 중요한 요소가 된다. 정신질환자의 살인은 일반인의 살인과는 다르게 취급한다. 이와 마찬가지로 자살이 죄인 것은 사실이지만, 우울증 등 정신질환이 심한 가운데서 일어난 자살은 질병 현상이라고 볼 수 있다.

어느 교회 성도님이 심한 우울증에 시달리다가 자살을 하고 말았다.

---

13 송영훈, "이명박 때 '자살당한 사람들' 확인해보니," 「뉴스톱」 (2018. 2. 5.); 이가영, "최진실부터 설리까지 ⋯ 떠난 뒤에도 멈추지 않는 악플 공격," 「중앙일보」 (2019. 10. 15.).
14 이현정, "자살 원인 80%는 '이것' ⋯ 주변인 관심이 절실," 「헬스 조선」 (2014. 7. 3.).

부목사가 장례식을 치르게 되었다. 경험이 적은 젊은 부목사가 장례 예배 설교를 어떻게 해야 할지 고민이 되었다. 그래서 담임목사와 이 문제를 의논하였다. 그러자 담임목사가 "왜 자살했는가" 하고 물어보았다. 그러자 부목사가 "심한 우울증으로 자살했답니다" 하고 대답을 했다. 그러자 담임목사가 "병으로 죽었구만. 잘 위로하도록 하게" 하고 말했다. 담임목사의 말을 듣고 부목사는 장례 예배를 인도하면서 "병으로 죽은 고인"이라고 말하자 가족들이 위로를 많이 받았다는 이야기가 있다. 자살은 그 원인에 따라 타살이 될 수도 있고(댓글 피해자), 병사가 될 수도(심한 우울증 환자) 있다.

또한 자살자는 회개하지 않았기 때문에 지옥에 간다는 말도 있다. 신학자이자 목회자인 오덕호 목사는 이 문제를 잘 정리하였다. 사람들은 흔히 자살하는 사람은 살인죄에 준하는 큰 죄를 지었으면서도 회개하지 않았기(못하기) 때문에 지옥 간다고 한다. 그러나 신자들은 이 세상 살면서 자기의 죄를 알지도 못하고 회개하지 않은 채 임종을 맞는 경우가 많다. 그러므로 회개하지 않았으므로 지옥 간다고 말하기는 어렵다. 한 사람이 자살을 시도할 때부터 죽음에 이르기까지 길게는 여러 날, 짧게는 몇 초라도 시간이 있다. 그 시간 동안에 회개할 가능성이 있다. 그러므로 자살한 사람은 회개하지 않았으므로 지옥 갔다고 단정할 수는 없다. 우리는 예수님을 나의 구주로 믿고 있는 상태, 예수님을 의지하는 자세, 예수님께 구원을 부탁하고 있는 마음(믿음)으로 모든 죄를 용서받고 구원 받는다. 자살한 사람이 어떤 믿음의 상태인지 우리는 알 수 없다. 그러므로 "자살했지만 천국 갔다"고 말할 수는 없지만, 마찬가지로 "자살했으므로 지옥 갔다"고 단정해서도 안 된다.[15]

죽은 후의 천국과 지옥의 문제는 영원한 운명이 결정되는 매우 크고 중요한 문제이다. 그러나 성경은 죽음 후에 인생들이 가는 길에 대해서 세세하게 말씀하지 않고 있다. 그러므로 성경 해석과 관련하여 입장이 많이 갈라진다. 목회자들은 목회의 현장에서 매일매일 죽음의 문제를 가지고 성도들을 만난다. 사회가 다원화되고 지식의 증가와 확산이 빠른 사회에서 성도들은 목회자에게 죽음과 관련하여 어려운 질문들을 많이 한다. 그리고 성도들이 질문하는 많은 문제는 신학자들 사이에서도 논쟁이 되고 있다. 이런 시대를 맞이하여 신학자와 목사 그리고 교단의 지도자들이 서로 기도하며 지혜를 모아야 한다. 그리하여 천국과 지옥의 문제에 대한 성경적 진리와 교리를 확정하지는 못한다 해도 용인할 수 있는 범위의 현장 매뉴얼(F.M., Field Manual)을 만드는 것이 필요하다.

---

15 오덕호, "신자도 자살하면 지옥에 가는가," 『교회의 주인은 사람이 아니다』 (서울: 규장, 2000).

| 3부 |

# 죽음의
# 준비와 연습

우리는 죽음 여행 시뮬레이션의 마지막 단계를 향해 가고 있다. 처음 죽음의 불안에서 출발하여 죽음을 맞이하는 태도, 죽음의 유형을 살펴보았다. 이것은 비교적 객관적이고 경험적으로 관찰할 수 있는 현상이다. 그다음 죽음의 세계관을 살펴보았다. 죽음의 세계관은 일종의 형이상학으로서 진위를 경험적으로 증명할 수 없다. 각 세계관의 설득력 정도와 개개인의 선택 여부가 중요한 문제가 된다. 우리는 죽음 일문 세계관 가운데 하나인 기독교의 죽음 세계관을 선택해서 죽음 이후까지의 여행을 계속했다. 즉, 천국과 지옥의 문제를 생각해 보았다. 이 여행은 성경이라는 나침반을 가지고 계시와 믿음이라는 마차를 타고 간 시뮬레이션 여행이었다.

시뮬레이션은 끝났다. 시뮬레이션을 통해 살펴본 죽음과 죽음 이후의 세계는 육신을 가지고 있는 현재의 우리에게는 여전히 미지의 세계로 남아 있다. 시뮬레이션에서 나타난 현상을 경험적 현상으로 말하기는 어렵다. 그러나 우리 앞에 죽음의 문이 기다리고 있다는 것은 그 누구도 부정할 수 없는 확실한 현실이다. 그리고 원하든 원하지 않든 우리는 시간의 흐름에 따라 죽음의 문 앞으로 한 걸음 한 걸음 지금도 다가가고 있다. 이것이 우리 인간의 실존적 모습이다. 그래서 20세기의 위대한 철학자 하이데거는 죽음을 향해 다가가는 인간 실존을 자신의 철학의 출발점으로 삼았다.[1] 우리는 '죽음 이후 삶'의 시뮬레이션 여행을 마치고 현실로 돌아왔다. 이제 우리의 과제는 죽음의 준비이다. 우리가 시간의 마차를 타고 다가가는 죽음, 시간의 마차를 타고 우리에게 다가오는 죽음, 이 죽음을 어떻게 맞이할 것인가? 가장 아름답고 행복하게 죽음을 맞이하기 위해서는 죽음 준비를 잘해야 한다. 죽음 준비를 잘하려면 죽음 후의 삶에 대한 소망을 가져야 하며 지나온 삶을 잘 정리해야 한다. 이렇게 죽음을 준비한 후에는 삶 속에서 실제로 죽음을 연습해야 한다. 여기서는 죽음의 연습을 청년, 중년, 노년으로 나누어서 살펴보겠다.

---

* 양명수, "인간, 죽음을 향한 존재: 하이데거의 죽음 이해," 「신학사상」 175호 (2016).

# 10장
# 죽음 후의 삶에 대한 소망

지금 살아있는 사람에게 죽음은 과거도 현재도 아닌 미래의 일이다. 그러므로 죽음을 잘 준비하기 위해서는 미래를 잘 준비해야 한다. 우리는 살아가면서 미래를 준비하며 살았던 경험이 많다. 중고등학교 시절에는 대학입시를 준비하며 밤낮으로 공부하면서 지냈다. 대학에 들어가서는 취업을 준비하고, 취업 후에는 결혼을 준비하며 살았다. 그다음에는 진급, 내 집 마련, 승용차, 육아, 해외여행 등을 준비하며 살았다. 50세가 넘으면 은퇴를 준비하고, 은퇴 후에는 노후 삶을 준비하고, 그다음에는 죽음을 준비하며 산다. 우리는 항상 미래를 생각하고, 미래를 준비하며 살고 있다. 그리고 준비하고 미래를 맞이하는 사람과 준비하지 않고 미래를 맞이하는 사람 사이에 큰 편차가 나타나는 것은 일상적으로 경험하는 바이다. 그러므로 우리는 대입, 취업, 결혼, 진급, 은퇴를 준비하듯 죽음도 준비해야 한다.

## 1. 죽음의 특성과 죽음 준비

인간에게 죽음은 필연적이고 중요한 사건이다. 그 누구를 막론하고 죽음은 반드시 우리 모두에게 찾아오며, 우리 인생길의 마지막을 장식하는 중요한 일이다. 이처럼 필연적이고 중요한 사건인 죽음이기에 우리는 그것을 반드시 준비해야 한다. 선택할 수 있는 일은 준비할 수도 있고, 준비하지 않을 수도 있다. 준비가 되지 못하면 선택하지 않으면 되기 때문이다. 세계 여행은 선택이다. 갈 수도 있고, 가지 않을 수도 있다. 그러므로 세계 여행은 준비하지 않아도 큰 문제가 되지 않는다. 형편이 되면 가는 것이고, 형편이 되지 않으면 가지 않아도 되기 때문이다. 그러나 죽음은 다른 문제이다. 죽을 수도 있고, 죽지 않을 수도 있는 것이 아니다. 우리는 미래의 어느 날 반드시 죽는다. 죽음은 우리 인간들에게 선택이 아니라 필연이고 운명이다. 그러므로 죽음의 준비는 반드시 해야 한다. 시험이 다가오는데 시험 준비를 하지 않으면 시험을 망치듯이 죽음이 다가오는데 죽음 준비를 하지 않으면 낭패를 당하게 된다. 대학입시나 취업 시험에는 재수도 있고, 삼수도 있지만, 죽음은 단 한 번 치르는 시험이다. 설사 죽음 다문 세계관을 가지고 있다 해도 죽음은 지금 이생에서는 단 한 번 치르는 시험이다. 두 번째 죽음, 세 번째 죽음이란 없다. 단 한 번의 죽음이 있을 뿐이다. 그러므로 우리는 죽음 앞에서 낭패를 당하지 않으려면 반드시 죽음을 준비해야 한다.

죽음은 반드시 준비해야 하고, 각자의 상황에 따라 개별적으로 준비해야 한다. 우리 모두에게는 우리 각자에게만 주어진 죽음의 문이 있다. 그 문의 형태와 크기와 색깔은 사람마다 다르다. 어떤 사람은 쉽게 그 문을 통과하지만, 다른 사람은 매우 힘들게 통과한다. 죽음의 문은 우리 개개인에게 항상 신비스러운 모습으로 다가온다. 이 세상 사는 동안 돈이나 지식이 많고, 지위가 높고 능력이 있으며, 몸이 건강하여도, 이른바 인적 자본(human capital)이 많다고 해서 죽음의 문을 더 쉽게 통과할 수 있는 것은 아니다. 더욱이 이런 것들이 죽음 이후의 복된 삶을 보장해 주지 못한다. 오히려 이 세상에서 가진 것이 많은 사람일수록 죽음의 좁은 문을 통과하기가 더 어렵다. 왜냐하면 그 많은 것들을 내려놓는 것이 어렵기 때문이다.

소돔과 고모라가 멸망할 때 롯의 아내는 성에 남겨 둔 재산이 아까워서 뒤돌아보았다. 그 결과 멸망의 성읍을 빠져나오지 못하고 소금 기둥이 되고 말았다. 나폴레옹은 인류 역사에 빛나는 이름을 남긴 위대한 영웅 가운데 한 사람이었다. 그러나 그는 헬레나 섬에 유폐되어 죽음을 맞이할 때 가장 길고, 가장 어두운 터널을 지나가야만 했다. 우리가 이 세상에서 가진 것이 많으면 죽음의 문을 잘 통과하기가 더욱 어렵다. 그러므로 가진 것이 많은 사람일수록 죽음을 더욱 잘 준비해야 한다. 신생아가 어머니의 자궁에서 나올 때 어떤 아이는 쉽게 나오고, 어떤 아이는 힘들고 어렵게 나온다. 심지어 그 문을 통과하지 못해서 죽어서 나오기도 한다. 이와 마찬가지로 죽음의 문을 통과하는 것은 개별적이고 고독하고 실존적인 일이다. 사람마다 그 길이 다르다. 그러므로 우리는 나만의 죽음의 문을 잘 통과할 수 있는 준비를 해야 한다.

죽음을 언제 준비해야 할까? 죽음의 준비는 빠를수록 좋다. 죽음의 시간을 대충 예측할 수는 있지만, 전혀 예측할 수 없는 순간 죽음이 다가오는 경우도 많다. 나 자신 고등학교를 졸업한 후 벌써 50년 가까운 세월이 흘렀다. 우리 동기 동창 가운데 어떤 친구는 대학 다닐 때 혹은 군대에서 죽음을 맞이하였다. 30대, 40대에 죽은 친구들도 적지 않으며,

50대에 죽은 친구들도 꽤 있다. 한국인의 평균 수명이 83세 정도 된다고 하는데 그것은 평균이 그렇다는 의미이지 개개인의 삶이 그 나이까지 보장된다는 의미는 아니다. 레마르크의 작품 『서부전선 이상 없다』의 주인공 파울 보이머는 교사의 선동에 넘어가 전쟁터(1차 세계대전)로 끌려왔다. 그리고 무의미하고 무가치한 전쟁에 참여하였다. 그러던 어느 날 특별한 전투도 일어나지 않았고, 그래서 상부에 "서부전선 이상 없다"는 보고가 올라간 그날 주인공은 갑자기 죽음을 맞이하였다.[1] 이 주인공이 서부전선 이상 없는 날 죽음을 맞이하였듯이 우리 자신도 한국인의 평균 수명에 한참 미치지 못하는 어느 날, "이 세상 이상 없다"고 말하는 어느 날 죽음을 맞이할 수 있다. 죽음이 언제 올지 우리는 예측할 수 없다. 그러므로 우리는 일찍부터 죽음을 준비하며 살아야 한다.

이처럼 우리 인생들은 죽음을 반드시, 개별적으로, 일찍부터 준비해야 한다. 그러나 죽음과의 거리에 따라(좀 더 구체적으로는 나이에 따라) 혹은 현재 자신이 처한 상황에 따라 죽음을 준비하는 방식은 달라질 것이다. 그러나 죽음과의 거리나 자신이 처한 상황과 상관없이 모든 사람에게 필요한 죽음의 준비가 있다. 그것은 죽음 이후의 삶(life after death)을 준비하는 것이다. 좀 더 직접적으로 기독교식으로 표현하면 죽은 후 천국(낙원) 가는 것을 준비하는 일이다.

---

1 레마르크 E. M./홍성관, 『서부전선 이상 없다』 (경기: 열린책들, 2011).

## 2. 죽음 이후의 삶의 준비

다가오는 죽음을 가장 잘 준비하는 길은 죽음 이후의 복된 삶으로 들어가는 길을 준비하는 것이다. 즉, 천국 가는 티켓을 예매하는 것이다. 우리가 천국행 티켓을 가지고 있으면 불안과 두려움을 이기고 평안하게 죽음을 맞이할 수 있다. 허무와 절망 가운데 빠지지 않고 소망 가운데서 죽음을 맞이할 수 있다. 죽음의 준비 가운데 가장 중요한 것은 천국 가는 티켓을 준비하는 것이다. 우리가 해외여행을 갈 때 미리 준비할 것이 많다. 그러나 가장 중요한 것은 여행지에 가는 비행기표를 예매하는 것이다. 해외여행을 떠나기 전에 돈, 옷, 호텔, 여행 코스, 현지 가이드 등을 잘 준비하는 것도 중요하다. 그러나 이런 것들을 잘 준비했어도 비행기표를 준비하지 않으면 아무 소용이 없다. 다른 준비는 좀 소홀했다 해도 현지에 가서 해결할 수 있는 길이 있다. 그러나 비행기표를 예매해 놓지 않으면 해외여행 자체가 불가능하다.

죽음이란 공항의 문과 같다. 공항의 문을 열고 나가 우리는 미지의 세계로 여행을 떠난다. 이때 우리는 목적지를 확실히 알고 그곳에 가는 비행기표를 미리 준비해 두어야 한다. 비행기표를 예매한 후 여행 날짜가 되어 공항으로 갈 때는 발걸음이 가볍다. 기대와 흥분 가운데서 공항 로비로 들어갈 수 있다. 그러나 비행기표를 예매하지 않은 상태로 날짜가 되어 공항으로 가면 불안하다. 그리고 대부분 비행기를 타지 못한다. 물론 가끔 빈자리가 있어 당일 공항에서 비행기표를 구입하는 경우도 있을 것이다. 그러나 비행기표를 예매하지 않고 해외여행의 가방을 싸는 것은 어리석은 일이다. 아니, 슬프고 안타까운 일이다.

우리가 이 세상 삶을 다 마친 후에는 죽음의 문을 열고 나가 천국

가는 비행기를 타야 한다. 이때 중요한 것은 비행기표의 예매이다. 나는 그동안 여러 번 해외여행을 다녀왔는데, 그때마다 비행기표를 미리 예매하였다. 단 한 번도 비행기표를 예매하지 않은 채 공항으로 나간 적이 없다. 그리고 여행 날짜가 오면 여권과 예매한 발권 카드를 소중히 가슴에 품고 공항 문을 열고 들어갔다. 이것이 어찌 해외여행의 이야기인가. 죽음이란 천국으로 가는 여행이다. 죽음이 천국으로 가는 여행임을 온전히 알고, 그 여행길을 준비하면 흥분과 기쁨과 소망이 생긴다. 이때 가장 중요한 것은 천국 가는 표를 예매하여 준비하는 일이다.

천국 가는 표를 어떻게 예매하는가? 해외여행 비행기표는 인터넷이나 여행사를 통해서 돈을 주고 예매한다. 천국 가는 표는 믿음을 통해서 예수 그리스도의 십자가로 예매한다.[2] 예수님이 십자가에 죽음으로 천국의 호텔을 마련해 놓으셨다. 예수께서 십자가의 길을 가시기 전에 두려워 떠는 제자들에게 말씀하셨다.

> 너희는 마음에 근심하지 말라 하나님을 믿으니 또 나를 믿으라. 내 아버지 집에 거할 곳이 많도다. 그렇지 않으면 너희에게 일렀으리라.[3] 내가 너희를 위하

---

2 천국 가는 비행기표를 준비하는 다른 어떤 방식이 있는가의 문제와 관련해서는 논의하지 않겠다. 이 문제는 타 종교나 다른 세계관에서의 내세관과 관련된 문제이다. 그리고 이러한 논의는 주어진 관점에 따라 전혀 다른 결론이 나올 수 있다. 여기서는 목사로서 성경적 세계관에 근거하여 죽음 이후의 삶에 대한 준비를 논의하는 것으로 한정하겠다.

3 이 부분의 번역과 관련하여 다음과 같이 정리할 수 있다. 현재 우리 말 성경은 이 부분 원문 문구를 괄호 구로 취급하고 번역한 것이다. 이렇게 번역하면 "만일 아버지의 집에 거할 곳이 없었더라면, 내가 그 사실을 너희에게 벌써 말하였을 것이다"라는 의미가 된다. 그러나 이러한 번역은 읽기에 어색한 점이 있다. 그러므로 이 문구를 그 아래 '호티'로 시작되는 문구와 연속시켜서 의문(疑問)의 말씀으로 읽을 수 있다. 이렇게 읽으면 이 문구는 다음과 같이 번역된다. "그렇지 않으면 내가 너희를 위하여 처소를 예비하러 간다고 말하였겠느냐?" 이 번역이 더 자연스럽다.

여 거처를 예비하러 가노니 가서 너희를 위하여 거처를 예비하면 내가 다시 와서 너희를 내게로 영접하여 나 있는 곳에 너희도 있게 하리라(요 14:1-3).

예수님이 말씀하신 '내 아버지 집', 곧 천국에는 거할 곳이 많다. 예수께서 십자가에 죽은 후 부활하신 다음 천국으로 돌아가셔서 하나님의 자녀들이 죽은 후에 살게 될 거처를 예비하신다. 그리고 다시 와서 우리를 영접하여 그와 함께 천국에서 살도록 인도하신다. 이것이 예수께서 우리에게 주신 천국의 약속이다. 천국의 거처는 우리가 마련하는 것이 아니다. 예수님이 마련하신다. 우리는 예수님의 영접하심에 따라 그곳으로 가기만 하면 된다.

그뿐 아니라 예수님은 우리가 천국으로 갈 때 타고 갈 비행기표 값도 이미 치르셨다. 그러므로 우리는 때가 되면 십자가의 은혜로 값을 치른 비행기표를 들고 공항으로 가서 천국 가는 비행기를 타기만 하면 된다. 천국 가는 비행기표가 이미 예약되었다는 것을 온전히 알고 공항으로 나가는 것이 믿음이다. 천국행 비행기표는 돈으로 예약할 수 없다. 인간적인 능력이나 지식이나 다른 어떤 것으로 예약할 수 없다. 오직 믿음으로 예약할 수 있다. "돈으로도 못 가요"라는 제목의 복음성가 가사는 그것을 잘 보여준다.

> 돈으로도 못 가요 하나님 나라 / 힘으로도 못 가요 하나님 나라 /
> 거듭나면 가는 나라 하나님 나라 / 믿음으로 가는 나라 하나님 나라 //
> 벼슬로도 못 가요 하나님 나라 / 지식으로 못 가요 하나님 나라 /
> 거듭나면 가는 나라 하나님 나라 / 믿음으로 가는 나라 하나님 나라 //
> 어여뻐도 못 가요 하나님 나라 / 맘 착해도 못 가요 하나님 나라 /

거듭나면 가는 나라 하나님 나라 / 믿음으로 가는 나라 하나님 나라

그렇다. 영과 진리로 거듭나 믿음으로 천국 가는 표를 예매할 때 우리는 소망 가운데서 죽음을 맞이할 수 있다. 이것이 가장 필수적인 죽음의 준비이다.

## 3. 가장 중요한 죽음의 준비

예수님이 이 땅에서 천국 복음을 전파하실 때의 일이다. 예수께서 제자들에게 천국 복음을 전하라고 명령하셨다. 그러자 제자들이 예수님의 명령에 따라 복음을 전하기 위해서 흩어졌다. 복음을 전하는 가운데 크고 놀라운 역사가 일어났다. 병든 자가 고침을 받고 귀신이 나가는 역사가 일어났다. 이 놀라운 경험을 한 제자들이 흥분하고 기뻐하며 돌아와 보고하였다. 그러자 예수께서 "그러나 귀신들이 너희에게 항복하는 것으로 기뻐하지 말고 너희 이름이 하늘에 기록된 것으로 기뻐하라"(눅 10:20)고 말씀하셨다. 귀신들이 항복하는 놀라운 일도 물론 좋은 일이다. 이 세상에서 천국 복음의 능력이 나타나는 것도 참으로 귀한 일이다. 그러나 그보다 더 귀하고 좋은 일은 우리 이름이 하늘에 기록된 사실이다. 즉, 천국 가는 표를 예매해 놓은 것이다.

우리가 천국 가는 표를 예매해 놓으면 우리는 죽음의 실존적 불안에서 벗어날 수 있다. 불안이란 미래의 불확실성으로 인해 생겨난다. 많은 사람에게 죽음 이후란 불확실한 세상이다. 경험과학은 현대 인간의 지식 체계 가운데 가장 우위에 있다. 물리학, 생물학, 의학과 같은 자연과학이나 심리학, 사회학이나 경제학과 같은 사회과학 등은 죽음 후의 세계에

대해 경험적인 근거를 가지고 말하지 못한다. 심지어는 형이상학이나 인문학(Geisteswissenschaft)에서도 죽음 이후의 세계를 말하지 못한다. 그러므로 죽음 이후의 세계는 미지의 세계이고, 그 누구도 경험적으로 확실하게 말할 수 없는 세계이다. 그래서 사람들은 불안하다. 이러한 불안을 해소할 수 있는 마땅한 방법이 없다. 그래서 그것은 실존적 불안이다. 그러나 믿음으로 죽음 이후의 좋은 세상, 즉 천국에 들어가는 표를 끊어 놓은 사람은 이러한 실존적 불안에서 벗어날 수 있다. "신앙생활을 하는 이유가 무엇인가?"라고 질문하면 많은 사람이 "인생길의 불안에서 벗어나기 위해서"라고 대답한다. 물론 이러한 답변에서 말하는 불안이란 포괄적인 의미이다. 그러나 그 안에는 죽음에 대한 실존적인 불안이 당연히 포함되어 있다.

우리가 천국을 예비해 놓으면 이 세상의 부조리하고 비극적인 상황에서 위로를 받을 수 있다. 우리가 앞서 살펴본 바 죄에 연루되어 일찍 세상을 떠나는 '불행한 죽음'이나 죄와 싸우다가 일찍 죽음을 맞이하는 '위대한 죽음' 속에는, 심지어 자신의 죄악된 행동으로 죽는 '악한 죽음' 속에서까지도 부조리하고 비극적인 요소가 들어 있다. 아니, 살 만큼 살다가 죽었다 할지라도 모든 죽음 속에는 부조리와 비극의 요소가 있다. 자기의 죽음뿐 아니라 사랑하는 가족이나 이웃의 죽음 속에서도 부조리와 비극은 존재한다. 자식의 억울한 죽음을 접하게 되면 그 부모는 자기의 죽음보다 더 큰 부조리와 비애를 느끼게 된다. 이때 위로와 소망을 간직할 수 있는 유일한 길은 "그가 천국에 갔다"는 믿음을 가지는 것뿐이다.

나는 20년 이상 목회를 하면서 섬기는 교회의 성도들에게 일어난 부조리하고 비극적인 죽음을 여러 번 경험했다. 그때 내가 할 수 있는 유일한 위로는 "그가 천국에 갔다"였다. 말할 수 없는 비통함 가운데 있는 유가족에게 "그가 천국에 갔다"는 말이 때로 공허하게 들릴 수 있다는 느낌을 받은 적도 있었다. 그러나 그 말 외에 우리에게 위로와 소망을 줄 수 있는 다른 어떤 말이 있던가! 현대판 파우스트의 끝없는 갈증이라도 채워줄 수 있을 것처럼 쏟아져 나오는 지식도, 화려하고 장엄한 현대 문명도 "그가 천국에 갔다"라는 말보다 더 큰 위로와 소망을 주는 방법을 알지 못한다. 그 어떤 부조리하고 비극적인 죽음 앞에서도 "그가 천국에 갔다", "네가 나와 함께 낙원에 있으리라", "내 아버지 집에는 거할 곳이 많다"라고 말할 수 있는 믿음을 가지는 것이 예측할 수 없는 미래에 다가올 죽음을 준비하는 가장 좋은 길이다.

우리가 천국 가는 표를 마련해 놓으면 우리는 현재의 삶을 더 여유 있고 행복하게 살 수 있다. 지나온 삶의 아쉬움과 과오(過誤)를 더 잘 정리할 수 있다. 죽음 후 천국의 소망, 그것은 현재의 삶을 살고, 과거의 삶을 정리하는 데에 많은 영향을 미친다. 우리 아들이 집을 떠나 서울에서 학교 다닐 때의 이야기이다. 매달 첫날이 되면 용돈을 보내 주었다. 그런데 어느 날 깜박하고 용돈을 보내 주지 못했다. 그러자 아들에게서 전화가 왔다. "내일 보내 주겠다"고 말했다. 그러자 아들이 말하길 "용돈이 들어오지 않으면 공부도 안 되고 잠도 안 와요" 하는 것이었다. 그래서 바로 보내 주었다. 그리고 다음 달부터는 1일이 되기 전에 29일이나 30일에 용돈을 미리 보내 주었다. 우리 아들은 한 달 용돈이 오지 않아도 잠이 오지 않는다는데 천국 가는 표를 예매하지 않고서도 잠이 오는가? 우리 아들은 한 달 용돈이 오지 않아도 공부가 되지 않는다는데 천국 가는 표를 예매하지 않고서도 세상살이 즐겁게 살아갈 수 있는가? 천국행 비행기가 언제 떠날지 알 수가 없다. 그러나 나이가 들면 떠나야 할 시간이 하루하루 가까이 오고 있음을 매일 실감하게 된다. 우리가 해야 할 가장 중요한 죽음의 준비는 천국행 표를 믿음으로 예매하는 것이다.

우리가 인생길 살아가면서 마음껏 일할 수 있는 직장의 티켓, 행복한 가정의 티켓, 안락한 생활을 할 수 있는 아파트 분양 티켓을 사는 것도 중요한 일이다. 그러나 그 전에 천국행 표를 먼저 예매해 놓자. 비행기표의 예매는 일찍 할수록 쉽고 값도 싼 법이다. 살아 있는 우리 모두에게 죽음은 미래의 일이다. 미래에 우리에게 다가올 죽음을 맞이하여 준비할 것이 많다. 그러나 그중에서 가장 중요하고 필수적인 일은 천국행 표를 준비하는 것이다. 천국의 호텔과 천국 가는 표가 준비되어 있으면 세상살이가 힘들고 어려워도 잘 견딜 수가 있다. 새 아파트를 분양받고 중도금을 잘 치러가면서 입주할 날을 기다리는 사람은 지금 작고 불편한 셋집에 살아도 잘 견딜 수 있는 법이다. 이와 마찬가지로 천국의 집이 준비된 사람은 광야와 같은 인생길 가면서 길을 잃지 않고 잘 걸어갈 수 있다. 어지럽고 혼탁한 세상 가운데서도 죄악의 늪에 빠지지 않고 잘 걸어갈 수 있다. 죽은 후 들어가게 될 아름다운 천국의 호텔이 준비되어 있으면 이 세상 나그네 길 조금 일찍 끝나도 크게 낙심하지 않는다. 이 세상 나그네 인생길보다 더 좋은 영생의 길이 예비되어 있기 때문이다.

우리는 나 자신의 천국 호텔과 천국행 표를 준비해야 할 뿐 아니라 내 가족, 내 사랑하는 사람들의 표도 잘 준비해야 한다. 죽음의 불안과 고통 속에는 많은 요인이 작용하지만, 그 가운데 빠뜨릴 수 없는 것이 사랑하는 사람과의 영원한 이별이다. 그러나 우리가 천국 호텔과 비행기 표를 잘 준비해 놓으면 그러한 이별의 아픔을 많이 줄일 수 있다. 빌리 그레이엄 목사님은 부인을 먼저 보내고 혼자서 10년 이상을 살았다. 그가 말년에 쓴 책 『본향 가까이』(Nearing Home)에서 이렇게 말했다.[4]

"나는 빨리 죽어서 천국에 가고 싶습니다. 천국에 가서 나를 기다리는 아내를 만나고 싶습니다"라고 하였다. 하나님의 은혜로 천국의 집이 예비 되고, 믿음으로 천국 가는 비행기를 사랑하는 사람과 함께 예매해 놓으면 죽음이 주는 이별의 아픔을 상당 부분 극복할 수 있다. 빌리 그레이엄 목사님처럼 사랑하는 사람을 보고 싶어서 빨리 죽음의 문을 열고 싶은 마음이 생길 수 있다. 더 나가서 사랑하는 사람을 일찍 여읜 슬픔을 위로받을 수 있다. 사랑하는 사람의 죽음을 경험한 사람은 그 무엇으로도 위로를 받을 수 없다. 오직 하나 위로를 받을 수 있는 길은 천국에서 다시 만난다는 믿음뿐이다. 그러므로 천국 가는 비행기표를 사랑하는 사람과 함께 예매하는 것은 자신의 죽음뿐 아니라 사랑하는 사람의 죽음을 가장 잘 준비하는 길이 된다.

천국 가는 표를 예매한 사람의 인생은 끝을 알고 보는 영화와 같다. 우리는 해피 엔딩으로 끝나는 영화의 주인공이 악당들과 싸우는 장면을 보는 경우가 있다. 이때 아무리 아슬아슬하고 위태로운 장면이 나와도 여유를 가지고 볼 수 있다. 왜냐하면 주인공은 완전히 쓰러지지 않고 다시 일어나서 끝내 승리할 것이기 때문이다. 이와 마찬가지로 인생 최고의 해피 엔딩은 천국의 삶이다. 이 천국으로 가는 표를 예매해 놓은 사람은 이 세상에서 어떤 일을 당해도 잘 이길 수 있다. 천국으로 가는 표를 예매해 놓았다 해도 죽음 앞에서 두려움, 근심, 염려, 아쉬움을 느끼는 것은 당연한 일이다. 그러나 천국행 티켓을 예비해 놓으면 비록 죽음 앞에서 두렵고 불안한 경험을 한다 해도 그것을 극복할 수 있다.

한 믿음 좋은 선교사님이 선교지로 향하기 위해 배를 탔다. 갑자기

---

4 빌리 그레이엄/정성묵, 『새로운 도전』 (서울: 두란노, 2011), 6-7.

풍랑이 몰려와서 배가 극심하게 흔들렸다. 그런데 뒤바람을 맞은 배가 미친 듯이 앞으로 나갔다. 배에 탄 모든 사람이 두려워 떨고 있을 때 그 선교사님이 무릎 꿇고 기도하면서 큰소리로 "감사합니다. 잘 가고 있습니다. 잘 가고 있습니다" 하고 소리쳤다. 사람들이 의아한 눈으로 보자 그 선교사님은 한 마디 더하여 기도했다. "감사합니다. 잘 가고 있습니다. 선교지로 가든지, 천국으로 가든지!" 그렇다. 천국행 표를 예매한 사람은 아무리 거친 인생의 풍랑 속에 있어도 잘 가고 있는 사람이다. 인생의 특정 목적지를 향해서 가든지 아니면 천국에 가든지 어쨌든 잘 가고 있는 인생이다.

# 11장
## 지나온 삶의 정리

　천주교에서는 아름다운 죽음을 선종(善終)이라고 한다. 선종이란 선생 복종(善生福終)의 준말로서 '착하게 살다가 복되게 마친다'는 의미를 담고 있다. 죽음을 잘 준비한다는 것은 '복종'을 준비한다는 뜻이다. 복종(福終), 즉 복된 죽음이란 저절로 되는 것이 아니다. 선생(善生)이 있어야만 가능한 것이다. 선생이 되기 위해서는 도덕적으로 선할 뿐 아니라 삶 전체가 아름답고 조화를 이루어야 한다. 자기 혼자만 유명하고 화려한 삶을 사는 것이 아니라 다른 사람과 좋은 관계를 이루면서 살아야 한다. 우리는 때때로 사회적으로 유명하고 큰 업적을 남긴 사람 가운데 배우자나 자식들에게 큰 상처를 준 사람들의 이야기를 듣는다. 이런 사람들은 선생(善生)의 삶을 살지 못한 것이고, 따라서 복종(福終)도 어렵다. 우리 인생들은 누구나 죽음 앞에 서서 살아온 날을 돌아보면 흠이 많고, 후회되는 일이 많다. 죄악, 상처, 분노, 원망 등 부정적인 감정과 흔적들이 가득하다. 이런 것이 있으면 죽음의 문을 잘 지나갈 수가 없다.

　베들레헴의 예수 탄생 교회에는 '겸손의 문'이 있다. 하늘 보좌를 버리고 육신의 몸을 입고 베들레헴 마구간에 태어나신 하나님의 아들 예수님을 경배하기 위해서는 겸손의 문을 통과해야만 한다. 그 문은 높이가 1미터 20센티 정도밖에 되지 않고 폭도 좁다. 그래서 그곳을 통과하려면 크고 무거운 배낭을 내려놓고 허리를 굽혀야만 간신히 지나갈 수 있다. 아무리 왕이라 할지라도 말이나 가마를 타고서 교회 안으로 들어갈 수는 없다. 죽음의 문도 이와 비슷하다. 한평생 살아오면서 쌓아놓은 헛된 명성과 재산들, 마음속의 교만과 헛된 욕망, 상처·원망·분노·비애와 같은 부정적인 감정들, 불의·거짓·죄악과 같은 어두운 그림자들, 이런 것들을 가득 몸에 지니고서는 죽음의 문을 잘 통과할 수가 없다. 그러므로 죽음의 문을 잘 지나가기 위해서는 이 모든 것을 내려놓아야 한다. 예수님께서는 좁은 문으로 들어가라고 말씀하셨다. 천국의 문은 죄악과 욕망과 상처의 크고 무거운 짐을 내려놓아야 들어갈 수 있는 좁은 문이다. 죽음의 좁은 문을 잘 지나가기 위해서 준비한다는 것은 지금까지 살아오면서 쌓아놓은 많은 짐과 어지러운 것들을 정리하는 것을 말한다.

죽음 앞에서 지나온 삶을 정리한다는 것은 어떤 의미인가? 그것은 관계를 바르게 하는 것을 말한다. 삶이란 관계 속에서 이루어진다. 살아있다는 것은 누군가와 혹은 무엇인가와 관계를 맺고 있다는 의미이다. 이 관계가 단절되는 것이 곧 죽음이다. 인간은 태어나면서 부모와의 관계 속에서 삶을 시작한다. 그리고 성장하면서 가족, 친구, 스승, 동료, 배우자, 경쟁자 등 수많은 사람을 만나고, 그들과의 관계 속에서 살아간다. 우리의 믿음, 지식, 소유물, 재능 등은 관계 속에서 가치를 발휘한다. 다른 사람과 아무런 관계를 맺을 수 없는 무인도에 떨어진 사람에게 수십억 원의 현금이 들어 있는 은행 통장은 아무런 의미가 없다. 삶은 관계 속에서 이루어지는 것이며, 죽음은 모든 관계가 끊어지는 것을 말한다. 삶의 모든 흔적은 관계 속에 남아 있다. 살아오면서 경험한 사랑, 기쁨, 행복도 관계 속에 남아 있고, 미움, 슬픔, 분노, 원망 등도 모두 관계 속에 남아 있다. 그러므로 지나온 삶을 정리한다는 것은 관계 속에 들어 있는 선하고 아름다운 것들을 잘 간직하는 것이고, 관계 속에 들어 있는 악하고 추한 것들을 깨끗이 지우는 것이다. 이것이 죽음 앞에서 우리가 행해야 하는 과거의 정리, 곧 살아온 삶의 정리이다. 지나온 삶을 잘 정리하기 위해서는 도구가 필요하다. 그것은 감사, 사랑, 용서이다. 감사는 관계 속의 좋은 것들을 잘 보전하는 가장 중요한 도구이고, 용서는 관계 속의 나쁜 것들을 깨끗이 씻는 중요한 도구이다. 그리고 사랑은 모든 관계 속에서 가장 좋은 것을 생성하는 에너지이다.

우리 인간이 맺는 관계의 수와 유형은 무수히 많지만, 관계의 대상은 세 종류로 구분할 수 있다. 첫째는 나와 하나님과의 관계이고, 둘째는 나와 이웃과의 관계이며, 셋째는 나와 나 자신과의 관계다(이것을 주체로서의 나와 객체로서의 나 혹은 'I'로서의 나와 'me'로서의 나와의 관계라고 표현할 수도 있을 것이다). 사물과는 인격적인 상호관계가 나타나지 않는다. 그러므로 사물과는 "관계를 맺는다"라는 말보다는 "관계의 도구나 수단으로 사용한다"는 말이 더 적합할 것이다.[1]

---

[1] 마틴 부버는 관계를 나와 너(Ich und Du)의 관계, 나와 그것(Ich und es)의 관계로 나눈 바 있다. 부버가 말하는 '나와 그것'의 관계는 '사물과의 관계'라기보다는 '사물적 관계' 혹은 '도구적 관계'라고 이해하는 것이 좋을 것이다. '나와 그것'의 관계는 '사물과의 관계'가 아니라 '참된 인격적 관계'가 아닌 '병들고 왜곡된 관계'라고 이해할 수 있을 것이다. 이것을 철학적으로 표현하면 인격적 관계의 물화(物化, Dinglichkeit) 혹은 소외(疏外)라고 말할 수 있다.

# 1. 하나님과의 바른 관계

우리가 죽음 앞에서 삶을 잘 정리하려면 가장 먼저 하나님과의 관계를 잘 정리하고 바르게 해야 한다. 하나님과 인간과의 관계의 기본 구조는 창조주와 피조물이다. 하나님은 우리를 창조하신 분이고, 우리는 그의 손으로 만들어진 존재이다. 하나님은 인간을 창조하셨을 뿐 아니라, 온 세상 우주 만물도 창조하셨다. 창조주 하나님은 우리가 살아있을 때의 삶을 주관하실 뿐 아니라, 우리가 죽은 후의 삶까지도 주관하신다. 천국은 창조주 하나님이 우리 인생들을 위해 만들어 놓으신 은혜와 축복의 산물이다.[2] 그러므로 우리가 죽은 후에 천국 백성이 되어 복된 삶을 살기 위해서는 하나님과의 관계를 바르게 해야 한다.

하나님과의 관계를 바르게 하기 위해서는 하나님을 하나님으로 곧 창조주로 인정하고, 그 창조주의 은혜에 감사해야 한다. 무엇보다도 우리에게 이 세상에서 살 수 있도록 생명 주신 것을 감사해야 한다. 그리고 생명을 가지고 살기에 가장 적합한 이 땅을 주시고, 함께 살 이웃들을 주신 것에 감사해야 한다. 죄에 빠진 우리를 구원해 주신 것을 감사해야 한다. 우리에게 죽은 후에 들어갈 천국을 약속해 주시고, 그 천국에 들어갈 수 있도록 인도해 주심을 감사해야 한다. 이러한 감사를 외적으로 표현하는 것이 예배이며 찬송이다. 그래서 시편 136편, 즉 예배 찬송을 보면 하나님이 인생들을 위해서 하신 일에 대한 감사가 찬송의 형식으로 나온다. "여호와께 감사하라 그는 선하시며 그 인자하심

---

2 지옥은 "하나님께서 창조하셨다"기보다는 하나님의 은혜와 축복을 거부한 자들이 처해지는 어둡고 비참한 상황을 지칭한다고 하겠다.

이 영원함이로다··· 지혜로 하늘을 지으신 이에게 감사하라 그 인자하심이 영원함이로다··· 이스라엘을 그들(애굽인) 중에서 인도하여 내신 이에게 감사하라 그 인자하심이 영원함이로다··· 홍해를 가르신 이에게 감사하라 그 인자하심이 영원함이로다··· 그들의 땅(가나안 땅)을 기업으로 주신 이에게 감사하라 그 인자하심이 영원함이로다··· 모든 육체에게 먹을 것을 주신 이에게 감사하라 그 인자하심이 영원함이로다." 창조주 하나님, 이스라엘을 구원하신 하나님, 땅을 기업으로 주신 하나님께 감사하는 것이 예배이고 찬송이다.

하나님과의 관계를 바르게 하기 위해서는 창조주 하나님의 은혜에 감사하는 것과 아울러 하나님과 화해해야 한다. 우리 인간들은 죄를 지음으로 인해 하나님과의 관계가 깨어지고 말았다. 그 깨어진 관계를 가장 잘 보여주는 것이 아담과 하와의 낙원(에덴동산)에서의 추방이다. 인간이 죄를 지어 하나님과의 관계가 깨어진 결과 낙원에서 쫓겨날 뿐만 아니라 인간의 삶의 터전인 땅이 저주를 받게 되었다. 땅이 가시덤불과 엉겅퀴를 내게 되었고, 인간은 일평생 땀 흘려 수고하여야 먹을 수 있게 되었다(창 3:17-18). 즉, 힘들고 고달픈 광야와 같은 길을 걸어가야만 하는 인생이 되었다. 인간이 죄를 지어 하나님과의 관계가 깨어짐으로 하나님과의 소통이 끊어지게 되었다. 죄로 인한 하나님과의 단절을 이사야 선지자는 다음과 같이 표현했다. "여호와의 손이 짧아 구원하지 못하심도 아니요, 귀가 둔하여 듣지 못하심도 아니라. 오직 너희 죄악이 너희와 너희 하나님 사이를 갈라놓았고 너희 죄가 그의 얼굴을 가리어서 너희에게서 듣지 않으시게 함이니라"(사 59:1-2). 죄를 지으면 하나님과의 관계가 깨어지고, 구원의 길에서 멀어지게 된다. 그리고 결국 죄는 죽음을 가져오며, 죽음 뒤에는 심판이 있다. 히브리서 기자는 "한 번 죽는 것은 사람에게 정해진 것이요 그 후에는 심판이 있으리"라고 하였다(히 9:27).

성경 말씀에 따르면 인간은 죄를 지음으로 하나님과의 관계가 깨어지고, 낙원을 상실하고, 결국 죽게 되며, 죽음 이후에는 심판을 받게 된다. 그러므로 우리가 죽음 이후에 멸망의 심판을 면하고 천국에 가서 안식하기 위해서는 죄로 인해 깨어진 하나님과의 관계를 회복해야 한다. 즉, 하나님과 화해해야 한다. 죄를 지은 인간이 어떻게 하나님과 화해할 수 있을까? 우리는 예수 그리스도를 통해서 용서(죄 사함)를 받음으로 하나님과 화해할 수 있다. 하나님이 우리를 사랑하사 우리 죄를 속(贖)하기 위하여 화목제물로 그 아들을 보내셨고(요일 4:10), 그는 우리 죄를 위한 화목제물이 되셔서 십자가에 달려 죽으셨다(요일 2:2). 우리가 죄로 인하여 하나님과 원수 되었을 때에 그의 아들의 죽으심으로 말미암아 하나님과 화목하게 되고 구원을 받는 길이 열리게 되었다(롬 5:10). 그러므로 우리는 화목제물이 되신 예수 그리스도를 믿음으로 죄 사함을 받고 하나님과 화목해야 한다. 하나님과 화목하면 죽음 이후에 멸망의 심판을 벗어나 천국 백성이 될 수 있다. 우리 모두에게는 죄가 있다. 살아온 과거의 길이만큼이나 많은 죄가 우리 자신 속에 쌓여 있다. 죽기 전에 이 죄를 화목제물이 되신 예수 그리스도의 십자가 보혈로 깨끗이 하고, 하나님과 화해해야 한다. 이것이 우리가 죽음을 준비하기 위해서 행해야 하는 가장 중요한 과업이다.

## 2. 이웃과의 관계 정리

우리는 죽음의 문을 잘 지나가기 위해서 이웃과의 관계를 잘 정리해야 한다. 우리 인간들은 태어나서부터 죽을 때까지 혼자 지내지 않는다.

우리 이웃들과 관계를 맺으면서 함께 살다가 죽음을 맞이한다. 죽음이란 이웃들과의 관계가 더 이어지지 못하고 끊어지는 것이다. 죽음이란 육체적으로 우리의 호흡이 끊어지는 것이지만, 사회적으로는 관계가 끊어지는 것이다. 우리의 지나온 삶은 이웃과의 관계 속에 침전물처럼 남아 있다. 그러므로 죽음을 맞이하기 전에 이웃과의 관계 속에 남아 있는 여러 가지 침전물을 잘 정리해야 한다. 그래야 우리는 죽음의 좁은 문을 잘 지나 천국에 이를 수 있다.

이웃과의 관계 속에는 보석처럼 아름답고 귀한 결정체들이 있다. 수많은 좋은 것이 있다. 이웃과의 관계 속에는 기쁨, 행복, 감사, 보람, 깨달음, 성숙, 나눔, 격려, 위로 등 수많은 좋은 것이 있다. 이 좋은 것들은 한 마디로 사랑으로 인해서 생성된 것이다. 이웃과의 관계 속에서 나타나는 모든 좋은 것은 사랑의 산물이다. 우리가 혼자 외로운 존재로 살지 않고 이웃과 함께 살아감으로 누릴 수 있는 가장 좋은 것은 사랑이다. 이 사랑이 있을 때 그것을 재료로 온갖 선하고 아름다운 것들이 나타나게 된다. 그러므로 살아있을 때나 죽음을 맞이할 때나 마지막까지 붙들어야 하는 것이 사랑이다. 죽음 바로 앞에서 이제 더 이상 아무것도 할 수 없는 처지에 있을 때도, 이제 곧 영원한 이별로 들어가야 할 때도 우리가 끝까지 붙들어야 하는 것은 사랑이다. 그래서 예수께서도 마지막 십자가의 길을 가시기 전날 밤 제자들에게 사랑을 말씀하셨다. "새 계명을 너희에게 주노니 서로 사랑하라. 내가 너희를 사랑한 것같이 너희도 서로 사랑하라"(요 13:34)고 하셨다. 2001년 911테러 당시 1,500여 명의 소중하고 죄 없는 목숨이 희생되었다. 그때 그들은 죽음을 앞에 두고 가족과 친지들에게 마지막 문자를 보냈다. 그 문자 속에는 수많은 안타까운 내용이 담겨 있지만 가장 많은 말은 "사랑한다"는 말이었다.[3] 우리 인생들이 이웃과 관계를 맺으며 살기 때문에 누릴 수 있는 모든 좋은 것은 사랑에서 나온다. 사랑으로 감싸면 인간이 살기 위해서 어쩔 수 없이 감내해야 하는 수많은 어려움과 고통도 아름답고 선한 것으로 변한다. 진주조개는 작은 모래알 같은 이물질이 몸 안으로 들어오면 탄산칼슘 성분의 체액으로 그것을 감싸 아름다운 진주를 만들어 낸다. 이와 마찬가지로 사랑은 인생의 모든 아픔과 괴로움을 감싸 아름다운 진주를 만들어 낸다.

우리가 죽음 앞에서 이웃과의 관계를 정리하려면 사랑과 감사로 정리해야 한다. 할 수 있는 한 많이 사랑하고, 그 사랑을 구체적으로 표현하고, 그 사랑을 기뻐해야 한다. 사랑할 수 있는 가족과 이웃이 옆에 있는 것을 감사하고, 받은 사랑에 감사해야 한다. 우리가 삶을 마칠 때 가장 후회되는 일은 사랑해야 할 사람들을 사랑하지 못한 것이요 더 많이 사랑하지 못한 것이다. 사랑은 우리 인생길의 마지막 순간까지 할 수 있는 일이요 또한 해야만 하는 일이다. 예수님도 그렇게 하셨다. "유월절 전에 예수께서 자기가 세상을 떠나 아버지께로 돌아가실 때가 이른 줄 아시고 세상에 있는 자기 사람들을 사랑하시되 끝까지 사랑하시니라"(요 13:1)고 하였다. 예수께서는 십자가의 죽음을 앞두고 자기 사람들을 사랑하시되 끝까지 사랑하셨다. 또한 십자가에서 숨을 거두시기 직전에 제자 요한에게 육신의 어머니 마리아를 부탁하셨다. "예수께서 자기의 어머니와 사랑하시는 제자가 곁에 서 있는 것을 보시고 자기 어머니께 말씀하시되 여자여 보소서 아들이니이다 하시고, 또 그 제자에게 이르시되 보라 네 어머니라 하신대 그때부터 그 제자가 자기 집에

3 김용식, "9·11희생자 최후의 말," 「한국일보」 (2012. 9. 11.).

모시니라"(요 19:26-27). 예수님은 십자가의 고통 가운데서도 홀로 남은 육신의 어머니를 잊지 않으시고 제자에게 사랑의 부탁을 하셨다.

우리는 죽음 앞에서 삶을 잘 정리하기 위해서 마지막까지 사랑해야 한다. 그리고 사랑을 받아야 하고, 그 사랑에 감사해야 한다. 어떤 사람은 다른 사람에게 사랑을 주는 것은 좋아하지만 사랑받는 것을 잘 못하는 사람이 있다. 똑똑하고, 능력 있고, 반듯하고, 자존심 강하고, 도덕적인 사람 가운데 이런 사람이 때때로 나타난다. 사랑은 잘 주는 것도 좋은 일이지만, 잘 받는 것도 좋은 일이다. 사랑은 일방적인 것이 아니라 서로 주고받는 것이 되어야 한다. 그래서 사랑과 관련된 성경 말씀을 보면 서로 사랑하라고 하였다. 예수님께서는 "새 계명을 너희에게 주노니 서로 사랑하라"(요 13:34), "너희가 서로 사랑하면 이로써 모든 사람이 너희가 내 제자인 줄 알리라"(요 13:35)고 말씀하셨다. 바울 사도도 "내가 이것을 너희에게 명함은 너희로 서로 사랑하게 하려 함이라"(요 15:17)고, 베드로 사도도 "무엇보다도 뜨겁게 서로 사랑할지니 사랑은 허다한 죄를 덮느니라"(벧전 4:8)고 하였다. 또한 요한 사도도 "어느 때나 하나님을 본 사람이 없으되 만일 우리가 서로 사랑하면 하나님이 우리 안에 거하시고 그의 사랑이 우리 안에 온전히 이루어지느니라"(요일 4:12)고 하였다.

예수님을 비롯하여 요한·베드로·바울 사도 등 신약성경의 가장 중요한 인물들은 모두 사랑을 권면(명령)하면서 "서로 사랑하라"고 하셨다. 서로 사랑하려면 사랑을 주기도 하고, 사랑을 받기도 해야 한다. 주기만 하고 받지 않는 사랑이나 받기만 하고 주지 않는 사랑은 온전한 사랑이 될 수 없다. 병든 사랑, 상처를 주는 사랑, 더 나아가 위험한 사랑이 될 수 있다. 우리 인생의 모든 좋은 것은 사랑에서 나온다. 사랑이 없으면 이 세상의 모든 좋은 것이 아무것도 아닌 것이 된다(고전 13:1-3).

참사랑, 건강하고 거룩한 사랑은 서로 사랑하는 것이다. 일방적이고 강요된 사랑은 슬픔과 고통을 수반한다. 죽음의 문을 지나기 전에 살아온 인생을 정리할 때 우리는 사랑의 빛으로 정리해야 한다. 사랑하고 사랑받을 수 있는 가족과 이웃이 있음을 감사해야 한다. 그리고 마지막 숨을 거두는 순간까지 사랑하고, 사랑을 고백하고, 사랑을 받아들여야 한다. 이것이 이웃과의 관계를 가장 아름답게 정리하는 길이다.

가족을 비롯한 이웃과의 인간관계 속에는 아름답고 행복한 과거만 있는 것이 아니다. 추하고 불행하고 어두운 과거도 많이 있다. 죄성(罪性)을 가지고 태어난 인간이 죄에 물든 세상에서 살면 인간관계 속에는 밝고 아름다운 과거보다 어둡고 추한 과거의 침전물이 더 많이 쌓인다. 미움, 원망, 시기, 질투, 분노, 음모, 멸시, 교만, 거짓 등 인간관계의 과거 속에는 어둡고 추하고 악한 침전물들이 많이 쌓여 있다. 대부분 부정적인 경험을 하게 되면 인간관계는 끊어져 버린다. 절교 혹은 요즈음 말로 손절이 일어나게 된다. 절교나 손절은 부정적 인간관계로 인한 상처나 손실을 최소화하는 기능이 있음을 부정할 수 없다. 그러나 세상에는 끊을 수 없는 관계가 있다. 혈연과 가족 제도로 연결된 부모 자식 관계와 형제 관계가 대표적인 예다. 요즈음 아무리 이혼율이 높아졌다 해도 부부관계 역시 끊기 어려운 관계이다. 설사 이혼했다 해도 그 관계는 끈질기게 이어진다. 고대 사회에서의 주인과 종(노예)의 관계, 신분을 매개로 한 사회관계, 군대나 조폭 집단과 같이 강제력에 의해 통제되는 조직의 구성원들 사이에 나타나는 벗어나기 어려운 관계도 끊기 어려운 관계이다. 생업이 매여 있는 직장 안에서의 관계 역시 가족관계 못지않게 끊기 어려운 관계이다. 끊기 어려운 관계 속에서 나타나는 부정적인 인간관계의 산물들은 상처, 분노, 억압과 같은 영적, 정신적, 정서적 독소를 뿜으면서 인간성과 생명을 파괴한다. 흔히 상한 감정이라 불리는 부정적 인간관계의 산물은 정도의 차이가 있을 뿐 모든 인간에게 나타나고 있다.[4] 우리는 지금 여러 영역에서 사회생활의 수준이 높아지고, 이른바 '감정 노동'의 비중이 높아진 사회에서 교양과 문명의 마스크를 쓰고 관계를 맺고 있다. 이러한 관계에서는 상한 감정과 상처가 이중 삼중으로 전이되고 왜곡되어 자기 자신도 그 정체를 알지 못하는 경우가 많다.

이웃과의 관계 속에서 나타나는 모든 부정적이고 어둡고 죄된 요소들은 용서를 통해서 씻어야 한다. 이웃과의 관계에서 용서는 크게 두 가지 요소, 즉 용서를 구하는(ask) 것과 용서를 하는(do) 것으로 이루어져 있다. 즉, 우리는 우리 자신이 이웃에게 잘못한 것에 대해서 용서를 구해야 하고, 다른 사람이 나에게 잘못한 것을 용서해야 한다. 용서를 구하는 것은 자신의 과거를 부정적으로 인식하는 것이며 또한 자존심이 상하는 일이기도 하다. 그러나 우리는 용서를 구해야만 죄의 짐을 내려놓을 수 있고, 과거의 어두운 삶을 정리할 수 있다. 나의 죄에 대해서 용서를 구하는 것만큼이나 중요한 것은 다른 사람의 죄를 용서하는 것이다. 다른 사람을 용서하지 않으면 다른 사람이 저지른 죄의 짐이 나에게도 무거운 짐으로 남는다. 가해자의 죄의식이 무거운 짐인 것과 마찬가지로 피해자의 상처 역시 무거운 짐이 되는 법이다. 그러므로 우리가 죽음의 좁은 문을 잘 지나가기 위해서는 용서를 구하고 용서함으로써 죄의식의 짐과 상처의 짐을 내려놓아야 한다.

창세기에 나오는 족장 야곱은 죽을 때가 가까이 왔을 때 자손들을 위하여 두 가지를 행하였다. 하나는 자손들을 축복하는 것이었고, 다른

---

4 데이빗 A. 씨맨스/송헌복, 『상한감정의 치유』 (서울: 두란노, 2018).

하나는 자식들이 용서하고 용서받도록 하는 일이었다. 그래서 야곱은 죽음을 맞이하여 동생을 노예로 판 악행을 저질렀던 요셉의 형들에게 용서를 구하도록 지시하였다. 그리고 피해자요 마음의 상처를 입은 요셉에게는 형들을 용서하라고 부탁하였다. 그러자 요셉의 형들이 요셉을 찾아가서 말했다. "당신의 아버지가 돌아가시기 전에 명령하여 이르기를 너희는 이같이 요셉에게 이르라. 네 형들이 네게 악을 행하였을지라도 이제 바라건대 그들의 허물과 죄를 용서하라 하셨나니 당신 아버지의 하나님의 종들인 우리 죄를 이제 용서하소서"(창 50:16-17). 요셉의 형들은 아버지의 부탁과 하나님의 종이라는 자신들의 신분을 의지하여 동생 요셉에게 용서를 구했다. 그러자 요셉은 형들을 용서하였고, "내가 당신들과 당신들의 자녀를 기르리이다"라고 하면서 형들을 위로하였다(창 50:21). 요셉의 형들이 저지른 악행은 그들 자신의 무거운 짐이 될 뿐 아니라 아버지인 야곱에게도 무거운 짐이 되었다. 야곱은 요셉의 형들에게는 용서를 구하라고 지시하였고, 아들 요셉에게는 형들을 용서하라고 지시함으로 그 무거운 짐을 내려놓게 하였다. 그리고 평안한 마음으로 조상들이 있는 하나님의 품으로 돌아갈 수가 있었다. 요셉과 그의 형들 또한 용서하고 용서받음으로써 평안히 아버지의 뒤를 따라갈 수 있었다.

우리 인생들은 모두 죄인이다. 그러므로 우리는 타인에게 악을 행하기도 하고, 타인이 저지른 악의 피해자가 되기도 한다. 그래서 우리는 죄의 짐과 상처의 짐을 함께 지고 있다. 용서를 구하고 용서를 해야만 이러한 짐을 내려놓을 수 있다. 예수께서도 주기도문을 통해서 말씀하시기를 "우리가 우리에게 죄지은 자를 사하여 준 것 같이 우리 죄를 사하여 주옵소서"라고 기도하라 하셨다. 용서란 죄를 지은 자에게 필요한 것과 마찬가지로 죄의 상처 입은 피해자에게도 필요하다. 그래서 예수님은 십자가 위에 달려 죽으실 때 자신을 십자가에 매단 유대인들과 로마 병정들을 바라보시면서 "아버지 저들을 사하여 주옵소서. 자기들이 하는 것을 알지 못함이니이다"(눅 23:34)라고 죄 용서의 기도를 올리셨다. 예수께서는 자신에게 악을 저지른 자들을 용서하심으로 십자가 길의 모든 무거운 짐을 내려놓으셨다. 그리고 평안한 마음으로 하나님께 그 영혼을 부탁하시고 죽음의 문을 지나가셨다. 우리는 죽음을 준비하기 위해서 용서하고 용서받음으로 지금까지 살아오면서 만들어진 죄의 짐을 내려놓아야 한다. 그때 우리는 가벼운 몸으로 죽음의 문을 지나 천국에 이를 수 있다.

## 3. 자기 자신과의 관계 정리

관계란 사전적 의미로 볼 때 '사람과 사람 사이의 연결 방식'이라는 의미다. 그러므로 관계란 복수(複數)의 주체를 전제로 한다. 따라서 자기 자신과의 관계라는 말은 모순처럼 여겨질 수 있다. 그러나 인간의 성격 (personality)이나 개성(character), 자아(ego) 등은 하나의 모습으로 통합되지 않고 다면적 · 다층적인 경우가 많다. 사회가 복잡해지고 가치가 다원화될수록 자아의 분열 현상이 더욱 심하게 나타난다. 정신의학적 용어로 '해리성 정체감 장애'(Dissociative Identity Disorder, DID)라 불리는 다중인격의 모습이 적지 않은 사람에게 나타나고 있다. 다중인격 캐릭터의 전형을 보여준 스티븐슨(R. L. Stevenson)의 『지킬 박사와 하이드 씨』 (*Strange Case of Dr. Jekyll and Mr. Hyde*),[5] 히치콕 감독의 영화 <사이코>,

---

5 로버트 루이스 스티븐슨/황윤영, 『지킬 박사와 하이드 씨』 (서울: 보물창고, 2012).

만화와 드라마 그리고 영화로 제작되어 크게 인기를 끌었던 <헐크> 등은 모두 극단적인 다중인격을 보여준다. 상징적 상호작용론의 사회학자 미드(G. H. Mead)가 말하는 주체로서의 자아(I)와 객체로서의 자아(me), 칼 로거스의 현실적 자아와 이상적 자아, 프로이드가 말한 이드, 에고, 슈퍼에고 등과 같은 개념들은 모두 자아의 분화(혹은 분열), 인격의 다중성을 말하는 것이다.

포스트모더니즘의 시대라 불리는 현대 사회에서 인간의 자아나 인격은 온전히 통합되지 못하고 분열과 다중성을 보인다. 자아의 통합성 결여는 일시적이고 부분적인 것이 아니라, 장기적이고 전체적인 현상이 되고 있다. 살아온 과거의 시간이 주는 무게와 비례하여 더욱 고착된다. 그 결과 어떤 사람들에게는 신경증, 성격장애, 정신질환 등으로 발전하기도 한다.6 그러므로 건강하고 통합된 자아가 형성되기 위해서는 자신의 자아 속에 있는 다중인격적이고 분열된 요소가 해소되어야 한다. 즉, 자기 자신 속에 있는 분열되고 충돌하는 자아들 사이의 관계가 잘 정리되어야 한다. 그래야 아름답고 복된 죽음을 맞이할 수 있다.

죽음은 삶의 끝이기도 하지만 또한 삶의 완성이기도 하다. 삶의 시간적 끝으로서의 죽음은 누구에게나 온다. 그러나 모든 죽음이 삶의 완성은 아니다. 많은 사람이 삶의 완성으로서의 죽음이 아닌 시간의 끝으로서의 죽음을 맞이한다. 서경(書經)에 "군자왈종 소인왈사"(君子曰終 小人曰死, 군자의 죽음은 '종'이라고 하고, 소인의 죽음은 '사'라 한다)라고 하였다. 즉, 군자의 죽음은 삶의 완성이기 때문에 '마칠 종'(終)이라 부르고, 소인의 죽음은

---

6 주서택 · 김선화, 『내 마음속에 울고 있는 내가 있어요』 (서울: 순출판사, 1997); 이무석, 『30년만의 휴식』 (서울: 비전과 리더십, 2015).

삶의 완성이 되지 못하므로 육신의 생명이 끊어지는 것을 표현하는 '죽을 사'(死)를 사용한다. 죽음이 단순히 육체적 생명의 끝이 아니라 삶의 완성이 되기 위해서는 분열되고 충돌하는 자아 사이의 통합과 화해가 필요하다. 아무리 타인과의 인간관계가 좋고, 사회적인 업적이 많은 사람이라 해도 자기 자신과의 관계가 정리되지 못하면 삶의 완성이 이루어질 수 없다. 삶의 완성이란 사회적 지위, 물질적 풍요, 좋은 인간관계 만으로 이루어질 수는 없다. 매슬로우의 욕구 단계 이론에서 말한 바와 같이 가장 높은 단계의 욕구, 즉 자아실현의 욕구가 이루어져야만 한다.[7] 또한 빅터 프랭클이 말한바 '삶의 의미'를 찾을 수 있어야 한다.[8] 자아실현의 욕구를 충족하거나 삶의 의미를 찾는 데는 분열된 자아의 통합과 정체성의 확립이 필수적인 요소다.

개개인의 자아가 분열되는 가장 중요한 이유는 죄의식과 자괴감이다. 인간은 도덕적인 존재이다. 그래서 도덕적인 삶을 살고자 한다. 그러나 인간은 자신이 원하는 도덕적인 삶을 살지 못하는 무능력한 존재이다. 그러므로 죄를 짓고, 악을 행하며, 그 결과 죄의식에 빠진다. 죄의식에 빠지면 죄를 지은 자아와 죄를 인식하는 자아 사이에 갈등이 일어나고, 자아의 통합이 무너진다. 바울 사도는 이러한 인간의 모습을 가장 잘 표현했다. "내 속 곧 내 육신에 선한 것이 거하지 아니하는 줄을 아노니 원함은 내게 있으나 선을 행하는 것은 없노라. 내가 원하는 바 선은 행하지 아니하고 도리어 원하지 아니하는 바 악을 행하는도다. … 내 속사람으로는 하나님의 법을 즐거워하되, 내 지체 속에서 한 다른 법이

---

7 에이브러햄 매슬로/소슬기, 『매슬로의 동기이론』 (서울: 유엑스리뷰, 2018).
8 빅터 프랭클/이시형, 『삶의 의미를 찾아서』 (경기: 청아출판사, 2005).

내 마음의 법과 싸워 내 지체 속에 있는 죄의 법으로 나를 사로잡는 것을 보는도다"(롬 7:18-19, 22-23). 도덕적인 존재로서의 인간은 선을 행하고자 하는 욕구는 있으나 실제의 삶 속에서는 악을 행하게 되고, 그 결과 죄의식에 사로잡힌다. 그리고 이러한 죄의식은 자아의 분열을 가져온다.

인간의 자아를 이상적 자아와 현실적 자아로 나누어 생각할 수 있다. 이상적 자아란 자신이 되고 싶은 자아, 스스로 추구하는 자아이다. 그리고 현실적 자아란 현재의 상태 그대로의 자아이다. 인간은 누구나 다 더 높은 수준의 자아를 꿈꾸고 추구하지만, 현실에서의 자신의 모습은 그러한 자아에 미치지 못하는 것이 일반적인 현상이다. 그러므로 이상적 자아와 현실적 자아 사이에는 괴리(乖離)가 있기 마련이다. 프로이드는 자아를 구성하는 한 요소인 에고가 다른 요소인 이드와 슈퍼에고 사이의 간격과 갈등을 조절한다고 하였다. 이처럼 사람들은 자신의 자아 속에 있는 괴리와 간격을 적당히 조정하면서(혹은 적당히 타협하면서) 자아의 통합을 유지한다. 그러나 이상적 자아와 현실적 자아 사이의 괴리가 용인할 수 없을 만큼 크거나 그러한 간격에 매우 예민하게 반응하는 경우 깊은 자괴감(自愧感)에 빠질 수 있다. 즉, 자신의 자아에 대해 열패감, 수치심, 분노(자기 자신과 자신이 처한 상황에 대한), 비애 등과 같은 부정적 감정이나 태도가 나타나게 된다. 성경 속의 인물 가운데 이러한 모습을 잘 보여주는 사람은 누가복음 20장에 나오는 세리장 삭개오이다. 그는 자신이 되고 싶은 이상적 자아와 이웃들에게 손가락질 당하는 현실적 자아 사이에서 많은 자괴감을 느낀 사람이었다. 그가 예수님을 만나기 위해서 뽕나무 위로 올라간 것은 분열된 자아가 통합되고 스스로에 대한 부정적인 감정을 해소하기를 원했기 때문이었다. 이처럼 이상적 자아와 현실적 자아 사이의 괴리와 간극(間隙)으로 인한 자괴감은 자아의 분열을 초래한다.

　위대한 인물들 그리고 성실하고 진실하게 산 사람들은 분열되지 않고 통합된 자아, 거짓되지 않은 참 자아를 가진다. 이러한 자아감을 가진 사람은 자아와 인격의 완성에 이른다. 그리고 이러한 사람들에게 죽음이란 삶의 완성이 된다. 그래서 죽음을 담담히 받아들일 수 있다. 공자님께서는 『논어』, 「이인(里仁)편」에서 말씀하시기를 "조문도 석사가의"(朝聞道 夕死可矣)라고 하셨다. 이 말씀을 "아침에 도를 듣고 깨달으면 저녁에 죽어도 좋다"와 같이 개인적인 도의 깨달음이 있으면 그날 죽어도 좋다는 의미로 해석할 수 있다. 혹은 "아침에 도가 이루어졌다는 소식을 들으면 저녁에 죽어도 여한이 없다"와 같이 이 세상에 도가 이루어졌다는 소식이 들리면 죽음을 편안히 맞이할 수 있다는 사회적 의미로 해석할 수 있다. 이 말씀의 주어를 공자님 자신으로 해석할 수 있다. 즉, "나는 아침에 도를 깨달았으므로 오늘 죽어도 여한이 없다"고 해석할 수 있다. 도 혹은 진리의 개인적인 깨달음이나 사회적인 실현이 이루어지면 도를 구하고, 도를 깨닫고, 도를 가르친 위대한 스승이신 공자님께서는 온전히 자아 성취를 이루신 것이다. 그러므로 죽음 앞에서 아쉬워하거나 슬퍼할 이유가 없다. 죽음을 담담히 받아들일 수 있다.

　스티븐 스필버그 감독의 영화 <라이언 일병 구하기>의 가장 감동적인 장면은 마지막 장면이다. 라이언 일병을 구하기 위해 다른 대원들과 함께 목숨을 던진 밀러 대위는 마지막 숨을 거두면서 "살아서 돌아가. 잘 살아야 해"라고 말한다. 이 말을 하는 대위를 바라보는 라이언 일병의 얼굴이 54년 후의 모습으로 변한다. 70대 중반의 노인이 된 라이언 일병은 밀러 대위의 묘비 앞에서 말한다. "최대한 잘 살려고 노력했고 그런대로 잘 살아왔습니다. 대위님의 희생이 헛된 것으로 보이지 않았기를 바랍니다." 그리고 밀러 대위의 묘비 앞으로 다가온 아내에게 "내가 훌륭히 살았다고, 내가 좋은 사람이었다고 말해줘요"라고 말한다. 그러자 그의 아내가 "당신은 훌륭해요"라고 대답하였고, 노인이 된 라이언 일병은 밀러 대위의 묘비를 향해 거수경례를 한다. 카메라는 밀러 대위 묘비 뒤에 있는 수많은 전사자의 묘비를 보여주며 영화는 끝이 난다. 라이언 일병은 자신을 구하기 위해서 밀러 대위를 비롯한 6명의 대원이 희생되었다는 사실을 일평생 기억하면서 살았다. 그의 자아는 '빚진 자로서의 삶'이었다. 그리고 그는 최대한 잘 살려고 노력했으며, 그런대로 잘 살아왔다. 그리고 자아의 성취를 이루었다. 그리고 묘비를 향해 경례한다. 이것은 밀러 대위가 있는 죽음의 세계로 편안하게 갈 수 있다는 의미다.

아침에 도를 깨달은 공자님, 일평생 빚진 자로서의 삶을 성실하게 살아온 라이언 일병 그리고 십자가 위에서의 마지막 말씀이 "다 이루었다"고 하신 예수님, "나는 선한 싸움을 싸우고 나의 달려갈 길을 마치고 믿음을 지켰으니 이제 후로는 나를 위하여 의의 면류관이 예비되었다"(딤후 4:7-8)고 고백한 바울 사도, 이분들은 위대한 삶, 가치 있는 삶, 성실한 삶을 통해서 자아의 통합을 이루었고, 삶이 완성된 사람들이다. 그러므로 이분들은 담담하게, 아니 기쁨으로 평안히 죽음을 맞이할 수 있었다. 그러나 대다수 사람의 경우 참된 자아 성취를 통한 삶의 완성은 어려운 일이다. 그래서 자아는 분열되고, 죄의식과 자괴감에 시달리게 된다. 그 결과 죽음을 담담히 맞이할 수가 없다. 죄의식에 시달리는 사람은 죽음 후의 심판이 두려워서, 자괴감에 시달리는 사람은 지나온 인생이 억울하고 후회스러워서 죽음을 담담히 맞이하지 못한다. 그러나 이러한 사람들에게도 길은 있다.

그 길은 믿음의 길이다. 어떤 믿음인가? 우리를 용납하시고 받아

주시는 하나님 아버지에 대한 믿음을 가지는 것이다. 우리는 하나님의 자녀이며, 죽은 후에 아버지 하나님의 집으로 간다. 예수께서 우리에게 가르쳐 주신 가장 위대한 진리는 "하나님이 우리의 아버지시다"라는 말씀이다.[9] 예수님의 말씀처럼 하나님은 우리의 아버지이시고, 우리가 이 세상을 떠나면 아버지 품으로 돌아가게 된다. 하나님 아버지의 집이 우리의 본향이다. 그리고 본향에 계신 아버지는 우리를 기다리고 계신다. 그 자녀들이 아버지 집으로 갈 때 결코 거절하지 아니하시고 기쁨으로 맞이하신다. 예수께서는 누가복음 15장에 나오는 돌아온 탕자의 비유를 통해 집 나간 자식을 간절히 기다리시는 아버지 하나님, 탕자가 돌아왔을 때 기쁨으로 맞이하시는 아버지 하나님의 모습을 잘 보여주셨다. 이 비유는 천국의 비유이기도 하다. 우리가 죽은 후 천국, 곧 아버지 집으로 가면 하나님 아버지께서 우리를 맞이해 주신다. 천국에 들어가지 못하는 사람은 아버지 집으로 가기를 원하지 않아서 스스로 아버지 집을 떠난 사람일 뿐이다. 우리를 기다리시고 맞이하시는 아버지를 거부하고 등을 돌리는 것이 가장 큰 심판이다.

아버지 하나님이 우리를 맞아주신다는 것은 아버지 하나님이 우리를 용납하신다는 의미이다. 자아가 깨어지고 분열되면서 죄의식과 자괴감에 시달리는 인생들을 아버지 하나님은 용납하신다. 내 모습 이대로 받아주신다. 이것은 찬송가 214장 가사에 잘 표현되어 있다.

나 주의 도움 받고자 주 예수님께 빕니다. 그 구원 허락하시사 날 받아

---

9 신약성경 복음서를 보면 예수님이 하나님을 지칭할 때 거의 다 '아버지'라고 하였다. '하나님'으로 지칭하는 경우는 얼마 되지 않는다.

주소서. 내 모습 이대로 주 받아 주소서. 날 위해 돌아가신 주 날 받아 주소서.

이 찬송가 가사처럼 하나님이 우리를 용납하시고 받아 주시는 이유는 하나님이 우리의 아버지이시기 때문이다. 그 아버지의 뜻에 따라 예수님 께서 날 위해 돌아가셨기 때문이다. 그래서 내 모습 이대로 받아 주신다. 깨어진 자아, 분열된 자아, 삶의 완성을 이루지 못한 자아, 죄의식과 자괴감에 시달리는 자아, 이 모습 이대로 받아 주신다. 이 모습 이대로 용납하신다. 우리는 이 믿음을 가져야 한다. 하나님은 우리의 아버지시라 는 믿음, 우리가 죽으면 아버지 집으로 간다는 믿음, 아버지는 우리를 기다리시고 용납하신다는 믿음을 가져야 한다. 이 믿음을 가져야 깨어지 고 분열된 자아가 치유될 수 있다. 비록 외적으로는 초라한 인생길을 걸어왔지만, 우리의 신분은 하나님의 자녀라는 믿음을 가져야 한다. 하나님 아버지의 사랑이 깨어진 우리의 자아를 용납하시고, 우리를 천국 으로 받아 주신다.

마태복음 20장에 나오는 천국의 비유는 받아 주시는 하나님 아버지를 가장 잘 표현한 말씀이다. 천국의 주인 되신 하나님께서는 종일 아무 일도 하지 않고 길에서 놀고 있는 인생이지만, 오후 5시 일과가 끝날 시간에라도 천국의 포도원으로 불러 주시고, 천국의 품삯을 주시는 분이 시다. 이 세상에서의 우리 삶의 모습이 어떠하였든지 상관없이 우리를 용납하시고 받아 주시는 분이 하나님 아버지이시다. 그리고 하나님이 우리를 용납하시고 천국으로 받아들이시도록 십자가 위에서 대가를 치르신 분이 예수 그리스도이시다. 그러므로 우리는 우리를 용납하시는 하나님 아버지의 사랑을 믿어야 한다. 그래서 신학자 폴 틸리히는 다음과 같은 유명한 말을 남겼다. "Accept what you are accepted!"(받아들이라.

너 자신이 받아들여졌음을!)

천상병 시인(1930-1993), 그는 참으로 어렵고 힘든 인생길을 살았다. 천재 시인이었고 기인이었던 그는 독립적인 경제활동을 하지 못했다. 더욱이 1969년 동베를린 사건에 연루되어 고문 후유증으로 몸과 마음이 극도로 쇠약해진 상태에서 많은 고통 가운데 살았다. 그러나 그는 귀천(歸天)이라는 불후의 명시를 남겼다.

나 하늘로 돌아가리라 / 새벽빛 와 닿으면 스러지는 / 이슬 더불어 손에 손을 잡고 //
나 하늘로 돌아가리라 / 노을빛 함께 단 둘이서 / 기슭에서 놀다가 구름 손짓하면은 //
나 하늘로 돌아가리라. / 아름다운 이 세상 소풍 끝내는 날 / 가서, 아름다웠더라고 말하리라.

천상병 시인은 알고 있었다. 시적인 재능은 있으나 세상살이에는 무능력한 사람, 험한 세상 만나서 국가 권력에 의해 몸과 마음이 깨어져 버린 사람, 술을 마시고 기행을 하지 않고 제정신 가지고는 살지 못하는 사람, 자신이 그런 사람인 것을 알았다. 그는 깨어진 자아, 상처 입은 자아를 가진 사람이었다. 그러나 그는 하늘 아버지께서 자기를 용납하고 받아 주신다는 것을 믿었다. 이 모습 이대로 받아 주신다는 것을 믿었다. 그래서 그는 의심하지 않고 "나 하늘로 돌아가리라"고 외쳤다. 이 믿음이 있었기에 험하고 척박한 이 세상의 삶을 '소풍'이라 하였고, '아름다운 곳'이라고 하였다.

죽음의 문은 좁은 문이다. 이 좁은 문을 잘 지나가려면 지금까지의 삶의 결과로 만들어진 인생의 무거운 짐을 내려놓아야 한다. 하나님과 이웃과 자기 자신과의 관계 속에서 만들어진 여러 가지 어지럽고 혼탁한 영혼의 침전물들을 잘 정리해야 한다. 먼저 우리에게 생명을 주신 창조주 하나님께 감사하고, 우리의 죄로 인해 어그러진 하나님과의 관계를 바르게 해야 한다. 다음으로 우리의 가족, 친지, 동료와 같은 이웃들과의 관계를 사랑으로 잘 정리해야 한다. 이웃과의 관계에서 깨어지고 상처 난 것이 있으면 서로 용서하고 용서받아야 한다. 그다음 자기 자신 속에 있는 다양하고 분열된 자아들이 아름답게 조화를 이루고 통합될 수 있도록 해야 한다. 이것을 위해서는 우리 인간이 하나님의 자녀라는 정체성을 가져야 하며, 자녀이기 때문에 아버지 되시는 하나님께 용납되는 존재임을 믿어야 한다. 이렇게 할 때 우리는 죽음을 잘 준비할 수 있다. 죽음의 좁고 험한 문을 소망과 기쁨 가운데 지나갈 수 있다.

# 12장
# 청년의 죽음 연습

죽음은 삶의 끝이고 새로운 삶의 시작이다. 그러므로 죽음은 항상 삶과 연결되어 있다. 산다는 것은 죽어간다는 의미이며, 죽는다는 것은 지금까지 살아왔다는 의미이다. 그러므로 죽음은 현재의 삶과 항상 연결되어 있다. 좋은 죽음을 맞이하기 위해서 꼭 필요한 과거의 삶을 잘 정리하는 일도 현재의 삶을 통해서 이루어진다. 행복한 죽음을 맞이하기 위해서 죽음 후의 미래의 삶을 소망하는 것도 현재의 삶을 통해서 가능하다. 현재의 삶이 잘못되면 과거의 삶을 잘 정리할 수도 없고, 죽음 후의 삶에 대한 소망을 간직할 수도 없다. 예수님이 십자가에 달려 죽으실 때 십자가 양옆에는 두 명의 강도가 함께 매달려 죽음을 맞이하였다. 두 강도는 똑같이 십자가 위에서 짧은 현재의 삶을 살다가 죽음을 맞이하였다. 그러나 한 강도는 그 짧은 현재의 시간에 예수님에게 믿음을 고백하고 죽음 후의 자신의 운명을 맡겼다. 그리고 다른 한 강도는 그렇게 하지 않았다. 그 결과 한 강도에게는 죽음 후의 낙원이 허락되었고, 다른 한 강도는 낙원을 허락받지 못하고 절망 가운데서 죽음을 맞이하게 되었다.

우리 인생의 매일의 삶, 매 순간의 삶이란 죽음을 준비하는 삶이다. 죽음을 잘 준비하는 현재의 삶을 살기 위해서는 지금 여기서(here and now) 최선을 다하는 삶을 살면서 또한 죽음을 의식하고 죽음 이후의 더 아름다운 삶을 소망하며 살아야 한다. 이러한 삶을 '죽음 연습의 삶'이라고 부를 수 있을 것이다. 에베레스트산과 같은 높은 산을 오르려는 사람은 그보다 낮지만 험한 산을 수없이 오르며 연습한다. 대학 시험을 치르는 학생은 여러 차례에 걸쳐 모의고사 문제를 풀면서 연습한다. 이와 마찬가지로 죽음이라는 좁고 험한 미지의 문을 열고 들어가기 위해서는 죽음을 연습해야 한다. 매일매일 일평생 죽음을 연습할 때 우리는 아름답고 평안한 죽음을 맞이할 수 있고, 죽음 이후의 복된 삶으로 잘 들어갈 수 있다.

죽음을 의식하면서 지금 여기서 최선을 다하는 죽음 연습의 삶은 죽음과의 거리에 따라 그 모습이 달라질 수 있다. 죽음과의 거리가 비교적 먼 청년(어린) 시절(40대 이하), 아직은 죽음과의 거리가 가깝지 않은 중년 시절(40-60대), 죽음과의 거리가 가까운 노년 시절(60대 이상)로 나누어서 죽음 연습의 삶, 즉 죽음을 바라보면서 지금 여기서 최선을 다하는 삶에 대해 생각해 보겠다.[1]

40대 이하의 청년 시절은 죽음과의 거리가 가장 먼 시절이다. 이 시절을 지내는 사람들은 죽음의 시간이 아닌 삶의 시간을 보낸다. 육체적으로, 정신적으로 성장하는 시기이며 또한 생명력이 넘치는 건강한 시절

---

[1] 40대는 개인에 따라 청년 시절과 중년 시절이 겹칠 수 있으며, 60대는 중년 시절과 노년 시절이 겹칠 수 있다. 어느 편에 속할 것인가는 개인의 조건, 사회문화적 상황 등에 따라 달라질 수 있을 것이다.

이다. 따라서 젊은이는 죽음을 준비하기 위해서 유언장을 쓰고, 과거를 회상하면서 인생을 정리하고, 조용히 죽음을 기다리는 삶을 살 수는 없는 법이다. 신경숙의 1997년 동인문학상 수상 작품 『그는 언제 오는가』는 이러한 주인공의 모습을 잘 묘사하였다. 이 작품의 주인공은 어린 시절 뜻하지 않은 사고로 부모님을 잃었다. 아직 젊은 나이의 동생이 알 수 없는 이유로 음독자살을 했다. 이러한 경험이 그에게 상처와 두려움이 되어 '그는(죽음은) 언제 나에게 오는가?' 생각하면서 존재와 삶의 영역을 최소한으로 축소시킨 삶을 산다. 언제 올지 알 수 없는 죽음을 두려워하며 일터인 미용실과 미용실 바로 옆에 있는 집만을 오고 가면서 살아간다.2 그는 아직 젊은이였지만 생명력이 넘치는 삶을 사는 것이 아니라 죽음에 억눌린 삶을 살고 있다(물론 작가는 남대천의 연어를 통해서 주인공의 생명 의지를 간접적으로 보여주지만, 드러난 그의 삶은 생명이 죽음에 억눌린 삶이다).

청년 시절에도 죽음을 의식하고 죽음을 준비하는 것이 필요한 일이지만 그렇다고 해서 죽음에 억눌린 삶을 살아서는 안 된다. 성경 전도서 말씀에 "범사에 기한이 있고 천하만사가 다 때가 있나니 날 때가 있고 죽을 때가 있으며 심을 때가 있고 심은 것을 뽑을 때가 있다"(전 3:1-2)고 하였다. 젊은 시절은 살아야 할 때이지 죽어야 할 때가 아니다. 젊은 시절은 생명이 피어나는 시절이지 생명을 마무리하는 시절은 아니다. 그러므로 젊은 시절 현재의 삶이란 생명이 충만한 삶을 살아야 한다. 젊은 시절에는 생명이 충만한 삶을 살아야 하지만 그렇다고 해서 죽음을

---

2 신경숙, 『그는 언제 오는가』, 1997년 제28회 동인문학상 수상 작품집 (서울: 조신일보사, 1997).

망각하고 죽음이라는 엄연한 삶의 현실을 외면하는 삶을 살아서도 안 된다.

## 1. 죽음을 망각하지 않는 연습

청년 시절 죽음을 준비하는 삶, 즉 죽음 연습의 삶이란 어떤 삶인가? 그것은 지금 여기서 생명이 충만한 삶을 살면서도 죽음을 늘 의식하면서 사는 삶이다. 젊은이답게 열심히, 에너지가 넘치게 살면서도 인간이 죽을 수밖에 없는 존재라는 것을 늘 의식하면서 사는 것이 죽음을 연습하는 삶이다. 중세의 수도사들은 해골을 책상에 올려놓고 '메멘토 모리'(죽음을 기억하라)를 마음속에 새기며 살았다. 로마의 장군들은 전쟁에서 승리하여 돌아올 때 옆에 있는 부하에게 '메멘토 모리'를 외치도록 하였다. 꿈과 생명력이 넘치는 젊은 시절 생명의 에너지를 열정적으로 쏟아부으며 사는 것은 좋은 일이요 젊은이의 특권이기도 하다. 그러나 아무리 젊고 건강하고 활력이 넘친다 해도 죽음을 잊지 않고 기억하는 삶을 살아야 한다. 죽음은 자기를 무시하는 자에게 쉽게 분풀이를 한다는 사실을 잊지 말아야 할 것이다. 성경 전도서는 말한다. "초상집에 가는 것이 잔칫집에 가는 것보다 나으니, 이는 모든 사람의 끝이 이같이 됨이라. 산 자는 이것을 그의 마음에 둘지어다"(전7:2). 젊었을 때 죽음을 준비하는 것은 죽음을 인정하는 것이다. 죽음이 우리 앞에 있다는 것을, 우리는 죽을 수밖에 없다는 것을, 우리의 생명과 시간에 한계가 있다는 것을 인정하는 것이다. 젊음과 생명이 넘치는 시절에도 육신의 생명의 한계를 깨닫고 인정하는 삶을 살게 되면 그것이 그의 삶의 DNA가 된다. 그의 가치관이 되고, 삶의 태도가 된다.

청년 시절부터 죽음을 의식하면 앞서 말한 천국 가는 표를 확인하면서 산다. 우리가 인터넷이나 스마트폰을 이용하여 KTX 기차를 이용할 때 대부분 다음과 같은 과정을 거친다. 먼저 원하는 시간에 가는 기차의 좌석을 확인한 후 예약을 하고, 카드 등을 이용하여 요금을 낸다. 예약하면 전자 티켓이 스마트폰 화면에 뜬다. 기차 탈 시간이 왔을 때 전자 티켓이 들어있는 스마트폰을 잘 챙겨서 역으로 간다. 그리고 정해진 좌석에 앉아서 여행을 떠난다. 천국 가는 열차도 마찬가지이다. 아직 시간이 많이 남아 있을 때 여유 있게 예약(reservation)하고, 요금을 내서 확정 (affirmation)하고, 때때로 착오가 있는지 확인(confirmation)해 보아야 한다. 젊은 시절 아무리 일이 많고 바쁘다 해도 천국행 표를 예약하고, 때때로 확인하는 일을 소홀히 해서는 안 된다.

젊은이가 지금 여기서 열심히 살면서도 죽음을 의식하고, 인간이 죽을 수밖에 없는 존재임을 인정하면서 예약된 천국행 표를 때때로 확인하는 것이 죽음 연습의 삶이다. 이러한 죽음 연습의 삶을 살 때 그의 삶은 깊어지게 된다. 우리는 맹자의 어머니가 세 번 이사 갔다는 맹모삼천(孟母三遷)의 이야기를 잘 알고 있다. 맹자의 어머니가 어린 맹자 와 함께 무덤 근처에서 살았다. 그러자 어린 맹자가 무덤을 파고 제사 지내는 흉내를 내면서 놀았다. 그러자 그 어머니가 시장 근처로 이사 갔다. 어린 맹자가 매일 같이 시장 장사꾼을 흉내 내면서 이해관계에 따라 소리치고 다투는 흉내를 냈다. 그러자 그 어머니가 서당 근처로 이사 가서 살았다. 그러자 맹자가 공부에 몰두하여 큰 인물이 되었다. 우리는 맹모삼천의 이야기를 통해서 한 아이가 성장할 때 환경이 얼마나 중요한가를 이야기한다. 이러한 해석은 전통적이고 표준적인 해석이다. 맹모삼천의 이야기를 달리 해석하기도 한다. 맹자의 어머니는 매우 지혜로운 사람이었다. 그러므로 무덤 근처에서 살거나 시장 근처에서 살면 어린 아들이 어떤 영향을 받을지 잘 알았을 것이다. 그러나 맹자의 어머니는 일부러 무덤 근처와 시장 근처로 가서 살았다. 왜 그랬을까? 무덤 근처에 살면서 장례식을 많이 보면 죽음이 무엇인가를 알게 된다. 또한 시장 근처에 살면서 시장이라는 치열한 삶의 현장을 보면 삶이 무엇인가를 알게 된다. 이렇게 죽음과 삶의 본질을 알고 난 다음 공부를 할 때 크고 위대한 인물이 될 수 있다는 것이다. 우리가 맹모삼천의 고사를 통해서 맹자 어머니의 깊은 속마음까지 알 수는 없지만, 이러한 해석은 매우 의미가 있다. 죽음과 삶의 본질을 알고 난 후 공부를 해야 참되고 가치 있는 삶을 살 수 있다.

생명과 죽음은 동전의 양면과 같다. 존재론적인 측면에서 생명이 있어야 죽음이 있고, 죽음이 있어야 생명이 있다. 의미론(意味論)적인 측면에서 아름다운 삶이 있어야 아름다운 죽음을 맞이할 수 있고, 위대한 죽음이 있어야 위대한 삶이 탄생할 수 있다. 그래서 예수께서도 자신의 죽음을 앞에 두고 말씀하시기를 "내가 진실로 진실로 너희에게 이르노니 한 알의 밀이 땅에 떨어져 죽지 아니하면 한 알 그대로 있고 죽으면 많은 열매를 맺느니라"(요 12:24)고 하셨다. 젊어서부터 죽음을 의식하고, 인간이 죽을 수밖에 없는 존재임을 깨닫게 되면 위대한 삶을 살 수 있다. 죽음을 연습하는 삶을 사는 사람은 삶을 낭비하지 않는다. 지금의 삶이 충만하고 생명이 넘치는 삶이라 할지라도 그 끝이 있음을 알고 조심한다. 경거망동하지 않는다.

## 2. 시간 전망이 긴 삶의 연습

청년 시절 죽음 연습의 삶을 산다는 것은 시간 전망이 긴 삶을 산다는 의미이다. 하버드 대학의 에드워드 밴필드 교수는 시간 전망(Time Perspective)이라는 용어를 창안했다. 시간 전망이란 "자신의 미래에 대해 생각할 때 고려하는 시간의 길이에 대한 감각"이다. 밴필드 교수는 개인의 성공과 관련된 요소 가운데 가장 중요한 것이 시간 전망이며, 시간 전망이 길면 길수록 성공하는 인생이 될 가능성이 커진다고 하였다.[3] 젊은이가 죽음을 의식한다는 것은 시간 전망이 길다는 의미이다. 즉, 자신의 인생의 끝인 죽음 그리고 죽음 이후의 세상까지 생각하며 사는 것은 자신의 삶과 관련해서는 가장 긴 시간을 전망하는 것이다.

구약성경 창세기 50장을 보면 요셉의 유언이 나오는데 이 유언은 긴 시간 전망의 의미를 잘 보여준다. 요셉은 야곱의 열두 아들 가운데 하나이다. 야곱의 별명은 이스라엘(하나님과 싸워 이겼다)인데 그의 별명에서 현재의 이스라엘 국명(國名)이 나왔다. 야곱의 아들 요셉은 그 형들의 시기심으로 이집트에 노예로 팔려 갔다. 그곳에서 많은 고생을 했지만, 여호와 하나님의 손길이 함께 하여 이집트의 총리대신이 되었고, 7년 기근이 온 세상을 덮을 때 그것을 잘 극복하였다. 그리하여 이집트와 그 주변 나라 백성을 굶주림에서 구원한 위대한 인물이 되었다. 그의 인도함으로 아버지 야곱과 형제들 가족이 이집트에서 살게 되었고, 훗날 큰 민족을 이룬다. 그리고 주전(B.C.) 1400년경 모세의 인도로 이집트를 탈출하여 현재의 이스라엘 땅에 정착하였다. 이스라엘이 작은 씨족에서

---

3 톰 버틀러 보던/홍연미, 『당신은 왜 조바심을 내는가?』 (대구: 그린페이퍼, 2013), 45-47.

큰 민족을 이루는 데 큰 역할을 한 인물이 요셉이다. 이제 세상을 떠날 때가 되었을 때 요셉은 그의 형제와 후손들에게 다음과 같은 유언을 하였다. "요셉이 그의 형제들에게 이르되 나는 죽을 것이나 하나님이 당신들을 돌보시고 당신들을 이 땅에서 인도하여 내사 아브라함과 이삭과 야곱에게 맹세하신 땅에 이르게 하시리라 하고, 요셉이 또 이스라엘 자손에게 맹세시켜 이르기를 하나님이 반드시 당신들을 돌보시리니 당신들은 여기서 내 해골을 메고 올라가겠다 하라 하였더라"(창 50:24-25).

요셉은 자신이 죽고 난 다음에도 하나님께서 후손들을 돌봐 주실 것이라고 하였다. 이 말을 통해 자신들의 든든한 후견인을 상실한 형제들과 후손들을 위로하고 격려하였다. 하나님께서 그들을 이 땅, 즉 이집트 땅에서 인도하여 내사 조상들에게 맹세로 약속하신 땅에 이르게 할 것이라고 하였다. 곧 이스라엘 백성들은 이집트 땅에서 살아서는 안 되고 반드시 하나님이 약속하신 땅으로 돌아가야 할 것을 말하였다. 요셉이 이 말을 하지 않았다면 이스라엘 백성들은 당시 최고의 문명을 자랑하는 강대국 애굽에 동화되어 흔적도 없이 사라져 버렸을 것이다. 그는 후손들이 자신의 말을 잘 기억하게 하려고 특별한 부탁을 하였다. 그들이 이집트 땅을 떠나 약속의 땅으로 향할 때 자기의 해골을 메고 올라가라는 것이었다. 이스라엘 백성들은 요셉의 해골을 메고 올라가라는 부탁을 잊지 않고 기억하였기에 약속의 땅을 향한 꿈을 상실하지 않았다. 요셉에게는 400년의 미래를 바라보는 시간 전망이 있었다. 그래서 그는 이스라엘의 위대한 조상이 되었고, 이스라엘 백성들은 400년이 지난 후 모세의 인도로 이집트 땅을 떠나 약속의 땅 가나안으로 들어가게 된다.

청년 시절 죽음을 생각하는 것은 시간 전망이 긴 삶을 사는 것을 말한다. 30세의 젊은이가 90세에 올 죽음을 생각한다는 것은 앞으로 60년 후에 올 어느 특정한 날을 생각한다는 의미가 아니다. 죽음이 올 때까지의 삶 전체를 생각한다는 의미이다. 90세에 죽음을 맞이할 것을 전제로 앞으로 60년의 세월을 어떻게 살 것인가를 생각한다는 의미이다. 30세의 젊은이가 그동안 살아온 인생의 2배에 해당하는 60년의 시간 전망을 가지는 일은 결코 쉬운 일이 아니다. 그러나 정신적으로 성숙하고, 영적으로 예민한 젊은이는 안다. 자신의 할머니, 할아버지 혹은 부모에게 다가온 죽음이 자신에게도 분명히 온다는 것을 안다. 그리고 그 시간이 화살같이 빠르게 지나간다는 것을 예민한 감각으로 느낀다. 아직 젊은 나이지만 뒤돌아보면 초등학교, 중고등학교, 대학교, 학창 시절 16년이 얼마나 빨리 지나갔는가를 안다. 그리고 죽음의 시간이 얼마나 빨리 올지를 안다. 그래서 하루하루를 결코 헛되이 낭비하지 않고 최선을 다해서 산다. 이것이 "세월을 아끼라. 때가 악하니라"(엡 5:16)는 말씀의 의미이다. '세월을 아끼라'는 헬라어 원어로 '엑사고라조 카이로스'인데 이것은 '기회를 산다'라는 의미이다. 곧 자신에게 주어진 기회를 그냥 보내지 않고 돈, 노력, 지식, 열정과 같은 값을 치르고 사서 자기 것으로 만든다는 의미이다.

모든 위대한 인물들은 시간 전망이 길다. 예레미야 선지자는 이스라엘이 멸망할 때 포로로 끌려간 후 70년의 세월이 지난 다음 다시 돌아올 것이라고 예언하였다. 이 예언의 말씀을 붙들고 바빌로니아에 포로로 끌려간 이스라엘 백성들은 그곳에서 집을 짓고, 농사하고, 결혼하여 아이를 낳으면서 70년의 세월을 견뎠다. 그리고 다시 예루살렘으로 돌아와 이스라엘을 회복하였다. 핍박 가운데 있는 성도들을 향하여 베드로 사도는 하나님께는 하루가 천년 같고, 천년이 하루 같다고 말하면서 환란을 이기도록 격려하였다. 세종대왕께서는 550년 후에 디지털 정보화 시대가 오면 한글이 세계에서 가장 뛰어난 문자로 우뚝 설 것을 바라보면서 한글을 창제하셨다. 인촌 김성수 선생은 동아일보 사옥을 지으면서 길 안쪽으로 수십 미터 들여 짓도록 하였다. 그리고 세월이 흐른 후 세종로 로터리 길은 넓어졌고, 지금은 동아일보 사옥이 세종로 사거리의 모퉁이 건물이 되었다. 위대한 인물은 시간 전망이 길고, 시간 전망이 긴 사람이 위대한 인물이 된다. 젊은 시절 죽음의 연습이란 멀리 있는 죽음을 바라보는 것이다. 멀리 있는 죽음을 바라볼 때 시간 전망이 길어진다. 그리고 세월을 아낀다. 그래서 그는 가치 있는 삶, 위대한 삶을 살게 된다. 그리고 가치 있고 위대한 삶을 산 사람은 훗날 죽음이 왔을 때 담담하게 죽음을 맞이할 수 있다. 아니, 한 걸음 더 나아가서 죽음을 통해 이루어지는 삶의 완성을 바라보면서 기쁨으로 죽음을 맞이할 수 있다.

## 3. 죽음을 멀리하는 연습

젊은이에게는 남아 있는 생명의 기간이 길다. 젊은이에게는 사람으로 태어나서 해야 할 일이 많다. 모든 젊은이는 그가 속한 가정과 사회와 시대의 꿈이요 희망이다. 그러므로 젊은이의 생명은 귀하고 또한 아름답다. 그러므로 젊은이의 죽음 연습이란 죽음을 멀리하는 연습이다. 노인의 죽음 연습이 죽음을 잘 받아들이는 연습이라면, 젊은이의 죽음 연습은 나이 들어 노인이 될 때까지 죽음을 피하고 생명을 잘 보존하는 것이다. 모든 젊은이의 죽음은 불행한 죽음이다. 스스로 악을 행하다 그 악의 결과로 일찍 죽는 악한 죽음도 인간적으로는 불행한 죽음이다. 죄에 연루되어 일찍 죽음을 맞이하는 젊은이들의 죽음은 비통하고 부조리한 불행한 죽음이다. 심지어 의를 이루기 위해서, 참된 생명과 역사와 사회를 위해서 목숨을 던져 일찍 죽음을 맞이하는 위대한 죽음이라 해도 그 속에 들어있는 슬픔과 아픔을 피할 수는 없다. <피에타>는 미켈란젤로의 걸작으로 세계에서 가장 뛰어난 조각작품으로 손꼽힌다. 피에타는 슬픔, 비탄 등의 의미를 갖는데, 십자가에 죽은 예수님을 마리아가 품 안에 안고 있는 작품이다. 그런데 이 작품의 마리아의 얼굴은 20대 젊은 여성의 얼굴이다. 마리아의 젊은 모습은 예수 그리스도의 죽음이 젊은이의 죽음이라는 의미다. 그리고 젊은이의 죽음은 피에타, 즉 슬픔과 비탄이라는 것을 말한다. 예수 그리스도의 죽음은 이 세상에서 가장 위대한 죽음이다. 온 인류의 죄를 대속하기 위한 죽음이었다. 비록 예수 그리스도의 죽음이 가장 위대한 죽음이라 할지라도 젊은이의 죽음이다. 그는 육신의 어머니가 아직 살아 계시는 젊은이셨다. 그러므로 아무리 위대한 죽음이라 할지라도 젊은이의 죽음 속에는 불행과 비극의 요소가 들어 있다. 그러므로 젊은이는 이러한 비극적인 죽음을 당하지 않도록 항상 주의해야 한다. 이것이 젊은이의 죽음 연습이다.

### 죄를 멀리하라

죽음을 피하기 위해서는 어떻게 해야 할까? 죽음의 직접적이고 궁극적인 원인이 되는 죄와 악의 길을 피해야 한다. 악을 저지르지 말아야 '악한 죽음'을 당하지 않는다. 죄에 연루되지 않아야 '불행한 죽음'을 당하지 않는다. 이것을 시편 1편 1-2절에서 다음과 같이 잘 표현하였다. "복있는 사람은 악인들의 꾀를 따르지 아니하며, 죄인들의 길에 서지 아니하며, 오만한 자들의 자리에 앉지 아니하고, 오직 여호와의 율법을 즐거워하여 그의 율법을 주야로 묵상하는 도다." 악을 저지르지 않고,

악에 연루되지 않으려면 악인들의 꾀, 죄인들의 길, 오만한 자들의 자리를 멀리해야 한다. 그 대신 하나님의 말씀과 하나님이 주신 계명을 늘 묵상하고, 그것을 따르며 살아야 한다. 명심보감에 "근주자적 근묵자흑"(近朱者赤 近墨者黑)이라는 말이 나온다. "붉은 주사를 가까이하면 붉은 물이 들고, 먹을 가까이하면 검은 물이 든다"는 말이다. 범죄학의 이론 가운데 '차별교제 이론'이 있다. 이 이론에 따르면 한 사람이 기존의 범죄자와 더 가까이, 더 깊이, 더 자주 만날 때 범죄자가 될 가능성이 더 높아진다고 한다. 차별교제 이론이나 명심보감, 시편 1편의 말씀이 모두 같은 말을 하고 있다. 죄에 빠지거나 죄에 연루되지 않으려면 죄를 멀리해야 한다. 젊은 시절 죄를 멀리해야 죄로 인한 악한 죽음이나 불행한 죽음을 면할 수 있다.

### 사고당하지 말라

젊은이에게 죽음이 다가오는 모습을 보면 죄를 가까이하다 악을 저질러서 죽은 경우가 많다. 이에 못지않게 많이 나타나는 것이 부주의해서 사고로 죽음을 맞이하는 것이다. 그러므로 젊은이가 죽음을 피하는 연습을 하려면 늘 조심하고 주의하면서 사고를 당하지 않도록 해야 한다. 물론 사고가 사회구조적인 요소로 발생하는 경우도 많다. 2016년 오후 5시 55분 서울 구의역에서 스크린도어를 수리하던 김용균 군이 수리 도중 승강장에 진입하는 열차를 피하지 못하여 사망하였다. 이 당시 김 군은 서울지하철 2호선 구의역 9-4 승강장에서 홀로 선로 작업을 했다. 2인 1조 근무가 원칙이지만 지켜지지 못했다. 사고 당시 김 군의 가방에서 식사 대용으로 휴대한 컵라면 한 개가 발견돼 안타까움을 더했다. 젊은 김 군의 죽음 뒤에는 위험한 일을 외주하는 공기업의 하청

시스템, 위험을 감수하게 하는 계약 조건, 작업 규정 위반 등 여러 가지 구조적 조건이 작용하고 있었다. 안전사고로 젊은이가 목숨을 잃지 않도록 하기 위해서는 이러한 제도적 문제를 반드시 해결해야 한다. 그러나 이 세상 곳곳에 안전사고로 목숨을 잃을 수 있는 지뢰들이 가득하며, 그 지뢰들을 제거하는 일은 더디기만 한 것이 현실이다. 고용노동부 발표에 따르면 2021년도 산업재해로 사망한 노동자가 828명에 이른다.4 그리고 삶의 힘들고 고단한 현실 가운데 있는 젊은이들은 지뢰가 터졌다는 소식을 들으면서도 지뢰밭으로 들어간다. "쇼는 계속되어야 한다"(The Show Must Go on)라고 말하면서 위험한 일을 하는 젊은이들이 위험한 노동의 현장으로 나간다.

위험한 노동 현장으로 나가는 젊은이의 죽음 연습이란 죽음을 잘 피하는 것이다. 안전사고를 당하여 죽거나 다치는 일이 없어야 한다. 위험한 일을 할수록 더욱 조심해야 한다. 집중력을 잃지 않아야 한다. 오토바이로 배달 일을 하는 젊은이 가운데 신호를 어기면서 위험천만의 운전을 하는 모습을 가끔 본다. 그 모습을 보면서 그 청년이 누구인지도 모르는 나도 가슴이 철렁하는데 그 부모가 보았으면 얼마나 놀라실까? 잠을 주무시지도 못할 것이다. 젊은이들을 위험으로 몰아넣는 세상의 구조적인 악이 엄연히 존재하는 것을 그 누구도 부정하지 못한다. 그러나 조심하고 주의하고 욕심부리지 않으면 큰 사고를 피할 수 있다. 사고당하지 않고 노인이 될 때까지 생명을 보전하는 것이 젊은이 특별히 위험한 일을 하는 젊은이의 중요한 죽음 연습이다.

그리고 젊은이들은 일반적으로 몸이 힘든 일, 위험한 일을 많이 한다.

---

4 고용노동부, "21년 산업재해 사고 사망 현황 발표," 고용노동부 보도자료 (2022. 3. 5.).

'열정 페이', '아이들을 갈아 넣는다'는 말은 참으로 악한 말이다. 이런 말이 횡횡하는 이 세상에 살면서 젊은이는 하나님을 늘 의지하고 그 손길을 간절히 구해야 한다. 예전에 섬기던 교회의 한 여자 성도님은 새벽마다 교회에 와서 남편을 위해 기도했다. 남편은 한전 관련 직장을 다니는데 전신주에 올라가서 전선을 연결하고 관리하는 일을 했다. 높은 전신주 위에서 고압의 전류가 흐르는 전선 관리의 일은 이중의 위험이 있는 일이다. 그 부인은 남편의 안전을 위해 매일같이 새벽마다 기도를 드렸다. 하나님의 은혜로 그 젊은 부인의 남편은 어려운 일 당하지 않고 그 일을 잘 마쳤다. "여호와께서 너를 실족하지 아니하게 하시며 너를 지키시는 이가 졸지도 아니하시니라"(시 121:3). 힘들고 위험한 일 하는 젊은이들에게 주님의 이 말씀이 임하시기를 빈다. 나이 들어 늙기까지 몸과 생명을 안전하게 잘 지키는 것이 젊은이의 죽음 연습이다.

### 자살하지 말라

젊은이의 사망 원인 가운데 가장 큰 요인은 자살과 사고이다. 노인들의 죽음은 병들어 죽는 것이지만 젊은이의 죽음은 사고와 자살로 인한 것이다. 그러므로 젊은이의 죽음 연습 가운데 중요한 것은 사고당하지 않는 것이고, 자살하지 않는 것이다. 우리나라의 자살률은 인구 10만 명당 연간 23.5명으로 OECD 38개 국가(전체 평균 10.9명) 가운데 1위를 여러 해 동안 차지해 오고 있다. 특별히 젊은이들의 자살은 심각한 문제이다. 2020년 20대 청년 사망자 2명 중 1명은 스스로 목숨을 끊었다. 즉, 20대 청년 사망자의 총수가 2,706명인데 그 가운데 54.3%인 1,471명이 고의적 자해(자살)로 세상을 떠난 것이다.[5]

자살의 생리적 · 심리적 · 정신적 · 사회적 원인에 대해서는 수많은 논의가 있다. 그러한 논의를 정리하고 소개하는 것은 이 책의 범위를 넘어서는 문제이다. 젊은이의 죽음 연습, 곧 죽음을 피하는 법과 관련하여 다음 몇 가지를 말할 수 있다.

① 자살은 문제 해결의 방법이 되지 못한다. 자살하는 사람은 정도의 차이는 있지만 수많은 문제를 가지고 있다. 그리고 그 문제를 해결하기 위해서 그 나름의 노력을 많이 했을 것이다. 그러나 더는 길이 없다고 생각하여 죽음을 택하게 된다. 박형민은 자살이란 차악의 선택이라고 하였다.6 최악을 피하기 위해 차악을 선택한 것이 자살이라고 한다. 그러나 죽을 각오를 하면 길을 찾을 수 있다. 죽을 각오를 하면 차악을 선택하는 것이 아니라 차선을 선택할 수 있다. 죽음이란 자신의 가장 소중한 생명을 스스로 내려놓는 것이다. 죽을 각오로 자신의 자존심과 체면을 다 내려놓고, 생명 대신 팔목 하나라도 내놓겠다는 결심을 하면 해결의 길을 찾을 수 있다. 최선의 길은 아니라도 차선의 길을 선택할 수 있다. 자살이 차악의 선택이라 해도 그것은 문제 해결이 될 수 없다. 죽을 각오로 차선을 선택할 때 해결의 길을 찾을 수 있다. 젊은이가 당하는 고통과 좌절과 슬픔은 생명으로 해결해야지 죽음으로 해결할 수 있는 것이 아니다.

② 자살은 후회되는 일이다. 자살을 시도하는 행위와 죽음에 이르는 순간 사이에는 시간적 간격이 있다. 자살의 방법에 따라 불과 몇 초의 시간에서 때로 며칠에 이르는 긴 시간이 있다. 이 시간에 대부분 사람은 후회한다. 자살 미수에 그친 사람에 대한 여러 조사 연구가 있다. 그러한

---

5 임형두, "점점 불행해지는 청춘 ··· 청년 죽음, 둘에 하나는 극단적 선택," 「연합뉴스」 (1922. 4. 11.).
6 박형민, 『자살, 차악의 선택』 (서울: 이학사, 2010).

연구에 따르면 자살을 시도한 사람은 바로 후회한다고 한다. 즉, 다리 위에서 물로 뛰어내리는 순간 후회하게 된다. 약을 먹고 고통이 느껴지면서 후회하게 된다. 목을 매고 숨이 막힐 때 후회하게 된다. 심지어는 강물에 떨어진 다음 119에 전화를 걸어 자기를 살려 달라고 하는 사람도 있다. 자살한 사람은 모두 후회 가운데서 죽음을 맞이하게 된다. 자살을 시도하는 순간 그 행위를 후회하게 되며 살고 싶은 마음이 든다. 그러나 이미 극단적인 행동을 했기 때문에 그것을 돌이키지 못하여 후회하면서 죽는 것이다. 다른 행동은 후회하면 돌이킬 수 있는 길이 있다. 그러나 자살은 후회해도 돌이킬 수 없다. 그러므로 후회해도 돌이킬 수 없는 자살을 해서는 안 된다.

③ 죽지 않고 살아야 '잘 살 수 있는 길'이 열린다. 죽는 것이 좋아서 자살하는 사람은 없다. 사람은 누구나 살고 싶어 한다. 다만 살되 잘 살고 싶어 한다. 자살하는 사람은 죽는 것이 좋고 사는 것이 싫어서 죽음을 택하는 것이 아니다. 죽고 싶지 않지만 잘 살 수가 없어서 죽는 것이다. 모든 자살 속에는 잘 살고 싶다는 욕구가 있고, 이러한 욕구가 채워질 수 없다고 여겨지기 때문에 죽음을 택한 것이다. 그러나 죽어서는 잘 살 수 없다. 잘 살기 위해서는 죽지 않고 살아야 길을 찾을 수 있다. 자살을 택하는 사람은 잘 사는 길이 전혀 보이지 않기 때문에 자살을 택했을 것이다. 이런 분들은 잘 산다는 것이 무엇인가를 생각해 보아야 한다. 잘 산다는 것은 확정적인 개념이 아니다. 사람마다 잘 산다는 의미가 다르다. 같은 사람도 인생길 과정 가운데서 잘 산다는 의미가 얼마든지 바뀔 수 있다. 잘 산다는 의미를 바꾸면 잘 사는 방법은 주변에 무수히 많다.

다하라 요네코(1937년생)라는 여성이 18살 때 세상을 비관하여 달리는 열차에 몸을 던졌다. 눈을 떠보니 죽은 것이 아니라 살아있었다. 그런데 두 다리와 왼팔이 없었다. 그리고 오른팔의 손에는 손가락 3개만 남아 있었다. 그는 병원에서 다시 죽으려고 수면제를 모았지만, 의료진의 감시로 뜻을 이룰 수가 없었다. 그러던 중 맥 클로이 선교사의 전도를 받아 믿음을 가지게 되었다. 그리고 맥 클로이 선교사의 말을 통역해 주던 신학생 청년 아키도시와 결혼하게 되었다. 그리고 두 딸의 어머니가 되었다. 살림을 하던 중 감자 껍질을 까려는데 자꾸만 굴러가서 껍질을 깔 수가 없었다. 그래서 크게 낙심이 되었다. 기도할 때 성령님께서 지혜를 주셨다. 감자를 먼저 반으로 쪼갠 다음 도마에 올려놓고 껍질을 깠다. 그러자 감자가 굴러가지 않아서 껍질을 잘 벗길 수 있었다. 그날 저녁 그 가족의 식탁은 감사와 기쁨으로 풍성했다. 그리고 요네코는 말한다. "사는 것이 황홀합니다." 요네코는 18살의 꿈 많은 젊고 건강한 나이에도 '잘 살지' 못하여 죽으려고 하였다. 그러나 예수님을 만난 다음에는 두 다리를 잃고 팔 하나 없는 손가락 3개 달린 손을 가지고 '잘 살고' 있다. 목사의 사모로서, 두 딸의 어머니로서 그리고 감자를 까고 난 다음에 "사는 것이 황홀합니다"라고 말하면서 잘 살고 있다.[7] 그렇다. 죽지 않고 살아야 잘 살 수 있는 길을 발견할 수 있다. 죽은 다음에는 영영 잘 살 수 있는 길을 찾을 수가 없다. 그러므로 '잘 살지' 못하여 인생을 비관하면 '잘 살 수 있는' 다른 길을 찾아야지 죽음을 택해서는 안 된다.

④ 자살 후의 운명은 어둡다. 우리는 앞서 죽음의 세계관을 논의한 바가 있다. 죽음 후에는 아무것도 없든지(죽음 벽 세계관) 더 좋은 삶으로

---

7 다하라 요네코/최경희, 『산다는 것이 황홀하다』(솔라피데, 2010).

태어나거나 더 나쁜 삶으로 태어날 수 있으며(죽음 다문 세계관), 그 영혼이 천국에 가든지 지옥에 갈 수 있다(죽음 일문 세계관). 죽음 다문 세계관에 따르면 카르마(인과응보)에 따라 더 좋은 삶으로 태어나거나 더 나쁜 삶으로 태어날 수 있다. 그런데 자살이란 좋지 않은 인과응보가 된다. 따라서 자살을 하면 다음 세상에 태어난다 해도 더 나쁜 삶으로 태어날 수밖에 없다. 기독교적인 죽음 일문 세계관에 따르면 자살을 했어도 믿음이 있고 하나님의 은혜를 받으면 천국에 갈 수 있다. 그러나 문제는 믿음이 있으면서 자살하는 사람은 많지 않다는 것이다. 그러므로 자살한 후 천국에 가는 사람 역시 많지 않다. 자살하지 않은 사람과 비교해서 지옥에 갈 가능성이 훨씬 크다. 끝으로 죽음 벽 세계관에 따르면 죽음 후의 세계는 존재하지 않는다. 자살하는 사람에게는 죽음 벽 세계관이 가장 바람직한 결과를 가져온다고 하겠다. 그러나 어느 세계관이 사실인 지는 경험적 지식으로는 증명하지 못하는 형편이다. 그러므로 남는 것은 확률이다. 자살하게 되면 천국이나 더 좋은 생명으로 태어날 가능성은 지극히 낮고, 지옥으로 가거나 더 나쁜 생명으로 태어날 가능성이 더 크다. 그리고 운이 좋아 죽음 벽 세계관이 사실이라면 아무것도 없는 무(無)의 상태로 끝나게 될 것이다. 이것을 파스칼이 했던 확률 게임으로 말하면 자살은 죽은 후 나쁜 곳에 가서 지금보다 더 고통스러운 삶을 살 확률이 훨씬 높은 위험한 게임이다. 자신이 가진 가장 소중한 생명을 걸고 이러한 게임을 스스로 선택하는 것은 얼마나 어리석고 불행한 일인가?

⑤ 자살은 가족들에게 치명적인 불행을 초래한다. 앞서 논의한 바 문제가 해결되지 않아도, 후회되어도, 잘 살 수 있는 길을 포기하여도, 죽음 후 나쁜 운명을 맞이해도 상관하지 않고 자살을 하겠다는 사람도

있을 것이다. 그러나 이런 사람도 한 가지 반드시 기억해야 할 것이 있다. 자살은 가족들에게, 젊은이의 경우 그 부모에게 치명적인 슬픔, 고통, 불행을 가져온다는 사실이다. 자식을 잃은 부모는 그 어떤 경우이든 말할 수 없는 고통과 슬픔 속에 빠지게 된다. 질병이나 사고로 자식을 잃었을 때보다 자살로 자식을 잃었을 때 부모의 고통은 더욱 크다. 병이나 사고로 부모보다 먼저 죽는 것도 큰 불효라고 한다. 하물며 스스로 극단적인 선택을 하여 죽는 것은 가장 큰 불효이다. 당신이 당하는 고통이 아무리 커도 당신이 자살한 후 당신의 부모가 당하는 고통보다는 크지 않다. 당신이 죽은 후 당신의 부모는 지금 당신이 당하는 고통보다 더 큰 고통을 지니고 당신이 지금까지 살아온 삶보다 더 긴 삶을 살아야 한다. 그러므로 고통을 피하려고 자살을 하는 것은 그 고통보다 더 큰 고통을 부모에게 떠넘기는 것이다. 우리는 부모님 덕분에 이 세상에서 가장 소중한 생명을 선물로 받아 태어났다. 그러한 부모님의 은혜를 생각하고 감사하며 효도하는 것이 자식의 당연한 도리다. 비록 효도하지는 못한다 해도 부모님의 가슴 깊은 곳에 치유할 수 없는 상처와 고통을 주는 자살을 해서야 되겠는가!

⑥ 견딜 수 없으면 연기하고 도움을 청하라. 사람을 '호모 사피엔스', 이성적 존재라고 한다. 그래서 이성적으로 판단하면 자살은 합리적이지도 않고, 도덕적이지도 않다는 것을 잘 안다. 그러나 현재 당하는 고통이 너무 크고, 순간적인 감정에 이끌리면 이성적 존재인 인간도 가장 비이성적인 자살을 택할 수가 있다. 아무리 몸부림쳐도 자살 충동을 도저히 억누르지 못하는 경우가 있다. 이럴 때는 자살의 충동을 인정하되 그 실행을 늦추어야 한다. 계속해서 자살 충동이 일어나면 "그래 자살로 인생을 끝내자. 그러나 10년 후에 끝내자. 그동안 하고 싶은 것 다 해보고,

놀고 싶은 것 다 놀아 보고 그리고 끝내자. 지금 인생을 끝내기에는 나의 이 젊음이 아깝지 않은가!"라고 생각하라. 만일 10년이 너무 길다고 생각되면 1년만 연기할 수도 있다. 1년도 길다면 1달만 연기해 보라. 모든 마음의 준비를 끝내고 극단적 선택을 하기 직전이라면 단 하루만이라도 연기해 보라.

그리고 연기한 그 시간을 그냥 보내지 말고 '죽을힘'을 다해서 살려고 노력해 보라. 가족이나 친지 친척에게 도움을 청하라. 평소에 교회를 다니지 않던 사람이라도 가까운 교회에 가서 도움을 청하라. 급할 때는 상담 전화라도 꼭 해보라. 서울 시내를 관통하는 한강에 놓여진 20여 개의 다리 위에 75개의 상담 전화가 설치되어 있다. 한국자살예방협회, 생명의 전화 등 자살 예방을 위한 상담소가 곳곳에 있으면서 하루 24시간 내내 전문 상담원들이 당신의 말을 들으려고 기다리고 있다. 죽으려고 마음을 먹었다면 전화 한 번 하는 것이 뭐 어려운 일이겠는가? 인터넷에 들어가 '자살 상담'을 입력하면 여러 상담소의 전화번호가 나온다. 129번, 1393번, 1388번, 1577-0199, 1588-9191 등의 번호가 나온다. 키보드 몇 번만 누르면 살 수 있는 길이 열릴 수 있는데 그 작은 수고를 마다할 이유가 없다.

우리 사회의 청년 자살을 연구한 학자와 전문가들은 청년 자살을 "가장 외로운 선택"이라고 하였다.[8] 사람은 힘들어서 죽는 것이 아니다. 외로워서 죽는 것이다. 자살의 상황과 원인은 무수히 많지만, 그 모든 자살 속에 포함된 한 가지 공통점을 든다면 '외로움'이다. 단 한 사람이라도

---

8 김현수 외, 『가장 외로운 선택: 청년 자살, 무엇이 그들을 죽음으로 내몰았는가』 (서울: 북하우스, 2022).

나를 이해해주고, 나의 말을 들어줄 사람이 있으면 사람은 죽지 않는다. 우리 주변에는 나쁜 사람도 많지만, 생각 외로 착한 사람도 많다. 일면식(一面識)도 없는 사람이라 해도 그 목숨을 살릴 수만 있다면 달려갈 사람이 주변에 의외로 많다. 인생이 너무나도 힘들고 괴로워 죽음의 벼랑 끝에 있는 젊은이여, 외롭게 혼자 있지 말라. 휴대폰에 문자 하나만 날려도 누군가와 연결되는 '초연결사회'를 우리는 살고 있다. 초연결사회에는 여러 문제점도 있지만, 고립되어 외롭게 죽음을 택하려는 사람들을 구조하는 데 탁월한 능력을 보여준다. 우리에게 가장 소중한 생명, 한 번 잃으면 다시는 되찾을 수 없는 생명, 그 생명을 스스로 내려놓으면서 혼자 결정하려고 하지 말라. 누군가에게 도움을 청하라.

젊은이는 죽음과의 거리가 가장 먼 사람들이다. 청년은 죽음의 그림자 아래서 사는 것이 아니라 청춘(靑春)이라는 말이 보여주는 바 푸른 봄날, 생명의 시간을 산다. 그러므로 청년의 죽음 연습이란 노인처럼 죽음을 받아들이는 연습이 아니라 더 나은 삶을 위한 연습이다. 젊은이는 더 아름답고 소중한 삶을 살기 위해 죽음을 의식하며 살아야 한다. 인생의 마지막 시간에 오는 죽음을 의식할 때 '시간 전망'이 긴 삶을 살면서 더 귀하고 가치 있게 살 수 있다. 젊은이가 좋은 죽음을 맞이하기 위해서는 노인이 될 때까지 살아있어야 한다. 젊은이의 죽음은 그 어떤 죽음이건 비극적인 죽음이다. 그러므로 젊은이는 노인이 될 때까지 살아남아야 한다. 젊은이의 죽음은 범죄, 사고, 자살로 인해서 온다. 그러므로 노인이 될 때까지 살아남기 위해서는 범죄를 저지르지 말아야 하고, 사고당하지 말아야 하며, 자살하지 말아야 한다. 이것이 젊은이의 죽음 연습이다.

# 13장
## 중년의 죽음 연습

중년의 사람은 죽음과의 거리가 젊은이들처럼 먼 것은 아니지만, 그래도 아직은 어느 정도의 거리가 있다. 그러므로 지혜롭게 처신하면 죽음의 손에서 벗어나 아름답고 풍성한 삶, 인생의 과정에서 최고의 삶을 살 수 있다. 그러나 지혜롭게 처신하지 못하면 죽음의 손길이 급속하게 다가와 덮칠 수가 있다. 그것이 바로 중년의 돌연사이다. 그러므로 중년의 사람은 죽음을 잘 준비하고 남은 삶을 가장 귀하게 살기 위해서 죽음 연습을 잘해야 한다. 중년 시절의 죽음 연습이란 육신의 한계, 능력의 한계, 시간의 한계를 정확하게 파악하고 세월을 아끼면서 지혜롭게 사는 것을 말한다. 즉, 자신의 한계 안에서 내려놓을 것은 내려놓고, 가장 필요하고 가치 있는 일에 한정된 에너지를 집중하고, 몸과 마음의 균형과 중심을 잡는 것이 죽음 연습의 삶이다.

동물의 왕국을 보면 맹수들이 초식동물을 사냥하는 장면이 나온다. 맹수들은 혼자 떨어져 있거나 약한 동물을 주로 공격한다. 이와 마찬가지로 죽음 역시 욕심으로 몸과 마음의 균형이 무너지고 한정된 시간과 에너지를 낭비한 사람을 주로 공격한다.

40~50대(혹은 60대까지) 중년이 죽음 연습의 삶을 살게 되면 죽음의 발걸음이 늦추어진다. 중년에는 죽음에게 약점을 보여서는 안 된다. 건강에 주의하고, 생활을 절제하고, 생명의 에너지를 낭비하지 않고 잘 간직하고 있으면 죽음이 쉽게 접근하지 못한다. 요즈음 의술이 발전하고 보건과 건강에 관심이 높아서 죽음도 사람을 데려가기 위해서 고생을 많이 한다. 죽음 입장에서는 노인들을 데려가는 일만 해도 바쁘고 또 힘들다. 그래서 생명의 에너지를 잘 간직하고 있는 중년의 사람들에게 손을 잘 대지 않으려고 한다. 그러므로 몸과 마음과 생활의 절제와 균형, 내려놓음과 집중을 잘하게 되면 죽음과 조우(遭遇)하는 시간을 수십 년 이상 늦출 수 있다.

## 1. 목적이 이끄는 삶을 살라

장년 시절의 죽음 연습의 삶이란 죽음이 다가오기 전에 삶의 목적과 뜻을 알고, 그 목적과 뜻을 이루기 위해 힘쓰는 삶을 말한다. 인간과 문명의 한계를 정확하게 파악하고, 그것을 가장 비관적인 언어로 표현한 성경 전도서에 다음과 같은 말씀이 나온다. "너는 청년의 때에 너의 창조주를 기억하라. 곧 곤고한 날이 이르기 전에, 나는 아무 낙이 없다고 할 해들이 가깝기 전에 (그리하라)"(전 12:1). 너는 청년의 때에 창조주를 기억하라고 했다. 청년의 때란 지금 우리 시대의 20~30대를 의미하는 것이 아니다. 뒤에 나오는 말씀처럼 노인이 되기 전의 때이다. 즉, 곤고한 날이 이르기 전의 때, 아무 낙이 없다고 할 해들이 가깝기 전의 시기라는 의미다. 그러므로 이 말씀의 청년 속에는 나이가 젊은 청년뿐 아니라 중년도 포함된다. 더 나가서 법적으로는 경로우대 대상이 되는 나이라 해도 아직 활동적이고 일할 수 있는 나이라면 청년의 때라고 할 수 있다. 이때 창조주를 기억하는 것이 죽음을 준비하는 것이다. 창조주를 기억한다는 말은 다양하게 해석할 수 있다. 창조주가 주신 은혜와 사랑과 복을 기억하고 감사하며 그를 경배하라는 의미로 해석하는 것이 가장 일반적인 해석이 될 것이다. 여기서는 죽음을 준비하는 중년과 관련해서 다음과 같이 해석할 수 있을 것이다. "너는 청년(중년)의 때에 너의 창조자가 너를 지으시고 너를 이 땅에 보내서 살게 하신 뜻이 무엇인가를 기억하라." 우리 인생 모두에게는 하나님이 우리 각자에게 주신 하나님의 뜻, 하나님의 목적이 있다. 그러므로 우리는 하나님의 뜻과 목적을 이루는 삶, 하나님의 뜻과 목적에 따라 사는 삶을 살아야 한다. 이것을 릭 워렌은 "목적이 이끄는 삶"이라고 하였다.[1]

하나님이 우리에게 주신 뜻과 목적을 좀 더 신앙적으로 표현하면 하나님이 주신 사명이라고 할 수 있다. 이 사명을 따라 살면 우리는 죽음의 손길을 극복할 수 있다. 리빙스턴이 아프리카에 가서 사자에게 물렸을 때 그의 조국인 영국에서는 많은 사람이 그가 죽었을 것이라고 말했다. 그러나 그는 "사명이 있는 자는 죽지 않는다"는 그 유명한 말로 대답하였다. 그렇다. 사명이 있는 자는 죽지 않는다. 아니, 하나님이 우리 각자에게 생명을 주신 뜻과 사명을 알고, 그 사명을 이루는 일에 충실한 자는 죽지 않는다. 내가 사명을 이루는 것이 아니라, 사명이 나를 살리는 것이다. 사명이 죽음의 그림자를 멀리 밀어낸다. 그래서 성경 속의 모든 위대한 하나님의 사람들 곧 하나님께 사명 받은 사람들은

---

1 릭 워렌/고성삼, 『목적이 이끄는 삶』 (서울: 디모데, 2003).

모두 장수하였다. 아브라함, 이삭, 야곱, 요셉, 모세, 여호수아, 갈렙, 사무엘, 다윗, 다니엘, 베드로, 사도 요한, 바울 등과 같은 인물들은 일평생 이루어야 할 사명이 있었기에 그 사명을 이룰 때까지 오래 살았다. 예수님은 젊어서 죽었지만, 십자가 위에서 "다 이루었다" 말씀하시면서 죽음을 맞이하셨다. 사사 삼손과 세례 요한은 예수님처럼 젊어서 죽었는데 그것은 그들의 사명이 죽음 속에 들어 있었기 때문이었다. 히스기야 왕은 죽을병에 걸렸지만, 그에게 남은 사명이 있었기에 하나님께서 15년의 세월을 연장시켜 주셨다. 중년의 사람이 죽음을 잘 준비하는 길은 자신에게 주어진 하나님의 뜻, 목적, 사명을 알고 그것에 충실한 삶을 사는 것이다. 사명을 알고, 사명에 따라 사는 것이 중년 시절 죽음 연습의 삶을 사는 것이다. 그리고 이러한 사람을 하나님께서 사망의 그림자로부터 지켜 보호하여 주신다.

시편 기자는 원수들에게 공격과 비방을 당하면서 간절히 기도하였다. "나의 하나님이여 나의 중년에 나를 데려가지 마옵소서 주의 연대는 대대에 무궁하니이다"(시 102:24)라고 하였다. 우리는 무궁한 주의 연대 가운데서 살고 있다. 우리의 인생이 비록 짧고 초라하지만, 하나님의 시간이 흐르는 가운데 하나의 작은 고리를 이루며 살아간다. 하나님의 영원하신 시간과 긴 역사의 시간 가운데서 작은 고리 하나를 차지하는 것은 결코 작은 일이 아니다. 하나님의 영원성(eternity)에 참여하는 것이기 때문이다. 그러나 우리의 삶이 중년에 끝나게 되면 그 작은 고리 하나의 역할조차도 제대로 담당하기 어렵다. 우리는 노년이 되도록 하나님의 시간 속에서 최선을 다하는 삶을 살아야 한다. 이 일을 감당하기 위해서 우리는 시편 기자처럼 "하나님이여, 나의 중년에 나를 데려가지 마옵소서" 기도해야 한다. 이렇게 기도하면서 하나님께서 내게 주신 뜻과 목적을 위해서 최선을 다해 지금 여기의 삶을 살아야 한다. 이것이 중년 시절 죽음을 연습하는 삶이며, 이러한 삶은 죽음을 피하는 길이고, 훗날 늦추어진 죽음이 다가왔을 때 가장 잘 맞이할 수 있는 길이 된다.

## 2. 과로사당하지 않게 하라

우리가 중년에 죽음을 맞이하지 않으려면 중년에 죽지 않는 연습을 해야 한다. 중년 사망의 가장 주요한 증세는 심근경색이고, 주요한 원인은 음주, 흡연, 과로, 과식 등과 같은 생활상의 문제라고 한다. 생활상의 문제란 결국 습관의 문제이다. 그리고 습관을 바꾸는 것은 연습으로만 가능하다. 어떤 새로운 생활 방식을 만들기 위해서도 꾸준히 연습해야 하지만, 이미 만들어진 생활 방식(혹은 습관)을 바꾸는 것 역시 연습이 필요하다. 금주, 금연, 다이어트 등은 기술 습득, 어학 공부, 악기 다루기 등과 마찬가지로 연습이 필요하다. 죽음의 연습이란 잘 죽는 연습이지만 또한 죽지 않아야 할 때 죽지 않는 연습이기도 하다. 중년은 아직 죽을 때가 아니다. 그러므로 죽지 않는 연습도 잘해야 한다. 잘 죽기 위해서 연습해야 하는 것과 마찬가지로 죽지 않기 위해서도 연습을 해야 한다. 즉, 건강에 늘 관심을 기울이고, 음식을 잘 먹고, 운동도 잘하며, 일이나 돈이나 지위에 욕심부리지 말고, 좋지 않은 친구와 어울리지 말아야 한다. 중년에 죽지 않는 연습을 하는 방식에 대해서는, 다시 말해서 중년의 건강 관리법은 독자들도 많은 지식을 가지고 있을 것이기에 더 길게 논의하지는 않겠다. 다만 중년 죽음의 가장 특징적인 양상인 과로사 혹은 돌연사와 관련된 죽음의 의미만을 간단히 고찰하겠다.

인생의 각 단계에 나타나는 죽음에는 특징이 있다. 젊은이의 죽음은 자살에서 그 특성을 발견할 수 있고, 노인의 죽음은 자연사에서 그 의미를 발견할 수 있다. 그리고 중년의 죽음은 돌연사 혹은 과로사에서 그 특성을 발견할 수 있다. 사춘기가 몸과 마음이 불균형한 시절이라면 중년은 몸과 일이 불균형한 시절이다. 사춘기 때 몸은 급속하게 성장하여 성인의 수준에 이르지만, 마음이나 지식, 감정 등의 성장은 그에 미치지 못한다. 이와 마찬가지로 중년의 때는 일은 점점 많아지고 몸은 점점 약해지는 불균형 현상이 나타나게 된다. 중년 시절 몸은 점점 약해지는데 짐은 점점 무거워진다. 가정의 짐, 자녀 양육의 짐, 나이 드신 부모님 부양의 짐, 직장에서 감당해야 하는 책임의 짐이 어깨를 누른다. 이 짐을 감당하기 위해서 일하고 또 일해야 한다. 다른 사람보다 능력이 모자라는 사람은 그 직장에서 살아남기 위해서 더 열심히 일해야 한다. 다른 사람보다 능력이 뛰어난 사람은 자신이 속한 조직을 위해서, 자신의 자아실현을 위해서 더 많이 일해야 한다. 한병철 교수가 『피로 사회』에서 말한 바와 같이 자신의 능력과 성과를 통해서 주체로서의 존재감을 확인하기 위해서 일하고 또 일해야 한다. 그 결과 자아는 피로해지고, 스스로 설정한 요구에 부응하지 못하는 좌절감은 우울증을 낳는다. 현대인은 모두 다 피로 사회(Müdigkeits-gesellschaft)를 살지만, 중년은 더욱 그렇다. 그래서 일하고 또 일하다가 과로사로 쓰러지기도 한다.

과로사 속에는 사회·경제적 제도의 문제만 있는 것이 아니다. 죽음학의 입장에서 볼 때 정신 심리적인 문제가 있다. 과로사란 육신이 견디지 못할 만큼 일을 하다가 결국 죽음을 맞이하는 것이다. 왜 인간은 육신이 견디지 못할 만큼 일을 하는 것일까? 강제노동수용소 수용자나 노예와 같은 사람들은 외적인 강제 때문에 어쩔 수 없이 몸이 상할 때까지 일하지 않을 수 없다. 이런 분들의 과로사는 사회제도의 문제이지 정신적인 문제는 아니다. 여기서는 자발적으로 일해서 일어나는 과로사의 문제를 논의한다. 중년 과로사의 원인은 이른바 워커홀릭(workaholic) 증후군이라 불리는 일 중독이다. 사람이 과로사에 이를 정도로 일 중독에 빠지는 정신적인 요인은 크게 두 가지이다. 하나는 삶의 의미를 오직 일에서 찾는 것이며, 다른 하나는 과도한 욕심이다.

일 혹은 직업이 삶 속에서 가지는 중요한 의미를 부인할 수 없다. 대부분 사람에게 일은 생활에 필요한 물질적 자원을 얻는 경제활동이다. 즉, 생계를 위한 업, 생업(生業)이다. 직업 활동은 학교 교육을 마친 후 시작하여 은퇴할 때까지 30~40년간 지속된다. 일은 인생에서 가족관계 다음으로 장기간 지속된다. 직업은 사회에서 다른 사람과 만날 때 서 있는 가장 중요한 지위이다. 우리는 사회에서 처음 만난 사람이 "누구신가요?"(Who are you?) 하고 물으면 "나는 의사입니다", "나는 교사입니다", "나는 노동자입니다"라고 자신의 직업을 말한다. 그래서 사회학에서는 직업을 그 사람의 주 지위(master status)라고 한다. 그러므로 삶의 의미를 자신의 일 가운데서 찾는 것은 당연한 일이며 또한 좋은 일이기도 하다. 막스 베버는 자본주의라는 현대 문명이 형성되는 데 중요한 작용을 한 것이 마틴 루터의 '직업 소명설'로 대표되는 프로테스탄트 윤리라고 하였다2 프로테스탄트 윤리에 따르면 직업은 소명이다. 즉, 직업은 하나님의 부르심이다. 직업은 신적인 부르심이라고 불릴 만큼 중요한 의미가 있다. 직업과 일이 이렇게 의미 있는 것이므로 사람들은 자신의 직업 활동을 통해서 의미를 찾고자 열심히 일한다. 성실하게 열심히 일하여 직업 가운데서 보람과 의미를 찾는 것은 좋은 일이다.

---

2 막스 베버/박문재, 『프로테스탄트 윤리와 자본주의 정신』 (서울: 현대지성, 2018).

그러나 일 중독은 일을 통해 의미와 보람을 찾는 것이 어떤 선을 넘어 버리는 상태이다. 인생에는 직업적인 일 이외에도 의미와 가치 있는 것이 많다. 가족을 잘 돌보고, 가정 안에서 행복을 누리는 것도 의미 있는 일이다. 이웃들을 사랑하고, 아름다운 교제를 나누며, 서로 섬기는 것도 의미 있는 일이다. 필자와 같은 목사 입장에서 볼 때 하나님 아버지를 공경하고, 그 은혜에 감사하며, 예배하는 것은 세상에서 가장 의미 있는 일이다. 지식을 쌓고, 예술 작품을 만들거나 감상하고, 자연의 아름다움을 느끼는 것은 모두 의미와 가치가 있는 일이다. 그런데 일 중독에 빠진 사람은 직업적 일 이외의 다른 영역에서 얻을 수 있는 의미와 가치에 전혀 관심을 기울이지 않는다. 우리는 우주 가운데서 가장 풍성한 생명을 가진 지구, 그 지구에서 가장 소중한 인간의 생명을 가지고 존재한다. 우리에게 생명이 있으므로 누릴 수 있는 가치와 의미는 무궁무진하다. 그런데 일 중독에 빠진 사람은 인간 생명 속에 들어 있는 수많은 소중한 의미를 외면한다. 오직 일에서만 의미를 찾으려고 하며, 그것만을 가장 가치 있다고 생각한다. 일에서 의미를 찾는 것이 어느 선을 넘는 순간 그것은 우상이 되고 만다. 은혜로우신 하나님은 자기를 섬기는 백성들에게 영원한 생명을 주시지만, 우상은 자기를 섬기는 자들을 죽음으로 몰고 간다. 그것이 일 중독에 빠진 사람에게 일어나는 과로사이다.

일은 중요하고 의미와 가치가 있다. 그러나 인생길에는 일 이외에도 의미 있는 것이 많다. 가족 및 이웃 사랑과 신적(divine) 은혜는 그 대표적인 것이다. 때때로 이러한 의미와 가치를 위해 직업적 일을 내려놓는 사람도 있다. <타이타닉>(My Heart Will Go On), <미녀와 야수>(Beauty and the Beast) 등의 노래로 널리 알려진 세계적인 가수 셀린 디옹은 후두암에 걸린 남편을 돌보기 위해서 가수 활동을 중단했다. 클린턴 대통령 시절 노동부 장관이었던 로버트 라이시는 어린 아들과 함께 하는 시간을 확보하기 위해서 장관직을 내려놓았다.[3] 세계 최고의 IT 기업 MS를 세운 빌 게이츠는 새로운 가치와 의미를 찾기 위해서 빌 앤드 멜린다 재단을 설립한 후 MS 회장직을 사임하였다. 이들은 누구보다도 열심히 일한 사람들이었고, 자기 영역에서 세계 최고의 위치까지 올라간 사람들이었다. 그러나 이들은 일 중독에 빠진 사람은 아니었다. 자신의 직업적 일에서만 의미와 가치를 찾는 사람은 아니었다. 다른 가치를 위해 직업적 일을 내려놓을 수 있는 사람들이었다. 직업적 일에 삶의 모든 의미를 부여하는 사람은 일 중독에 빠지기 쉽다. 그리고 일 중독에 빠진 사람들은 과로사, 돌연사하기 쉽다. 삶의 다양한 가치를 인정하여 일 중독에 빠지지 않고 돌연사, 과로사를 예방하여 노인이 될 때까지 살아남는 것이 중년의 죽음 연습이다.

　욕심, 즉 과도한 욕망은 중년 과로사의 중요한 요인이 된다. 40-50대의 중년은 인생의 최고 경지에 이른 때이다. 사회적으로 중요한 역할을 맡아 활발하게 활동한다. 인생길에서 가장 높은 커리어를 자랑하는 때이다. 자신이 속한 영역에서 활발하게 업적을 남기는 때이다. 자신의 능력을 최대한 발휘할 수 있는 때이다. 그래서 위험한 때이기도 하다. 사람은 자신의 지위와 능력이 최고 수준에 있을 때는 그것이 어디까지 갈 수 있는가를 시험하고 싶은 마음이 든다. 그동안 성공했던 인물, 능력과 업적을 크게 떨쳤던 사람일수록 더욱 그러한 마음이 든다. 이분들은 "쇠뿔도 단김에 빼라", "Make hay while the sun shines"(햇볕이 있을

---

3 로버트 라이시/오성호, 『부유한 노예』 (경기: 김영사, 2001) 서문.

때 건초를 말려라), "Strike while the iron is hot"(쇠가 달았을 때 두드려라) 등과 같은 말을 마음속에 늘 간직하고 있다. 그래서 기회가 있을 때 모든 힘을 다 쏟아 앞으로 달려간다. 그 결과 많은 업적을 남기기도 하면서 인생 전성기에 화려하게 빛난다. 그러나 이러한 시기를 맞이하면 자칫 물욕, 명예욕, 권력욕, 출세욕 등이 제어할 수 없을 정도로 일어나기 쉽다. 욕망은 절제하지 않으면 스스로 가라앉지 않는다. 커지는 욕망을 제어하지 못하고 그것을 채우기 위해서 모든 힘을 쏟으면서 일하다가 쓰러지는 것이 돌연사이고 과로사이다.

톨스토이의 단편소설 『사람에게는 얼마만큼의 땅이 필요한가』에 나오는 이야기이다. 악마의 꾀에 넘어간 농부 파흠은 비시키르 지역에 가서 1,000루블을 내고 땅을 산다. 그 마을의 족장은 파흠이 해 뜰 때부터 해 질 때까지 달려가서 말뚝을 박아 놓은 만큼 땅을 주겠다고 하였다. 파흠은 아침부터 해 질 때까지 달리고 또 달렸다. 그리고 마을로 돌아왔을 때는 너무 지쳐서 죽고 말았다. 마을의 족장은 그를 단 한 평의 땅에 묻어 주었다.4 욕심으로 인해 농부 파흠은 돌연사, 과로사하고 말았다. 과로사를 피하는 것은 중년의 중요한 죽음 연습이다. 의미 있고 가치 있는 일은 중년에만 있는 것이 아니다. 노년이 되어서도 의미 있는 일은 많다. 중년 시절 욕심부리다가 넘어지지 않고 노년까지 이르면 행복한 일도 많다. 아무리 맛있는 음식, 좋은 음식이라도 한꺼번에 급히 많이 먹으면 체하는 법이다. 아무리 가치 있는 욕망이라도 중년 시절 한꺼번에 채우려고 하면 탈이 나게 되어 있다. 성경은 말한다. "욕심이 잉태한즉 죄를 낳고 죄가 장성한즉 사망을 낳느니라"(약 1:15). 중년 시절 헛된 욕심을

---

4 톨스토이/홍순미, 『사람에게는 얼마만큼의 땅이 필요한가』 (서울: 써네스트, 2020).

내려놓음으로 늙기까지 장수하며 노년의 의미와 행복을 찾아 누리는 것이 중년의 죽음 연습이다.

## 3. 삶을 아름답게 마무리하라

늘 조심하고, 욕심부리지 않고, 자신의 사명에 집중하며, 건강 관리에 최선을 다했지만, 죽음이 찾아오는 경우가 있다. 이때 할 수 있는 한 최선을 다해 죽음을 물리치기 위해 노력하는 것은 필요한 일이다. 그러나 애써 수고하였지만, 어쩔 수 없이 죽음을 맞이해야 하는 경우가 있다. 그때에는 어떻게 하는 것이 좋을까? 삶을 아름답게 마무리해야 한다.

지난 90년대 중반에 나온 김정현의 『아버지』라는 소설이 IMF 시대와 맞물리면서 베스트셀러가 되고 많은 사람의 눈시울을 뜨겁게 한 적이 있다.5 대학생과 고등학생 자녀를 둔 중년 나이의 주인공 한정수는 뜻하지 않게 췌장암 판정을 받고 시한부 인생을 산다. 그 와중에도 자신의 병을 가족에게 숨기면서 자신이 죽고 난 다음에 가족들에게 도움될 수 있는 것을 남기기 위해 애써 수고한다. 물론 마지막까지 자신의 병을 숨기고 가족들을 위해서 할 수 있는 일만을 생각하는 것은 이 책의 주인공처럼 나름 성실하게 최선을 다해 살아온 사람이 흔히 보이는 태도이기도 하다. 그러나 그것은 꼭 좋은 방법은 아니다. 가족들을 위해서 자신의 퇴직금으로 할 수 있는 빵집이나 가게 터를 구하는 것도 귀한 일이지만, 더 중요한 일은 가족과의 관계를 아름답게 정리하는 일이다. 물론 이 책에서는 친구 의사가 그의 병을 가족에게 이야기함으로 소원했던 가족과

---

5 김정현, 『아버지』 (서울: 문이당, 1996).

의 관계가 회복될 수 있었다. 이 책은 관계의 회복이 어떤 물질적 유산보다 더 중요하다는 것을 말해 주고 있다.

중년에는 죽음을 피해야 하지만 어쩔 수 없이 죽음을 맞이해야 할 때 어떻게 해야 하는가? 중년에 찾아오는 죽음에 대해서는 대부분 사람이 죽음의 연습은 그만두고, 죽음의 준비조차 제대로 하지 못하기 십상(十常)이다. 죽음학의 대가인 퀴블러 로스 박사의 이론에 따르면 죽음을 맞이하는 사람은 ① 자신의 죽음에 대한 부정, ② 자신이 죽어야 한다는 사실에 대한 분노, ③ 만약 내가 살 수만 있으면 어떻게 하겠다는 거래의 시도, ④ 죽음과의 거래가 불가능해졌을때 느끼는 깊은 좌절, ⑤ 마지막으로 죽음을 받아들이는 수용 등과 같은 단계를 거친다고 하였다. 물론 이런 단계가 절대적인 단계는 아니며, 모든 사람이 이 5가지 단계를 다 거치는 것은 아니다. 그러나 대체로 인간은 이런 단계를 거치면서 죽음을 맞이하게 된다. 죽음을 맞이하는 5개의 단계를 거칠 때 사람에 따라 각 단계를 지나가는 길이와 정도의 차이를 보이기 마련이다. 어떤 사람은 각 단계를 비교적 약하고 짧게 지나가며, 어떤 사람은 각 단계를 강하고 길게 지나간다. 중년이 죽음을 맞이하는 경우 각 단계를 약하고 짧게 지나가는 것이 좋다. 각 단계를 강하고 길게 지나가는 경우 단계마다 겪는 고통이 커질 수밖에 없다. 예를 들어 자신의 죽음을 강하게 오랫동안 부정하다가 도저히 죽음을 부정할 수 없는 현실을 맞이하게 되면 고통이 더 커지게 된다. 그뿐 아니라 죽음을 맞이하는 단계가 길어지면 길어질수록 죽음의 수용까지의 시간이 길어지게 된다. 그리하여 수용에서 죽음까지의 마지막 시간이 짧아진다. 중년의 죽음은 많은 경우 준비가 제대로 되지 못한 죽음이다. 그러므로 죽음이 왔을 때 빨리 수용하면 그만큼 죽음을 준비할 수 있는 마지막 시간이 길어질 수 있다. 중년의 죽음은 피해야 하지만,

소설『아버지』의 주인공 한정수처럼 피할 수 없는 죽음을 맞이할 때는 죽음의 각 단계를 약하고 짧게 지나 빨리 수용의 단계에 이르는 것이 좋다. 그래야 죽음의 수용에서 죽음에 이르는 남은 기간을 조금이라도 더 길게 연장할 수 있고, 그 기간 죽음을 잘 준비할 수 있다.

중년의 나이에 죽음을 맞이하였을 때 가장 중요한 것은 '죽음 이후의 삶'에 대한 준비이다. 물론 개인에 따라 정도의 차이는 있지만, 청년 혹은 중년의 사람들은 '죽음 이후의 삶'에 대해 관심이 없거나 관심이 있어도 추상적이고 관념적인 경우가 많다. 죽음 자체를 '나의 죽음'이 아닌 '타인의 죽음'으로 생각하기 때문에 죽음 이후의 삶을 제대로 준비하지 못하는 사람들이 많다. 그러나 청년이든 중년이든 죽음이 앞으로 다가오는 순간, 즉 죽음과의 거리가 짧아지는 순간 '죽음 이후의 삶'은 실존적이고 중요한 문제가 된다. 인류의 역사와 문명 가운데서 종교가 '죽음 이후 삶'에 대한 해답을 가장 많이 가지고 있다. 따라서 갑작스럽게 죽음을 맞이하게 된 중년의 사람은 종교적 전통에 따라 '죽음 이후의 삶'을 준비하는 것이 바람직하다.

종교 가운데서도 자력 종교보다는 타력 종교에 의지하는 것이 더 좋다. 자력 종교의 경우 선을 많이 행하거나 도를 많이 닦을 때 '죽음 이후의 좋은 삶'으로 들어갈 수 있다. 따라서 생활에 쫓겨 살다가 갑작스럽게 죽음을 맞이한 중년의 경우 '죽음 이후의 좋은 삶'으로 들어갈 만한 선을 행하거나 도를 닦는 것이 쉽지 않다. 반면에 타력 종교의 경우 하나님의 은혜와 사랑에 의지하여 믿음으로 '죽음 이후의 좋은 삶'으로 갈 수 있다. 물론 믿음을 가지는 것이 쉬운 일은 아니지만, 죽음의 막다른 순간에 이르렀을 때 선을 행하거나 도를 닦는 것보다는 쉬운 일이 될 것이다. 예수님 오른편에서 예수님과 함께 십자가에 달려 죽은 강도는 마지막 죽기 직전에 "예수여 당신의 나라가 임할 때 나를 기억하소서"라고 말하면서 자신의 믿음을 고백하고 하나님의 은혜를 구하였다. 그러자 예수님께서 "네가 오늘 나와 함께 낙원에 있으리라"고 말씀하시면서 그의 요청을 받아 주셨다. 준비하지 못한 채 죽음을 맞이하게 되는 중년이 마지막 순간 해야 할 가장 중요한 과업은 '죽음 이후의 좋은 삶'으로 가는 길을 준비하는 것이다.

중년에 갑자기 죽음을 맞이하는 경우 가족과의 관계를 정리하면서 어느 정도의 거리 두기를 할 필요가 있다. 이기적인 사람은 죽음을 맞이할 때 자신이 소유한 에너지와 물질을 자기 자신을 위해 탕진해 버린다. 어떤 사람은 말기 암 상태가 되어서 도저히 치료 가능성이 없음에도 불구하고 최신식, 최고의 치료를 받으려고 한다. 그래서 자신이 가진 재산을 다 처분해서 미국의 유명 병원으로 가서 치료를 받았지만 결국 죽고 말았다. 이와 반대로 지나치게 가족을 생각하는 사람은 돈을 아끼기 위해서 마지막 자신이 누릴 수 있는 삶을 포기하는 사람이 있다. 또한 돈을 아끼기 위해서 통증 완화 치료까지 제대로 받지 않아 필요 이상의 고통을 당한 후 세상을 떠나는 사람도 있다. 양쪽 다 바람직한 태도는 아니다. 우리 주변을 보면 극단적으로 이기적인 사람은 그렇게 많지 않다. 그러나 남아 있게 될 가족을 위해 모든 것을 다 바치는 사람들은 때때로 볼 수 있다. 소설 『아버지』에 나오는 주인공 한정수도 어느 정도 이런 편에 속한다. 남아 있는 가족은 생각하지 않고 자기만을 생각하는 태도도 옳지 않지만, 가족과 자신을 지나치게 일치시켜 자기가 가진 모든 것을 가족에게 남겨 주려는 태도 역시 바람직하지 않다. 양편 모두 남은 가족에게 큰 상처와 죄의식을 남길 수 있기 때문이다.

중년에 세상을 떠나려고 하면 남아 있는 가족의 앞으로의 삶이 걱정되는 것은 당연하다. 그러나 얼마 남지 않은 삶을 그러한 걱정으로 다 소모하는 것은 바람직한 태도가 아니다. 죽음을 맞이하는 사람이 남아 있는 가족보다 더 불행하고 고통스러운 법이다. 남아 있는 가족은 어떻게 든 살게 되어 있다. 자기가 죽으면 남은 가족들이 죽음보다 더한 고통과 슬픔 속에 빠진다고 생각하지 말아야 한다. 어떤 형편이라도 살아있는 한 희망이 있고 길이 있기 때문이다. 이런 생각에 너무 깊이 빠진 사람 중에서는 가족과 동반 자살을 하거나 가족을 살해하고 자기도 죽으려는 사람도 있다. 이것은 과오(過誤)의 정도를 넘어서 악이다. 아무리 가까운 배우자나 자식이라 할지라도 독립적인 인격체이다. 그들의 생명은 자신의 생명만큼 소중한 것이고, 아무리 힘들고 어려워도 그들에게는 그들 나름 의 소중한 삶이 있다.

어떤 분이 빚에 쪼들려 스스로 목숨을 끊으려고 마음을 먹었다. 막상 죽기로 마음을 먹으니 무능력하기 짝이 없는 아내와 어린 자식의 앞날이 너무나도 힘들고 불행하게 여겨졌다. 그래서 부인과 자식을 죽이고 자신 도 죽으려고 마음먹었다. 잠자고 있는 부인의 머리를 망치로 때렸다. 그런데 때리는 손이 떨려서 빗맞고 말았다. 자다가 깨어난 부인이 머리에 서는 피를 흘리고 눈에서는 눈물을 쏟으면서 남편에게 싹싹 빌면서 말했다. "여보 내가 잘못했어요. 목숨만 살려 주세요. 나 살고 싶어요" 하는 것이었다. 그 부인이 무슨 잘못을 했단 말인가? "나 살고 싶어요" 하는 말에 억장이 무너졌다. 그래서 들었던 망치를 내려놓고 아내를 병원으로 데리고 가서 치료를 받게 한 후 경찰서에 가서 자수했다. 경찰과 시민단체의 도움을 받아 개인 파산 절차를 밟았다. 그리고 많은 고생을 했지만, 훗날 온전히 회복되었다.

중년의 가장이나 부인이 죽게 되면 그 가족들이 많은 고생을 하는 것은 사실이다. 눈물과 고통 가운데 한평생 살 수도 있다. 그러나 살다 보면 어떤 길이 열릴 수 있다. 죽음을 앞둔 중년의 사람이 가족의 앞날에 대해서 걱정하는 것이야 당연한 일이지만, 그 걱정이 어느 선을 넘어서는 안 된다. 남은 가족에게는 그 나름의 삶이 있는 법이다. 남은 가족을 위해 할 수 있는 일에 최선을 다한 다음에는 하나님에게 맡기는 것이 좋다. 진인사대천명(盡人事待天命), 즉 자신이 할 일을 다 하고 하늘의 뜻을 기다린다는 말은 죽음을 앞에 둔 사람에게도 여전히 유효하다.

톨스토이의 단편소설 가운데 『사람은 무엇으로 사는가』라는 작품이 있다.6 천사 미카엘은 하나님으로부터 이제 막 쌍둥이를 낳으려고 하는 여인을 데려오라는 명령을 받았다. 여인과 두 아이가 너무나도 불쌍해서 미카엘 천사는 하나님의 명령을 거역하고 말았다. 이 일로 미카엘은 하늘로 돌아가지 못하고 인간의 몸으로 땅에 떨어지게 되었다. 그때 하나님은 세 가지 질문의 답을 알면 하늘로 돌아오게 될 것이라고 하였다. 즉, "사람 속에는 무엇이 있는가? 사람에게 주어지지 않는 것은 무엇인가? 사람은 무엇으로 사는가?"라는 질문에 대한 답을 알아내라고 하셨다. 그는 자기를 도와준 구둣방 주인 부부를 통해서 '사람의 마음속에는 사랑이 있음'을 알았다. 그에게 구두를 맡기러 온 부자를 통해서 '사람에게 주어지지 않는 것은 자신에게 필요한 것이 무엇인지를 아는 지식'이라는 것을 알았다. 그리고 구둣방을 찾아온 한 여인이 이전에 자신이 불쌍히 여겼던 죽은 여인의 두 자녀를 그동안 잘 길러왔다는 것을 알게 되었다. 이 일을 통해 '사람은 사랑으로 산다는 것'을 알게 되었다. 톨스토이는 이 작품을 통해서 말한다. 사람의 마음속에는 사랑이 있다. 부모를 모두

---

6 톨스토이/김선영, 『사람은 무엇으로 사는가: 톨스토이 단편선』 (서울: 새움, 2020).

잃은 갓 태어난 어린아이라 해도 사람들의 마음속에 사랑이 있는 한 그 사랑으로 살 수 있다. 그렇다. 하나님이 인간의 마음속에 사랑을 심어 놓으셨다. 그러므로 내가 비록 중년의 나이에 죽어도 내 가족들은 그 사랑에 힘입어 살아가게 될 것이다. 톨스토이의 작품에 나오는 두 아이는 태어나자마자 고아가 되었지만, 그 아이들은 잘 성장하였다. 이와 마찬가지로 우리가 세상을 떠난다 해도 우리 자녀들은 자신들의 삶을 살아갈 것이다. 중년의 죽음은 분명 불행한 일이요, 남아 있는 가족이 가장 걱정되지만, 이 믿음을 가지고 가족들을 온전히 하나님께 맡기고 죽음을 맞이해야 할 것이다.

중년의 죽음은 정치적 혹은 사회적으로 큰 쟁점이 되는 사건과 관련되지 않는 한 지극히 개인적인 사건이고, 그 영향은 주로 가족에게 미친다. 그러므로 중년의 죽음을 맞이할 때는 남아 있는 가족에게 가장 좋은 선물을 남겨 주어야 한다. 그 선물이란 무엇일까? 물론 많은 재산을 남겨 놓는다면 좋은 일이다. 남은 가족들이 살아가는 데 큰 힘이 될 것이다. 그러나 중년의 나이에 많은 재산을 남길 수 있는 사람은 소수에 불과하다. 그러므로 중년의 죽음을 맞이할 때 많은 재산을 남기지 못하는 것에 대해서 지나친 회한(悔恨)에 빠질 필요는 없다. 중요한 것은 남은 가족들의 가슴 속에 일평생 새길 수 있을 만한 깊은 감동을 주는 것이다. 가족들을 얼마나 사랑했는가를 보여주는 것이다. 자신은 비록 40-50대의 젊은 나이에 세상을 떠나지만, 인생이 얼마나 아름답고 소중한 것인가를 보여주는 것이다. 갑자기 다가온 죽음에 위축당하지 않고 당당하고 아름답게 떠나는 모습을 보여주는 것이다. 이렇게 할 때 남은 가족들은 큰 위로를 얻고 앞으로의 삶을 살아갈 용기를 얻게 된다. 죽은 배우자나 부모에 대한 아름답고 귀한 기억 가운데서 살아갈 수 있다. 역사는 사회적

· 공동체적 기억으로 그 사회 구성원의 삶에 큰 영향을 미친다. 이와 마찬가지로 먼저 세상을 떠난 가족에 대한 아름다운 기억은 남은 가족들의 삶에 힘이 되고, 긍정적인 영향을 미친다.

1820년 미국 켄터키주 한 시골 마을의 통나무집에서 '낸시 행커스'라는 이름의 한 중년 부인이 질병으로 인해 죽음을 맞이하게 되었다. 그녀는 세상을 떠나면서 그의 어린 아들을 위해서 간절히 기도했다. 그리고 아들에게 자신이 늘 읽던 성경책 한 권을 주면서 "이 말씀을 잘 읽고 예수님이 인도하시는 손길을 따라 아름답고 귀한 삶을 살라"고 하였다. 그 어린 소년은 죽어가는 어머니의 모습을 마음속 깊이 새겼다. 그 어머니의 모습은 이 소년의 힘이 되고, 위로가 되었다. 어머니의 유언대로 그는 어머니의 성경책을 읽으면서 신실한 하나님의 사람으로 살아갔다. 그 소년이 바로 그 유명한 미국의 16대 대통령 에이브러햄 링컨이다. 낸시 행커스 여사는 중년의 나이에 어린 아들을 남기고 세상을 떠난 불행한 여인이었다. 그러나 그는 마지막 죽음의 순간에 그의 아들의 가슴에 강한 빛을 심어 주었다. 그리고 그 아들은 어머니가 심어 놓은 그 빛을 따라 살아갔고, 위대한 역사를 이룬 큰 위인이 되었다.

40~50대의 중년은 사회경제적으로 가장 활동적이고 정점에 있는 시기이다. 그러나 몸이 점점 약해지는 시기이기도 하다. 그리하여 몸과 사회경제적 활동의 불일치로 과로사, 돌연사가 일어날 수 있다. 따라서 중년의 죽음 연습은 이러한 죽음을 당하지 않도록 자신의 삶을 잘 조절하고 절제하는 것이다. 그러나 이렇게 조심하였지만 죽음이 다가와 피할 수 없는 경우도 있다. 이때에는 가족과 주변 사람들에게 아름다운 뒷모습을 보여주고, 그 아름다운 모습이 가족들의 삶에 힘과 위로가 되도록 하는 것이 중년의 죽음 연습이다.

## 14장
# 노년의 은퇴, 질병, 사별의 죽음 연습

죽음의 연습은 청년과 중년에도 중요하지만, 노년에는 더욱 중요하다. 왜냐하면 노년은 내려감의 시간(downing time), 죽음을 준비하는 시간이기 때문이다. 노년에 경험하는 많은 일은 죽음과 관련된다. 그중에서도 노년에 경험하는 은퇴, 질병, 사별은 죽음과 가장 유사한 현상이다. 그러므로 이런 경험을 통해서 죽음 연습을 할 수 있다. 노년은 인생길에서 죽음과 가장 가까운 시기이며, 원하든 원하지 않든 죽음을 의식하며 사는 시기이다. 그러므로 노년의 삶은 죽음 연습의 삶이다. 청년과 중년의 죽음 연습은 다분히 관념적이며, 죽음을 피하는 연습이다. 그러나 노년의 죽음 연습은 훨씬 더 실제적이며, 죽음을 수용하는 연습이다. 노년의 삶을 중요한 사건(은퇴, 질병, 사별 등)과 일상생활, 시간 구획 등의 영역으로 나누어서 노년의 죽음 연습을 살펴보겠다.[1]

---

1 노년의 생활과 관련하여 노인학, 노인복지학 등에서 다양한 측면에서 논의하고 있다. 그러나 이러한 논의들은 죽음과 분리된 노년의 삶에 초점을 맞추는 한계가 있다. 여기서는 죽음학의 시각에서 죽음과 죽음 이후를 전제로 하여 죽음 연습으로서의 노년의 삶을 논의하겠다. 장대

## 1. 죽음과 친해지라!

노인은 죽음과의 거리가 가장 가까운 사람들이다. 죽음의 그림자가 늘 주변을 맴돌고 있다. 2020년 우리나라에서 1년 동안 죽은 사람의 수가 30만 명 정도 되는데 그중 70세 이상 되는 분의 비율이 70% 이상 된다. 평화로운 시대, 평균 수명이 늘어난 시대의 죽음이란 주로 노인들의 일이다. 늙어간다는 것은 죽어간다는 의미다. 나이가 많이 들었다는 것은 그만큼 죽음에 가까이 와 있다는 의미다. 노인이 되면 죽음이 가까이 오는 것을 느끼게 되고, 가까이 온 죽음을 곧 맞이할 수밖에 없다는 것을 깨닫게 된다. 그리고 얼마 있지 않아 죽음의 손을 잡고 이 세상을 떠나야 한다. 가까이 있으면서 피할 수 없는 존재를 대하는 가장 좋은 방법은 친하게 지내는 것이다. '친하게 지낸다'는 말이 불편하다면 '익숙해진다'고 표현해도 좋을 것이다. 죽음과 익숙해지고 친하게 지내는 것이 노년의 죽음 연습이다.

장의사들은 매일같이 시신을 대한다. 죽은 사람 몸을 만지는 것이 즐거울 사람이 누가 있겠는가? 그러나 장의사들은 그 일을 반복하면서 시신과 익숙해지고, 더 나가서 친해진다. 어떤 장의사들은 시신을 대하면서 시신이 말하는 소리를 듣는다. 영혼이 떠나가고 남은 싸늘하게 식은 연약한 몸을 만지면서 힘들고 고단한 인생길 걸어온 고인의 삶을 느낀다. 그래서 시신이 추하고 두렵게 느껴지는 것이 아니라 불쌍하고 슬프게 느껴진다. 이제 흙으로 돌아가거나 한 줌의 재가 될 시신 가운데서 안식과

숙, 『노인학의 이론과 적용』 (경기: 한국장로교출판사, 1998); 장인협 · 최성재, 『노인복지학』 (서울: 서울대학교출판부, 2006); 투르니에 P/강주헌, 『노년의 의미』 (서울: 포이에마, 2015).

평화를 느낀다.[2] 장의사들의 이야기는 우리 모두의 이야기이다. 죽음이 가까이 왔다는 것을 느끼면 죽음을 받아들이고, 죽음에 익숙해지고, 죽음과 친해져야 한다. 죽음과 친해지면 죽음이 꼭 나쁘고 불행한 것만은 아니라는 것을 깨닫게 된다. 죽음의 고통스러운 손길 속에서 안식을 느낄 수 있다. 죽음의 손을 잡을 때 우리의 삶이 온전히 성숙하고 완성에 이르게 됨을 알게 된다. 더 나가서 죽음이 주는 허무함 속에서 영원한 생명의 소망을 간직할 수 있다.

죽음에 익숙해지고 그래서 죽음을 잘 맞이하기 위해서는 노년 시절 더욱 실제적이고 직접적인 죽음 연습을 해야 한다. 청년과 장년 시절의 죽음 연습이 더 가치 있는 삶을 위한 관념적이고 철학적인 죽음 연습이라면, 노년 시절의 죽음 연습은 훨씬 더 실제적이어야 한다. 운동선수들이 경기에 나가기 전 수많은 세월 동안 땀 흘려 수고하며 연습한다. 연습의 방법과 내용은 경기의 종류와 선수 개개인의 특성에 따라 다르겠지만, 본 경기에 나가기 전에 수없이 훈련하고 연습 경기를 한다는 점에서는 동일하다. 문득 고3 때의 일이 생각난다. 내가 고등학생이던 시절에는 대학별로 보는 본고사가 있었다. 2학년 말까지 고등학교 과정 모든 진도를 마치고, 고3 때는 1년 내내 수업 시간에 문제만 풀었다. 중요 대학의 10년치 본고사 시험 문제를 풀고 또 풀었다. 연습하고 또 연습했다. 그리고 본고사를 볼 때 시험 문제를 받으면 연습하며 푼 문제들과 비슷한 문제가 나왔다. 운동선수는 경기에 나가기 위해서, 가수는 무대에 서기 위해서, 학생들은 시험을 보기 위해서 연습하고 또 연습한다. 운동이든 노래든 공부든 연습을 많이 하면 익숙해지고, 익숙하면 잘하게 된다.

---

2 케이틀린 도티/임희근, 『잘해봐야 시체가 되겠지만』 (서울: 반비, 2020).

로렌츠 수사가 쓴 『하나님의 임재 연습』은 영성 관련 책의 고전이다.[3] 생각하기에 따라서는 하나님의 임재 연습이라는 표현이 어색하게 여겨질 수 있다. 크고 높으신 하나님은 자신의 뜻에 따라 임재하시는 것이지 우리 인간들이 어떤 방법을 연습할 때 임재하시는 분은 아니시다. 그러나 또한 하나님은 무소부재(無所不在)하신 분이고, 어디에나 존재하시는 분이 시다. 그러므로 늘 임재하신다. 다만 우리 인간들의 영적인 눈이 어두워 임재하시는 하나님을 느끼지 못할 뿐이다. 그러나 로렌츠 수사가 말한 바와 같이 우리의 영성을 훈련하고, 하나님의 임재를 느끼는 방법을 연습하면 우리는 하나님의 임재하심을 언제나 인지하고 느낄 수 있다. 그러므로 하나님의 임재 연습이라는 말은 틀린 말이 아니라 맞는 말이다. 하나님의 임재하심이 온 땅에 충만하지만, 연습하지 않으면 그 하나님의 임재를 느낄 수 없다. 그러나 연습하면 불완전하고 한계가 있는 인간이지 만 크고 위대하신 하나님의 임재하심을 느낄 수 있다.

공부와 운동을 잘하려면 연습이 필요하다. 심지어는 하나님의 임재하 심을 잘 느끼기 위해서도 연습이 필요하다. 따라서 죽음을 잘 맞이하기 위해서는 죽음과 익숙해지기 위한 연습이 필요하다. 죽음의 연습을 어떻 게 하는가? 우리가 영성 훈련을 받을 때, 때때로 관(棺) 속 체험을 하는 경우가 있다. 유서를 쓰고 관 속에 들어가서 자신의 삶을 돌이켜 보는 시간을 가지는 체험이다. 물론 이렇게 관 속에 들어가는 체험은 죽음의 연습 가운데 하나가 될 수 있을 것이다. 그러나 이러한 죽음 연습은 하나의 이벤트로 끝날 수 있다. 참된 죽음의 연습은 우리의 일상 속에서, 즉 삶의 현실 속에서 늘 해야만 한다. 그래야 죽음이 익숙해지고, 죽음을

---

3 로렌츠 형제/이광식, 『하나님의 임재 연습』 (경기: 크리스천다이제스트, 2017).

잘 맞이할 수 있다.

우리는 일상생활 속에서 수많은 헤어짐, 떠남, 내려놓음의 경험을 한다. 이러한 경험이 바로 죽음의 연습이다. 우리는 살아오면서 참 많은 사람을 만났다. 그리고 그 사람들과 헤어진 채 다시 만나지 못하고 있다. 만났던 사람과의 헤어짐은 죽음의 연습이다. 젊은 시절 성장할 때는 헤어짐보다 만남의 경험이 더 많다. 초등학교나 중고등학교를 졸업하고 그다음 단계의 학교에 가면 새로운 만남이 있다. 대학을 졸업한 다음에는 직장과 사회에서 새로운 사람들을 만나게 된다. 물론 결혼을 하여 가정을 이루면 자신의 삶에서 가장 중요한 배우자와 자녀들을 만나게 된다. 이렇게 젊은 시절에는 살아가면서 많은 사람을 만나게 된다. 내가 한창 활동하던 시절 스마트폰에 저장된 전화번호가 1,000개 이상이었다. 1,000명 이상의 사람과 전화를 주고받을 만큼의 만남이 있었던 것이다.

그러나 노인이 되면 만남은 점점 헤어짐으로 변한다. 내 휴대폰에 전화번호가 저장되었던 분들 가운데 벌써 여러 명이 세상을 떠났다. 또 어떤 사람들은 지금 어디서 무엇을 하는지 알 수가 없다. 업무상 만났던 사람들의 이름은 적혀 있지만, 그 얼굴이 떠오르지 않는다. 왜 그분의 전화번호가 내 휴대폰 속에 들어 있는지조차 생각나지 않는다. 현재 가끔이라도 전화를 하면서 지내는 사람은 100명도 되지 않는 것 같다. 대다수 사람은 나를 떠났고, 나도 그들을 떠났다. 이것이 노년의 삶이다. 이러한 떠남은 죽음과 매우 유사한 현상이다. 그러므로 이러한 떠남을 통해서 죽음을 잘 연습할 수 있다. 노인이 떠남을 잘 경험할 수 있는 것이 퇴직, 질병, 사별이다. 우리는 이 세 가지를 통해서 떠나는 인생을 깨달을 수 있고, 죽음 연습을 할 수 있다.

## 2. 은퇴를 통한 죽음 연습

젊었을 때는 새로운 사람과 만나고, 새로운 삶의 자리로 들어가는 일이 많다. 그러나 나이가 들면 이미 알고 지내던 사람들과 헤어지고, 익숙한 삶의 자리를 떠나게 된다. 이렇게 헤어지고 떠나는 것이 죽음의 연습이다. 노인이 되면 대부분 직장에서 은퇴한다. 직장에서의 은퇴는 노인이 되어 경험하는 실전에 가까운 죽음 연습이다. 대다수 사람에게 직장은 생업이다. 직장에서 일하여 돈을 벌어 먹고 산다. 자식들을 교육하고, 집을 장만하기도 한다. 우리의 물질적 생활은 대부분 직장에서 버는 수입에 의존한다. 직업은 사회적 지위와 계층을 결정한다. 직장에서의 지위는 사회학에서 말하는 주지위(主地位, master status)이다. 직장에서 가장 많은 시간을 보내고, 직장에서의 일을 통해 삶의 보람과 가치를 느끼게 된다. 그래서 은퇴를 하고 난 다음에도 직장에서의 직책을 그대로 부르기도 한다. 의원님, 장군님, 교수님, 선생님, 시장님, 목사님, 이사님, 회장님 등으로 부른다. 이런 퇴직 후의 호칭은 인간의 생명 활동이 주로 직장에서 이루어졌다는 것을 보여준다. 요즈음 젊은이들이 결혼은 하지 않아도 직장은 가지려고 한다. 이것은 직장이 가족보다 더 중요한 생명 활동의 장이 되었다는 의미이다. 이러한 직장에서 은퇴한다는 것은 고정 수입이 끊어진다는 것이며, 보람있게 일하고 시간을 보낼 수 있는 장을 상실한다는 의미이다. 또한 가까이 지내던 직장 동료들과 단절된다는 의미이다. 그러므로 직장에서의 은퇴는 죽음과 가장 유사하다. 은퇴에는 육체적 죽음을 제외한 정신적 · 사회적 · 경제적 죽음의 요소를 다 가지고 있다. 따라서 은퇴는 가장 실전적인 죽음 연습이다.

은퇴를 준비하듯 죽음을 준비하는 것이 죽음 연습이다. 우리는 직장에서의 은퇴를 준비할 때 은퇴 후에도 삶이 있다는 것을 전제로 한다. 올해 92세이신 우리 아버님은 30년 동안 공무원으로 일하신 후 은퇴하고 30년 넘게 살아오셨다. 은퇴는 직장생활의 끝이지 삶의 끝은 아니다. 이와 마찬가지로 죽음 역시 육체적 생명의 끝이지 생명 자체의 끝은 아니다. 죽음 이후에도 또 다른 생명이 있다. 어떤 사람들은 은퇴 이후의 삶이란 무가치하고 무의미하다고 생각한다. 그러나 그것은 잘못된 생각이다. 은퇴 이후의 삶이 더 보람 있고, 가치 있고, 행복한 경우도 많다. 100살을 넘게 사신 철학자 김형석 선생님께서는 인생길 돌이켜 보니 60세에서 75세까지가 인생의 황금기라고 하였다.[4] 김형석 선생님이 인생의 황금기라고 부르는 시기는 대다수 사람에게 은퇴 후의 시간이다. 이 시기는 아직 건강하고 활동력이 있으면서도 경제활동과 자녀 양육의 짐에서 벗어나는 시기이다. 그러므로 은퇴 후 김형석 선생님이 말씀하시는 인생의 황금기를 맞이하면 누구보다도 행복하고 아름답게 살 수 있다. 은퇴 후가 가장 행복하고 아름다운 시기가 될 수 있는 것처럼 죽음 이후의 시간이 가장 행복하고 아름다운 시간이 될 수 있다.

노철학자의 입에서 나온 '은퇴 후 인생의 황금기'라는 말씀은 모든 사람에게 해당되는 것이 아니다. 은퇴를 잘 준비한 사람에게만 해당되는 이야기다. 건강, 돈, 가족, 친구, 일 등이 잘 준비되어 있어야 은퇴 후 인생의 황금기를 맞이할 수 있다. 그리고 이러한 준비는 은퇴 1~2년 전에 급하게 준비할 수 있는 것이 아니다. 젊었을 때부터 미리미리 준비해야 한다. 이와 마찬가지로 죽음 이후에 생명의 황금기를 맞이하기 위해서는 미리미리 젊었을 때부터 준비해야 한다. 아직 직장에 있을 때 은퇴

---

4 김형석, 『백년을 살아보니』 (서울: 덴스토리, 2016), 237-242.

이후의 삶을 준비하는 것과 마찬가지로 우리는 죽기 전에 죽음 이후의 삶을 준비해야 한다. 기독교 세계관을 가진 목사로서 말하면, 죽음 후에 천국 갈 수 있는 준비가 되어 있어야 한다.

직장에서의 정년 퇴임은 죽음과 가장 비슷한 사건이다. 따라서 정년 퇴임은 가장 실질적인 죽음 연습이다. 대다수 사람은 정년 퇴임을 예상하고 정년 퇴임 이후의 삶을 준비한다. 그러나 죽음의 준비는 정년 퇴임의 준비만큼 열심히 하지 않는 것 같다. 왜 그럴까? 죽음 이후의 삶에 대한 믿음이 없기 때문이다. 정년 퇴임 이후에도 삶이 계속된다는 것은 경험적으로 확인되는 일이다. 그러나 죽음 이후에도 계속되는 삶은 앞서 논의한 바와 같이 경험적으로 확인이 되지 않는다. 그래서 사람들은 죽음 이후의 준비를 소홀히 한다. 그러나 죽음 이후의 삶이 있다면 그리고 그 삶에 대한 준비가 오직 살아있을 때만 가능하다면, 죽음 이후를 준비하지 않는 것은 매우 위험한 일이요 또한 어리석은 일이다. 반대로 죽음 이후의 삶이 없다 해도 죽음 이후를 준비한 것이 그렇게 큰 문제될 것은 없다. 죽음의 준비와 죽음 연습은 마르크스가 말한 바와 같이 '삶의 의지를 꺾는 아편'이 아니다. 죽음 연습은 죽음 후의 삶이 없다 해도 유익이 많다.

퇴직이란 일, 사회적 지위, 수입원으로부터 떠나는 것이다. 이러한 것들로부터 떠난다는 것은 사회적인 죽음이다. 물론 퇴직 후에도 여러 사회관계가 가능하지만, 퇴직 전 직장을 통해서 가졌던 사회관계와 비교하면 매우 미약하다. 그러므로 퇴직을 잘하는 것은 죽음 연습을 잘하는 것이다. 어떤 사람은 퇴직을 전후하여 전전긍긍하고 심리적으로 불안한 모습을 보이기도 한다. 젊어서 억지로 직장을 나와야 하는 경우라면 충분히 수긍할 수 있지만, 정년 퇴임을 하면서도 그런 모습을 보이는 것은 불행한 일이다. 퇴직을 통해 죽음 연습을 하지 못하는 사람의 초라한 모습이다. 퇴직 후에도 직장 주위를 맴도는 사람이 있다. 또한 입만 열면 한창때 자신이 한 일을 적당히 과장해 가면서 반복해서 말하는 사람도 있다. 목사들 가운데도 그런 사람이 적지 않다. 최근 우리 사회와 교계를 소란하게 하였던 '담임 목사직 세습'의 문제도 마찬가지이다. 우리 교단에서 헌법을 어기고 담임 목사직을 아들에게 세습시킨 분들을 개인적으로 어느 정도 알고 있다. 신앙적으로, 인격적으로 훌륭한 점도 많은 분들이기도 하다. 그러나 그분들은 퇴직을 통한 죽음의 연습을 제대로 하지 못하였다. 목사의 정년은 70세로 우리 사회에서 가장 높은 연령이다. 이러한 직을 정년까지 잘 마치고도 그 직을 내려놓지 못하고 자식에게 세습시켜 배후에서 영향력을 행사하려고 하는 것은 인생의 실패일 뿐 아니라 퇴직을 통해서 할 수 있는 죽음 연습에 실패한 것이다. 의사와 같은 전문직 가운데는 정년이 없는 경우도 있다. 그래서 80살이 넘고 90이 다 되도록 일하는 분이 있다. 적지 않은 재산을 가지고 있음에도 불구하고 매일같이 병원에 나와서 일하는 분이 있다. 그분들은 퇴직하지 못함으로 자신의 직업 이외의 영역에서 존재하는 아름답고 풍성한 세계를 누리지 못하고 삶을 마친다.

퇴직은 사회적인 죽음이다. 퇴직을 통해서 우리는 죽음을 연습할 수 있다. 사회적 죽음인 퇴직 이후에 아름답고 행복한 삶을 살아감으로써 육체의 죽음 이후의 아름답고 행복한 삶을 소망할 수 있다. 어떤 사람은 자신이 그 직장에서 나오면 그 직장이 곧 무너질 것처럼 걱정하는 사람도 있다. 걱정하지 말라. 무너지지 않는다. 우리의 후배들이 잘 감당할 것이다. 정년 후에도 이전의 직장이나 조직 주변을 맴도는 사람이 있다. 겉으로는 그 직장과 조직을 위해서라고 하지만, 사실은 사회적 죽음을 받아들이지 못해서이다. 정년까지 일할 수 있게 된 것을 감사하고 기뻐하면서 퇴직하는 것은 감사와 기쁨 가운데서 죽음을 맞이할 수 있는 죽음의 연습이다. 퇴직 후의 삶을 미리 잘 준비하였다가 퇴직 후에 아름답고 행복한 삶을 사는 것은 죽음 후의 좋은 삶을 미리 준비하였다가 죽음의 문을 열고 복된 삶으로 들어가는 것과 같다.

정년퇴직 이후에도 일자리를 구하는 사람들이 많다. 소일(消日)거리가 되고 용돈도 벌면서 스트레스를 받지 않고 일한다면 좋은 일이다. 그러나 이런 경우 주의해야 할 것이 있다. 즉, 정년 후의 생활은 새로운 삶을 사는 것이지 이전까지의 삶의 연장이나 경력 쌓기가 아니라는 것이다. 연금도 받고, 어느 정도 경제적인 여유가 있다면 시간과 육체적 힘을 많이 소모하는 일을 하지 않는 것이 좋다. 우리 인생길의 많은 부분은 힘들고 지루한 광야길이지만, 때때로 아름답고 행복한 꽃길이 열리기도 한다. 소동파의 시구절처럼 "인간도처유청산"(人間到處有靑山, 인생길 가는 도처에 푸른 산이 있다)이다. 청산은 젊은 시절 인생을 열심히 힘들게 살아갈 때만 경험하는 것이 아니다. 은퇴 후에 더 아름다운 청산을 만날 수 있다. 정말 소중하고 가치 있는 일이 아니라면 또한 내가 아니면 후배들이 도저히 할 수 없는 일이 아니라면, 이제 일을 내려놓고 그 일에서 떠나야 한다. 그때 다른 삶을 만날 수 있다. 때로 그 다른 삶이 은퇴하기 이전의 삶보다 더 위대하고 귀할 수 있다.

파브르는 임시직 교사로서의 가난하고 힘든 삶을 살다가 은퇴를 하였다. 그때부터 곤충 연구를 시작하여 85세에 그 유명한 『파브르 곤충기』를 완성하여 불후(不朽)의 명성을 남겼다. 타샤 튜더는 23살에 첫 그림책 『호박 달빛』을 출간한 그림책 작가로서 명성을 얻으면서 100여 권의 그림책을 남겼다. 그리고 60살이 되던 해부터 '정원 가꾸기'를 시작하여

세상에서 가장 크고, 자연스럽고, 아름다운 정원을 만들어 세계적으로
이름을 날렸다. 모세 할머니(Grandmother Moses)라는 별명으로 더 많이
알려진 애너 메리 로버트슨(Anna Mary Robertson) 여사는 일평생 평범한
가정주부로 살다가 75세 경부터 그림을 그리기 시작했다. 그리하여 미국
의 가장 사랑받는 화가가 되어 93세에 「타임」지 표지 이야기 주인공이
되었고, 100세 되던 생일날에는 뉴욕시가 '모세 할머니의 날'을 선포하기
도 하였다.5 베르나르 올리비에는 30여 년간의 기자 생활을 은퇴한 후
실크로드를 두 발로 걸었다. 1999년부터 4년 동안 봄부터 가을까지
일정 기간을 정한 후 이스탄불에서 시안까지의 실크로드를 걸어서 여행한
후『나는 걷는다』는 책을 저술하여 세계적으로 이름을 날렸다. 그는
말하기를 "은퇴란 멋진 것이며, 비로소 진짜 삶을 맛보게 되는 자신만의
디저트 시간"이라고 하였다.6 은퇴 후의 삶은 시간에 쫓기고, 돈에 매이고,
진급에 조바심 내는 은퇴 전의 삶과는 전혀 다른 새로운 삶이다. 이러한
삶을 통해서 앞서 소개한 분들과 같은 명성을 날리지 못한다 해도 그
삶 자체로서 아름답고 행복하다. 은퇴 후의 삶은 그 이전과는 다른 또
하나의 삶이다.

은퇴는 사회적 죽음이다. 그리고 은퇴 후의 삶은 새로운 삶이다.
은퇴를 잘 준비하고, 은퇴 후에 아름다운 삶을 살면 그것은 소중한 죽음의
연습이 된다. 이와 마찬가지로 죽음을 잘 준비하고, 잘 맞이하면 죽음
후의 좋은 삶을 행복하게 살 수 있다. 형편상 은퇴 후에도 돈을 벌기
위해 일을 해야만 하는 분들도 있다. 이런 분들은 일하는 시간을 최소화하

5 김지승,『100세 수업: EBS 다큐멘타리 특별기획』(월북, 2018).
6 베르나르 올리비에,『떠나든 머물든』(경기: 효형출판사, 2009).

고, 할 수 있는 한 쉬운 일을 하는 것이 좋다. 그래서 은퇴 후에 얻은 시간과 몸(건강)을 가지고 아름답고 새로운 삶을 살다가 더 아름답고 복된 죽음 이후의 삶을 소망하면서 죽음을 맞이해야 할 것이다. 은퇴는 죽음이고, 은퇴 후에는 새로운 삶이 있다. 그러므로 우리는 은퇴를 준비하듯 죽음을 준비하고, 죽음 이후에 아름답고 복된 삶을 살도록 하자. 이것이 은퇴를 통한 죽음의 연습이다.

## 3. 질병을 통한 죽음 연습

우리가 살면서 육신의 죽음과 가장 비슷한 경험을 하는 것이 있다. 그것은 질병이다. 질병은 죽음과 가장 비슷하다. 죽음이 고통으로 경험되는 것과 마찬가지로 질병은 우리에게 정신적 · 육체적 고통을 준다. 죽음이 오면 우리의 몸은 기능하지 못한다. 이와 마찬가지로 질병은 우리 몸의 기능을 현저하게 떨어뜨린다. 병으로 인해 기능이 떨어진 몸이 회복되지 못하고, 몸의 기능이 완전히 중단되는 것어 죽음이다. 죽음이 오면 다른 사람과의 사회적 관계가 단절된다. 이와 마찬가지로 병에 걸리면 우리는 일상적인 사회생활을 하지 못하며, 병을 고치지 못하면 퇴직을 해야 한다. 이처럼 질병은 육체적 · 정신적 고통이고, 기능 장애이며, 사회적 관계의 단절이라는 측면에서 죽음과 유사하다. 대부분 사람은 특별한 사고를 당하지 않는 한 병들어서 죽는다. 이런 의미에서 질병은 죽음의 전조(前兆)이며, 죽음의 가장 직접적인 원인이기도 하다. 그러나 질병과 죽음 사이에는 차이가 있다. 죽음의 순간은 짧지만, 와병(臥病)의 기간, 즉 병들어 누워있는 기간은 길다. 죽음은 한 번 일어나며 죽음 후에는 이전의 삶으로 돌아올 수 없지만, 병은 여러 번 경험하며 회복되어 이전의 삶으로 되돌아올 수 있다. 죽음과 질병은 유사하지만, 질병은 죽음 이전에 반복해서 경험할 수 있으므로 죽음 연습의 좋은 기회이다.

젊은이도 노인들과 마찬가지로 병에 걸릴 수 있지만, 그 의미는 다르다. 젊은이에게 질병이란 비정상적인 현상이다. 젊은이는 건강한 것이 정상이고, 병에 걸리는 것은 비정상적인 일이다. 젊은이의 질병은 대부분 가벼운 것이다. 그래서 쉽게 빨리 치료된다. 그러나 노인의 질병은 정상적인 현상이다. 코로나 질병이 한창 유행할 때 기저질환이 있는 노인들은 특별히 주의하라고 하였다. 그러면서 기저질환의 구체적 예로 심부전, 심근염, 심근경색, 고혈압, 당뇨병, 뇌하수체 기능이상, 부신질환, 신경계 질환, 만성 신장 질환, 암 등을 열거하였다. 그러자 우리 동창 카톡방의 한 친구가 "노인 중에 저런 질환 한두 개 없는 사람이 누가 있는가? 그저 노인이라고 하면 되지 기저질환이 있는 노인이라고 말할 필요가 있는가?"라고 말해서 웃은 적이 있다. 그 친구의 말처럼 노인은 병이 있는 것이 정상이고, 대부분 기저질환이 있다. 노인의 삶이란 정도의 차이는 있지만, 병자의 삶이다. 내가 목회를 하면서 나이 많으신 권사님들에게 "건강은 좀 어떠세요" 하고 안부를 여쭈면 "아픈 게 일이야"라고 대답을 하셨다. 젊은이들이 직장에 가는 것이 일이라면 노인은 아픈 게 일이다. 젊은이들이 가사일, 육아, 직장 일을 하면서 매일매일 사는 것처럼 노인들은 병의 아픔을 견디는 일을 하며 산다. 이처럼 노인에게는 죽음과 가장 유사한 질병이 정상이요 아픈 것이 일이다. 그러므로 우리는 질병을 통해서 죽음을 잘 연습할 수 있다.

죽음의 두려움은 고통에서 온다. 죽음 직전까지도 고통에 시달리는 사람이 있고, 비교적 평안하게 죽음을 맞이하는 사람도 있다. 노인의 죽음이란 대부분 질병으로 인한 죽음이며, 모든 질병은 정도의 차이가 있을 뿐 고통을 수반한다. 이 고통은 일반적으로 죽음의 순간까지 이어진다. 우리는 살아가면서 특별히 노인이 되었을 때는 질병의 고통에 시달리게 된다. 그러나 이 질병의 고통을 통해서 죽음의 연습을 할 수 있다. 죽음의 고통은 질병의 고통과 다를 바 없다. 그러므로 우리가 질병의 고통을 여러 번 경험하고, 그것을 잘 감당하는 경험을 가지면 죽음의 고통도 잘 감당할 수 있다.

　나는 아직 암에 걸려 보지는 않았지만, 요로결석과 대상포진에 걸려 고통을 당한 적이 있다. 두 질병 모두 고통이 매우 심한 병이었다. 밤이 되어도 잠을 잘 수 없었다. 종일 통증에 시달려 너무 피곤하여 밤에 잠깐 눈을 붙였다가도 통증 때문에 다시 눈을 뜨게 되었다. 구약성경의 욥이 고통 중에 "내가 누울 때면 말하기를 언제나 일어날까, 언제나 밤이 갈까 하며 새벽까지 이리 뒤척, 저리 뒤척 하는구나"(욥 7:4) 하는 말이 이해가 되었다. 여성들의 경우 질병의 고통을 당할 뿐 아니라 출산의 고통을 당한 경험이 있다. 출산의 고통은 남자들이 경험할 수 없는 여성들만의 특별한 고통의 경험이다. 우리가 질병의 고통을 잘 이겨내면 죽음의 고통도 잘 이길 수 있다. 마지막 죽음이 왔을 때의 고통은 사실 질병의 고통보다 약한 법이다. 죽기 직전에는 몸의 많은 부분이 파손되었기 때문에 고통에 대한 감각도 일반적으로 떨어지는 법이다. 혼수상태에 빠지는 경우 일반적으로 육체적인 고통이 심하지 않다. 우리가 질병을 통해서 고통의 연습을 많이 하면 죽음의 고통을 쉽게 넘어갈 수 있다.

　우리가 질병의 고통을 많이 당하면 육신의 생명을 쉽게 내려놓을 수 있다. 하나님께서는 우리 인간들에게 생명에 대한 애착(愛着)의 마음을 심어 놓으셨다. 이 마음이 있으므로 우리는 힘들고 어려운 인생길 온갖 고난을 겪으면서도 삶을 포기하지 않고 늙기까지 살 수 있다. 그러므로 생명에 대한 애착은 우리 인생에 필요한 것이며, 귀한 것이다. 그러나 생명에의 과도한 애착은 우리가 죽음을 잘 맞이하는 데 큰 장애가 된다. 생명의 애착을 내려놓지 못하기 때문이다. 그러나 우리가 질병으로 인해 많은 고통을 당하면 육신의 생명에 대한 애착을 내려놓을 수가 있다. 옛날 희랍 철학자들은 "육신은 영혼의 감옥이며, 죽음은 영혼이 육신의 감옥을 떠나는 것"이라고 하였다. 이 표현은 관념적으로는 멋진 표현이지만, 질병과 죽음의 극심한 고통 가운데 있는 사람에게는 한가한 표현이다. 죽음의 고통 중에 있는 사람에게 육신은 감옥이 아니라 고문을 가하는 형틀이다. 질병을 통해 연습하는 죽음의 고통은 형틀과 같은 육신에서 벗어나고 싶은 마음을 일으킨다. 그리고 이 마음은 우리 속에 들어 있는 깊고 깊은 생명에의 애착을 내려놓게 한다. 그래서 쉽게 죽음을 받아들일 수 있다.

질병의 고통을 당하게 되면 육신을 가지고 사는 이 세상을 떠나 아픔도, 눈물도 없는 천국을 실제로 소망하게 된다. 우리 인생들이 죽음 후에 들어갈 천국에 대한 믿음을 가지고 있다 해도 이 세상에 대한 미련과 삶의 애착은 천국을 향해 쉽게 몸을 던지지 못하도록 한다. 그러나 질병으로 인해 육신의 고통이 심해지면 천국으로 가는 길로 선뜻 발걸음을 디디게 된다. 우리 장모님께서는 권사님이시며 천국의 소망을 가진 분이셨다. 그리고 여러 해 질병으로 많은 고통을 당하셨다. 돌아가실 때쯤 우리 집사람에게 "웬만하면 내가 살아보려고 했는데 이제 더는 못 살겠다. 이제 가야겠다. 예수님 계신 곳으로 가야겠다" 하고 말씀하셨다. '웬만하면 살아보려고 하는 것'이 우리 인간의 솔직한 마음이다. 그러나 육신의 고통이 심하면 그 마음을 내려놓고 저 천국을 바라보는 법이다. 그리고 죽음의 문을 열고 천국을 향하여 떠날 수 있다. 질병의 고통은 괴로운 것이지만, 그 고통을 통해 우리는 죽음을 연습할 수 있다. 죽음의 고통을 받아들일 수 있으며, 삶에 대한 애착을 내려놓을 수 있다. 그리고 눈물도 고통도 없는 저 천국을 향해 발걸음을 옮길 수 있다.

나이 들어 병에 걸리면 몸의 기능이 급격하게 떨어진다. 젊어서는 웬만한 병에 걸려도 회복되고, 회복되면 예전의 몸 상태를 유지한다. 그러나 나이 들어 병들면 회복이 잘되지 않을 뿐 아니라 회복되어도 몸의 상태가 예전과 비교해서 훨씬 약해진다. 특별한 병에 걸리지 않아도 나이 들면 몸의 기능이 떨어진다. 팔다리의 힘이 없어진다. 허리 때문에 쌀 한 말 들기도 겁이 난다. 눈은 어두워지고, 귀는 약해진다. 소화 기능과 배설 기능이 떨어진다. 어려운 영어 단어는 말할 것도 없고 예전에 자주 쓰던 우리말 단어가 생각나지 않고, 가까운 사람들의 이름도 순간적으로 생각이 나지 않는다. 그러다가 결국 치매 증상이 나타나 가까운 가족조차도 알아보지 못하여 남 아닌 남이 되어버리기도 한다. 마지막에는 침상에 눕게 되고 혼자서 화장실 가는 것도 어려워진다. 아직 의식은 또렷하게 남아 있는데 대소변을 자기 힘으로 해결하지 못하면 정말 초라해진다. 자신의 몸 가운데 가장 은밀하고 감추고 싶은 성기(소변기)와 항문을 매일 같이 다른 사람에게 맡기는 것은 죽음보다 초라하고 부끄럽다.

나이 들고 병들어 몸의 기능이 자꾸 약해지다가 어느 선을 넘게 되면 죽음을 거부하는 것이 아니라 오히려 죽음을 기다리게 된다. 비록 몸의 고통이 심하지 않아도 몸이 제 기능을 수행하지 못하여 다른 사람에게 의존해야 하는 삶은 초라한 삶이요, 자존감이 무너지는 삶이다. 그래서 삶에 대한 애착을 내려놓게 되고, 자신의 몸이 온전히 회복되는 천국을 소망하게 된다. 내가 알고 있는 성도님 한 분은 신장이 상해서 신장 투석을 일주일에 4회씩 하고 있다. 그분 말씀이 "신장 투석을 일주일에 한두 번 할 때까지는 그래도 견딜 만했는데 네 번까지 올라가면서부터는 하늘나라로 가고 싶은 마음밖에 없습니다"라고 했다. 신장 투석을 하기 위해서 몇 시간씩 침상에 누워있는 것이 다른 질병에 비해서 더 고통스러운 것은 아니다. 그러나 몸의 한 장기가 제대로 작동하지 못하여 일주일에 몇 번씩 모든 몸의 활동을 중단하고 누워있어야 하는 일이 계속되는 것은 육신의 고통 못지않게 괴로운 일이다.

우리는 늙고 병들면서 몸의 기능이 자꾸 떨어지는 것을 경험한다. 이러한 경험을 통해서 몸에 대한 애착을 내려놓고 몸을 벗어나 평안하게 안식할 수 있는 천국을 사모하게 된다. 이것이 질병을 통한 죽음 연습이다. 바울 사도께서 "그러므로 우리가 낙심하지 아니하노니 우리의 겉사람은 낡아지나 우리의 속사람은 날로 새로워지도다"(고후 4:16)라고 말씀하셨다. 우리의 겉 사람이 낡아지는 것 요즈음 말로 표현하면 기능의 장애가 일어나는 것, 이것 때문에 낙심하지 않는다고 했다. 왜냐하면 속사람이 날로 새로워지기 때문이다. 겉 사람이 낡아지면 우리는 속사람에 더 많은 관심을 기울인다. 그러면 젊었을 때와 비교할 수 없는 속사람을 느낄 수 있다. 헛된 것, 덧없는 것에 관심 기울이지 않고, 참되고 영원한 것을 바라보게 된다. 그러면 속사람이 새로워지는 것을 느낀다. 세상과 자신의 삶을 새롭게 본다. 참되고 본질적인 자기 자신을 바라본다. 세상의 풍조에 흔들리지 않는 고요한 마음을 가질 수 있다. 영원하신 하나님의 손길을 느낄 수 있다. 그래서 죽음이 두려운 것이 아니라 죽음이 영원한 세계로 향하는 문임을 알게 된다. 이것이 질병으로 인해 몸의 기능이 점점 약해질 때의 죽음 연습이다.

병이 들면 사회적으로 고립되고 인간관계가 단절된다. 그리하여 고독함과 외로움이 깊어진다. 의술이 발전하지 못하던 시절에는 노인이 병들면 오래가지 못했다. 그래서 많은 사람이 관심을 가지고 문병을 왔다. 80년대까지만 해도 가족 친척은 말할 것도 없고 동네 사람들까지도 문병을 왔다. 그러나 노인들의 평균 수명이 늘어나고 의술이 발달함에 따라 오랫동안 병석에 누워있게 되었다. 그리고 몇 명 안 되는 자녀들까지도 여러 지역에 흩어져 살고 있다. 그리하여 이웃 친척은 말할 것도 없고 자녀들까지도 병든 부모님을 잘 찾아오지 못한다. 그리고 병세가 심해지면 요양 병원으로 간다. 나이가 들면 건강해도 외로움을 타기 쉬운데, 하물며 몸이 약해지고 병들면 외로움은 더욱 깊어지기 마련이다. 배우자라도 있으면 그나마 조금 낫지만, 배우자 없이 노년을 보내면서 몸이라도 아프면 많이 외로워진다. 요즈음은 TV, 인터넷, 카톡방 등과 같은 것이 있어서 나이 들어 병석에 누워있어도 외로움이 많이 감소된 것은 사실이다. 그러나 약한 몸으로 오랜 시간 사람들을 만나지 못하면 외로움이 깊어지는 것은 피할 수 없다.

질병으로 인해 외로움을 느낄 때가 가장 영적인 시간이 될 수 있다. 사람과의 의미 있는 관계가 이루어지지 못할 때 영원하신 하나님을 더욱 사모하게 되고, 그 결과 하늘의 음성을 더 잘 들을 수 있다. 이처럼 하늘의 음성을 듣는 것이 질병의 외로움을 통한 죽음의 연습이다. 바울 사도께서는 회심한 다음 아라비아 광야에 가서 3년간 머물며 특별한 영적인 경험을 하였고, 부활하신 예수님의 음성을 들었다. 수도원의 아버지 안토니우스는 혼자 이집트의 깊은 사막으로 들어가고 또 들어갔다. 그곳에서 많은 시험을 당하기도 했지만, 하나님을 만나는 특별한 영적 경험을 하였다.[7] 갈멜 수도원으로 들어간 로렌스 형제는 수도원에서도

---

7 아타나시우스/엄성옥, 『성안토니의 생애』(서울: 은성출판사, 1995).

주로 부엌에 머물렀다. 부엌에서 다른 수도사들의 식사를 챙겨주었다는 것은 그의 겸손함을 말해 주는 것이다. 그러나 그의 부엌에서의 일과 관련하여 간과(看過)할 수 없는 사실이 있다. 즉, 부엌에서 일하는 것이 혼자 있는 시간을 가장 많이 확보하는 방법이다. 그는 혼자 있는 시간을 가지기 위해서 부엌에서 단순한 허드렛일을 하면서 지낸 것이었다. 그 결과 그는 그 누구보다도 하나님의 임재하심을 더 많이 경험할 수 있었다.

늙고 병들어 혼자 있는 것은 분명 외로운 일이요 고통스러운 일이다. 이때 자식들과 친지들이 찾아오지 않는다고 불평하고, 원망하고, 분노하는 것은 아무런 도움이 되지 못한다. 원망과 불평은 그나마 가끔이라도 오던 발걸음조차도 끊어버린다. 그리고 자신의 건강과 심령을 더욱 상하게 할 뿐이다. 이때 우리는 영적인 일에 더 관심을 기울이는 것이 좋다. 이 일을 위해서는 젊은 시절부터 말씀, 기도, 찬송, 경건 등의 훈련을 하는 것이 좋다. 젊은 시절부터 이런 영적 훈련이 어느 정도 되어 있으면 늙고 병들었을 때 더 쉽게, 더 깊이 영적인 세계로 들어갈 수 있다. 하늘의 신령한 음성을 들을 수 있다. 설사 젊은 시절 이런 훈련을 제대로 하지 못했다 해도 나이 들고 병들었을 때 영적인 일에 더 관심을 기울이는 것이 필요하다. 성경을 암송하고, 그 암송한 말씀을 반복해서 묵상하는 것은 참 좋은 영적 훈련이며, 나이 들어 병들었을 때 할 수 있는 유익한 죽음의 연습이다. 영적인 경험은 영적인 훈련을 통해서 더 쉽게 이루어질 수 있지만, 그것은 또한 은혜의 결과이기도 하다. 비록 젊은 시절 바쁘고, 쫓기고, 힘든 인생길 사느라 영적인 일에 관심을 기울이지 못했다 해도 나이 들고 병들었을 때 더 간절한 마음으로 마음을 모으면 거룩한 영적 경험을 할 수 있다. 이러한 영적인 경험을 통한 죽음 연습은 우리에게 죽음의 길을 평안히 갈 수 있는 길을 열어 줄 것이다.

나이 들어 병들면 육체의 고통이 심하다. 육신의 기능이 점점 떨어지는 것을 보면서 인간적인 자괴감(自愧感)이 들 수도 있다. 자식 얼굴 보기도 힘든 가운데 외로움이 더욱 깊어질 수 있다. 누가 무슨 말을 해도 이러한 상태는 좋은 일이 아니다. 고통, 슬픔, 회한, 고독, 분노 등 좋지 않은 정신적·정서적 경험을 하게 된다. 그러나 이러한 상황에서도 좋은 것이 있다. 이 세상과 자신의 몸에 대한 미련과 집착을 내려놓을 수 있다. 그리고 돌아가야 할 본향에 대한 믿음을 가지고 그곳을 바라보면 외롭고 고독한 시간이 깊은 영적 경험의 시간이 될 수 있다. 이것이 질병을 통한 죽음 연습이다.

## 4. 사별을 통한 죽음 연습

죽음은 나의 죽음과 타인의 죽음으로 나눌 수 있으며, 타인의 죽음을 통해서 나의 죽음 연습을 할 수 있다. 사랑하는 사람, 가깝게 지내던 사람이 나보다 먼저 세상을 떠났을 때 우리는 죽음을 더욱 생생하게 경험할 수 있다. 특별히 그들이 나와 비슷한 또래이거나 나보다 나이가 어린 사람일 경우 그들의 죽음을 통해 더욱 생생하고 강렬한 죽음 경험을 하게 된다. 이러한 경험은 실전에 가까운 죽음 연습이다. 8

---

8 죽음을 깊이 묵상하여 뛰어난 수상록을 남긴 몽테뉴에게도 사별은 중요한 의미를 가졌다. 그
　는 30년 전쟁의 과정에서 수많은 죽음을 보았다. 절친한 친구 라보에티를 페스트로 잃었고,
　1568년 아버지와 남동생의 죽음을 연이어 겪었다. 6명의 딸 가운데 어린 나이의 5명의 딸을
　잃었다. 몽테뉴 M/고봉만, 『나이 듦과 죽음에 대하여』 (서울: 책세상, 2016).

## 동년배 친구의 사별

요즈음 고등학교 동창 카톡방에 들어가는 것이 하루의 일과이다. 200명이 넘는 동창들이 카톡방에 들어와서 이런저런 이야기를 나눈다. 같은 나이이지만 다양한 삶을 살아온 동창들의 이야기를 들으면 재미도 있고, 배우는 것도 많다. 카톡방에서 심심찮게 나오는 이야기가 죽은 동창들에 대한 추억이다. "죽은 아무개 동창이 고등학교 시절 수업 시간에 어떻게 했고, 대학 다닐 때는 어떻게 했지" 하는 식의 글을 읽을 때 죽음을 생각하게 된다. 어린 시절이 아닌 성장한 다음에 경험하는 부모의 죽음, 스승의 죽음은 가까운 사람의 죽음이지만, 나의 죽음이 아닌 타인의 죽음으로 다가온다. 그러나 같은 나이 동기 동창의 죽음은 비록 죽은 동창과 졸업 후 많은 교류를 하지 못했다 해도 타인의 죽음이 아닌 나의 죽음으로 다가온다. 같은 시대 같은 학교에서 공부하던 동기 동창이 '지금 이렇게' 죽은 것과 같이 나도 '지금 이렇게' 죽을 수 있다는 생각이 자연스럽게 떠오르게 된다. 이러한 생각이 떠오를 때 머리를 흔들면서 떨쳐 버리려 하지 않고 조용히 받아들이는 것, 그것이 죽음 연습이다. 나의 동창 가운데는 학창 시절 나보다 똑똑하고, 공부도 잘하고, 착하고, 건강하였는데 나보다 일찍 죽은 친구들이 있다. 나보다 똑똑하고, 착하고, 건강하던 동창도 나보다 먼저 죽었는데 내가 죽는 것은 너무나도 당연한 일이 아닌가. 나에게 곧 다가올 죽음을 당연하게 받아들이는 것, 그것이 죽음 연습이다. 우리는 관념적으로는 죽음을 당연한 일로, 자연스러운 일로 여긴다. 그러나 막상 자신에게 다가오는 죽음에 대해서는 부당한 일로, 부자연스러운 일로 생각하기 쉽다. 그렇지만 같은 또래 친구들의 죽음을 경험하면서 자신의 죽음도 자연스럽게, 당연하게 받아들이게 된다.

이 세상 모든 일은 그것이 아무리 특별한 일이라 해도 반복적으로 경험하면 평이하고 자연스러운 일이 된다. 아침에 동쪽 하늘에 태양이라는 거대한 불덩어리가 떠오르는 일이 얼마나 특별하고, 장엄하고, 놀라운 일인가. 그러나 1년 365일 아침마다 태양이 떠오르는 것을 경험하면서 그것은 평이하고 자연스러운 일이 된다. 죽은 사람의 몸을 만지고, 씻고, 옷을 입히는 일이 얼마나 특별한 일이고 무서운 일인가. 그러나 장의사는 하루에도 몇 번씩 그 일을 하게 되며, 그 결과 그 일은 평이하고 자연스러운 일이 된다. 이와 마찬가지로 나와 함께 성장한 동년배 친구가 먼저 세상을 떠나면 큰 충격과 두려움으로 다가온다. 그러나 나이 들어가면서 1년에도 몇 건씩 친구들의 부음(訃音)을 들으면 죽음이 점점 평이해지고 자연스러운 일로 다가온다. 어느 순간 선배와 친구들은 대부분 떠나고 후배들과 동생들이 세상 떠나는 소식을 들을 때 죽지 않고 살아있는 것이 오히려 특별한 일, 심지어는 부자연스러운 일처럼 여겨질 수 있다. 아직 '젊은' 노인이 "빨리 죽어야지" 하는 말은 "밑지고 판다"는 장사꾼의 말처럼 거짓말일 수 있다. 그러나 친구들이 모두 세상을 떠나고 가까운 후배들까지 세상을 떠난 늙은(?) 노인의 "너무 오래 살았어"라는 말은 꼭 거짓말이라고 할 수는 없다. 친구의 죽음을 통해서 자신의 죽음을 자연스럽게 받아들이는 것이 아름답고 소중한 죽음의 연습이다. 이렇게 죽음을 당연하고 자연스러운 것으로 받아들이는 연습을 많이 하면 자신에게 죽음이 올 때도 쉽게 받아들일 수 있다.

### 배우자의 죽음

남자들의 일부 그리고 여자들의 다수는 배우자의 죽음을 경험하게 된다. 배우자의 죽음은 거의 실전에 가까운 죽음 연습이다. 경제생활을 의지하던 배우자의 죽음은 경제적 죽음인 파산이다. 한평생 정을 나누던 배우자의 죽음은 정서적인 위기이며, 고독의 늪에 빠지는 일이다. 한평생 함께 살면서 자식을 키우고 동고동락(同苦同樂)하던 배우자의 죽음은 분신(分身)의 상실이다. 무엇보다도 배우자의 죽음은 정신적·육체적 능력의 절반을 상실하는 것이다. 우리는 나이 들면서 부부가 함께 힘을 합해야 간신히 한 사람 몫을 하는 경우를 자주 경험하게 된다. 오랫동안 사용하지 않던 꿀단지의 뚜껑을 열려면 혼자 힘으로 되지 않는다. 그래서 집사람은 단지 밑동을 붙잡고, 나는 고무장갑을 끼고 뚜껑을 돌리면 간신히 열 수 있다. 만난 지 오랜 세월이 흐른 친지, 친척이나 교인(敎人)들의 이름을 기억해 내려면 혹은 젊었을 때는 입에서 쉽게 나오던 단어들을 말하려면 둘이 함께 한참 궁리를 해야 한다. 부부는 일심동체(一心同體)라는 말이 젊었을 때는 철학적이고 관념적인 표현이지만, 나이가 들게 되면 실제적인 표현이 된다. 그러므로 배우자의 죽음은 실질적으로 절반의 죽음이다(남녀를 구분해서 말한다면 여자 배우자의 죽음은 2/3의 죽음이고, 남자 배우자의 죽음은 1/3의 죽음이라고 말해야 옳을 것이다).

배우자의 죽음은 몸과 정신의 절반의 죽음이다. 병이 들어 몸이 아프고, 몸의 기능이 현저하게 떨어졌을 때라도 몸은 아직 남아 있다. 그러나 배우자가 세상을 떠나면 실제로 몸과 정신의 절반이 없어진다. 우리 어린 시절 철없을 때 화가 나면 하던 말 "반쯤 죽인다"라는 말이 실제 이루어진 것이다. 배우자의 죽음은 죽음의 간접적인 경험이 아니라 죽음의 직접적인 경험이며, 실제적인 경험이다. 임사 체험(臨死體驗)보다 더 확실한 죽음의 체험이다. 이러한 배우자 죽음의 경험은 특별한 죽음의 연습이 된다. 배우자의 죽음을 경험하면 이 세상살이에 대한 집착을 내려놓을 뿐 아니라 배우자가 간 그곳으로 가고 싶은 마음이 든다. 공원묘지에 가면 돌아가신 영감님 산소의 벌초를 하면서 "영감 좋은 집 마련해 놓고 기다리시오, 내 곧 가리다" 하고 말씀하시는 할머니들이 있다. 참된 부부는 이런 것이다. 살아서 함께 살 뿐만 아니라 죽어서도 함께 살고 싶은 법이다. 정들고 사랑하는 사람이 없으면 세상에 아무리 좋은 것이 많아도 기쁘지 않으며, 아무리 맛있는 것을 먹어도 재미가 없다. 그가 있는 곳으로 가고 싶을 뿐이다. 그러므로 죽음의 어두운 문 앞에서도 두렵지 않다. 그가 있는 곳으로 가는 문이기 때문이다. 죽음의 고통도 견딜 수 있다. 그가 있는 곳으로 가기 위해서 당연히 치러야 할 값이기 때문이다. 성경 창세기 49장에 보면 야곱이 마지막 유언을 하면서 요셉을 비롯한 아들들에게 명하기를 "나를 헷사람 에브론의 밭에 있는 굴에 우리 선조와 함께 장사하라… 나도 레아를 그곳에 장사하였노라"고 하였다. 야곱은 아내 레아를 지극히 사랑하였지만 그를 먼저 떠나보냈다. 그리고 레아가 있는 곳으로 가기를 간절히 소원하였다. 그래서 레아를 장사한 그곳에 나를 묻어 달라고 간곡히 부탁하였다. 사랑하는 배우자가 먼저 떠나게 되면 죽음은 어둡고 두려운 길이 아니라 사랑하는 그를 다시 만나기 위해 걸어가는 아름다운 꽃길이 된다. 이것이 배우자의 죽음을 통한 죽음 연습이다.

### 자식의 죽음

나이 들어 맞이하는 자식의 죽음은 실전보다 더한 죽음의 연습이다. 우리는 흔히 가장 큰 고통과 슬픔을 표현할 때 '죽을 것 같은 고통', '죽을 것 같은 슬픔'이라는 표현을 사용한다. 그러나 자식의 죽음은 '죽음보다 더한 고통', '죽음보다 더한 슬픔'이다. 대다수 사람은 '자신의 죽음'과 '자식의 죽음' 중 하나를 택하라고 한다면 '자신의 죽음'을 택할 것이다.

아무리 죽음의 연습이 필요하고 중요한 일이라 해도 자식의 죽음을 통한 죽음 연습을 하고 싶은 사람은 아무도 없다. 그러나 어찌하랴. 적지 않은 사람들이 자식의 죽음을 경험하고 있다. 2020년 한 해 동안 약 30만 명의 사람들이 죽음을 맞이했는데 그 가운데 40세 이하의 사람들이 약 9,300명 정도가 된다. 다시 말해서 1년에 1만8천 명 가까운 부모가 자식을 먼저 보낸 경험을 한다는 말이다. 우리는 지금도 세월호 사건(2014년 304명 사망)을 기억하며 가슴 아파하고 있다. 이 사건 이외에도 삼풍백화점 붕괴 사고(1995년 532명 사망), 남영호 침몰 사고(1970년 326명 사망), 대구 지하철 화재 사고(2003년 192명 사망), 대연각호텔 화재 사고(1971년 191명 사망) 등으로 많은 사람이 생명을 잃었다. 모든 사건이 다 비극적이고 가슴 아픈 사고였지만 세월호 사건이 다른 비슷한 재난 사고들보다 더 가슴 아프게 기억된다. 그 이유는 이 사고로 어린 자녀들이 주로 죽었기 때문이다.

자식의 죽음을 경험하는 것은 죽음의 연습이 아니라 죽음 그 자체이다. 자식이 죽는 순간 부모는 사실상 함께 죽는 것이다.9 "부모가 죽으면 땅에 묻지만, 자식이 죽으면 가슴에 묻는다"는 말만으로는 자식을 잃은 부모의 마음을 다 표현할 수 없다. '아직 따라 죽지 못한 사람'이라는 의미의 미망인(未亡人)이라는 말은 남편 잃은 부인에게 해당하는 표현이 아니라 자식 잃은 부모에게 해당하는 표현이다. 내가 섬기던 교회에 장성한 자식을 둘이나 잃은 성도님이 계셨다. 그 어른과 함께 식사를 나눈 적이 있는데 말씀하시기를 "죽지 못해서 밥을 먹네요. 새끼를 둘이나

---

9 물론 전통적인 사회에서 유아 사망률이 높던 시절에는 이러한 표현이 적합하지 않을 수 있다. 그러나 정성 다해 키운 장성한 자식이 죽음을 당하는 경우 이러한 표현은 단순한 레토릭에 그치는 것이 아니다.

먼저 보내고도 이렇게 밥을 먹고 있으니 목숨이 모질기는 모지네요"
하셨다. 지금도 그 표정과 말씀이 가슴에 아픔으로 새겨져 있다. 얼마
전 세상을 떠나신 이어령 선생께서도 때때로 "내가 딸 민아보다 오래
살았어"라고 말씀하셨다고 한다. 이 말씀을 "나는 딸 민아와 함께 죽었어.
지금 사는 것은 사는 것이 아니야"라는 의미로 해석할 수 있을 것이다.
우리나라 최고의 인문학자이시고, 존경받는 어른이시며, 부, 명예, 장수를
다 누리신 선생이시지만, 먼저 간 딸의 죽음 앞에서는 그 무엇으로도
위로를 받지 못하셨던 것 같다. 그래서 그의 마지막 저작의 제목은 "메멘토
모리"(죽음을 생각하라)였다.

　　나는 지금까지 적지 않은 글을 읽고, 많은 이야기를 들었지만, 자식의
죽음을 설명하거나 위로할 수 있는 글이나 말을 듣지 못했다. 나는 구약성
경 속에는 인신 제사를 엄하게 금지하는 명령이 여러 번 나온다는 것을
잘 안다. 또한 하나님에 대한 믿음을 가르치고 실천하기 위해서 애써야
하는 목사이다. 그렇지만 지금도 창세기 22장에 나오는 하나님의 말씀,
즉 아브라함에게 아들 이삭을 제물로 바치라는 명령을 제대로 이해하지
못한다. 이 내용을 가지고 자신 있게 설교할 수 있는 믿음을 가지지
못했음을 고백한다. 키에르케고르는 '믿음'을 가진 인간의 실존적 모습을
묘사한 『공포와 전율』을 저술하였다.[10] 그는 이 책을 쓰면서 노아 홍수
사건이나 예루살렘 멸망 사건을 기초로 하지 않고 이삭을 제물로 바치기
위해 모리아 산으로 올라가는 아브라함의 이야기를 기초로 하였다. 자식
의 죽음은 자신의 죽음보다 더 깊은 인간 실존의 한계 상황이다.

　　자식의 죽음과 관련하여 우리 인간에게 주어진 가장 크고 귀한 위로의

10 키에르케고어/임춘갑, 『공포와 전율』 (치우, 2011).

말씀은 누가복음 7장에 나오는 나인성 과부의 아들을 살리는 예수님의 이야기이다. 전체 성경 본문을 옮겨보면 다음과 같다.

그 후에 예수께서 나인이란 성으로 가실새 제자와 많은 무리가 동행하더니 성문에 가까이 이르실 때에 사람들이 한 죽은 자를 메고 나오니 이는 한 어머니의 독자요 그의 어머니는 과부라 그 성의 많은 사람도 그와 함께 나오거늘 주께서 과부를 보시고 불쌍히 여기사 울지 말라 하시고 가까이 가서 그 관에 손을 대시니 멘 자들이 서는지라 예수께서 이르시되 청년아 내가 네게 말하노니 일어나라 하시매 죽었던 자가 일어나 앉고 말도 하거늘 예수께서 그를 어머니에게 주시니 모든 사람이 두려워하며 하나님께 영광을 돌려 이르되 큰 선지자가 우리 가운데 일어나셨다 하고 또 하나님께서 자기 백성을 돌보셨다 하더라 (눅 7:11-16).

예수께서 '나인'이라는 이름의 성으로 제자들과 함께 들어가셨다. 이때 한 장례 행렬이 성에서부터 나오고 있었다. 한 젊은이가 죽었다. 그는 과부의 독자였다. 과부는 남편을 잃고, 하나밖에 없는 아들을 잃었다. 아들을 잃은 과부의 울음소리가 크게 들렸다. 그러자 예수께서 과부를 불쌍히 여기시면서 "울지 말라" 말씀하셨다. 독자 아들을 잃은 과부 어머니에게 "울지 말라" 말씀하실 수 있는 분은 예수님밖에 없다. 그는 하나님의 아들이시기에 인간의 가장 처참한 한계 상황에 있는 여인에게 울지 말라고 말씀하실 수 있으셨다. 그리고 관에 손을 대셨다. 당시 이스라엘의 율법에 따르면 죽은 자의 시신이 있는 관에 손을 대는 것은 부정한 일이요 율법에서 금하는 일이었다. 그러나 예수께서는 그 여인에 대한 동정의 마음이 워낙 크셔서 관 위에 손을 대셨다. 그리고 "멈춰라" 하고 말씀하셨다. 그러자 관을 메고 온 사람들이 놀라면서 발걸음을 멈추었다. 예수께서 "청년아, 내가 네게 이르노니 일어나라" 말씀하셨다. 예수님은 죽은 자를 향해 일어나라고 직접 명령하셨다. 그러자 죽었던 자가 일어나 앉았고, 말도 하게 되었다. 죽은 청년이 잠깐 눈을 떴다가 다시 눈을 감은 것이 아니라 온전히 다시 살아났다. 그러자 예수께서는 그 청년을 어머니에게 돌려주었다. 과부 여인은 잃었던 독자 아들을 되찾게 되었다. 이 모습을 보고서 사람들은 어떤 신적인 능력이 나타나는 것을 느끼면서 두려워 떨었다. 그리고 하나님께 영광을 돌리면서 하나님이 자신들에게 큰 선지자를 보내주셨다고 말했다. 이렇게 하나님이 큰 선지자를 보내신 것은 이 백성을 사랑하고 돌보시기 때문이라고 하였다.

이 사건은 예수께서 이 땅에 계시면서 행하신 큰 이적 가운데 하나이다. 그러나 이 사건의 가장 특별한 요소가 있다. 예수께서 다른 이적을 행하실 때는 누군가의 요청이나 부탁이 있을 때 행하셨다. 예수님은 사람을 놀라게 하거나 자기 자신을 드러내기 위해서 이적을 행하신 적이 없다. 그러나 오직 단 한 번 그 누구의 요청이 없음에도 불구하고 이적을 일으키셨는데, 그것이 바로 나인성 과부의 아들을 살리신 이 이적이다. 예수께서는 과부 여인이 독자 아들을 잃는다는 것이 어떤 의미이며, 얼마나 큰 아픔, 슬픔, 절망이 되는가를 잘 아셨다. 그래서 예수께서는 우느라고 정신이 없어 예수님을 알아보지도 못한 여인을 불쌍히 여기셨다. 그 누구의 요청이 없음에도 불구하고 이적을 행하셨고, 죽은 청년을 살려내셨다. 그 청년을 그 어머니에게 돌려주어 그 가정이 회복되게 하셨다. 예수님은 자식을 잃은 부모의 마음과 형편을 아신다. 그리고 그 자식과 그 부모를 불쌍히 여기신다. 죽은 자식을 능력의 손길로 다시 살리신다. 그 자식을 돌려주심으로 부모의 상처가 치유되고, 그 가정이 회복되게 하신다. 이것이 예수님의 메시아로서의 모습이시다.

자식을 잃은 부모는 그 자식과 함께 이미 죽었다. 그러므로 새삼 죽음의 연습이 필요 없다. 그에게는 오직 위로와 소망만이 필요할 뿐이다. 욥기를 보면 큰 환란 가운데서 탄식하며 하나님을 원망하는 욥을 책망하는 친구들의 말이 나온다. 그 친구들의 말은 다 옳은 말이다. 논리적으로나 도덕적으로나 틀림이 없는 말이다. 그러나 여호와 하나님께서는 그 친구들을 책망하셨다. 그 친구들의 잘못은 무엇인가? 자식들을 모두 잃고 환란당한 욥을 위로하지 않고, 자신들의 신앙과 도덕의 잣대로 판단하고 책망한 것이었다. 자식을 잃은 부모는 무슨 말이든지 할 수 있다. 심지어는 하나님을 원망하는 말도 할 수 있다. 아니, 하나님을 원망하는 말을 해야만 한다. 왜냐하면 자식 잃은 부모가 하나님께 하는 원망은 하나님에 대한 믿음이기 때문이다. 자기 자식을 하나님이 데려가셨다는 믿음을 전제로 데려가신 하나님을 원망하는 것이기 때문이다. 자식을 잃은 부모를 그 누구도, 그 무엇도 위로할 수 없다. 다만 함께 울고 함께 탄식할 수 있을 뿐이다. 그 무엇도 그의 소망이 될 수 없다. 죽은 자식을 살리시는 하나님의 사랑과 신적 능력의 예수님만 그의 위로와 소망이 될 뿐이다. 자식을 잃은 부모는 자식과 함께 죽고, 하나님의 품 안에서 자식과 함께 살아난다. 자신의 죽음보다 더 비극적인 자식의 죽음은 죽음의 연습을 넘어선 죽음 그 자체이다. 그리고 하나님의 아들이시며 부활의 주이신 예수님만이 그의 위로와 생명이 되신다.

은퇴, 질병, 사별 속에는 죽음의 요소가 들어 있다. 그러므로 노년이 되어 이러한 일을 맞이할 때 우리는 죽음 연습을 할 수 있다. 관념적인 죽음 연습이 아니라 생생하고 실제적인 죽음 연습을 할 수 있다. 이러한 죽음 연습을 통해서 죽음과 익숙해지고, 죽음을 넘어선 영원한 세계를 소망할 수 있다. 이러한 연습이 잘 되면 잘 죽을 수 있다.

# 15장
## 노년의 '몸'을 통한 죽음 연습

사는 것은 죽어가는 것(Living is dying)이라는 말이 있다. 이 말은 막 태어난 아이에서부터 죽음을 바로 눈앞에 둔 노인에 이르기까지 인간 모두에게 해당하는 말이다. 사는 것은 모래시계의 모래알이 흘러내려 가는 것과 같다. 모든 모래알은 모래시계의 아래 칸으로, 즉 죽음을 향한다. 그러므로 사는 것, 곧 시간의 모래알이 흘러내려 가는 것은 죽어가는 것, 곧 죽음을 향하여 가는 것이다. 그러나 모래시계의 위 칸에 아직 모래가 많이 남아 있을 때는, 즉 아직 젊었을 때는 '사는 것이 죽어가는 것'이라는 말이 크게 실감 나지 않는다. 그러나 위 칸의 모래시계가 거의 다 흘러가고 얼마 남지 않았을 때는, 즉 노인이 되었을 때는 '하루하루 살아가는 것이 곧 죽어가는 것'임이 실감 난다. 그러므로 노인은 매일의 삶 속에서 죽음을 느끼고, 죽음을 연습할 수 있다. 젊었을 때는 삶의 중심에 꿈, 이상, 의지력, 실력 등이 놓여 있다. 몸은 그러한 것을 이루기 위한 수단일 뿐이다. 그러나 나이가 들면 삶의 중심에 몸이 놓이게 된다. 노인이 되면 몸의 능력과 힘만큼 꿈꿀 수 있고, 일할 수 있고, 관계를 맺을 수 있다. 따라서 노년의 삶에서의 죽음 연습 또한 몸을 중심으로 이루어진다.

## 1. 건강해야 잘 죽을 수 있다

건강 관리는 노년의 가장 중요한 죽음 연습이다. 무슨 일을 하든지 그 일을 잘하기 위해서는 육체적으로 건강해야 한다. 건강해야 학생들은 공부를 잘할 수 있다. 건강해야 청장년들은 자신이 맡은 일을 잘 감당할 수 있다. 가정생활, 사회생활, 인간관계, 이 모든 것이 건강해야 잘할 수 있다. 이와 마찬가지로 죽음을 잘 맞이하려면 건강해야 한다. 에릭슨의 발달심리학의 관점에서 말한다면 죽음은 인간의 최종적인 발달과업이다. 이 최종적인 발달과업을 잘 감당하려면 그 전 단계의 발달과업을 잘 수행해야 한다. 유년·청년·장년기의 발달과업을 잘 수행해야 노년기의 발달과업을 잘 수행할 수 있다. 그리고 노년기의 발달과업을 잘 수행해야 죽음이라는 최종적인 발달과업을 잘 수행할 수 있다.

은퇴한 친구들이 농담 반 진담 반으로 하는 "백수가 과로사 한다"는 말이 있다. 은퇴 이후 노년기에 경제활동이나 공적 영역에서의 활동은 현저하게 줄어들지만, 가사, 손자녀 양육, 어릴 때 친구나 동창 그리고 친척과의 교제, 여행이나 취미생활, 인생의 버킷리스트 작성과 실행 등 그동안 미루어 놓았던 많은 일을 하게 된다. 이러한 일들을 제대로 하지 못하면 죽기 전에 후회하게 된다. 즉, 잘 죽지 못하게 된다. 그런데 이런 모든 일들, 곧 노년의 발달과업을 잘 수행하기 위해서는 건강이 매우 중요하다. 건강하지 못하면 방 청소 하나 하는 것도 귀찮아지고 짜증만 늘어나서 가족들 사이에서 천덕꾸러기가 되기 쉽다.

노년의 건강을 위한 구체적인 방법은 노인학, 노인복지, 노인학교 등과 관련된 전문가들의 여러 글에 잘 소개되어 있다. 이러한 건강 관리 방법을 자신의 건강 수준과 생활 조건에 맞추어 잘 활용하면 크게 도움이 될 것이다. 여기서는 건강의 기본 원리만을 말하고자 한다. 노년의 건강을 유지하기 위해서는 '욕망의 절제'와 '삶의 균형'이 꼭 필요하다. 젊은 사람들도 욕망을 절제하지 못하고 욕심대로 살면 결국 몸이 감당하지 못하여 깨어지고 만다. 하물며 몸과 마음의 골다공증에 걸려있는 노인이야 더 말할 것이 무엇이랴! 스스로 건강하다고 생각하는 노인일수록 더욱더 욕망의 절제에 유의해야 한다. 또한 건강하려면 생활의 균형을 잘 잡아야 한다. 의식주와 가정생활, 사회생활의 균형을 잘 잡아야 건강을 유지할 수 있다.

## 욕망을 절제해야 건강할 수 있다

노인들이 좋아하는 말 가운데 하나가 노익장(老益壯)인데 노인들은 이 말에 현혹되지 말아야 한다. 자칫 노익장이 욕망의 무절제가 될 수 있기 때문이다. 노익장의 사전적인 의미는 '나이를 먹을수록 기력이 좋아짐 혹은 그런 사람'이라는 뜻이다. 이 말은 『후한서』 「마원전」(馬援傳) 에서 유래했다. 후한의 대장군 마원이 62세의 나이로 반란군을 진압하러 나가면서 "장부위지 궁당익견 노당익장"(丈夫爲志, 窮當益堅, 老當益壯)이라고 하였다. '대장부가 뜻을 품었으면, 궁할수록 더욱 굳세어야 하고, 늙을수록 더욱 힘이 넘쳐야 한다'는 말에서 노익장이 유래하였다. 노익장의 익(益)은 더하다, 늘어난다는 의미를 가지고 있다. 그러므로 이 말을 문자 그대로 해석하면 노인이 되어서도 장(壯), 즉 장사(壯士)와 같은 힘과 씩씩함이 더해진다는 뜻이다. 그러나 늙어서 몸의 힘과 기운이 더해지는 일이란 없다. 젊었을 때의 절반이라도 유지한다면 그것만으로도 장한 일이다.

물론 특별히 예외적인 인물이 있다. 대전에 사는 이정석 어르신은 72세의 나이에 매일 2시간씩 보디빌딩 운동을 해서 65세 이상급 보디빌딩 대회에서 5년 동안 우승을 했다![1] 이정석 어르신 같은 분은 극히 예외적인 분이시다. 매일 2시간 이상 보디빌딩의 힘든 운동을 할 수 있는 기초 체력과 시간과 의지를 가진 사람은 많지 않다. 또한 노인이 되어서도 강도 높은 운동을 하는 것이 장기적으로 볼 때 꼭 좋은 일이라고 말할 수도 없다.

특별한 사람을 제외하고는 나이 들어 노익장을 과시하는 것은 바람직하지 못하다. 노익장은 자칫 노욕(老慾)이 되고, 몸의 에너지 낭비가 되기 때문이다. 노인이 되었다는 것은 살아갈 시간이 얼마 남지 않았다는 의미이면서 또한 내가 사용할 수 있는 몸의 에너지도 얼마 남지 않았다는 의미이다. 그러므로 노인이 되었을 때는 인생의 남은 시간을 낭비하지 말아야 하는 것과 마찬가지로 몸을 낭비하지 말아야 한다. 건강한 분들 가운데 노인이 되어서도 몸을 혹사하다가 갑자기 큰 병에 걸려 낭패를 당하는 사람들이 적지 않다.

노년에 몸을 잘 유지하려면 욕심을 내려놓아야 한다. "노인이 되면 어린아이가 된다"는 말이 있다. 이 말은 "노인이 되면 어린아이처럼 몸과 마음이 약해지고 여려진다"는 의미로 해석할 수 있을 것이다. 그보다는 "노인이 되면 어린아이처럼 자기중심적이 되고, 욕심을 제어하지 못한다"는 의미로 해석하는 것이 더 나을 것이다. 나이가 들면 인생이

---

1 고종관, "72세 보디빌더 이정석씨," 「중앙일보」 (2006. 1. 10.).

얼마 남지 않았다는 것을 잘 안다. 그리하여 채우지 못한 욕망을 채우고 싶어 한다. 지금까지 누리던 좋은 것을 내려놓으려고 하지 않는다. 특별히 건강하고, 돈과 능력이 있고, 사회적인 지위가 있는 노인들 가운데 자신의 욕망을 제어하지 못하는 분이 많다. 그러나 노년에 일어나는 욕망은 제어해야지 채우려고 해서는 안 된다. 욕망을 채울 수 있는 수단(그동안 쌓아온 재산, 명예, 지위 등)도 기쁜 마음으로 다음 세대에 넘겨 주어야 한다. 그렇지 않으면 밀려오는 다음 세대의 파도에 의해 빼앗기게 된다. 무엇보다도 노인이 되면 솟아오르는 욕망을 채우기에는 몸이 감당하지 못한다. 젊은 시절 이루지 못한 꿈과 소원을 기어이 이루어보고 싶은 욕망, 청장년 시절 이루었던 업적과 지위와 명예를 노년에도 계속 간직하고 싶은 욕망, 그 욕망을 이루기 위해서 몸을 혹사하는 것은 위험하고 어리석은 짓이다. 자칫 한순간에 건강을 잃어버려 노년에 꼭 해야 할 일을 하지 못한 채 죽음을 맞이할 수 있다. 그래서 위험하다. 그런 욕망은 채울 수도 없고, 채울 필요도 없는 것이다. 그래서 그것은 어리석은 일이다. 노인의 정신적 육체적 건강을 해치는 가장 위험한 적은 자신 속에 들어 있는 욕망이다. 이 욕망을 잘 제어할 때 몸과 마음의 건강을 잘 유지할 수 있다.

### 넘어지지 않도록 균형을 잘 맞추어야 한다

노년의 건강을 위해서는 삶의 균형이 매우 중요하다. 그래야 넘어지지 않고 건강을 유지할 수 있다. 젊은 시절에는 혹 삶의 균형이 깨어져도 회복될 수 있지만, 노인의 경우 삶의 균형이 깨어지면 회복되기 어렵다. 그러므로 노인은 생활 속에서 균형이 깨어지지 않도록 유의해야 한다. 일을 해도 쉬는 것과 균형을 맞추어야 한다. 1시간 일하면 20~30분을 누워있든지 쉬어야 한다. 힘든 일은 하루에 3시간 이상 하지 않는다. 아무리 바쁜 일이 있어도(노인이 바쁘다는 것은 욕심이지만) 하루 6,000보 걷기(1시간 걷기)는 빠뜨리지 않아야 한다. 밤을 새우는 일이 없어야 한다. 약해진 몸이 균형을 잃지 않으려면 잠자는 시간을 충분히 확보해야 한다. 아무리 맛있는 음식을 먹어도 위의 소화 능력과 균형을 맞추어야 한다. 맛있다고 과식하지 말고, 입맛이 없다고 먹는 일을 소홀히 하지 말아야 한다. 체면치레로 돈을 헛되이 낭비하지 말아야 하지만, 자신과 가족과 친구와 이웃들을 위해 필요한 때 돈을 잘 쓰기도 해야 한다. 불필요하게 돌아다녀서도 안 되지만, 집 안에만 박혀 있어서도 안 된다.

무엇보다도 노인이 되면 몸이 넘어지지 않도록 조심해야 한다. 몸이 넘어지는 것은 몸의 불균형이 가져오는 가장 좋지 못한 경우이다. 어린 시절 어르신들이 "눈 오는 날이 제일 무섭다"고 말씀하시면 잘 이해하지 못했다. 그러나 지금은 이 말씀을 잘 이해할 수 있다. 눈에 미끄러지면 노인들은 쉽게 골절이 되고, 골절로 오래 누워있게 되면 합병증이 나타나 사망에 이를 수 있다. 그러므로 노인들은 넘어지지 않도록 늘 주의해야 한다. 밖에 나가지 않고 집에만 있으면 넘어질 가능성이 그만큼 줄어들지만, 그것은 다른 건강상의 문제를 가져올 수 있다. 그러므로 노인이 되어도 할 수 있는 한 운동도 하고, 밖에 나가서 활동도 해야 한다. 이때 몸의 균형을 잘 잡아서 넘어지지 않도록 특별히 주의해야 한다. 넘어지지 않으려면 '천천히', '조심조심' 움직여야 한다.

80세의 어느 명사 어르신이 쓴 글이 생각난다. 그 어르신은 말씀하시기를 자기는 밖에 외출할 때는 전쟁터에 나가는 전사와 같이 무장한다고 하셨다. 미끄러지지 않는 운동화를 신고, 헬멧 대신 두꺼운 모자를 쓰고, 반드시 지팡이를 짚으며, 돈은 잃어버려도 크게 아깝지 않을 정도의 액수만 지니고 나간다. 지하도 계단을 내려갈 때는 미끄러운 동굴을 가듯 조심하고, 버스나 지하철을 탈 때 혹은 횡단보도를 건널 때는 절대로 뛰지 않는다(이번 버스 놓치면 다음 버스 타고, 이번 푸른 신호등 바뀌면 다음 신호등까지 기다린다). 약속 시간이 정해진 외출이면 30분 전에는 도착할 수 있도록 미리 집을 나선다. 그래야 천천히 급하지 않게 갈 수 있다. 그렇다, 노인에게 차와 사람들로 혼잡한 도시는 전쟁터나 다름없다. 길을 갈 때는 천천히 조심조심 가야 한다. 그래야 몸의 균형을 유지하여 넘어지지 않고 안전하게 집으로 잘 돌아올 수 있다.

노인이 건강을 잘 챙기는 것은 잘 살기 위해서가 아니라 잘 죽기 위해서이다. 젊은이가 건강에 유의하는 것은 일하고, 자아실현을 하기 위함이지만, 노인이 건강에 유의하는 것은 잘 죽기 위함이다. 죽기 직전까지 내 손으로 밥을 먹을 수 있고, 자녀들에게 의사 표현을 할 수 있으며, 화장실에 갈 수 있다면 크게 성공한 것이다(요즈음의 신식 노인의 경우라면 "앉아서 컴퓨터나 스마트폰을 조작할 수 있으면"이라는 항목을 추가해야 할 것이다). 노년학이나 노인복지학에서 노인의 건강을 다룰 때는 멋지고 행복한 노후 생활을 위한 것으로 기술한다. 60대의 젊은 노인이나 강건한 70대 노인들에게는 이것도 어느 정도 필요하다. 그러나 나이가 더 먹으면 삶을 위한 건강이 아니라 죽음을 위한 건강이 되어야 한다. 노익장을 과시하는 활동적인 삶을 위한 건강을 목적으로 하면 대다수 노인은 좌절하게 된다. 그러나 죽음을 위한 건강을 목적으로 하면 다수의 노인이 성공할 수 있다.

건강해야 잘 죽을 수 있다. 흔히 한이 맺히면 죽을 때 눈을 감지 못한다고 한다. 젊어서 죽는 사람이야 한이 맺힐 수도 있지만, 나이 들어 늙어서 죽는 사람이 무슨 한이 맺힐 것인가? 시편 128편 말씀에

"여호와께서 복을 주시면 자식의 자식을 본다"고 하였다. 자식의 자식, 곧 손자 볼 나이까지 살았다면 그것만으로도 복이다. 그 나이까지 살았음에도 눈을 감지 못한다면 인생의 과업, 노년의 과업(억울하고 분한 마음을 내려놓는 것도 인생의 중요한 과업이다)을 제대로 수행하지 못했기 때문이다. 몸이 건강하지 못하면 이러한 과업을 제대로 수행하기가 어렵다. 그 결과 죽음을 잘 맞이하기도 힘들다. 건강해야 노년의 과업을 잘 수행할 수 있고, 노년의 과업을 잘 수행해야 잘 죽을 수 있다.

오래전 대학에서 공부하던 시절의 기억이다. 가을이 깊어 가면서 캠퍼스의 은행나무 잎이 다 떨어졌다. 그런데 유달리 도서관 앞의 나무 한 그루만 노란 은행잎이 떨어지지 않고 있었다. 12월이 되었어도 독야청청(獨也靑靑)한 것이 아니라 독야황황(獨也黃黃)하였다. 다들 신기하게 여기면서 장하다고 하였다. 그런데 나중에 알고 보니 그 나무에 병이 생겨 힘이 없어서 나뭇잎을 떨어뜨리지 못했다고 한다. 가을이 깊어 나뭇잎을 떨어뜨리려 해도 건강해야 하는 법이다. 하물며 인생의 가장 힘들고 어려운 마지막 관문, 죽음의 문을 지나가려면 몸이 건강해야 한다. 죽음이란 죽음의 사자가 와서 목을 졸라 숨이 끊어지는 것이 아니다. 죽음이란 천사가 와서 우리를 하나님 앞으로 데리고 가는 것이다. 그때 우리의 몸과 마음이 건강하고 힘이 있어야 벌떡 일어나 천사를 뒤따라갈 수 있다. 노년의 건강 관리는 중요한 죽음 연습이다. 욕심을 내려놓고, 몸과 삶의 균형을 잡을 때 건강할 수 있다. 그리고 건강해야 잘 죽을 수 있다.

## 2. 몸과 옷을 깨끗하게 하라

죽음을 연습하려면 일상생활 속에서 죽음을 잘 준비해야 한다. 죽음의 준비를 위해서는 오늘이라도 죽을 수 있다는 개인적 종말 의식을 가지고 자신의 몸과 생활 주변을 늘 정리하며 살아야 한다. 우리가 죽음을 잘 맞이하기 위해서는 앞서 논의한 바와 같이 인생길 살아오면서 맺었던 관계들을 잘 정리해야 한다. 미움, 원망, 상처, 분노로 점철된 관계를 잘 정리하여 사랑, 용서, 화해의 관계를 이루어야 한다. 이러한 관계의 정리 못지않게 중요한 것이 우리 몸과 우리 몸으로 사용한 물건들을 정리하는 것이다.

먼저 내 몸을 정리하는 것은 내 몸을 청결하게 하는 것이다. 노인이 되면 몸의 기능이 약해지고, 몸의 생김새가 추해지며, 말은 어눌해지며, 귀는 어두워지고, 몸에서는 냄새가 난다. 그러므로 몸과 몸에 닿는 것을 늘 깨끗이 해야 한다. 즉, 머리 감고 목욕하는 일을 자주 하고, 옷을 자주 갈아입으며, 이부자리를 청결하게 한다. 겉옷은 좀 낡은 것이라도 세탁만 잘해서 입으면 된다. 그러나 속옷, 양말, 수건, 셔츠 등 몸에 직접 닿는 것은 자주 새것으로 바꾸도록 한다. 노인이 될수록 비싼 것보다는 새것이 좋다.

몸을 씻으면서 언젠가는 내 손으로 내 몸을 씻지 못할 때가 온다는 것을 생각하자. 죽음이 오면 숨이 끊어진 약하고 초라한 몸을 내 손으로 씻는 것이 아니라 누군가 다른 사람이 씻어준다. 예전에는 자식들이 죽은 부모의 몸을 씻어주었지만, 요즈음에는 전문 장의사들이 무표정한 얼굴로 죽은 이의 시신을 씻는다. 물로 목욕을 하는 것이 아니라, 알코올 묻힌 솜으로 소독을 한다. 그 누구에게 보이기를 꺼려하는 부끄러운 몸의 부위를 얼굴도 모르는 생면부지(生面不知)의 사람이 만지면서 씻는다.

노인이 몸을 씻는다는 것은 단순히 몸을 청결히 한다는 의미만 가지는 것이 아니다. 이 몸을 가지고 살아오면서 저질렀던 여러 가지 과오와 허물을 씻는다는 의미이다. 마음속에서 일어난 헛된 욕망을 따라 몸으로 행했던 모든 것을 깨끗이 씻는다는 의미이다. 그리고 이제 때가 되면 지금 내 손으로 씻고 있는 이 몸이 마지막으로 다른 사람의 손으로 씻겨질 것이고, 그 후에는 불 속으로 들어가 한 줌의 재가 되든지 아니면 땅속으로 들어가 흙으로 변할 것이다. 몸을 씻으면서 이제 곧 사라지게 될 몸이요 인생임을 확인하고, 그 몸으로 살아온 삶을 정리해야 한다.

나의 아내 민혜숙의 단편소설 『목욕하는 남자』를 보면 제약회사 영업사원 주인공 김 씨는 틈만 나면 목욕탕엘 간다.[2] 상사에게 욕을 먹었거나 일이 풀리지 않을 때, 가정에서 개인적으로 어려운 일이 있으면 목욕탕에 가서 몸을 씻는다. 김 씨가 목욕탕에 가는 것은 때를 씻기 위함이 아니다. 자신의 삶을 씻기 위함이다. 초라하고 보잘것없는 인생, 능력도 없고 내세울 것도 없는 인생, 한때 가졌던 꿈이 좌절된 인생, 앞날이 보이지 않는 인생, 그 인생을 살아온 몸을 씻는 것이다. 몸을 깨끗하게 씻으면서 자신을 정화하고, 위로하고, 그래도 살아보려고 몸부림치는 것이다. 노인이 몸을 씻는 것도 마찬가지이다. 몸을 씻으면서 그 몸으로 살아온 자신의 삶을 정화하고, 받아들이고, 위로하는 것이다. 그리고 곧 오게 될 내 손으로 내 몸을 씻을 수 없는 때를 기다리는 것이다. 그래서 목욕은 죽음의 연습이다.

노인이 되면 목욕을 자주 할 뿐 아니라 옷도 자주 갈아입는 것이 좋다. 속옷은 말할 것도 없고, 겉옷도 자신의 능력 범위 안에서 좋은 것을 입는 것이 좋다. 깨끗한 옷, 좋은 옷은 한평생 힘들게 살아온 몸에 대한 예우이기 때문이다. 나는 지금 칼라일의 '의상 철학'이나 부르디외가

---

2 민혜숙, 『목욕하는 남자』(서울: 소명출판사, 2013).

말한 '상징 자본'으로서의 의상이나 베블렌이 말한 '과시 소비'의 수단으로서의 옷에 대해서 말하는 것이 아니다. 그것들은 젊음과 힘이 있고, 돈과 지위가 있는 사람들의 이야기다.

아무리 돈이 많고 높은 지위에 있어도 노인의 몸은 약하고 초라하다. 돈 많고 능력 있는 정주영 회장께서도 돌아가실 때까지 그 얼굴의 검버섯을 지우지 않으셨다. 2020년 별세한 이건희 회장께서는 삼성전자를 세계적인 기업으로 일구셨고, 한평생 수집한, 값을 헤아리기 어려운 소중한 그림과 조각 등 1,500여 점의 예술 작품을 국가에 기증하였으며, 24조 원(200억 달러)의 재산을 남겼다. 그러나 이건희 회장의 몸은 한국인의 평균 수명에 미치지 못하는 78년을 살았으며, 그나마 마지막 6년의 기간은 병원에서 입원한 상태로 보냈다. 노인의 몸은 재산, 지위, 명예의 정도와 특별한 상관관계를 가지지 않는다. 노인의 몸은 사회경제적 지위와 상관없이 나이 들어가면서 약하고 초라해진다. 그러나 노인의 몸속에는 한 사람의 일평생이 녹아 있다. 그러므로 노인의 몸은 거룩하고 고귀하다.

광야와 같은 인생길 몸뚱아리 하나 의지하며 다른 사람보다 더 힘들고 어렵게 살아오다가 약해지고 병든 가난한 노동자와 농부의 몸은 더욱 귀하고 거룩하다. EBS <세계 테마 기행>에서 히말라야 등반의 안내인 셰르파를 소개한 적이 있다. 한 노인 셰르파가 마지막으로 등반에 필요한 짐을 나르는 일을 맡았다. 등반대를 끝까지 따라가지 못하고, 중간 지점까지 짐을 날라 준 후 집으로 돌아갔다. 돌아가는 뒷모습을 카메라는 한참 동안 보여주었다. 그리고 나레이터는 말하기를 "그는 왜소한 등으로 일평생 히말라야를 지고 다녔다"고 하였다. 어찌 이것이 히말라야 셰르파만의 이야기이겠는가! 그가 어떻게 살아왔든 노인의 몸은 모두 다 그의 한평생 인생을 지고서 지금 여기까지 온 것이다. 그러므로 늙고, 약해지고,

초라한 몸이지만, 모든 노인의 몸에게는 그에 걸맞는 예우를 해야 한다. 구약성경 레위기 19장 32절 말씀을 보면 "너는 센 머리 앞에서 일어서고 노인의 얼굴을 공경하며 네 하나님을 경외하라"고 하였다. 하나님을 경외하듯 노인의 센 머리와 주름진 얼굴을 공경하고 예우해야 한다.

우리 교회 권사님 이야기이다. 그 권사님은 평생 초등학교 교직에 계시다가 교장까지 하신 후 은퇴하신 분이시다. 어린 시절 한부모 가정에서 성장하셨고, 어른이 된 후에도 고생을 많이 하셨다. 그리고 최근에는 두 곳에서 암이 생겨 항암 치료와 수술을 받는 등 고생을 많이 하셨다. 그런데 그 권사님은 교회에 오실 때 항상 얼굴을 곱게 단장하시고, 값비싼 명품 옷은 아니지만 계절과 색깔과 분위기에 맞추어서 옷을 잘 입고 오셨다. "권사님 옷이 참 아름답고 잘 어울리십니다" 하고 인사를 하였더니 "한평생 고생한 몸인데 옷으로라도 잘 감싸 주어야지요" 하고 대답을 하셨다. 그렇다. 권사님의 지혜로운 말씀처럼 한평생 살아오면서 우리 몸이 가장 고생을 많이 하였다. 그래서 나이 들면 우리 몸이 약해지고, 병들고, 초라해지는 것이다. 그러다가 우리 삶에 필요한 에너지를 몸이 더 공급할 수 없는 지경에 이르면 죽게 된다. 약해지고 병들고 초라해진 몸, 그 몸 위에 값비싼 옷은 아니라도 깨끗하고 아름답고 단정한 옷을 입히는 것은 몸에 대한 예의이다. 내 손으로 내 몸에 옷을 입힐 수 없을 때 내 몸은 평안한 안식에 들어가게 된다. 옷을 입을 때마다 몸을 위로하고, 몸의 안식을 기다리는 것이 죽음의 연습이다.

## 3. 물건과 재산을 잘 정리하라

노인이 된다는 것은 몸이 늙었다는 의미이며, 몸이 늙도록 살다 보면 많은 물건을 사용하게 된다. 산다는 것은 1차적으로 몸이 살아 움직인다는 의미이다. 몸이 살아있으면 그 몸과 접촉되는 물질이 있다. 우리 몸과 직접 관련되는 의식주는 말할 것도 없고 인간의 이성적 추론의 최고 단계인 수학적 계산 활동까지도 수식을 기록하는 종이와 연필이라는 물건이 필요하다. 이처럼 산다는 것은 몸이 활동한다는 것이요, 몸이 활동할 때는 많은 물건이 사용된다. 그리고 사람이 나이 들어 노인이 되면 그동안 사용했던 물건들이 많이 쌓이게 된다. 노인이 되면 그동안 사용해 오던 물건들을 잘 정리하고, 한평생 모아 놓은 재산도 잘 정리하는 것이 중요한 과업이다. 물건을 잘 정리하지 않으면 그것을 제대로 사용하지 못할 뿐 아니라 소중한 것들이 쓰레기로 변할 수 있다. 재산을 잘 정리하지 않으면 내가 일평생 애써 수고하여 모은 재산이 자식들 사이에 의(誼)가 나고, 자식들의 인생을 망칠 수가 있다. 그러므로 물건과 재산을 잘 정리해야 삶을 아름답게 마무리할 수 있고, 가벼운 몸으로 죽음을 맞이할 수 있다.

노인이 물건을 정리한다는 것은 꼭 필요한 물건만을 제외하고는 다 버린다는 의미이다. 버릴 것을 골라서 버린다고 생각하면 물건을 정리할 수가 없다. 내 주변에 있는 많은 물건 가운데 버릴 것을 고르려 하면 쉽지 않다. 그 많은 물건이 언젠가는 쓸데가 있을 것 같다. 쓸데없는 물건이지만 나의 과거와 추억이 담겨 있는 것은 버릴 수가 없다. 그 물건을 버리는 것이 나의 과거를 부정하는 것처럼 느껴지기 때문이다. 오래 사용하고, 특별한 사람이나 특별한 경험과 관련된 물건에는 물신(物神) 숭배 혹은 주물(呪物) 숭배로 번역되는 페티시즘(fetishism)의 속성이 들어 있다. 즉, 특정한 물건에 자신의 과거의 삶 혹은 자신에게 소중했던 어떤 사람을 투사한다. 그리고 그 물건을 버리거나 파괴하면 자신이 소중히 여기는 추억이나 사람도 같이 파괴되는 것으로 생각한다. 더 나가 그 물건을 버리면 자신에게 해(害)가 되고 불행이 올 것처럼 생각하기도 한다. 그래서 물건을 버리지 못하게 된다.

어떤 여성의 이야기이다. 그분은 40대 후반에 남편을 잃었다. 남편은 그 아내를 많이 사랑했고 또한 능력도 있는 분이었다. 남편은 그 부인의 자랑이요, 삶의 보람이며, 행복의 원천이었다. 그런데 그 남편이 급작스럽게 세상을 떠나고 말았다. 그 여성은 장례식을 치른 다음에도 옷장에 있는 남편의 옷을 버리지 않고 그대로 두었다. 때때로 남편 생각이 나면 남편의 옷을 품에 안고서 울기도 하였다. 한두 해 그렇게 하는 것은 남편을 애도한다는 의미에서 이해할 수 있다. 그러나 그 부인은 70살 나이가 다 되도록 20년 넘게 아직도 남편의 옷을 옷장에 두고 있다. 이것은 남편에 대한 사랑도, 애도도 아니다. 자칫 잘못하면 심각한 정신적 질병이 될 수 있는 행위이다.

물건을 정리하는 것은 단순히 집 안을 청결하게 하고, 정리 정돈한다는 의미만 가지는 것이 아니다. 손때 묻은 물건, 과거의 추억이 담긴 물건을 정리하면서 지나온 삶을 정리한다는 의미이다. 좋은 일이든 좋지 않은 일이든, 행복한 일이든 불행한 일이든 과거를 정리해야 홀가분한 몸으로 현재를 살아갈 수 있고, 미래를 향해 나갈 수 있다. 과거를 정리하지 못하면 과거에 매이게 되고, 과거에 매이면 현재의 삶을 잘 살 수 없다. 죽음 이후의 미래를 향해 평안하게 걸어갈 수가 없다. 물건을 정리하는 것은 내 삶을 정리하는 것이며, 과거의 상처와 무거운 짐을 내려놓는 일이다. 이 일을 잘할 때 우리는 죽음을 평안히 맞이할 수 있다. 그러므로 물건의 정리는 죽음 연습이다.

물건을 정리하는 구체적인 방식은 사람마다 다르고, 물건의 양에 따라 달라질 것이다. 그러나 그 원칙은 비교적 간단하다. 내 주변에 있는 물건을 보관할 것, 나누어줄 것, 버릴 것으로 나눈다. 보관할 것이란 현재 내가 잘 사용하고 있는 가전제품, 옷, 책, IT 기기들, 생활용품 등을 말한다. 그리고 금붙이나 소중한 작품, 가족의 추억과 아름다운 전통을 담고 있는 사진이나 책자 같은 것도 보관해야 한다. 즉, 내가 죽고 난 다음에도 나의 후손들이 보관할만한 가치를 가진 물건은 남겨 놓는다. 다음으로 지금 내가 사용하지 않지만 다른 사람에게 요긴한 물건은 나누어 준다. 내가 살아있을 때 나누어준 물건은 내가 죽고 난 다음에도 잘 사용할 수 있다. 그러나 웬만큼 좋은 물건이라도 죽은 사람의 물건은 다른 사람들이 사용하기를 꺼리는 법이다. 그러므로 현재 쓰지 않는 물건이지만 다른 사람에게 쓸만한 물건은 죽기 전에 나누어 주는 것이 좋다. 그리고 나머지 물건은 모두 버리면 된다.

일본의 어느 물건 정리 회사에서 시행한 물건 버리는 법을 TV에서 보고 감동 받은 적이 있다. 물건 정리 회사 직원이 버리는 물건을 담기 위한 박스를 가져왔다. 그 박스는 꽤 정갈하게 보였다. 직원이 "우리는 지금 물건 장례식을 치릅니다. 그러므로 이 박스는 사람의 관처럼 정갈한 것으로 준비했습니다"라고 말했다. 그 박스 속에 버릴 물건을 주인이 종류별로 하나씩 넣으면서 "그동안 잘 썼다. 고마워. 잘 가" 하고 마치 장례식을 치르듯이 인사를 했다. 그러면 정리 회사 직원이 박스를 가지고 가서 버릴 것을 버리고, 태울 것은 태우고, 재활용할 수 있는 것은 재활용한다고 하였다. 물론 물건 정리 용역회사를 통해서 물건을 정리하고 버리는 것은 비용이 드는 일이다. 그러나 이런 방식을 사용하면 물건을 버리는 사람의 마음이 더 평안할 것이며, 물건과 아름다운 헤어짐을 통해서 죽음을 연습할 수 있다.

재산도 잘 정리해야 한다. 재산을 잘 정리해야 이 세상을 떠나 아버지 계신 집으로 잘 들어갈 수 있다. 이 세상을 떠나 하나님의 심판대 앞에 설 때 중요한 판단의 기준은 "돈을 어떻게 벌었고, 그 돈을 어떻게 사용했는가"이다. 많은 돈을 벌었지만 혹시 돈을 버는 과정에서 흠결이 있다면, 누가복음 19장에 나오는 삭개오처럼, 시카고대학을 설립한 록펠러처럼 아름답게 재산을 정리해야 한다. 평범한 삶이었지만 성실하게 일해서 약간의 재산을 모은 사람은 노년이 될수록 재산 관리를 잘해서 노후의 삶이 힘들고 초라해지지 않도록 해야 한다. 나이가 들어서도 재산을 늘리려고 주식이나 비트코인과 같은 위험한 상품에 투자하는 것은 금물(禁物)이다. 유산도 아름답게 잘 나누어 주어야 한다. 요즈음은 부모가 장수하는 시대이다. 부모가 100살 가까이 살다 죽은 후 유산을 물려주면 자식들도 이미 늙어 버린다. 자식들에게 돈이 가장 필요한 시기에 적당히 유산을 물려주어야 한다(단 유산을 미리 다 물려주고, 자식에게 돈을 타서 노후 생활을 하겠다는 어리석은 생각은 하지 말라!). 유산을 나누어 줄 때도 지혜롭고 공정하게 하여 유산 문제로 자식들 사이에 다툼이 일어나지 않도록 해야 한다.

　무엇보다도 재산의 정리 속에 들어있는 영적인 의미를 잘 깨달아야 한다. 모든 물질은 하나님으로부터 받아서 잘 사용한 후 후손들에게 넘겨 주고, 하나님 앞으로 돌아가는 것이다. 재산을 정리하는 것은 내 삶을 정리하는 것이다. 우리는 인생길 살면서 돈을 벌고, 돈을 쓰는 일에 가장 많은 관심과 시간을 투여하는 삶을 살고 있다. 삶은 곧 경제생활이라 해도 과언이 아니다. 이러한 삶의 결과로 얻은 재산을 정리하면서 내 삶을 돌이켜 보고, 반성해야 한다. 달란트의 비유에 나오는 종들과 같이 하나님께서 주신 물질과 달란트를 어떻게 사용했으며, 어떤 열매를 맺었는가를 돌이켜 보아야 한다. 재산의 정리는 가장 중요한 삶의 정리이다. 재산을 잘 정리할 때 우리는 편안한 마음으로 모든 물질의 주인이신 하나님 아버지께 돌아갈 수 있다. 그러므로 재산 정리는 참으로 중요한 죽음의 연습이다.

김교신 선생이 1940년 그동안 일하던 양정학교를 떠나게 된다. 그때 그는 이렇게 소감을 말하였다. "나는 오늘 짐을 운반하면서 느꼈습니다. 이번의 짐은 제 손으로 정리할 수 있었지만, 다음의 사직, 곧 이 세상을 떠날 때는 짐도 못 꾸리고 귀한 책도 가지고 갈 수 없다는 것을. 누구든지 한 번은 떠날 때가 오는 것이므로 그때를 위하여 준비가 있어야 합니다."[3] 김교신 선생은 학교를 떠나면서 인생을 떠날 것을 생각하였다. 그리고 내 손으로 짐을 쌀 수 없는 그 날이 이르기 전에 미리 삶을 정리하고, 준비하라고 하였다. 죽음의 연습이란 자신의 삶을 정리하는 것이다. 죽음의 자리에서 인생을 바라보면서 자신의 남은 삶을 정리하는 것이 죽음 연습이다. 특별히 내 인생의 허물과 좋지 못한 것들은 나 자신이 깨끗이 정리해야 한다. 내 삶의 추한 흔적을 나 자신이 정리하지 못하여 다른 사람이 정리하고 치워야 한다면 얼마나 부끄러운 일인가!

이 글을 쓰고 있는 지금 JTBC와 넷플릭스에서 <나의 해방일지>가 많은 시청자들의 관심을 끌면서 방영되고 있다. 그 드라마에서 이런 장면이 나온다. 주인공 구 씨가 매일 밤 술만 먹으면서 지낸다. 방에는 술병이 가득 차 있다. 함께 지내는 창희와 그의 친구들이 그 술병을 치우려고 한다. 그러자 구 씨가 그것을 말리면서 "내가 싼 똥을 누가 치워주는 게 니들은 고맙냐"고 말하면서 면박을 주었다. 죽음 연습은 자신이 싼 똥을 깨끗이 치우고 정리하는 것이다. 우리는 인생길 살아오면

---

3 김교신, "송별의 느낌," 「성서조선」 (1940. 4.).

서 화장실이 아닌 다른 곳에 똥을 싼 적이 얼마나 많았던가! 특별히 돈을 벌고, 돈을 쓰면서 얼마나 많이 추한 모습을 보였던가! 물건과 돈을 잘 정리하고 영원한 천국에서 안식을 누리는 것이 노년에 해야 할 귀하고 아름다운 죽음의 연습이다.

## 4. 몸이 약해져도 몸에 감사하라

유소년 시절은 몸이 성장하고 강해지는 때라면, 노년 시절, 곧 내려감의 시간(downing time)은 몸이 늙고 약해지는 때이다. 물론 노년이 되면 기억력, 지식, 사회적 지위, 경제력 등도 약해지지만, 몸이 약해지는 것과는 비할 바가 아니다. 어떤 사람은 노인이 되어서도 지식, 지위, 경제력이 약해지는 것이 아니라 더욱 커지고 강해지기도 한다. 김대중 대통령(1924~2009)은 1998년 74세의 나이에 대한민국 대통령에 취임하였고, 바이든 대통령(1942~)은 2021년 79세의 나이에 미국 대통령이 되어 전 세계를 움직이고 있다. 그러나 운동선수의 경우 아무리 뛰어난 선수라도 40대가 되어 세계 최고의 기량을 발휘하지는 못한다. 운동은 몸으로 하기 때문이다. 직장에서 은퇴한 노년의 삶에서는 몸이 중심이 된다. 다른 것은 부족하다 해도 몸만 건강하면 그럭저럭 노년의 삶을 살아갈 수 있다. 그러나 다른 것이 모두 풍족하다 해도 몸이 병들고 약해지면 노년의 삶은 참 어렵다. 이처럼 노년에는 몸이 삶의 중심이 되지만, 몸은 계속 약해지고 있다. 그러므로 노년을 아름답게 살다가 죽음을 잘 맞이하기 위해서는 몸을 대하는 태도가 매우 중요하다. 철칙(iron law)보다 더 강한 자연법칙(nature law)에 따라 약해지는 몸에 불평하는 것은 어리석은 짓이다. 건강을 잘 관리하여 몸이 약해지는 것을 늦추는 것은 좋은 일이다. 그러나 젊었을 때의 몸으로 돌아가려는 것은 어리석고 헛된 짓이다. 그래서 나는 노인들이 '회춘'(回春)이라는 말을 쓰는 것을 별로 좋아하지 않는다.

노년을 아름답게 살려면 자신의 몸에 늘 감사해야 한다. 아침에 눈을 떠서 누구의 도움을 받지 않고 화장실에 가서 씻을 수 있으면 감사해야 한다. 비록 밤에 한두 번 일어나는 경우가 있지만, 소변을 잘 볼 수 있다면 감사해야 한다. 먹고 싶은 음식을 맛있게 먹어도 탈이 나지 않는다면 감사해야 한다. 비록 험한 산을 등산하는 것은 어렵지만, 근처 공원을 자유롭게 산책할 수 있다면 감사해야 한다. 무거운 짐을 질 수는 없지만, 10kg 쌀 한 포대 정도를 옮길 수 있다면 감사해야 한다. 비록 눈이 침침하기는 하지만, 하루 몇 시간이라도 독서할 수 있으면 감사해야 한다. 드라마에서 요즘 아이들이 하는 빠른 말을 다 이해할 수는 없지만, 한글 자막이 나오는 드라마를 잘 볼 수 있다면 감사해야 한다. 적합한 단어가 잘 떠오르지 않아 말이 버벅거리기는 하지만, 젊은 사람들과 말로 의사소통을 할 수 있다면 감사한 일이다. 70대가 되어서도 성생활이 가능하다면 감사를 넘어선 자랑할만한 일이다. 그러나 다른 사람의 감정을 헤아려 안 그런 척하는 것이 좋을 것이다. 이렇게 보면 노년의 삶이란 아침부터 밤까지 감사할 것으로 가득하다. 젊어서는 전혀 감사할 거리 (things)가 되지 못하던 것이 나이 들면 모두 감사 거리가 된다. 그리고 감사하면 행복해진다. 행복의 가장 중요한 조건이 감사이기 때문이다.

몸에 감사하는 것은 지금까지 살아온 몸에 감사하는 것이고, 지금 살아 움직이는 몸에 감사하는 것이며, 더 나가 앞으로 더 약해지게 될 몸에 감사하는 것이다. 감사와 불평은 동전의 양면과 같다. 아무리 나쁜 상황에서도 감사 거리는 있으며, 아무리 좋은 상황에서도 불평 거리는 있다. 이것을 우리 몸에 대입시킬 수 있다. 아무리 병들고 연약한 몸이라도 감사할 수 있으며, 아무리 건강한 몸이라도 불평할 수 있다. 중한 질병에 걸려 누워있으면서도 감사하는 사람이 있는가 하면, 건강하게 마음대로 돌아다니다가 감기라도 걸려서 며칠 누워있게 되면 답답해서 못 살겠다고 불평하는 사람이 있다. 감사와 불평은 조건에 의해 결정되는 것이 아니라 선택과 태도에 의해 결정된다.

노년이 되었어도 삶의 모든 조건 속에서 불평 대신 감사를 선택하게 되면 죽을 때까지 감사할 수 있다. 비록 몸을 더 움직일 수 없어서 침상에 누워있어야만 하는 상황에서도 감사할 수 있다. 지금까지 살아온 것을 감사할 수 있으며, 현재 자신을 돕고 있는 의료진과 가족들, 간병인에게 감사할 수 있다. 그리고 믿음을 가지고 있다면 이제 곧 세상을 떠날 것이고, 그때에는 저 천국에서 영생의 복을 누릴 것이라는 소망 가운데 감사할 수 있다. 바울 사도는 A.D. 66년경 자신의 죽음이 가까이 온 것을 느끼면서 로마 감옥에서 다음과 같이 말했다. "전제와 같이 내가 벌써 부어지고 나의 떠날 시각이 가까웠도다. 나는 선한 싸움을 싸우고 나의 달려갈 길을 마치고 믿음을 지켰으니, 이제 후로는 나를 위하여 의의 면류관이 예비되었노라"(딤후 4:6-8)고 하였다. 죽음 앞에서 바울 사도는 감사하는 것을 넘어서서 승리의 찬가를 부르고 있다. 또한 죽음을 앞두고 매주 화요일마다 제자와 함께 대화를 나눈 모리 선생님은 죽기 직전까지 제자와 주변 사람들에게 "감사하다"는 말을 반복했다.[4] 최근에 돌아가신 이어령 선생님도 마찬가지이다.

몸에 감사하는 것은 가장 좋은 죽음 연습이다. 죽음이란 1차적으로

---

4 미치 앨봄·모리 슈워츠/공경희,『모리와 함께한 화요일』(경기: 살림출판사, 2017).

몸의 죽음을 말한다. 모든 죽음은 몸의 약해짐과 기능 장애의 과정을 거치면서 이루어진다. 노년 시절의 몸이란 약해짐과 기능 장애의 과정을 거친다. 이러한 과정에서 우리는 감사를 선택할 수도 있고, 불평을 선택할 수도 있다. 우리는 몸과 마음의 모든 힘을 모아서 감사를 선택하고, 감사의 표현을 해야 한다. 떠나는 길에 가족들에게 입으로 사랑한다고 말할 수 있다면 감사해야 한다. 말로 표현하지 못한다 해도 눈빛으로, 손가락 하나의 움직임만으로 사랑을 표현할 수 있다면 감사해야 한다. 장 도미니크 보비는 유명한 패션 잡지 「엘르」의 편집장으로 부와 명예를 다 누리던 사람이었다. 그러나 40대에 뇌졸중으로 쓰러졌고, 오직 눈꺼풀을 깜박이는 것 외에 다른 어떤 활동도 할 수 없게 되었다. 그는 눈깜박임을 통해서 글을 쓰기 시작하여 『잠수종과 나비』라는 책을 냈다.[5] 그의 몸은 물속의 잠수종에 갇혔지만, 눈깜박임 하나를 가지고 나비처럼 나는 자유로운 영혼을 표현하였다. 내 몸의 기능이 모두 마비되고 눈깜박임 하나 남았다 해도 그것으로 사랑을 표현할 수 있다면 내 몸에 감사해야 한다. 이러한 감사는 일평생 힘들게 살아왔던 나의 몸에 대한 최고의 예우이다. 사랑과 감사의 표현은 인간이 몸으로 할 수 있는 가장 아름답고 거룩한 행위이다. 이러한 행위를 통해서 몸에 감사하고, 몸에 감사하는 것을 통해서 몸의 죽음을 아름답게 받아들일 수 있다. 나와 함께 힘들고 어려운 인생길 잘 걸어온 몸에 감사하라. 마지막 순간까지 나의 사랑을 표현하는 도구가 되어준 몸에 감사하라. 이 세상의 종말의 때가 오면 다시 만나게 될 몸에 감사하며 작별의 인사를 하라. 이것이 가장 아름답고 귀한 죽음의 연습이다.

---

5 장 도미니크 보비/양영란, 『잠수종과 나비』 (동문선, 2015).

젊었을 때는 나의 꿈과 인생의 목적을 이루기 위해 몸을 최대한 사용하면서 산다. 그리고 몸이 그것을 어느 정도 받쳐주기도 한다. 그러나 나이가 들어 노년이 되면 몸에 맞추어서 살아야 한다. 먹고 마시는 것, 일하고 활동하는 것, 내 인생의 꿈과 목적을 이루는 것, 사람을 만나고 사랑하는 것, 이 모든 것을 몸에 맞추어서 행해야 한다. 몸이 허락하면 가고(go), 몸이 허락하지 않으면 서야(stop) 한다. 노년이 되면 무엇보다도 몸에 감사해야 한다. 아무리 병들과 약한 몸이라 해도 그 몸의 손가락 하나를 움직여 사랑을 표현할 수 있으면 감사해야 한다. 이것이 노년의 '몸'을 통한 죽음 연습이다.

# 16장
하루를 일생처럼, 한 해를 일생처럼

앞서 살펴본 바와 같이 퇴직, 질병, 사별 등과 같은 인생의 중요한 사건이나 전환점을 통해서 죽음을 연습할 수 있다. 또한 일상생활에서 몸을 중심으로 몸의 변화에 맞추어 가는 삶을 통해 죽음을 연습할 수 있다. 그리고 시간을 기준으로 하루를 일생처럼, 한 해를 일생처럼 사는 것을 통해 죽음을 연습할 수 있다. 한 해를 일생처럼 산다면 앞으로 20년을 더 사는 분은 20번의 삶을 살면서 태어남과 죽음을 연습할 수 있다. 하루하루의 삶을 통한 죽음 연습, 1년 단위의 삶을 통한 죽음 연습 그리고 5년 단위의 삶을 통한 죽음 연습을 살펴보겠다.

헬렌 켈러는 그의 유명한 수필 『내가 사흘만 볼 수 있다면』에서 눈을 뜬 사흘을 다음과 같이 보내겠다고 하였다. "첫날은 설리반 선생님과 사랑하는 사람들의 얼굴을 보고 꽃과 나무와 숲과 같은 아름다운 자연을 보고 싶다. 둘째 날에는 박물관과 미술관을 방문하여 인간이 만들어온 위대한 역사와 예술 작품을 보고 싶다. 그리고 셋째 날에는 아침 일찍부터 분주하게 움직이는 직장인들의 모습을 보고, 오전에는 오페라를 감상하고, 오후에는 영화를 보고 싶다. 그리고 밤이 왔을 때 반짝이는 별을 본 다음 다시 눈을 감고 싶다." 이처럼 헬렌 켈러는 눈을 뜬 사흘을 정말 아름답고 보람있게 보내고 싶다고 하였다.[1] 이것이 어찌 시각장애인의 소원인가? 모든 인간은 한정된 자신의 삶을 잘 계획하면서 인생을 살아야 한다. 특별히 남은 날이 얼마 남지 않은 노인들은 더욱 그렇다.

2020년 현재 한국인의 기대수명은 83.3세이다. 60세 남자의 기대여명은 23.4년, 60세 여자의 기대여명은 28.2년이다. 따라서 건강이 양호한 60세 나이면 대충 25년 정도의 삶을 기대할 수 있고, 70세 나이면 17~18년 정도의 삶을 기대할 수 있다. 그리고 80세의 나이라면 10여 년 정도의 삶을 기대할 수 있다. 따라서 그 정도의 시간을 염두에 두고 남은 삶의 계획을 세워야 한다. 삶의 계획을 세우는 시간 단위 설정의 절대적인 기준은 없다. 그러나 삶과 죽음의 사이클을 전제로 한다면 하루, 1년, 5년의 단위가 적합하다고 본다.

눈을 떴을 때가 출생이고 잠자리에 드는 것을 죽음이라고 한다면 하루 단위는 사람의 일생과 가장 유사한 단위이다. 일주일은 직장에서의 일을 시작하는 월요일이 출생이고 주말의 휴식을 누리는 금요일이 죽음이라고 할 수 있지만, 월요일과 출생 그리고 금요일과 죽음은 자연스럽게 연결되지 않는다. 또한 토요일과 일요일(주일)은 어떤 날인지 규정하기가 쉽지 않다. 주말에 더 바쁘게 일하는 서비스업 종사자나 투잡을 하는 사람들 역시 일주일이 '삶과 죽음의 사이클'이 되기 어렵다. 더욱이 직장에서 은퇴한 노인들의 경우 일주일을 삶과 죽음의 사이클로 정하기는 더욱 어렵다. 한 달의 단위는 매달 월급을 받아 생활하는 직장인과 월별

---

1 헬렌 켈러/박에스더, 『사흘만 볼 수 있다면』(사우, 2018).

실적을 보고해야 하는 판매, 보험 등의 일을 하는 사람들에게는 삶의 사이클로서의 의미가 있지만, 다수의 사람에게는 삶과 죽음의 교차를 느낄만한 시간 단위가 되지 못한다. 1년의 단위는 새해를 출생으로, 송년을 죽음으로 할 수 있는 자연적 변화와 사회적 관습의 근거가 있다. 장기 단위로는 3년, 5년, 10년을 생각할 수 있는데, 3년은 장기 계획의 단위로는 짧고, 10년은 젊은이에게는 적합하지만 노인에게는 너무 길다. 그러므로 5년 정도가 노인의 장기 계획 기간으로 적합하다. 따라서 노인의 시간에 따른 죽음 연습은 하루, 1년, 5년으로 하는 것이 적합하다고 본다.

## 1. 하루 삶의 죽음 연습

하루는 우리의 일생과 가장 닮은 시간 단위이다. 그래서 죽음 연습의 좋은 장(場)이다. 아침에 눈을 뜨는 것은 생명의 출생과 같다. 오전은 인격의 세 요소인 지정의(知情意)가 성장하는 아동과 청년의 시절이다. 오후는 한창 일하는 장년의 시간이다. 저녁은 노년의 시간이다. 밤 1시, 2시까지 어떤 일을 하다 보면 길어진 노년을 사는 것 같아서 웃음이 난다. 그리고 잠자리에 드는 것은 죽음을 맞이하는 것이다. 깨어나서 잠잘 때까지의 하루의 시간은 출생부터 죽음까지의 한평생을 가장 잘 축약한 것이다. 아동·청년 시절의 하루는 일생의 축약이 아니라 모두 다 오전 시간, 즉 성장의 시간이다. 몸이 성장하기 위해서 먹고, 지식과 지혜가 성장하기 위해서 공부하고, 관계의 기술을 배우기 위해서 논다(관계의 기술을 습득하는 것을 게임 이론이라 부르는 것은 탁월한 표현이다). 종일 먹고, 공부하고, 노는 것은 인생의 오전 시간, 즉 성장의 시간을 보내는 것이다. 장년 시절을 하루에 비한다면 일하면서 지내는 오후의 시간과 유사하다.

장년 시절에는 아침부터 점심까지 일하고, 점심 먹은 후 저녁까지 일하고, 저녁 먹은 후 야근을 하거나 내일 일을 준비하기 위해서(혹은 앞으로의 자기 성장을 위해서) 일한다. 장년의 삶은 언제나 오후 시간이다. 일하고 또 일하는 시간이다. 그러나 노년의 하루는 일생을 반복하는 시간이 될 수 있다. 오전에는 아동과 청년처럼 성장의 시간을 가질 수 있다. 오후에는 장년처럼 일하는 시간을 가진다. 그리고 저녁에는 노년의 시간, 곧 정리와 반성의 시간을 보낸 후 잠자리에 든다(죽는다).

이러한 노년의 하루 시간 사이클은 좋은 죽음 연습이다. 노년의 하루 삶은 일평생을 축약한 삶이다. 그러므로 이 하루 동안 태어나고, 성장하고, 일하고, 정리하고, 죽는 일을 반복할 수 있다. 하루의 삶을 통한 죽음 연습을 더 구체적으로 살펴보자. 잠에서 깨어나 눈을 뜨는 것은 하루라는 삶의 시작이며, 일일일생(一日一生)의 태어남이다. 노년이 되어 비록 쇠약해진 몸이지만 그래도 하루를 살아갈 수 있는 몸이 있음을 감사해야 한다. 아침에 눈을 떴을 때 가장 먼저 할 일은 하루를 살아갈 몸과 시간을 주신 하나님께 감사하는 일이다. 몇 분 정도 감사의 기도를 드린 후 세수를 하고 아침 식사를 한다. 아침 식사 시간을 통해서 가족과 대화하고 인사를 나눈다.

아침 식사 후의 오전 시간은 어린 시절이요 청년 시절이다. 그러므로 이때는 성장의 시간을 가진다. 아무리 나이 먹은 노인이라 해도 성장하면 청년이 될 수 있다. 아무리 젊은 청년이라 해도 성장하지 않으면 노인이나 다름없다. 청년의 시간 오전에는 성장하는 시간을 가져야 한다. 성장에는 크게 세 가지가 있다. 육체의 성장, 정신적 성장, 영적 성장이 있다. 노년에는 육체의 성장이란 불가능한 일이다. 그러므로 노년의 오전 시간은 정신적·영적 성장의 시간이 되어야 한다. 정신적 성장을 위해서는 공부를 해야 한다. 공부란 아직 이르지 못한 목표를 정해놓고, 그 목표에 도달하는 방법과 길을 모색하는 것이다. 공부에서 성과를 거두려면 목표를 분명히 정해놓고 꾸준히 계속하는 것이다. 책, 신문, 잡지 등을 읽을 수도 있고, 인터넷 검색을 할 수도 있다. 어린 학생들은 공부의 목적이 분명하고 시험도 보기 때문에 공부에 집중하기가 쉽다. 그러나 노인은 목적이 분명하지 못하고 시험도 치지 않기에 해찰을 하기 쉽다. 어떤 주제를 가지고 인터넷 검색을 시작하다가 얼마 되지 않아 주제와 전혀 상관없는 잡다한 사건 사고 소식을 읽다가 시간을 다 보내는 경우도 많다. 노인이나 어린 학생이나 공부를 잘하려면 집중력과 인내력이 필요하다.

노인에게는 정신적 성장을 위한 공부보다는 영적 성장을 위한 공부가 더 중요하다. 젊은이에게는 삶의 시간이 많이 남아 있다. 그러므로 잘 살기 위한 지혜, 지식, 인격 등을 성장시키는 것이 필요하다. 그러나 노인에게는 삶의 시간이 많지 않다. 죽음을 잘 맞이해야 한다는 어려운 과업이 눈앞에 있다. 그러므로 노인에게도 남은 삶을 잘 살기 위한 정신적 성장도 중요하지만, 죽음을 잘 맞이할 수 있는 영적 성장이 더욱 중요하다. 죽음이란 생명의 지속이 아니다. 죽음은 베르그송의 표현을 사용한다면 '엘랑 비탈'(생명의 도약)이다. 생명, 육체, 진화의 과정에서 도약하는 것이 아니라 죽음이라는 문을 열고 전혀 새로운 세계로 도약하는 것이 죽음이다. 다이빙 선수가 다이빙대 위에서 몸을 날려 물속으로 뛰어드는 것과 같다. 죽음이 왔을 때 육체를 떠나 죽음의 문을 열고 새로운 생명으로 도약하는 것은 영혼이다. 그러므로 죽음을 앞둔 노년에는 영혼의 힘을 길러야 하는데, 그것이 바로 영적 성장이다.

영적 성장을 위해서는 경건의 훈련이 필요하다. 경건이란 영어로 godliness이다. 곧 하나님과의 만남, 하나님의 뜻을 이해하는 것, 하나님의 사랑을 증거하는 것이 경건이다. 영적인 성장을 위한 경건의 훈련에는 여러 가지가 있다. 마태복음 6장에 따르면 기도, 금식, 구제가 전통적인 경건 훈련의 방법이다. 또한 렉시오 디비나(Lectio Divina), 즉 거룩한 독서도 경건 훈련의 중요한 방식이다. 거룩한 독서란 믿음의 터전 위에서 믿음의 증진을 위해 성경을 읽는 것을 말한다. 거룩한 독서와 아울러 성경 말씀을 암송하고 묵상하는 것도 영적 성장에 큰 유익이 있다.[2] 찬송을 부르는 것도 경건에 큰 유익이 된다. 이처럼 경건의 훈련을 하면 하나님의 임재하심을 체험하고, 성령님을 통한 그리스도의 음성을 들을 수 있다.

이러한 체험이 있을 때 천국에 대한 믿음이 생기고, 천국을 사모하게 된다. 영적인 성장이 이루어지면 다가오는 죽음의 시간이 쓸쓸하거나 두렵지 않다. 바울 사도처럼 기쁨과 소망 가운데 그 시간을 기다릴 수 있다. 노년의 성장은 삶을 잘 마무리하고 다음 삶을 준비하기 위한 성장이다. 곧 영혼의 도약을 위한 성장이다. 이러한 성장이 없으면 노인은 끝없는 퇴보의 나락에 빠지게 된다. 몸이 쇠락하는 것은 말할 것도 없고 정신과 영혼도 약해진다. 그러나 영적인 성장이 이루어지면 바울 사도의 말씀처럼 "그러므로 우리가 낙심하지 아니하노니 우리의 겉사람은 낡아지나 우리의 속사람은 날로 새로워지도다"(고후 4:16)라고 말할 수 있다. 영적으로 성장할 때 속사람이 새로워지고, 죽음의 시간이 다가와도 낙심하지 않는다. 노년의 하루 가운데 가장 중요한 시간은 오전 시간 영혼이

---

2 나는 개인적으로 아침마다 성경 100구절을 암송하고 있다. 창세기에서 시작하여 요한계시록에 이르기까지 성경 전체 가운데 중요한 구절 100구절을 매일 암송하는 것은 영적 건강과 성장에 매우 유익하다. 성경 암송 100구절 말씀을 유튜브(유클레시아)에 올려놓았으니 암송하지 못해도 매일 한 번씩 듣기만 해도 큰 유익이 있을 것이다.

성장하는 시간이다. 이러한 성장이 매일 반복될 때 우리는 아름다운 죽음 연습의 삶을 살게 된다.

오후는 일하는 시간이다. 사람마다 어떤 일을 하는가는 다를 것이다. 그러나 중요한 것은 운동이 일이라는 사실이다. 젊은 사람에게 운동은 일을 잘하기 위한 건강 관리의 방편이다. 그러나 노년의 운동은 그 자체가 하루의 삶 속에서 반드시 행해야 하는 과업이다. 노인이 되어도 하루 세 끼 밥을 먹고 영양을 보충해야 하는 것과 마찬가지로 운동을 해야 한다. 그래야 생명이 유지될 수 있다. 운동의 양과 방법은 각 사람의 신체적·시간적 조건에 따라 다르지만, 최소한 하루 한 시간 정도의 운동은 반드시 해야 한다.

여러 가지 취미활동도 일이다. 젊은 사람들은 돈을 버는 것이 일이지만 노인은 즐겁게 사는 것이 일이다. 즐겁게 살기 위해서는 음악, 미술, 체육 등과 관련된 취미활동이 필요하다. 노인에게는 친구나 친지와의 만남도 중요한 일이다. 은퇴하고 공적인 영역에서 물러나게 되면 배우자 이외의 사람들과 만나는 시간이 자꾸 줄어들게 된다. 그래서 외로워지고, 죽음 불안의 문제도 혼자서 해결해야 한다. 그러나 같은 또래의 친구나 친지를 만나면 자신의 불안과 외로움과 슬픔을 함께 나눌 수 있다. 좋은 일이 있을 때 밥이라도 한 그릇 사면 기쁨이 배가(倍加) 된다. 그리고 함께 손잡고 죽음의 길을 갈 수 있다. 광야와 같은 인생길 살아가는 데도 친구가 필요하지만, 죽음의 길을 갈 때도 친구가 필요하다.

경제활동이나 봉사활동은 노인에게 있어 공적인 영역에서의 일이다. 노년이 되어 은퇴하면 공적인 영역이 줄어들고 주로 사적인 영역에 머물게 된다. 노인이 되어 사적인 영역에만 주로 머물면 자기 자신이 쓸모없는 존재가 되었다는 느낌이 든다. 그러므로 노년의 삶에서도 일,

특별히 공적인 영역에서의 일이 필요하다. 모든 경제활동은 공적인 영역에서의 일이며 또한 금전적 수입을 얻을 수 있다는 점에서 노년의 생활을 풍성하게 한다. 그러나 경제활동에는 크든 작든 책임이 따르고, 정신적·육체적 긴장(stress)이 수반된다. 그러므로 경제활동을 할 때는 건강에 유의해야 한다. 그리고 노년의 삶에서 필요 이상의 과도한 경제활동은 노년에 이루어야 할 소중한 과업을 방해하는 시간 낭비가 될 수 있다. 그뿐 아니라 사회적으로는 젊은 세대의 자리를 빼앗는 결과를 가져올 수도 있다. 그러므로 노년의 경제활동은 필요하고 좋은 일이지만, 적당한 정도에 머물러야 한다. 봉사활동은 노년의 가장 아름다운 공적 영역에서의 일이다. 봉사활동은 스트레스를 많이 받지 않으면서도 자존감과 인생의 보람을 느낄 수 있는 좋은 일이다. 또한 봉사활동을 하는 사람들은 대부분 건강하고 인격이 성숙한 사람들이다. 따라서 봉사활동을 통해 새롭게 만난 사람과의 교제는 인생을 풍성하고 아름답게 한다.

아들과 며느리, 딸과 사위가 모두 직장생활을 하는 집이 많다. 이러한 집에서 손자녀를 돌보는 일은 경제활동, 취미활동, 봉사활동을 복합적으로 행하는 것이다. 손자녀 돌보는 일은 자식들과 가까이 지낼 수 있는 행복한 일이지만, 부담스럽고 매이는 일이기도 하다. 그러므로 이 일에도 균형, 절제, 지혜가 필요하다. 어느 정도의 지식과 교양을 갖춘 노인이라면 손자를 뛰어난 인물로 키우는 위대한 프로젝트(grand project)를 실행하는 것도 멋진 일이 될 것이다.

노년의 삶에서는 청장년의 삶에서와 마찬가지로 다양한 일을 할 수 있다. 그러나 이러한 일을 하면서도 항상 염두에 두어야 하는 것은 균형과 절제이다. 노년의 일은 행복과 보람을 목적으로 해야지 젊은 시절의 일처럼 출세, 성공, 부, 명예 등을 목적으로 해서는 안 된다.

언제든지 내려놓을 수 있는 마음가짐을 가져야 한다. 그리고 퇴직과 마찬가지로 일의 내려놓음의 연습을 통해 삶을 내려놓고 죽음의 문을 여는 연습을 해야 한다.

저녁이 되면 휴식을 취하고, 여가를 즐기며, TV나 영화 등을 보면서 자신의 삶을 반추하고, 매일의 삶을 돌이켜보는 시간을 가진다. 오전 시간에 비록 작지만 정신적 영적 성장이 있다면 그날은 가치 있고 복된 날이다. 오후 시간에 대단한 일은 아니라도 무엇인가 일하며 보냈다면 그날 또한 아름답고 귀한 날이다. 저녁 시간에 TV를 볼 때는 다큐멘터리나 여행 프로를 보는 것이 유익할 것이다. 이러한 프로를 통해서 우리는 간접 체험을 통한 삶의 풍성함을 누릴 수 있다. 영화나 드라마를 볼 때도 비현실적이고 자극적인 폭력물 등은 절제하는 것이 좋다. 그 대신 <흐르는 강물처럼>, <새벽의 약속>, <위대한 개츠비>, <84번가의 연인> 등과 같은 실화에 근거하여 한 사람의 인생 전체를 다룬 영화가 유익할 것이다. <카라마조프 형제들>, <돈키호테>, <부활>, <레미제라블> 등 고전을 영화로 만든 것을 시청하는 것도 유익하다. 고전이 된 위대한 문학 작품들은 모두 인생을 다루고 있다. 젊었을 때 읽었어도 다시 읽고 묵상할 만하다. 그러나 이런 작품들은 1,000페이지 가까운 대작이 많다. 그러므로 힘도 떨어지고 눈도 침침한 노인이 읽기에는 부담이 많이 간다. 그러나 영화나 드라마로 만든 고전은 비록 그 깊이는 많이 떨어지지만 짧은 시간에 쉽게 볼 수 있다는 점에서 노인들에게 유익하다.

저녁 시간은 노년의 안식이며, 하루의 정리이다. 비록 짧은 하루이지만 성장과 일과 안식이 균형 있게 이루어졌다면 그것은 하루를 잘 보낸 것이다. 이렇게 잘 보낸 하루는 하루가 일생 같은 날이 된다. 하루의 삶을 통해 나의 일생을 살아본 것이다. 이러한 하루는 힘들지도, 지루하지도 않은 완결된 삶이 된다. 그리고 밤이 깊으면 하나님께 오늘 하루를 잘 보내게 하신 것을 감사하고, 영원한 하늘나라를 소망하는 기도를 올린 후 잠을 잔다. 이것이 하루를 일생같이 사는 삶이요, 매일의 삶을 통한 죽음 연습이다.

## 2. 한 해 삶의 죽음 연습

1년 단위의 한 해는 하루 단위만큼이나 우리 인생의 한평생과 잘 대비된다. 지금 이 글을 쓰고 있는 '2022년'과 같이 특정한 해를 표시하는 숫자는 지구가 태양을 한 바퀴 도는 시간 단위이다. 그러나 그 나름의 독자성과 개별성을 가지고 있다. 1392년 조선 건국, 1592년 임진왜란, 1945년 해방 등과 같이 특정한 해는 역사의 특정한 사건을 개별적으로 지시함으로 독자성을 가진다. 또한 1년은 봄, 여름, 가을, 겨울 계절의 흐름이 있고, 이것은 출생, 유소년기, 청장년기, 노년기와 같은 인생 흐름과 유사하다. 자연적·사회적으로 중요한 일은 1년 단위로 반복된다. 한 해가 시작되면 설 명절을 즐기고, 새해맞이를 한다. 봄이 되면 온 땅에 꽃이 피고, 학생들의 학년이 올라간다. 교회에서는 부활절을 기린다. 5월에는 가정의 달이라 하여 가정, 어린이, 부모님을 생각한다. 뜨거운 태양이 작열하는 여름이 오면 방학과 휴가철을 맞이하여 현재의 삶의 자리를 떠나 새로운 경험을 한다. 가을이 오면 추석 명절을 함께 보내고, 농부들은 곡식과 과일을 수확하며, 나무들은 잎을 떨군다. 그리고 겨울이 오면 성탄절의 기쁨과 송년의 아쉬움을 나누면서 한 해를 마무리한다. 그리고 새해가 시작되면 거의 똑같은 패턴으로 1년이 지나간다. 이것은 마치 사람의 일생과 같다. 사람은 태어나서 성장하여 학교에 입학하고 졸업하는 것을 몇 번 반복한다. 그다음 직장을 구하고, 결혼하고, 자녀를 낳아서 기른다. 직장에서 일해서 돈을 벌고, 진급한다. 뛰어난 사람들은 이러한 과정에서 큰 업적을 쌓고, 부와 명예를 얻기도 한다. 그리고 더 나이가 들면 은퇴를 하고, 자녀들을 결혼시키고, 노후의 생활을 보내다가 죽음을 맞이한다. 사회적 · 자연적으로 중요한 일들이 한 해에 한 번씩 일어나듯이 우리 인생들도 출생, 유소년기, 청년기, 장년기, 노년기, 죽음이라는 중요한 과정이 한 번씩 지나간다. 이런 점에서 1년과 일생은 유사한 점이 많다. 그러므로 노년이 되면 인생 전체와 유사한 1년을 단위로 인생을 살아가고 또 잘 마무리해야 한다. 노년이 되어 1년 단위로 10년을 잘 살면 10번의 삶을 산 것이다. 20년을 잘 살면 20번의 삶을 잘 산 것이다. 30년 가까운 삶의 시간이 남아 있다면 어마어마하게 많은 인생이 남아 있는 것이다. 이렇게 한 해를 한평생처럼 살면서 태어남과 죽음을 반복하며 인생길 걸어가는 것이 노년의 죽음 연습이다.

1년 단위 죽음 연습의 가장 중요한 과업은 죽음 이후의 삶으로 잘 넘어갈 수 있는 영적인 성장, 영혼의 성장을 이루는 것이다. 어린 학생들은 성장하여 아름답고 보람 있는 인생을 살려고 필요한 공부를 열심히 한다. 살아가는 데 필요한 국어, 영어, 수학, 과학, 사회, 체육, 미술, 음악 등의 과목을 열심히 공부한다. 그러한 공부들이 한 해 한 해 쌓여서 성인이 되어 살아가는 힘이 된다. 이와 마찬가지로 노년이 되면 영적 성장을 위해서 한 해 한 해 열심히 공부해야 한다. 매 주일 예배드리기, 성경 통독, 기도의 습관 들이기, 경건 생활, 이웃 사랑 등을 잘 수행해야 한다.

한 해의 삶을 살 때는 계절의 흐름에 따라 삶을 느끼고 묵상하는 것이 좋다. 봄에는 꽃이 피고 잎이 나는 모습을 통해 생명의 시작을 경험한다. 여름에는 푸른 숲과 파도치는 바다와 벌레와 동물들이 성장하고 활동하는 모습을 보면서 생명의 힘과 역동성을 느낀다. 가을이 되면 나무와 풀들이 열매 맺는 것을 보면서 삶의 결실과 보람을 경험한다. 그리고 겨울이 오고 나뭇잎이 떨어지는 모습을 보면서 생명의 마무리와 죽음을 묵상하고 준비한다. 아울러 성탄절과 새해의 기쁨을 나누면서 죽음 후에 가게 될 천국의 소망을 감사와 기쁨으로 간직한다.

1년은 짧지 않은 시간이며, 마음먹으면 할 수 있는 일이 많다. '사람'으로 태어나서 대한민국이라는 '공간'과 21세기의 '시간' 속에서 할 수 있는 여러 가지 일을 직접 시도하고 경험할 수 있다. 이 일을 위해서 먼저 인생의 버킷리스트를 작성하고, 올 한 해 내가 할 수 있는 항목을 계획하고 실행한다. 인생의 버킷리스트는 각자의 취향과 살아온 삶의 색깔에 따라 다를 것이다. 그러나 할 수 있는 한 지금까지의 삶을 통해서 경험하지 못한 것, 새로운 것을 버킷리스트에 넣는 것이 좋다. 새로운 일을 해보는 것은 새로운 삶의 경험이 되기 때문이다. 국내외 여행은 대부분 사람의 버킷리스트가 될 것이다. 노년에는 인문 지리 여행이 좋다. 여행길에서 좋은 경치를 구경하고, 맛있는 것을 먹고, 즐겁게 노는 것도 물론 좋은 일이다. 그러나 이러한 여행은 자칫 한계효용체감의 법칙이 작용하여 투여한 시간과 비용과 힘 등에 비해 만족할만한 결과를 얻지 못하는 경우가 많다. 그러나 인문 지리 여행을 하면 그곳에 사는 사람의 모습을 이해할 수 있고, 특별히 역사적 유적지를 통해 그 공간에서 살았던 위인의 삶을 생각하면서 자신의 삶을 뒤돌아볼 수 있다.

이런 점에서 신앙인들의 경우 국내외 성지순례가 매우 유익하다. 내 경우 이스라엘 성지순례를 두 번 다녀왔는데 또 가고 싶은 마음이다.

솔직히 이스라엘의 자연경관은 우리나라와 비교가 되지 않을 정도로 척박하다. 별로 아름답지도 않고, 웅장하지도 못하다. 그러나 이스라엘 성지순례가 나의 가슴 속에 남는 것은 그 공간에서 예수님을 비롯해서 아브라함, 이삭, 야곱, 요셉, 모세, 다윗, 엘리야, 베드로, 바울 등 위대한 하나님의 사람들의 삶과 믿음의 흔적을 느낄 수 있기 때문이다. 꼭 성지순례가 아니라도 우리나라 여러 곳에 있는 유적지, 박물관, 기념관 등을 방문하면 아름답고 소중한 삶의 흔적을 발견할 수 있고, 나 자신의 삶을 돌이켜 볼 수 있다.

또한 음악이나 미술과 같은 예술과 관련된 버킷리스트도 죽음 연습과 관련하여 좋은 경험이 될 수 있다. 왜냐하면 예술을 통해 영원(永遠, eternity)을 경험할 수 있기 때문이다. 모든 위대한 예술 작품은 세월이 흘러도 변하지 않는 어떤 것을 표현한다. 그리고 변하지 않는 그 어떤 것을 통해서 신적인 손길을 느낄 수 있다. 위대한 시를 통해서 신적인 언어를 경험하고, 위대한 음악을 통해 하늘의 거룩한 소리를 들을 수 있고, 위대한 미술 작품을 통해 영원의 빛을 발견할 수 있다. 우리는 1년 단위의 시간을 보내면서 삶의 버킷리스트를 실행할 수 있으며, 그러한 실행을 통해 지금까지 살아온 사람의 삶과 죽음을 경험할 수 있다. 또한 신적인 손길을 느끼고, 영원한 세상이 열리는 경험을 할 수 있다. 이런 경험을 통하여 우리는 아름다운 삶을 감사하고, 죽음 후의 삶에 대한 소망을 간직할 수 있다. 한 해의 삶은 우리 인생 전체와 유사하다. 한 해의 삶을 아름답고 거룩하게 산 후 잘 마무리하는 것은 참으로 유익한 죽음 연습이다.

## 3. 5년 삶의 죽음 연습

하루의 삶은 말할 것도 없고, 1년의 삶도 일상적인 삶을 살고 작은 계획을 세우기에는 충분한 시간이지만 큰 계획을 세우기에는 짧은 시간이다. 그러므로 하루 삶과 한 해 삶을 통한 죽음 연습만 하면 큰 계획을 세우지 못하게 된다. 그러므로 노년이 되었지만 더욱 의미 있고 큰 계획을 세우기 위해서는 5년 단위의 삶을 통한 죽음 연습이 필요하다. 노년의 5년은 청장년 시간과 비교해서 매우 긴 시간이다. 어린 시절부터 장년 시절까지는 매인 삶이다. 학교에 매이고, 시험에 매이고, 직장에 매이고, 자식에 매인 삶을 산다. 따라서 매이지 않은 자신만의 자유로운 시간이 얼마 되지 않는다. 그러나 노년이 되면 그런 매인 것에서 벗어나게 된다. 그래서 자신만의 시간을 많이 가질 수 있다. 따라서 노년의 5년은 젊은 시절 10년의 시간만큼 긴 자신만의 시간을 가질 수 있다. 5년 시간을 이용하여 계획을 세우고 매일 실천하면 의미 있고 완성도 높은 삶을 살 수 있다. 5년의 시작을 출생으로 하고, 5년의 끝을 죽음(완성)으로 한다면 지금까지의 삶과 비견할만한 또 하나의 긴 삶과 죽음을 연습할 수 있다. 65세를 전후한 직장에서의 은퇴를 첫 번째 죽음으로 하고, 85세까지의 삶을 5년 단위로 나누어서 산다면 네 번의 출생과 네 번의 죽음을 연습할 수 있다.

5년의 세월이면 새로운 전공을 연마할 수 있고, 석박사 학위를 받을 수 있는 시간이기도 하다. 내가 알고 있는 전도사님 한 분은 이미 공학 박사 학위를 가진 분이시며, 직장에서 많은 일을 하신 분이시다. 그런데 만 63세의 나이에 신학대학원에 입학해서 만 66세에 졸업하였다. 만 68세에 목사 안수를 받고, 만 70세까지 현직에서 목사로서 일하다가 은퇴할 예정이다. 그리고 은퇴 목사로서 자신이 할 수 있는 일을 계획하고 있다. 5년이면 신학대학원을 졸업하고 인턴 전도사 활동을 마친 후 목사 안수를 받을 수 있는 시간이다.

5년은 대학에서 학위 과정의 공부를 하지 않더라도 색소폰 같은 악기를 배워서 사람들 앞에서 연주할 수 있는 실력을 쌓을 수 있다. 문학에 취미가 있는 분이라면 시나 소설의 작품집을 낼 수 있는 시간이기도 하다. 미술이나 서예에 재능이 있는 분이면 친구나 친지의 집에 걸어 놓을만한 작품을 만들 수 있는 시간이기도 하다. 경제적 여유가 있다면 1년에 석 달 정도의 기한을 정해 미국, 중국, 일본, 프랑스, 영국 등 다섯 나라에서 생활하면서 그 나라의 역사, 문화, 사회를 공부하고 경험할 수 있다. 의사라면 의료 선교사로서 매년 6개월씩 5년 혹은 2~3년 기간의 의료 선교사로서 일하고 봉사할 수도 있다. 건축 혹은 토목 관련 기술이 있으면 1년에 몇 개월을 할애하여 해외 해비타트 운동 혹은 우물 파기 사업 등의 일을 5년 동안 한다면 매우 보람 있는 삶을 살 수 있다. 5년을 기간으로 하여 성지순례, 인문 지리 여행, 해외여행 등을 체계적으로 계획하고 준비하여 실행할 수 있다. 나의 어린 시절 친구 가운데 한 사람은 은퇴 후 남미 여행을 계획하여 1년 전부터 스페인어를 공부하였다. 인터넷을 이용하여 호텔과 비행기표 등을 미리 여유 있게 예약하여 비교적 싼 비용으로 젊은이도 하기 어려운 남미 배낭여행을 잘 마쳤다. 신앙인이라면 5년 동안 성경 100구절을 암송하고, 매해 성경을 1~2독 하는 계획을 세울 수 있다. 또한 신구약성경 전체를 필사(筆寫)해서 자녀들에게 신앙의 유물로 남겨 줄 수 있다.

나는 개인적으로 만 62세 되던 해 말 섬기던 교회를 사임하였다. 다른 교회 사역지를 찾아보았지만, 하나님께서 허락하지 않으셨다. 그래서 70세(목사의 법적 정년 나이)까지를 새로운 제2 인생의 기간으로 정했다. 이 기간 먼저 유튜브 교회 '유클레시아'(YouTube Ecclesia)를 설립하여 예배 동영상을 매주 하나씩 올리고 있다. 목사인 아내가 담임목사로 일하는 광주 새길교회를 함께 개척하여 섬기고 있다. 이 교회가 건강하게 잘 성장하여 세속화와 코로나 시대의 어려움을 잘 극복한 교회의 모범이 되기를 간절히 기도하며 섬기고 있다. 세 권의 책과 한 권의 시집을 발간할 계획을 세웠는데 첫 번째 책 『평신도 시대, 평신도 교회』는 2021년에 출간하였고, 지금 쓰고 있는 두 번째 책의 저술이 거의 마무리되어 가고 있다. 시인으로 등단하면 좋겠지만 그렇지 못해도 시집을 한 권 내려고 틈틈이 시를 쓰고 있다. 할 수 있으면 우리 교회 성도님들과 함께 이스라엘 성지순례를 한두 번 정도 더 다녀오려고 한다. 아울러 국내 여행, 친척과 어릴 때 친구들과 정기적인 만남 등을 계획하고 있다. 광주에서 유서(由緒) 깊고 규모도 큰 교회에서 일한 11년보다 교회를 사임하고 은퇴할 때까지의 8년이 더 보람 있고 행복하다. 더욱이나 건강이 더 좋아진 것이 하나님의 큰 은혜이다. 62세 때 섬기던 교회를 사임할 때는 미처 예상도 하지 못했고, 준비도 하지 못했다. 그래서 직장 은퇴를 통한 죽음 연습의 시간을 가지지 못했다. 그러나 70세 목사 정년 때에는 잘 준비하여 좋은 죽음 연습을 하려고 한다. 그 이후에도 생명이 주어진다면 다시 기한을 정하여 제3차, 제4차의 삶을 아름답고 행복하게 살려고 한다. 그 기간이 끝날 때마다 살아온 삶을 돌아보며 반성하고 감사하며 앞으로 있을 죽음의 날을 소망 가운데 기다리려고 한다.

노년의 5년은 결코 짧은 시간이 아니다. 직장에서 은퇴하고 자녀들이 독립하면 자신만의 자유로운 시간을 풍성하게 가질 수 있다. 이 시간을 무계획적으로 보내면 지루하고 무의미한 시간이 될 수 있다. 그러나

5년을 단위로 새로운 한평생을 계획하고 시작(출생), 일(성장과 삶), 마무리(죽음)를 잘하면 제2의 인생, 제3의 인생을 얼마든지 살 수 있다. 특별히 직장에서 은퇴한 직후 5~10년은 아직 신체적으로 건강하고, 그동안 살아온 삶의 에너지가 이어진다. 따라서 이 기간에 이전의 삶 전체와 비견할 수 있는 또 하나의 삶, 완결된 삶을 살 수 있다. 여러 여건이 허락되면 5년 단위로 제3의 인생, 제4의 인생도 가능하다. 그리고 또 하나의 인생을 마무리하고 정리하면서 내 삶 전체를 마무리하는 죽음 연습을 할 수 있다.

노년의 죽음 연습은 직접적이고 실제적이다. 노년의 죽음 연습을 통해 죽음과 익숙해지고 친해질 수 있다. 노년의 헤어짐은 확실한 죽음의 연습이다. 직장에서의 퇴직을 통해서 이 세상에서의 떠나감을 연습할 수 있다. 이웃이나 배우자와의 사별은 실제적인 죽음의 연습이다. 노년의 시간을 하루, 1년, 5년 단위로 하여 출생, 성장, 일, 종료의 단계로 나누어 사는 것은 죽음 연습의 실제이다. 학생이 공부하지 않고 시험을 볼 수 없으며, 선수나 가수가 연습하지 않고 경기장이나 무대에 설 수 없다. 이와 마찬가지로 살아있는 자는 누구나 서야 하는 죽음의 무대에 연습 없이 설 수는 없는 법이다. 살아있을 때 죽음을 연습하라! 그리고 죽음이 왔을 때 친한 친구의 손을 잡듯이 그의 손을 잡고 죽음 너머의 세상으로 가서 또다시 주어진 삶을, 이 세상에서의 삶과는 비교할 수도 없는 삶을 아름답고 행복하게 살아보라. 죽음 연습을 하면서 소망 가운데 천국을 바라보면 노년이라도 청년처럼 가슴이 뛸 수 있다.

**에필로그**

우리나라의 베이비붐 세대(1955-1964)가 직장에서 은퇴하고 노인 인구로 편입됨에 따라 노후 생활과 죽음 그리고 죽음을 다루는 죽음학에 대한 관심이 높아지고 있다. 그러나 아직은 노후의 '삶'에 대한 관심과 비교할 때 노후의 '죽음'에 대한 관심은 상대적으로 약한 편이다. 이것은 세속화된 세계관이 우리 시대를 지배하는 것과 밀접한 관련이 있다. 세속화된 세계관에 따르면 삶이란 한 사람이 태어나서 죽을 때까지 시간(이 세상에서의 시간)에만 존재한다. 죽음 이후의 또 다른 형태의 삶이란 존재하지 않는다고 생각한다. 이러한 시대를 맞이하여 "죽음을 연습하라"는 제목의 책을 마무리하면서 죽음 및 죽음학과 관련된 중요한 문제를 논의하고 정리하도록 하겠다.

### (1) 죽음학은 '죽음 불안'을 극복하고 해소하는 데 기여(寄與)해야 한다

'죽음 불안', 즉 죽음 앞에서 인간이 경험하는 정신적·육체적 긴장, 불안, 두려움, 고통, 허무감 등은 인간 실존의 문제이다. 따라서 사람에 따라서 정도의 차이는 있겠지만, 모든 인간은 죽음 앞에서 죽음 불안을 느끼게 된다. 이러한 죽음 불안을 최소화하고 죽음을 편안하게 맞이하는 것은 노년의 중요한 발달과업이다. 그러나 인간 문명의 첨단이라고 할 수 있는 여러 학문은 이 문제를 효과적으로 다루지 못하고 있다. 자연과학인 생물학, 의학, 간호학 등의 학문은 죽음을 맞이하는 인간의 신체적 고통을 완화하는 데는 많은 관심을 기울이지만, 인간 실존의 총체적

'죽음 불안'에 대해서는 취약하다. '죽음의 심리학' 역시 죽음 불안의 현상적 모습에 많은 연구가 이루어지고 있지만, 그것을 해소하고 극복하는 문제와 관련해서는 한계를 보인다. 죽음의 사회학이나 죽음의 정치학과 같은 사회과학은 죽음을 초래하는 사회적 원인 혹은 죽음이 가져오는 사회적 결과에 주로 관심을 기울일 뿐 죽음 불안이라는 실존적 문제에는 큰 관심을 기울이지 않는다. 전통적으로 죽음 불안의 해소는 철학과 종교의 영역이었다. 그러나 세속화의 거대한 물결에 휩쓸려 철학과 종교는 이 세상에서의 삶과 관련된 문제에 더 많은 관심을 기울이고 있다. 죽음과 죽음 이후의 삶의 문제에 관심이 적다. 그리하여 죽음 불안의 해소나 극복의 문제는 죽음을 앞에 둔 당사자 개인의 문제가 되었고, 대다수의 개인은 죽음 불안 앞에서 무력감을 느낄 뿐이다. 이러한 시대를 맞아 죽음에 초점을 맞춘 죽음학은 죽음 불안의 문제를 주된 과제로 삼아야 한다. 이것이 세속화, 죽음의 사사화(私事化)의 시대를 맞이하여 죽음학에게 주어진 시대적 요청이다.

(2) 죽음학의 이론적 틀과 대전제를 위해 '죽음 세계관'을 확립해야 한다

모든 학문은 연구의 대상, 이론적 틀 그리고 연구의 방법론이 있다. 그러나 종합 학문인 죽음학은 이론적 틀과 방법론 모두 취약하다. '죽음' 혹은 '죽음 앞에 선 인간'이라는 연구의 대상은 있지만, 나름의 독자적인 이론과 방법론을 갖추지 못하고 있다. 그리하여 죽음학을 '죽음의 철학', '죽음의 의학', '죽음의 심리학', '죽음의 신학', '죽음의 사회학', '죽음의 종교학', '죽음의 인문학' 등으로 환원하면 남는 것이 별로 없다. 이것은 죽음학이 고유한 이론과 방법론을 가지지 못해서 생기는 문제이다. 죽음학은 한국학, 북한학, 미국학, 일본학, 중국학 등과 같은 지역학과 비슷한

위치에 있다. 지역학은 해당 나라의 정치, 경제, 사회, 역사, 문화, 지리 등을 종합해서 해당 지역이나 국가의 독특한 성격을 파악하고자 한다. 이와 마찬가지로 죽음학 역시 죽음과 관련된 다양한 학문의 성과들을 종합하여 죽음이 지닌 독자적인 의미와 성격을 파악해야만 한다. 이 일을 위해서는 죽음학의 기초가 되는 이론을 세워야 한다.

필자는 이 책에서 죽음학의 이론적 틀로서 죽음학의 세계관을 제시했다. 즉, '죽음 벽(壁) 세계관', '죽음 다문(多門) 세계관', '죽음 일문(一門) 세계관'을 제시했다. 물론 죽음을 문이나 벽으로 보는 세계관이 완벽한 세계관은 아니고, 다른 어떤 세계관을 생각할 수 있다. 어떤 형태이든지 죽음의 세계관을 확립하고 그것을 기초로 삼아야 죽음학은 더 발전할 수 있다. 죽음의 세계관을 확립할 때 죽음의 기술(description), 설명(explanation), 해석(interpretation) 등이 가능하며, 더 나가서 죽음을 넘어가는 선택, 실천, 희망 등이 가능하다.

### (3) 죽음학의 개념 설정을 위해서 죽음 현상의 분류가 필요하다

죽음학의 중심 개념은 죽음이다. 그러나 죽음학은 죽음의 개념화에 취약성을 보이고 있다. 그 결과 죽음이라는 말은 '육신이 기능을 중단하고 소멸한 후 다시 되돌아오지 못하는 것'이라는 지극히 생물학적이고 의학적인 정의 이외에 다른 정의를 내리지 못하였다. 그 결과 똑같은 죽음을 놓고 '삶의 완성으로서의 죽음'과 '삶의 파멸로서의 죽음'이라는 전혀 다른 의미의 죽음 개념이 함께 사용되기도 한다. 즉, 같은 용어가 맥락에 따라 다른 의미 혹은 상호 모순된 의미로 사용되는 실정이다. 이러한 문제를 해결하기 위해서는 죽음의 분류가 필요하다. 분류를 바르게 하면 똑같은 죽음이 맥락에 따라 다른 의미를 가지는 것을 이해할 수 있다.

그리고 분류를 위해서는 분류의 기준을 명확히 해야 한다. 그러나 현재의 죽음학에서는 죽음의 분류가 제대로 이루어지지 못하고 있다.

이 책에서는 죽음의 원인과 죽음의 시간을 기준으로 여섯 가지의 죽음으로 분류하였다. 즉, ① 악한 죽음, ② 추한 죽음, ③ 불행한 죽음, ④ 평범한 죽음, ⑤ 위대한 죽음, ⑥ 복된 죽음으로 분류했다. 죽음은 기준을 어떻게 설정하느냐에 따라 다양한 형태로 분류할 수 있으며, 그 분류의 가치는 그것이 현상을 얼마나 포괄적이고 의미 있게 기술하거나 설명할 수 있느냐에 달려 있다. 필자의 분류에 대한 평가는 다양할 수 있겠지만, 죽음의 분류를 거의 최초로 시도하였다는 점에서 의미가 있다.

### (4) 죽음학은 '죽음 이후의 삶'(life after death, LAD)에 관심을 기울여야 한다

죽음학의 연구 영역을 시간에 따라 '죽음을 향한 삶', '죽음과 죽어감', '죽음 이후의 삶' 등과 같이 3부분으로 나누어서 생각할 수 있다. 죽음을 다루는 경험과학, 즉 죽음의 생물학·의학·심리학·사회학 등에서는 주로 앞의 두 영역을 다룬다. 이것은 경험과학이 가진 속성 때문이다. 앞의 두 영역은 경험적인 관찰과 설명이 가능하지만, 마지막 영역, 즉 LAD의 영역은 그것이 불가능하기 때문이다. 따라서 경험과학은 LAD에 대한 연구를 하기 어렵다. 경험과학은 우리 시대 학문과 지식의 중심이요 표준이다. 따라서 철학, 역사학, 문학 등과 같은 인문학은 말할 것도 없고 죽음학과 종교학, 심지어는 신학까지도 경험과학의 압도적인 영향을 받고 있다. 그 결과 죽음학이나 신학에서도 LAD에 대한 논의나 관심이 약해지거나 미흡한 형편이다.

그러나 죽음 불안의 해소나 극복과 관련하여 LAD에 대한 소망보다 더 강력한 문화적 자원을 인류는 알지 못한다. 동서고금(東西古今)을 막론하고 인류는 LAD와 관련된 신화, 전승, 교리, 의례, 전통, 신앙 등을 가지고 있다. 종교는 LAD의 보고(寶庫)이다. 그러나 LAD에 대한 문화적 자원이 풍성하고 다양한 만큼 그 실재성에 대한 신뢰가 떨어지는 것 역시 부인할 수 없는 사실이다. 죽음학은 LAD 연구에 더 많은 관심을 기울여야 한다. 이때 인류의 정신세계에 큰 영향력을 행사하고 있는 종교와 경전의 도움을 받을 필요가 있다. 죽음학은 LAD와 관련하여 종교와 신화 속에 들어 있는 중요한 요소들을 재정립하고, 혼란하고 모순적인 요소들을 잘 정리하는 작업을 행해야 한다.

이 책에서는 기독교 신학과 성경을 중심으로 LAD의 문제를 다루었다. 그리고 이러한 논의가 단순한 기술이나 소개가 아니라 선택과 믿음, 복된 LAD에 대한 소망 등으로 나갈 수 있도록 하였다. 물론 죽음학은 이 책에서와는 다른 세계관이나 종교를 택하여 LAD의 문제를 논의할 수 있을 것이다. 죽음학이 LAD의 문제를 잘 다룰 때 죽음 앞에서 죽음 불안에 시달리는 사람들에게 큰 위로와 희망을 줄 수 있는 실천적 학문이 될 수 있다.

### (5) 좋은 죽음과 좋은 삶을 위해서는 죽음의 준비와 연습이 필요하다

죽음은 우리 인간 모두에게 나타나는 가장 보편적인 현상일 뿐 아니라 유일회적(唯一回的)인 현상이기도 하다. 죽음에는 반복이 없다. 그러므로 유일회적인 죽음을 잘 맞이하기 위해서는 죽음의 준비와 연습이 필요하다. 우리는 4년마다 돌아오는 올림픽 경기나 월드컵 경기를 위해서 선수들이 얼마나 많이 연습하고 훈련하는지 잘 알고 있다. 하물며 모든 인간이 들어가야 하고, 오직 한 번의 기회밖에 없는 죽음의 문을 잘 지나가기 위해서는 살았을 때 죽음을 잘 준비하고, 죽음을 잘 맞이하는 연습을 해야 한다. 죽음학은 죽음의 준비와 연습과 관련된 실제적이고 실천적인 지식을 제공해야 한다.

죽음의 문을 잘 지나가기 위해서 죽음의 준비가 필요하다. 죽음의 준비를 위해서는 ① 미래, 즉 죽음 이후의 삶에 대한 기대와 소망을 간직해야 한다. 이 책에서 선택한 기독교 죽음 세계관에 근거하여 말한다면 '천국에 들어갈 준비'가 잘 되어 있어야 한다. ② 과거, 즉 지금까지의 삶을 잘 정리하여 삶의 과정에서 형성된 무거운 짐을 내려놓아야 한다. 죽음의 문을 통과하는 데 방해가 되는 모든 부정적인 침전물은 관계 속에 들어 있다. 그러므로 하나님과의 관계, 이웃과의 관계, 나 자신과의 관계를 잘 정리해야 한다. 이러한 정리의 수단은 '감사', '사랑', '용서', '용납' 등이다. 죽음의 준비가 끝난 후에는 ③ 현재, 즉 지금의 삶 가운데서 죽음 연습을 잘해야 한다. 인생의 과정에 따라 죽음 연습의 방법과 초점은 달라진다. 청년 시절에는 죽음을 기억하고 의식하는 것, 즉 메멘토 모리가 죽음 연습이다. 아직 젊지만 죽음 이후까지 바라보는 긴 시간 전망의 삶을 사는 것이 죽음 연습이다. 그리고 범죄, 사고, 자살 등으로 죽지 않도록 잘 피하는 것이 죽음 연습이다.

중년에는 죽음 앞에서 자신의 한계를 알고, 삶의 의미와 사명의 성취를 위해 선택과 집중의 삶을 사는 것이 죽음 연습이다. 뜻하지 않은 중년의 죽음은 과로사에서 온다. 그러므로 욕망을 잘 조절하고 삶의 균형을 맞춤으로 과로사당하지 않는 것이 중년의 죽음 연습이다. 그리고 어쩔 수 없이 중년에 죽음을 맞이할 때는 아름다운 뒷모습을 가족과 이웃들에게 남기는 것이 중년의 죽음 연습이다.

노년의 삶은 '내려감의 시간'이다. 따라서 삶 자체가 죽음 연습이다.

노년에 경험하는 은퇴, 질병, 가까운 사람과의 사별은 죽음과 가장 유사한 경험이다. 이러한 경험을 통해 죽음을 연습할 수 있다. 노년에는 '몸'을 중심으로 한 삶을 살아야 한다. 노년에는 몸이 허락하는 범위 안에서 살아야 하며, 몸의 기능이 아무리 많이 약해져도 지금 이만큼 움직여주는 몸에 감사하며 살아야 한다. 이것이 일상적 삶 속에서의 노년의 죽음 연습이다. 노년에는 '하루를 일생처럼', '한 해를 일생처럼' 사는 것을 통해서 죽음을 연습을 할 수 있다. 하루의 시간과 한 해의 시간은 인생 전체와 가장 비슷한 구조를 가진다. 그러므로 하루 단위, 1년 단위의 삶을 일생처럼 사는 것이 노년의 죽음 연습이다. 그러나 1년 단위는 장기 계획을 세우기에는 짧은 시간이다. 그러므로 5년을 단위로 계획(출생), 실행(일과 삶), 완성(죽음)의 단계를 거치면 젊은 시절 못지않은 또 하나의 삶을 살 수 있다. 은퇴한 후 5년 계획의 삶을 살면 4~5회의 삶을 의미 있고 아름답게 살 수 있다. 하루와 한 해의 삶을 마쳤을 때 그리고 5년 계획의 삶을 마친 후(죽음의 경험) 돌이켜 보고 반성하면서 새로 주어진 삶을 아름답게 시작하는 것(새로운 삶)이 노년의 죽음 연습이다. 이렇게 죽음을 준비하고, 죽음을 연습하는 삶을 살 때 좋은 죽음을 맞이할 뿐만 아니라 세월을 아끼며 사는 좋은 삶이 될 수 있다.

# 참고문헌

### 단행본

곽혜원.『존엄한 삶, 존엄한 죽음』. 서울: 새물결플러스, 2014.

권석만.『죽음의 심리학』. 서울: 학지사, 2019.

그레이엄 B./정성묵 역.『새로운 도전』. 서울: 두란노, 2011.

김균진.『죽음의 신학』. 서울: 대한기독교서회, 2002.

김달수.『노인죽음학개론』. 서울: 경춘사, 2009.

_____.『죽음학과 임종의학 개론』. 고양: 인간사랑, 2020.

김상우.『죽음의 사회학』. 부산: 부산대출판부, 2005.

김석환.『말기환자를 위한 목회적 돌봄』. 새한기획출판부, 2002.

김영선.『삶을 위한 죽음 이해』. 서울: 대한기독교서회, 2018.

김정현.『아버지』. 서울: 문이당, 1996.

김지수.『이어령의 마지막 수업』. 경기: 열림원, 2021.

김지승.『100세 수업: EBS 다큐멘타리 특별기획』. 경기: 월북, 2018.

김현수 외.『가장 외로운 선택: 청년 자살, 무엇이 그들을 죽음으로 내몰았는가』. 서울:
        북하우스, 2022.

김형석.『백년을 살아보니』. 서울: 덴스토리, 2016.

김희보.『세계사 다이제스트 100』. 서울: 가람기획, 2010.

내쉬 R. et/박승민.『복음을 듣지 못한 사람 어떻게 되는가』. 서울: 부흥과개혁사, 2010.

니버 R./남정우.『도덕적 인간과 비도덕적 사회』. 서울: 기독교서회, 2003.

다치바나 다카시/윤대석.『임사 체험』상, 하. 서울: 청어람미디어, 2003.

다하라 요네코/최경희.『산다는 것이 황홀하다』. 솔라피데, 2010.

대한예수교장로회 총회.『헌법』. 경기: 한국장로교출판사, 2007.

데켄 A./오진탁.『죽음을 어떻게 맞이할 것인가』. 서울: 궁리출판, 2002.

도킨스 R./홍영남 · 이상임.『이기적 유전자』. 서울: 을유문화사, 2018.

도티 K./임희근.『잘해봐야 시체가 되겠지만』. 서울: 반비, 2020.

두벡 K./이군호.『죽음에 관한 잡학 사전』. 서울: 을유문화사, 2004.

뒤르케임 E./민혜숙·노치준.『종교생활의 원초적 형태』. 경기: 한길사, 2020.

_____/민혜숙.『사회학적 방법의 규칙들』. 경기: 이른비, 2021.

라시나 K./김혜숙.『죽음』. 서울: 이론과 실천, 2014.

라이시 R./오성호.『부유한 노예』. 경기: 김영사, 2001.

라이트 T./박규태.『톰 라이트 죽음 이후를 말하다』. 경기: Ivp, 2013.

랍몰/이지혜.『죽음을 배우다』. 서울: IVP, 2014.

러셀 B. A. W./송은경.『나는 왜 기독교인이 아닌가』. 서울: 사회평론, 2005.

레마르크 E. M./홍성관.『서부전선 이상 없다』. 경기: 열린책들, 2011.

레비나스 E./김도형 외.『신, 죽음 그리고 시간』. 서울: 그린비, 2013.

로렌스 형제/이광식.『하나님의 임재연습』. 경기: 크리스챤다이제스트, 2017.

매슬로 A./소슬기.『매슬로의 동기이론』. 서울: 유엑스리뷰, 2018.

맥아더 J./조계광.『천국을 말하다』. 서울: 생명의 말씀사, 2008.

몽테뉴 M./고봉만.『나이 듦과 죽음에 대하여』. 서울: 책세상, 2016.

민혜숙.『목욕하는 남자』. 서울: 소명출판사, 2013.

박영문.『천국과 지옥의 증언, 믿겠느냐』. 광주: 광주안디옥교회 선교부, 1990.

박형민.『자살, 차악의 선택』. 서울: 이학사, 2010.

버거 P. L.·루크만 T./박충선.『지식형성의 사회학』. 서울: 홍성사, 1982.

버틀러 T.·보던/홍연미.『당신은 왜 조바심을 내는가?』. 대구: 그린페이퍼, 2013.

베버 M./박문재.『프로테스탄트 윤리와 자본주의 정신』. 서울: 현대지성, 2018.

베커 E./노승영.『죽음의 부정』. 서울: 한빛 비즈, 2019.

백 U./홍성태.『위험사회: 주권 권력과 벌거벗은 생명』. 서울: 새물결, 2014.

보부아르 S./변광배.『모든 인간은 죽는다』. 서울: 삼인, 2014.

부버 M./표재명.『나와 너』. 서울: 문예출판사, 2001.

브라이언 W./김철호.『나는 환생을 믿지 않았다』. 서울 :김영사, 2019.

사라마구 J./정영목.『죽음의 중지』. 서울: 해냄, 2009.

사회통계국 인구동향과.『2019년 사망원인통계 결과』. 통계청 보도자료 2020. 9. 21.

서혜경.『노인죽음학 개론』. 서울: 경춘사, 2009.

셔머 M./김성훈.『천국의 발명』. 경기: 북이십일, 2019.

슈나크 A./차경아.『우리를 슬프게 하는 것들』. 서울: 문예출판사, 2017.

스나이더 T. D./함규진.『피에 젖은 땅』. 경기: 글항아리, 2021.

스베덴보리 E./김은경.『천국과 지옥』. 광주: 다지리, 2015.

스티븐슨 R. L./황윤영.『지킬 박사와 하이드 씨』. 서울: 보물창고, 2012.

신경숙.『그는 언제 오는가』. 제28회 동인문학상 수상작품집, 서울: 조선일보사, 1997.

신성종.『내가 본 지옥과 천국』. 서울: 크리스챤 서적, 2020.

씨맨스 D. A./송헌복.『상한감정의 치유』. 서울: 두란노, 2018.

아감벤 G./박진우.『호모 사케르: 주권 권력과 벌거벗은 생명』. 서울: 새물결, 2008.

아리에스 P./유선자.『죽음 앞에 선 인간』상, 하. 서울: 동문선, 1997.

아우구스티누스 A./성염.『영혼 불멸』. 서울: 분도출판사, 2018.

아타나시우스/엄성옥.『성안토니의 생애』. 서울: 은성출판사, 1995.

알렉산더 E./고미라.『나는 천국을 보았다』. 서울: 김영사, 2013.

알봄 M./공경희.『모리와 함께한 화요일』. 서울: 세종서적, 1998.

에릭슨 E./송제훈.『인생의 아홉단계』. 서울: 교양인, 2019.

올리비에 V./임수현.『떠나든 머물든』. 경기: 효형출판사, 2009.

워렌 R./고성삼.『목적이 이끄는 삶』. 서울: 디모데, 2003.

웨슬리신학연구소.『기독교 신학의 죽음 이해』. 서울: 신앙과 지성사, 2018.

윌리엄슨 G. I./유태환.『웨스트민스터 소요리 문답 강해』. 서울: 크리스챤 출판사, 2006.

윌리엄슨 P. R./김귀탁.『죽음과 내세 성경신학』. 서울: 부흥과 개혁사, 2020.

이경신.『죽음연습』. 파주: 동녘, 2016.

이무석.『30년만의 휴식』. 서울: 비전과 리더십, 2015.

이어령 · 김태완.『메멘토 모리』. 경기: 열림원, 2022.

이원규.『종교의 세속화』. 대한기독교출판사, 1987.

이이정.『죽음학 총론』. 서울: 학지사, 2011.

이종석.『죽음과 호스피스 케어』. 이레닷컴, 2004.

이종성.『종말론 I』. 대한기독교출판사, 1990.

임병식 · 신경원.『죽음 교육 교본』. 서울: 가리온, 2017.

장경철 · 강진구.『죽음과 종교』. 서울: 두란노, 2014.

장대숙.『노인학의 이론과 적용』. 경기: 한국장로교출판사, 1998.

장-도미니크/양영란.『잠수종과 나비』. 서울: 동문선, 2015.

장인협 · 최성재.『노인복지학』. 서울: 서울대학교출판부, 2006.

전형준.『장례 · 추모 예배 이렇게 준비하라』. 아가페, 2000.

정진홍.『만남, 죽음과의 만남』. 궁리출판, 2003.

정현채.『우리는 왜 죽음을 두려워할 필요 없는가』. 비아북, 2018

주서택 · 김선화.『내 마음속에 울고 있는 내가 있어요』. 순출판사, 1997.

진중권.『춤추는 죽음 1, 2』. 세종서적, 2008.

총회한국교회연구원 편.『목회매뉴얼 : 죽음 목회』. 한국장로교출판사, 2018.

최문규.『죽음의 얼굴』. 21세기북스, 2014.

최용준.『도전하는 현대의 세계관』. 예영커뮤니케이션, 2020.

최준식.『죽음, 또 하나의 세계』. 동아시아, 2006.

_____.『죽음학 개론』. 모시는사람들, 2013.

_____.『인간은 분명 환생한다』. 서울: 주류성, 2017.

_____.『죽음 가이드북』. 서울셀렉션, 2019.

칙센트미하이/이희재 역.『몰입의 즐거움』. 해냄, 2021.

카마스 M. V./이옥순.『위인들의 마지막 하루』. 고양: 사과나무, 2005.

카스켓 E./김성환 역.『디지털 시대의 사후세계』. 로크미디어, 2020.

캐리 P. · 크레이그 W. L./이용중 외 역.『신정론 논쟁』. 새물결플러스, 2020.

케이건 S./박세연 역.『죽음이란 무엇인가』. 엘도라도, 2012.

켈러 H./박에스더 역.『사흘만 볼 수 있다면』. 사우, 2018.

쿤 T. S./김명자 역.『과학혁명의 구조』. 서울: 까치, 2007.

퀴블러 R. E./최준식 역.『사후생』. 서울: 대화문화아카데미, 2003

_____/이진 역.『죽음과 죽어감』. 서울: 청미출판사, 2018.

키에르케고어/임춘갑 역.『공포와 전율』. 치우, 2011.

톨스토이 L. N./동완 역.『이반 일리치의 죽음』. 신원출판사, 2007.

_____/홍순미 역.『사람에게는 얼마만큼의 땅이 필요한가』. 써네스트, 2020.

_____/김선영 역.『사람은 무엇으로 사는가 : 톨스토이 단편선』. 새움, 2020.

투르니에 P./강주헌 역.『노년의 의미』. 포이에마, 2015.

파스칼 B./최종훈 역.『팡세』. 서울: 두란노, 2020.

프랭클 V./이시형 역.『삶의 의미를 찾아서』. 청아출판사, 2005.

프롬 E./원창화 역.『자유로부터의 도피』. 홍신문화사, 1991.

플라톤/황문수.『소크라테스의 변명』. 서울: 문예출판사, 2021.

핑커 S./김명남 역.『우리 본성의 선한 천사』. 사이언스 북스, 2014.

하이데거 M./전양범 역.『존재와 시간』. 동서문화사, 2016.

한림대학교 생사학 연구소.『가치 있는 삶과 좋은 죽음』. 박문사, 2018.

한상남.『아프리카 톤즈에 사랑을 전한 사제 이태석』. 금성출판사, 2021.

한병철/김태환 역.『피로사회』. 문학과지성사, 2012.

혹실드 A. L./이가람 역.『감정노동』. 이매진, 2009.

황명환.『죽음 인문학』. 두란노, 2019.

＿＿＿.『천국 바로 알기』. 두란노, 2022.

＿＿＿ 외.『과학이 죽음을 극복할 수 있는가』. 이폴출판사, 2019.

＿＿＿ 외.『우리는 왜 죽음을 두려워하는가』. 이폴출판사, 2020.

＿＿＿ 외.『죽음교육의 필요성과 그 방법에 대하여』. 이폴출판사, 2021.

흘레부뉴크 O. V./유나영.『스탈린』. 서울: 삼인, 2017.


## 논문 논단 기사

고용노동부. "21년 산업재해 사고 사망 현황."「고용노동부 보도자료」 2022. 3. 5.

고종관. "72세 보디빌더 이정석씨."「중앙일보」 2006. 1. 10.

김교신. "송별의 느낌."「성서조선」 1940년 4월호.

김근태. "복음을 들어보지 못한 우리 조상들은 다 지옥에 갔을까?"「기독일보」 2010. 9. 14.

김도훈. "지옥은 없다? — 롭 벨(Bob Bell)과 마이클 위트머(Michael Wittmer)의 지옥과 관련된 논점을 중심으로."「장신논단」 제43집.

김성환. "양자역학에 대한 아인슈타인과 보어의 논쟁."「철학논구」 제38집.

김용식. "9·11희생자 최후의 말."「한국일보」 2012. 9. 11.

김정은. "WHO, '전세계 10대 사망원인' 발표."「데일리포스트」 2021. 1. 3.

김헌식. "왜 드라마는 전생 환생에 빠졌을까? — 환생 전생의 문화 심리."「오마이뉴스」 2017. 2. 7.

노치준. "목회자의 죽음학 세계관 교육."『죽음교육의 필요성과 그 방법에 관하여』. 이폴출판사, 2021.

박인조 "불멸을 통한 죽음의 두려움 극복에 대한 비판적 고찰."『우리는 왜 죽음을 두려워하는가』. 이폴출판사, 2021.

백성호. "제도 종교의 시대 막 내렸다… 이젠 종교에서 영성으로." 「중앙일보」 2020. 4. 29.

성영은. "생명은 어떻게 생기는가." 「좋은 나무」 2020. 8. 18.

송영훈. "이명박때 '자살당한 사람들' 확인해보니." 「뉴스톱」 2018. 2. 5.

안정은. "131세 생일 맞은 세계 최장수 中 할머니 … 청나라 때 출생." 「서울신문」 2017.
6. 28.

양명수. "죽음의 의미." 「기독교사상」 2017년 11월호.

_____. "인간, 죽음을 향한 존재: 하이데거의 죽음 이해." 「신학사상」 175호, 2016.

오덕호. "신자도 자살하면 지옥에 가는가." 『교회의 주인은 사람이 아니다』. 규장, 2000.

우성규. "웰다잉 중요한데, 죽음에 대한 연구 부족." 「국민일보」 2018. 6. 28.

이가영. "최진실부터 설리까지…떠난 뒤에도 멈추지 않는 악플 공격." 「중앙일보」 2019.
10. 15.

이미영. "미국 목회자 '지옥은 없다' 주장 논란." 「기독신문」 2011. 3. 31.

이에스더. "스티븐 호킹 '천국·사후 세계는 없다'." 「중앙일보」 2011. 5. 17.

이정희. "하나님 형상, 인간의 영혼과 죽음의 문제." 『과학은 죽음을 극복할 수 있는가』.
서울: 이폴출판사, 2019.

이지수. "힌두교: 윤회와 불사의 길." 한국종교학회편. 『죽음이란 무엇인가』. 서울: 도서
출판 창, 1990.

이지영. "돈 있어야 건강히 오래 산다." 「중앙일보」 2018. 3. 26.

이현정. "자살 원인 80%는 '이것' … 주변인 관심이 절실." 「헬스 조선」 2014. 7. 3.

이희수. "이슬람교: 죽음, 고차원적 삶의 양태." 한국종교학회편. 『죽음이란 무엇인가』.
서울: 도서출판 창, 1990.

인구보건복지협회·유엔인구기금. "2020년 세계 인구 현황보고서 한국어판." 인구보건
복지협회, 2020.

임형두. "점점 불행해지는 청춘 … 청년 죽음, 둘에 하나는 극단적 선택." 「연합뉴스」
2022. 4. 11.

전명수. "뉴에이지 운동이란 무엇인가?" 「데일리 굿 뉴스」 2007. 7. 28.

정양호. "크리스천의 자살과 구원 논쟁." 「코람데오 닷컴」 2016. 7. 5.

정윤석. "예장 합동측, 스베덴보리 '이단'으로 규정." 「기독교포털뉴스」 2017. 9. 28.

정재승. "영혼, 과연 실존인가 물리적 현상인가." 「한겨레신문」 2017. 05. 06.

최창민. "자살은 구원받지 못한다 가르치면 안돼." 「뉴스 파워」 2009. 2. 11.